DE L'ADMISSION

AU

NOTARIAT.

J. B. GROS, IMPRIMEUR DE LA COUR ROYALE ET DES TRIBUNAUX,
Rue du Foin Saint-Jacques, 18.

DE L'ADMISSION

AU NOTARIAT.

Commentaire

DES ARTICLES 35 A 44 DE LA LOI DU 25 VENTOSE AN XI
ET DE L'ARTICLE 91
DE LA LOI DU 28 AVRIL 1816 ;

PAR M. FAVIER-COULOMB,

Avocat à la Cour royale de Paris, ancien sous-chef du bureau du notariat
au Ministère de la Justice.

PARIS,

A L'ADMINISTRATION DU JOURNAL DES NOTAIRES ET DES AVOCATS,

RUE DES SAINTS-PÈRES, N° 50.

1842.

La jurisprudence des tribunaux a été mise depuis longtemps à la portée de tout le monde, mais celle de l'administration ne reçoit pas de publicité. Les jeunes gens qui se destinent à la carrière du notariat sont donc obligés de se présenter au hasard, et souvent leurs intérêts se trouvent gravement compromis par une décision qui rejette ou qui ajourne indéfiniment leur demande.

J'ai cru leur rendre service en réunissant ici les notions qu'il leur importe le plus d'avoir au moment où ils se présentent pour obtenir leur nomination.

Cet ouvrage pourra aussi, je l'espère, être consulté utilement par les notaires. Ils y trouveront des indications sur leurs rapports avec leurs clercs, sur les précautions qu'ils doivent prendre en traitant de leurs études, et sur les attributions des chambres de discipline pour la délivrance des certificats de moralité et de capacité.

DE L'ADMISSION

AU NOTARIAT.

DISPOSITION PRÉLIMINAIRE.

L'art. 35 de la loi du 25 vent. an XI est ainsi conçu :

Pour être admis aux fonctions de notaire, il faudra :

1° Jouir de l'exercice des droits de citoyen ;

2° Avoir satisfait aux lois sur la conscription militaire ;

3° Être âgé de vingt-cinq ans accomplis ;

4° Justifier du temps de travail prescrit par les articles suivants.

Ces quatre propositions, si simples en apparence, soulèvent de nombreuses questions que j'examinerai dans les quatre chapitres suivants.

Je traiterai dans deux autres chapitres, du certificat de moralité et de capacité, et de la présentation de l'aspirant.

CHAPITRE I.

DE LA JOUISSANCE DES DROITS CIVIQUES ET CIVILS.

—

Pour être admis aux fonctions de notaire, il faudra :...

1° Jouir de l'exercice des droits de citoyen.

SOMMAIRE.

1. *Le notariat est une fonction publique qui ne peut être exercée que par des Français.*
2. *Distinction entre les droits civils et civiques.*
3. *De ceux qui jouissent de ces droits.*
4. *Conditions exigées pour avoir le titre de citoyen français.*
5. *Ce titre seul ne rend pas admissible à toutes les fonctions publiques.*
6. *On peut être citoyen français sans jouir de la plénitude des droits civils.*
7. *Pourrait-on, dans ce cas, être admis aux fonctions de notaire ?*
8. *Il suffit, pour être notaire, d'avoir la jouissance des droits civiques.*
9. *Des différentes manières d'acquérir la qualité de Français. — Division du chapitre.*

    1. Le notariat n'est pas aujourd'hui, comme il le fut autrefois chez les Romains, une simple profession ; c'est une fonction publique (1), et une fonction de l'ordre le plus élevé. Chargé de faire connaître aux parties toute l'étendue des obligations qu'elles contractent, de rédiger leurs engagements avec clarté, d'en perpétuer le souvenir, d'en conserver le dépôt avec fidélité, le notaire a en outre reçu le pouvoir de donner aux conventions privées, le caractère d'un acte authentique et

---

(1) L. 25 vent. an xi, art. 1er.

la force d'un jugement en dernier ressort. C'est le *judex chartularius* des capitulaires, ou, suivant la définition moderne, c'est *le magistrat de la juridiction volontaire*.

Le droit de conférer à un acte privé l'autorité d'un acte officiel et authentique, de lui donner le *pareatis*, c'est-à-dire d'en assurer l'exécution en requérant le concours des divers agents de la force publique, en leur commandant au nom du chef de l'Etat, est certainement une partie essentielle de la puissance publique. Il était impossible qu'un pouvoir aussi étendu fût exercé en France par un étranger. D'un autre côté, on ne pouvait présenter à la confiance des parties, comme dépositaire de leurs intérêts, comme rédacteur impartial et désintéressé de leurs conventions, un Français déchu de la qualité de citoyen.

La première condition à exiger d'un notaire, c'était donc d'être Français et de jouir de la plénitude des droits attachés à ce titre.

2. Les droits, on le sait, sont de deux sortes : les droits *civils* et les droits *civiques* ou *politiques*.

Les premiers sont ceux qui touchent aux intérêts privés, qui règlent les rapports des citoyens entre eux.

Les droits politiques, au contraire, règlent les rapports des particuliers avec l'Etat.

Tels sont : le droit de faire partie des assemblées électorales, d'être élu ou nommé membre des chambres législatives ; le droit d'être témoin dans les actes authentiques reçus par un notaire, l'aptitude aux fonctions de juré et à toutes autres fonctions publiques.

3. Tout Français jouit des droits civils, excepté dans le cas de certaines condamnations judiciaires ; mais l'exercice de ces droits est indépendant de la qualité de citoyen. C. civ. art. 7 et 8. C. pén. art. 9, 42, 47.

L'exercice des droits civils est même quelquefois indépendant de la qualité de Français. L'étranger admis par autorisation du roi à établir son domicile en France, y jouit des droits civils, tant qu'il continue d'y résider.

On peut donc jouir des droits civils sans être Français.

On peut être Français sans être citoyen.

Mais on ne peut être citoyen sans être Français.

4. La constitution du 22 frim. an viii n'attribuait la qualité de citoyen à l'homme né et résidant en France, que si, après l'âge de vingt et un ans accomplis, il s'était fait inscrire sur le registre civique de sa commune, et si, depuis, il avait demeuré pendant un an sur le territoire français (art. 2).

Mais l'usage a introduit deux modifications à cette disposition : 1° il n'est plus tenu de registre civique dans les municipalités ; 2° l'année de résidence après la majorité n'est plus exigée.

Ainsi, aujourd'hui tout Français de naissance est citoyen de plein droit à l'âge de vingt et un ans accomplis.

La qualité de citoyen appartient aussi de plein droit à l'étranger naturalisé. La formalité du serment civique prescrite par la loi du 30 avr.—3 mai 1790 et par la constitution de 1791, n'a pas été maintenue. Aujourd'hui la naturalisation confère en même temps la qualité de Français et celle de citoyen. (Constit. du 22 frim. an VIII, art. 3.)

5. La qualité de citoyen ne rend pas habile à exercer tous les droits politiques. Quelques-uns sont subordonnés encore à des garanties de lumières, de considération, de fortune, que la loi stipule plus ou moins sévèrement, selon l'importance de ces droits. Tels sont les droits électoraux, l'admission à certaines fonctions publiques, notamment aux fonctions de notaire.

La Charte s'exprime donc d'une manière trop générale, en déclarant tous les Français également admissibles aux fonctions publiques. Cela ne doit s'entendre que des Français réunissant les conditions spéciales exigées par la loi.

6. Nous avons vu qu'on peut avoir la jouissance des droits civils, sans y joindre celle des droits de citoyen.

Réciproquement, on peut exercer les droits de citoyen dans toute leur plénitude, et être privé de l'exercice de quelques-uns des droits civils ou de famille. C. pén., art. 9 et 42.

7. A prendre à la lettre le paragraphe que nous examinons, il semblerait qu'un individu, sans jouir de la totalité des droits civils, pourrait être admis aux fonctions de notaire, pourvu qu'il fût en possession de la plénitude des droits de citoyen.

Mais il n'en est pas ainsi.

La disposition dont il s'agit doit évidemment être entendue dans le sens le plus étendu. Elle comprend tous les droits attachés non-seulement à la qualité de citoyen, mais à celle de Français, par conséquent les droits civils et de famille aussi bien que les droits civiques proprement dits. Le notaire est le conseil ordinaire et quelquefois l'arbitre des intérêts civils et de famille de ses clients. Comprendrait-on qu'un homme auquel l'exercice de ces droits est interdit pour lui-même, fût déclaré légalement capable de les diriger chez autrui? La question légale se joint d'ailleurs ici à une question de moralité. Un individu privé en justice de quelques-uns des droits de cité ou de famille, serait certainement dans un état de suspicion morale qui ne permettrait pas de l'admettre au notariat.

Cette observation subsisterait même après l'expiration ou la remise de la peine. La capacité légale ne pourrait plus sans doute être contestée dans ces cas; mais il resterait la question de moralité qui serait presque toujours résolue contre l'aspirant.

8. Notre article donne lieu à une autre observation. Il veut

qu'on jouisse de *l'exercice* des droits de citoyen ; mais cette condition ne peut non plus être appliquée à la lettre.

Il existe une grande différence entre la *jouissance* et l'*exercice* d'un droit.

Tous les Français majeurs jouissent des droits civiques, c'est-à-dire qu'ils sont aptes à les exercer, mais tous ne les exercent pas; ainsi, les droits électoraux et d'éligibilité sont soumis à des conditions d'âge et de cens qui font qu'en réalité, ces droits ne sont exercés que par une très-faible partie des citoyens.

On ne peut supposer au législateur l'intention d'exclure en masse du notariat les individus qui n'ont pas l'exercice des droits civiques. Il faut donc restreindre sur ce point l'art. 35, et reconnaître qu'on ne peut exiger des aspirants que la justification de la *jouissance* de ces mêmes droits.

9. L'aspirant qui se présente pour être admis aux fonctions de notaire, se trouve nécessairement dans une de ces trois positions.

Il est Français de naissance,

Ou en vertu de lettres de naturalisation,

Ou par réintégration.

Je vais examiner ces trois hypothèses.

Je m'occuperai ensuite du certificat à produire pour constater la jouissance des droits civiques et civils.

SECTION Iʳᵉ. — DES FRANÇAIS PAR DROIT DE NSSA NCE.

SOMMAIRE.

10. Tout individu né en France ou en pays étranger, d'un Français qui n'a pas perdu cette qualité, est Français. C. civ. 9, 10. C'est l'application du principe qui veut que l'enfant suive la condition de son père (1).

11. La nationalité du père détermine celle de l'enfant, mais c'est seulement au moment de la naissance. Les changements survenus depuis dans l'état du père, n'influent en rien sur la condition de l'enfant. Je reviendrai sur cette observation *infrà*, nᵒˢ 24 et 57.

12. Les articles 9 et 10 statuent en termes généraux ; ils ne doivent pas être limités par conséquent aux enfants nés dans le mariage. Le bénéfice de la nationalité appartient également aux enfants naturels.

Cela est sans difficulté pour l'enfant naturel reconnu par son père et sa mère français, ou par l'un d'eux seulement.

13. Mais que faut-il décider, lorsque la reconnaissance émane à la fois d'un Français et d'une étrangère, ou d'une Française et d'un étranger?

M. Duranton, t. 1, nᵒˢ 124 et 125, pense que l'on devrait suivre dans ce cas l'adage *partus ventrem sequitur*, car, dit-il, l'enfant pourrait être autorisé à se prétendre étranger par les lois du pays de son père ou de sa mère, surtout s'il est né sur le territoire étranger ; or, il est de principe qu'on ne peut appartenir à deux pays à la fois.

Je ne puis admettre cette opinion.

L'enfant né hors mariage n'a l'état de sa mère qu'en l'absence de déclaration de paternité. La loi attache à la recon-

---

(1) *Cum legitimæ nuptiæ factæ sint, patrem liberi sequuntur.* L. 19 ff. *de statu homin.*

naissance du père la prérogative de la puissance paternelle. Argum. C. civ. 383. Toullier, t. 1, n° 207. Proudhon, t. 1, p. 68. Delvincourt, t. 1, p. 14, note 2.

L'objection tirée de la double nationalité ne prouve rien. Il est des pays, notamment l'Angleterre, où le seul fait de la naissance sur le territoire confère la nationalité. Cependant, on n'a jamais prétendu qu'un individu né en Angleterre d'un Français ne fût pas Français, bien qu'il pût aussi être considéré comme Anglais par la loi anglaise.

Sans doute, il sera fâcheux, comme l'observe M. Duranton, pour le fils reconnu d une Française, de perdre sa nationalité par la reconnaissance d'un étranger ; mais il sera dans la position de tout individu objet d'une reconnaissance de paternité qui lui préjudicie. Il pourra contester aux termes de l'art. 339 C. civ.

14. Le fils reconnu d'une étrangère qui devient ensuite Française par son mariage avec un Français, ne cesse pas d'être étranger, s'il n'a été reconnu par le mari de sa mère.

Sa mère, par son mariage avec un Français, ne lui a pas plus conféré la nationalité, que la naturalité accordée à un étranger déjà père, ne confère à ses enfants nés antérieurement le titre de Français. La loi n'a pas d'effet rétroactif (décis. min. just. 2 mai 1826).

15. On considère au contraire, comme Français de plein droit, les enfants naturels non reconnus, et en général tous les individus nés en France de parents inconnus.

16. Le mot *Français* employé dans l'art. 10 C. civ., s'applique à l'étranger naturalisé aussi bien qu'au Français de naissance. Les enfants nés depuis sa naturalisation sont Français. Les autres ne le sont pas.

17. L'enfant né en France d'un étranger qui jouit des droits civils en vertu de l'art. 13, ne peut être considéré comme Français d'origine. Il suit la condition de son père, qui n'a pas cessé d'être étranger. C. Paris, 13 juin 1814. Duranton, t. 1, n° 221. *Contrà*, Delvincourt, t. 1, p. 13, note 3.

Il en est de même, à plus forte raison, de l'enfant né en France de l'étranger qui s'y est établi sans autorisation, mais à perpétuelle demeure, sans esprit de retour dans sa patrie originaire.

18. Les individus nés dans les pays qui ont été momentanément réunis à la France ne sont pas Français. Ils sont redevenus étrangers au moment de la séparation de leur pays. V. *inf.* n°⁵ 48 et suiv.

19. Quel est l'état de l'enfant né sur le territoire actuel du royaume, pendant la réunion du pays de son père qui, par conséquent, était Français au moment de la naissance ?

Cet enfant a suivi la condition de son père, redevenu étranger depuis la séparation de son pays. Ainsi, il n'est pas Français. Il ne pourrait le devenir qu'en faisant la déclaration prescrite par l'art. 9 C. civ., ou en obtenant des lettres de déclaration de naturalité (décis. min. just. 9 janv. 1827).

20. Mais on doit au contraire considérer comme Français de droit les descendants des religionnaires fugitifs, si d'ailleurs ils n'ont fait aucun des actes auxquels est attachée la perte de la qualité de Français. Constit. 3 sept. 1791, tit. 2, art. 2. Cass. req. 13 juin 1811. La chambre des députés a fait une application de ce principe, en faveur de Benjamin Constant.

21. Les colonies sont régies par des lois et réglements particuliers. Les hommes de couleur qui les habitent ne sont pas représentés à la chambre des députés ; mais on conclurait à tort de ces dispositions que l'accès des fonctions publiques, l'exercice des droits électoraux, sont interdits aux hommes de couleur résidant en France. Leur qualité de Français les fait indubitablement participer, hors des colonies, au droit commun à tous les Français de la métropole (Coin de l'Isle).

22. Avant la révolution, tout individu né en France d'un étranger était Français. Il paraît qu'il n'y avait aucune distinction entre lui et le Français d'origine. Ils étaient également admissibles aux fonctions publiques. D'Aguesseau, 32° plaid. Domat, l. 1, tit. 6, sect. 4, n° 5.

23. Aujourd'hui, l'individu né en France d'un étranger n'est Français qu'en remplissant les conditions suivantes :

Il doit, dans l'année qui suit l'époque de sa majorité, réclamer la qualité de Français, déclarer que son intention est de fixer son domicile en France et l'y fixer en effet dans l'année de cette déclaration, s'il réside en pays étranger. C. civ. 9.

Cette disposition comprend non-seulement, les enfants nés d'individus restés étrangers, mais ceux dont le père a été naturalisé depuis. La naturalisation du père n'a pas d'effet rétroactif pour les enfants.

Elle s'applique même aux enfants nés sur le territoire français, d'individus appartenant à l'un des pays momentanément réunis à la France. D'après les principes du droit international, ces individus sont réputés n'avoir jamais été Français.

24. Réciproquement, l'enfant né en France ou même à l'étranger d'un Français, reste Français, quelque changement qui ait pu s'opérer, depuis sa naissance, dans l'état de son père.

25. L'art. 9 est applicable non-seulement à l'enfant né sur le territoire continental du royaume, mais encore à celui qui est né dans les colonies françaises. La loi ne fait pas de distinction.

26. D'après le droit des gens, l'hôtel d'un ambassadeur étant considéré comme faisant partie du territoire de sa nation, l'enfant né en pays étranger dans l'hôtel d'un ambassadeur français, pourra réclamer le bénéfice de l'art. 9 C. civ , parce que

dans la réalité il est né en France. Legat. *Code des étrangers*,
p. 10. Arm. Dalloz, *Naturalisation*, n° 34.

27. Si la loi facilite à l'individu né en France l'acquisition
de la qualité de Français, c'est qu'un sentiment naturel nous
attache au lieu qui nous a vu naître; mais le même motif ne
s'applique plus à l'enfant qui, conçu seulement en France, se·
rait né en pays étranger, d'un étranger. D'ailleurs, l'époque de
la conception est toujours fort incertaine. Cet enfant ne peut
donc pas invoquer la faculté accordée par l'art. 9. La maxime
*infans conceptus pro nato habetur, quotiescumque de commodis ejus
agitur* n'est pas applicable. Duranton, t. 1, n° 130.

28. Dans l'art. 9, il ne s'agit pas de la majorité fixée par les
lois du pays de l'étranger, mais de celle fixée par la loi française. La constitution du 22 frim. an VIII exigeait en effet que
l'enfant eût vingt et un ans pour faire la déclaration prescrite.
Delvincourt, t. 1, p. 13, note 4 (2e édit.). Duranton, t. 1,
n° 129.

29. Le délai fixé par l'art. 9 C. civ. à l'étranger né en France,
pour faire sa déclaration, est-il un délai fatal? L'affirmative a
toujours été décidée au ministère de la justice. Le fils d'étranger qui laisse expirer ce délai encourt, en conséquence, la déchéance du bénéfice qui lui était accordé. Il ne peut plus devenir Français, qu'en remplissant les conditions imposées à
tout étranger pour obtenir des lettres de naturalisation ou de
déclaration de naturalité.

30. On a agité la question de savoir si la déclaration prescrite par cet article devait être répondue par des lettres
de naturalisation. Le ministère de la justice s'est prononcé pour
la négative. Il a constamment décidé que, dans le cas dont il
s'agit, la qualité de Français était acquise de plein droit.

31. La loi a dû se montrer plus favorable, lorsqu'au lieu du
fils d'un étranger, il s'agit du fils d'un Français qui a perdu
cette qualité : il peut toujours la recouvrer, même lorsqu'il
est né en pays étranger, en remplissant les formalités prescrites
par l'art. 9.

La loi se sert ici du mot *recouvrer* et non de celui *réclamer*
comme pour le fils d'étranger; ce qui indique la différence des
deux positions.

En outre, le fils de l'ancien Français n'est pas tenu de faire
sa déclaration dans l'année de sa majorité ; elle est recevable
à quelque époque que ce soit.

32. J'ai dit *sup.*, n° 27, que la règle *infans conceptus* ne s'appliquait pas au fils d'étranger, conçu en France, mais né sur
le territoire étranger. Je pense, au contraire, qu'elle doit être
appliquée à l'enfant conçu avant la défrancisation de son père.
Ici, la faveur du sang doit l'emporter, tandis que l'étranger
né hors de France ne peut pas même invoquer cette affection

naturelle pour le pays où l'on a reçu le jour. Tel est aussi l'avis de MM. Delvincourt et Duranton.

33. La qualité de Français s'acquiert aussi par la réunion d'un territoire étranger à la France, par suite d'une cession ou d'une conquête consommée. L'invasion seule ne change pas l'état des peuples.

34. Enfin, l'étrangère, en épousant un Français, devient Française ; sa bonne foi produirait seule cet effet, si le mariage était nul. Cass. 18 fév. 1819. Dalloz, t. 2, n° 240. Delvincourt, t. 1, p. 15, note 7 (3ᵉ édit.).

SECTION II. — DE LA NATURALISATION.

SOMMAIRE.

35. La naturalisation s'opérait autrefois par lettres du prince, accordées en grande chancellerie et enregistrées dans les cours souveraines ; on les appelait *Lettres de naturalité.* Denisart, v° *Naturalisation.*

Ces lettres n'attribuaient réellement que la jouissance des droits civils. L'étranger naturalisé n'avait pas la capacité de posséder des offices et des bénéfices ; il lui fallait une habilitation spéciale (ord. de Blois, art. 4 ; édit de Charles VII, du 10 mars 1432).

36. La révolution plaça l'acquisition de la qualité de Français dans le domaine de la loi.

La loi du 30 avr. 1790, et après elle, la constitution du 3 sept. 1791, exigèrent de l'étranger, pour le reconnaître Français, un stage de cinq ans et l'accomplissement de certaines conditions, telles que l'acquisition d'un immeuble, un mariage avec une Française, un établissement d'agriculture ou de commerce.

La constitution de 1793 réduisit le stage à une année en faveur de tout étranger vivant en France de son travail, ou qui avait épousé une Française, ou adopté un enfant, ou nourri un vieillard. Il valait autant dire qu'il suffisait d'entrer en France pour être Français.

La constitution de l'an III rétablit les conditions exigées par la loi de 1791, mais en étendant la durée du stage politique à sept ans (art. 10).

37. On distingue aujourd'hui quatre espèces de naturalisation :

La naturalisation ordinaire, en vertu de la constitution du 22 frim. an VIII ;

La naturalisation exceptionnelle, en vertu des sénatus-consultes des 24 vendém. an XI et 19 fév. 1808 ;

La déclaration de naturalité. L. du 14 oct. 1814 ;

Et la grande naturalisation. Ord. du 4 juin 1814.

38. Aux termes de l'art. 3, de la constitution du 22 frim. an VIII, qui nous régit actuellement, « un étranger devient citoyen français, lorsqu'après avoir atteint l'âge de vingt-un ans accomplis, et avoir déclaré l'intention de se fixer en France, il y a résidé pendant dix années consécutives. »

C'est la naturalisation ordinaire.

39. Il n'y a pas, comme dans le cas prévu par l'art. 9 C. civ., de délai fatal pour cette déclaration ; elle peut avoir lieu à quelque époque que ce soit, mais seulement depuis que l'étranger a atteint l'âge de vingt-un ans accomplis ; la déclaration faite avant cette époque ne compterait pas.

La déclaration est faite à la mairie de la résidence de l'étranger. Elle est inscrite sur un registre spécial et signée par le requérant.

40. Depuis la promulgation du C. civ., on avait pensé que cette déclaration était devenue insuffisante, et que le stage politique ne pouvait plus courir qu'à compter d'une admission à domicile accordée par le gouvernement, aux termes de l'art. 13 de ce code.

Le conseil d'Etat s'était prononcé dans ce sens (avis du 18 prair. an xi).

Mais cette opinion, suivie pendant quelque temps, a fini par être abandonnée, et avec raison.

La condition du domicile n'est pas imposée par la constitution de l'an viii, qui parle d'une simple résidence précédée d'une déclaration, sans l'intervention du gouvernement.

Au surplus, si l'admission à domicile n'est pas *obligée*, elle est toujours utile.

Elle est la meilleure preuve de l'intention de se fixer définitivement en France, et quand elle a été suivie d'une résidence de dix ans, elle équivaut à la déclaration prescrite par la constitution (déc. min. just. 16 fév. 1825 et 14 août 1830).

41. Il faut d'ailleurs que la résidence de dix années ait lieu sans interruption. C'est la condition essentielle et *sine quâ non* de la naturalisation.

42. Aux termes de la constitution de l'an iii et de celle de l'an viii, la naturalisation s'opérait de plein droit par le seul fait de la résidence précédée de la déclaration requise ; mais aujourd'hui elle n'a lieu qu'en vertu de lettres patentes délivrées par le roi.

43. La demande en naturalisation et les pièces à l'appui sont transmises par le maire du domicile du pétitionnaire au préfet, qui les adresse, avec son avis, au ministre de la justice, sur le rapport duquel le roi statue (décr. du 17 mars 1809).

44. Les sénatus-consultes des 26 vendem. an xi et 19 fév. 1808, autorisent, par exception, le gouvernement à conférer la qualité de citoyen français, après un an de domicile, aux étrangers qui rendraient ou auraient rendu des services importants à l'Etat, qui apporteraient dans son sein des talents, des inventions ou une industrie utile ou qui y formeraient de grands établissements.

45. Ici, comme on le voit, le stage politique est réduit à un an ; mais c'est une année de *domicile* et non pas seulement de résidence, comme dans le cas prévu par l'art. 3 de la constitution de l'an viii.

Or, un étranger ne pouvant avoir un domicile en France qu'en vertu de l'autorisation du roi, il s'ensuit qu'à la différence du stage pour la naturalisation ordinaire, le stage d'un an pour la naturalisation exceptionnelle, ne commence à courir qu'à compter de cette autorisation.

C'est ce qui résulte de deux avis du conseil d'État, l'un du 8 déc. 1821, l'autre du 4 nov. 1830.

Ce dernier avis est ainsi conçu :

Considérant qu'un étranger ne peut invoquer le bénéfice du sénatus-consulte ci-dessus visé qu'après un an de domicile en France ;

Considérant qu'il ne peut être admis à établir son domicile en France qu'en vertu d'une autorisation du roi, conformément à l'art. 13, du C. civ.;

Considérant que le sieur Fritz Perregaux n'a pas encore été autorisé par ordonnance royale à fixer son domicile en France,

Est d'avis qu'il n'y a pas lieu à statuer, quant à présent, sur la demande.

46. La naturalisation exceptionnelle ne peut être conférée que sur l'avis préalable du conseil d'État (sén.-cons. du 19 fév. 1808).

La demande est d'ailleurs formée et instruite de la même manière que pour la naturalisation ordinaire.

47. On distinguait autrefois les lettres de naturalité et les lettres de *déclaration d'état*. Les premières attribuaient à un étranger la qualité de Français, mais avec les restrictions imposées par les ordonnances. Les secondes rendaient la nationalité à un Français qui l'avait perdue ou à ses enfants, et ceux qui les obtenaient étaient considérés comme n'ayant jamais quitté la France.

Cette exception avait lieu pour les habitants des pays sur lesquels la France conservait des prétentions, tels que le Milanais, la Navarre. Elle ne cessait pas d'en considérer les habitants comme ses sujets ; et lorsqu'ils venaient s'établir dans le royaume, on leur accordait non des *lettres de naturalité*, mais des *lettres de déclaration d'état*, qui faisaient jouir ceux qui les obtenaient des priviléges des citoyens.

Les lettres de déclaration ne faisaient que constater un droit *acquis*, à la différence des lettres de naturalisation qui conféraient un droit *nouveau*.

48. La distinction entre la naturalisation et la déclaration de naturalité a été rétablie par la loi du 14 oct. 1814, relative aux habitants des pays réunis à la France depuis 1791, et séparés par les traités de 1814 et 1815.

49. Ces habitants sont divisés en deux catégories :

Ceux qui étaient établis en France au moment de la promulgation de la loi,

Et ceux qui étaient restés dans leur pays.

Les premiers sont dispensés de la déclaration préalable prescrite par la constitution de l'an VIII, mais ils restent assujettis à la résidence de dix années depuis leur majorité. A l'expiration de ces dix années, ils doivent, dans les trois mois, déclarer qu'ils persistent dans la volonté de se fixer en France. Le gouvernement leur délivre des lettres de *déclaration* de *naturalité*. Il peut même, lorsqu'il le juge convenable, accorder ces lettres avant les dix ans de résidence révolus (art. 1 et 2).

Les seconds restent assujettis à toutes les règles prescrites par la constitution de l'an VIII ; seulement, la durée du stage peut être abrégée en leur faveur par le gouvernement (art. 3).

50. Le délai de trois mois accordé pour faire la déclaration, par la loi du 14 oct. 1814, n'est que comminatoire, et ne peut entraîner la déchéance. Avis cons. d'Etat, 30 août-15 sept. 1828. Cass. 4 mai 1836.

C'est ainsi que cette loi a été constamment exécutée sans réclamation, tant par les ordonnances royales des 17 fév. 1815, 5 juin 1816, et 29 oct. 1817, qui ont chacune ajouté, en faveur des militaires, diverses prorogations au délai dont il s'agit, que par les nombreuses lettres de naturalité accordées, depuis, sur des demandes formées postérieurement aux trois mois.

L'explication suivante donnée par le garde-des-sceaux à la chambre des députés ne laisse aucun doute à cet égard.

« Le gouvernement a interprété favorablement la loi du 14 oct. 1814. Cette loi dit bien que les individus dont elle s'occupe peuvent acquérir la qualité de Français en la réclamant dans les trois mois ; et le préopinant, supposant que ces trois mois constituent un délai fatal après lequel on ne peut plus réclamer, croit aujourd'hui qu'ils ne peuvent plus devenir Français. Mais il n'en est pas ainsi. Nous regardons ce délai de trois mois comme purement comminatoire. C'est l'avis du conseil d'Etat, dont le ministre de la justice a constamment appliqué la décision depuis 1815. Aujourd'hui encore, quoiqu'il se soit écoulé vingt ans, nous admettons les réclamations, et le roi délivre habituellement des lettres de naturalité à ces individus » (séance du 10 janv. 1835).

51. D'après les termes de la loi de 1814, elle ne paraissait applicable qu'aux individus *majeurs* au moment de sa promulgation ; mais le conseil d'Etat a décidé, avec raison, que son bénéfice devait être étendu aux mineurs ; qu'autrement, ils se trouveraient frappés d'une déchéance qu'il n'était pas en leur pouvoir d'éviter, malgré le principe qu'aucune déchéance ni prescription ne peuvent courir contre les mineurs, et que l'état demeure suspendu pendant la minorité. Avis cons. d'État, 30 août-15 sept. 1828.

52. Une question controversée est celle de savoir quelle est la nationalité des enfants nés pendant la réunion de leur pays, et dont les pères ont obtenu, depuis la séparation, des lettres de déclaration de naturalité.

Le conseil d'Etat a decidé, dans l'avis déjà cité du 30 août-15 sept. 1828, qu'ils sont fils de Français et par conséquent Français eux-mêmes, sans avoir besoin d'obtenir ni lettres déclaratives de naturalité, ni lettres de naturalisation. La C. Douai, 28 mars 1831, s'est prononcée dans le même sens.

Mais la décision contraire, consacrée par les CC. Lyon, 2 août 1827, Grenoble, 18 fév. 1831, Paris, 25 mars 1834, Cass. 16 juill. 1834, paraît devoir être suivie, d'après le double principe, qu'en matière de naturalisation tout est personnel, et que les habitants suivent toujours le sort de leur pays.

53. Il importerait peu que le fils fût né sur le territoire actuel de la France et qu'il eût continué d'y résider : ni la résidence, ni le lieu de la naissance ne sont attributifs de la qualité de Français. C'est la condition seule du père au moment de la naissance qui détermine celle de l'enfant.

54. La loi de 1814 ne parle que des habitants des départements réunis : pourrait-elle être appliquée aux individus nés, en pays étranger non réuni, de pères originaires des pays réunis ? On s'est prononcé pour l'affirmative, et avec raison, en se fondant par analogie sur l'art. 10 C. civ.

55. Il est bien entendu, d'ailleurs, que la déclaration de naturalité, comme la naturalisation elle-même, ne peut avoir lieu qu'en faveur d'individus habitant actuellement le territoire français. Il ne suffirait pas de justifier de dix années de résidence antérieures à la demande. Il faut que la résidence soit *continue* et *actuelle* (décis. du 26 mai 1831).

56. Le traité du 28 nov. 1815 a séparé de la France nonseulement les pays réunis depuis 1791, mais encore quelques districts qui en faisaient partie avant cette époque.

La loi de 1814 n'est pas applicable aux habitants de ces pays. Ils sont Français de droit, pourvu qu'ils se soient retirés en France dans le délai de six ans à compter de l'échange des ratifications, conformément à l'art. 7 du traité de 1815.

57. En terminant ce qui a rapport à la naturalisation, il convient de poser deux principes généraux.

Le premier, c'est que la naturalisation confère un droit purement personnel. Ainsi le changement de nationalité du père reste sans influence sur celle de ses enfants, telle qu'elle avait été fixée au moment de leur naissance. La règle *liberi patrem sequuntur* n'est pas applicable à la naturalisation. Instr. du min. de la guerre du 28 sept. 1811. C. Grenoble, 16 déc. 1828.

Le second principe, c'est que la naturalisation ne peut jamais s'acquérir par prescription, quelque longue, quelque notoire que l'on suppose la possession.

Par conséquent, un étranger admis à établir son domicile en France et que le gouvernement, excédant les bornes de son pouvoir, aurait promu à des fonctions publiques, même en connaissant son extranéité, se prévaudrait vainement de cette délégation irrégulière des droits politiques, pour réclamer devant les tribunaux quelque avantage que ce soit attaché exclusivement à la qualité de citoyen. C. Rouen, 18 août 1824.

58. Jusqu'en 1814, la qualité de citoyen conférait les mêmes droits politiques à l'étranger naturalisé et au Français d'origine; mais une ordonnance du 4 juin de cette année, ayant force législative comme la Charte, porte : « Aucun étranger ne peut siéger dans l'une ou l'autre des deux chambres, à moins que, pour d'importants services rendus à l'Etat, il n'ait obtenu des lettres de naturalisation vérifiées dans les deux chambres (1). »

59. Les lettres patentes de grande naturalisation sont délivrées *gratis* par le conseil du sceau des titres, remplacé aujourd'hui par le conseil d'administration du ministère de la justice. Elles ne sont sujettes à aucun droit d'enregistrement. L. 28 avr. 1816, art. 55, n° 10 du tableau y annexé.

60. Mais les lettres de simple naturalisation ou de déclaration de naturalité sont passibles d'un droit d'enregistrement de 20 p. 100 du montant du droit du sceau, lequel est fixé à 100 fr. pour les lettres dont il s'agit. L. 28 avr. 1816, art. 55, n° 11 du tableau.

61. Les lettres-patentes de naturalisation, de déclaration de naturalité, de grande naturalisation, doivent être demandées par l'intermédiaire d'un référendaire, dont les droits sont fixés a 50 fr. Ord. du 8 oct. 1814.

SECTION III. — DE LA PERTE DE LA QUALITÉ DE FRANÇAIS ET DE LA MANIÈRE DE LA RECOUVRER.

SOMMAIRE

62. *Dispositions du Code civil.*
63. *Législation de la révolution.*

---

(1) Cette disposition s'applique non-seulement à la naturalisation, mais à la déclaration de naturalité. L'art. 1er de la loi du 14 oct. 1814, contient une réserve expresse à cet égard.

Je pense même qu'elle doit être étendue aux fils d'étrangers qui deviennent Français de plein droit, en faisant leur déclaration dans l'année de leur majorité. Cette déclaration n'est qu'un moyen plus favorable *d'acquérir* la nationalité. Les individus dont il s'agit étaient originairement étrangers. Cela suffit pour les soumettre à la grande naturalisation.

Je crois au contraire que les fils d'anciens Français, réintégrés en vertu de l'art. 10 C. civ. doivent en être affranchis. Ils n'acquièrent pas, ils *recouvrent* la qualité de Français. Leur position est donc toute différente de celle des fils d'étrangers.

62. La loi ne reconnaît pas d'abdication expresse de la qualité de Français. Cette qualité ne se perd que dans les cas ci-après :

1° Par la naturalisation acquise en pays étranger ;

2° Par l'acceptation non autorisée par le roi, de fonctions publiques conférées par un gouvernement étranger ;

3° Par tout établissement fait en pays étranger, sans esprit de retour. Les établissements de commerce ne peuvent jamais être considérés comme ayant été faits sans esprit de retour, C. civ., art. 17 ;

4° Enfin, par l'acceptation non autorisée, d'un service militaire à l'étranger, et l'affiliation, également non autorisée, à une corporation militaire étrangère (*ib.*, art. 21) (1).

63. La perte de la qualité de citoyen Français par la naturalisation en pays étranger, avait déjà été prononcée successivement par l'art. 6, titre 2 de la constit. de 1791, par l'art. 5 de celle de 1793, et par les art. 12 de la const. de l'an III et 4 de celle de l'an VIII.

64. Deux décrets des 6 avr. 1809, et 26 août 1811, ont ajouté à la perte de la qualité de Français dans les cas ci-dessus (excepté celui d'établissement en pays étranger, sans esprit de retour) diverses déchéances qui se réduisent aujourd'hui à la privation des titres, décorations, majorats.

La confiscation des biens et l'incapacité de transmettre et de recevoir qu'ils prononçaient en outre ont été abolies, l'une par la Charte, l'autre par la loi du 14 juill. 1819.

---

(1) La femme perd en outre la qualité de française, par son mariage avec un étranger. C. civ. 19.

Quelques auteurs, notamment M. Duranton, pensent néanmoins que l'incapacité de disposer et de recevoir subsiste toujours, parce qu'elle est prononcée non comme conséquence de l'expatriation, mais comme peine spéciale.

65. On a contesté que les deux décrets dont il s'agit pussent avoir force de loi. Proudhon, *de l'Usufruit*, t. 4, n° 1986. Guichard, Traité des droits civils, n° 307. Mais cette opinion ne peut se soutenir en présence des art. 21, 37, 44 de la constitution de l'an VIII. M. le garde-des-sceaux Peyronnet a décidé, en janvier 1823, que le décret du 26 août 1811 avait, comme tant d'autres, acquis force de loi, et qu'il devait encore être appliqué, quant aux dispositions qui subsistent en harmonie avec la Charte et les autres lois.

66. On doit par conséquent considérer comme subsistant, malgré leur extrême sévérité, les dispositions du décret de 1809, qui prononcent la mort civile, et même dans certains cas la peine de mort contre le Français expatrié qui n'obéirait pas au décret de rappel ou qui ne serait pas rentré en France dans les trois mois des premières hostilités, art. 22, 26, 28, 29.

67. La naturalisation en pays étranger a lieu avec ou sans l'autorisation du roi. (Décr. 26 août 1811, tit. 1ᵉʳ, art. 1ᵉʳ.)

Mais, la naturalisation même autorisée n'empêche pas de perdre la qualité de Français. Elle affranchit seulement des déchéances spéciales prononcées par le décret ci-dessus.

68. La loi ne parle au surplus que d'une naturalisation complète. La denization, c'est-à-dire le droit accordé en Angleterre par lettres du roi, d'acquérir, à titre onéreux ou gratuit, et d'aliéner de même des immeubles situés dans la Grande-Bretagne, ne suffit pas pour opérer la perte de la qualité de Français. Legat. *Code des étrangers*, p. 23.

69. La loi ne prive de la qualité de Français celui qui accepte des fonctions publiques d'un gouvernement étranger, que lorsque l'acceptation a lieu sans l'autorisation du roi. C'est la punition d'un engagement présumé incompatible avec la fidélité et la subordination que l'on doit au gouvernement de son pays.

70. Que doit-on entendre par fonctions publiques? L'avis du conseil d'Etat des 14-21 janv. 1812, 5ᵉ quest. en restreint la signification aux fonctions exercées près la personne d'un souverain étranger ou dans une administration publique étrangère.

La prohibition ne s'applique donc pas aux professions libérales, telles que celles d'avocat, de médecin, etc. Ainsi décidé par la C. Montpellier, 12 juill. 1826, pour un Français qui avait exercé la profession d'avocat à l'étranger;

Mais elle s'étend aux fonctions ecclésiastiques, même au titre d'évêque *in partibus*. Décr. 7 janv. 1808, art. 1ᵉʳ.

71. Un établissement de commerce en pays étranger n'emporte pas déchéance de la qualité de Français, lors même que,

d'après la loi de ce pays (1), il serait suffisant pour y opérer la naturalisation. C. Paris, 3 mai 1834.

72. Le Français qui aura perdu sa qualité de Français pourra toujours la recouvrer, en rentrant en France avec l'autorisation du roi, et en déclarant qu'il veut s'y fixer, et qu'il renonce à toute distinction contraire à la loi française (C. civ., art. 18).

La réintégration, dans ce cas, a lieu de plein droit, sans qu'il soit nécessaire de prendre des lettres patentes. Ce serait ajouter une condition nouvelle à celle déjà prescrite par la loi. Décis. min. just. 23 juill. 1831.

73. La loi traite plus sévèrement le Français qui a cessé de l'être, pour avoir pris, sans autorisation, du service militaire à l'étranger, ou une affiliation à une corporation militaire étrangère.

Il ne peut rentrer en France qu'avec l'autorisation du roi, et recouvrer la qualité de Français qu'en remplissant les conditions imposées à l'étranger pour devenir citoyen : le tout sans préjudice des peines prononcées par la loi criminelle contre les Français qui ont porté ou porteraient les armes contre leur patrie (C. civ. art. 21).

74. On a remarqué avec raison que l'ancien Français, dans ce cas, étant entièrement assimilé à l'étranger, pourrait obtenir sa réintégration après un an de stage, en vertu du sénatus-consulte du 19 févr 1808. Duranton, t. 1, n° 194.

Le gouvernement peut même, avant la réintégration du Français, et pendant son stage, lui accorder des lettres de relief qui, sans lui rendre immédiatement la nationalité, l'affranchissent des déchéances spéciales prononcées par les décrets de 1809 et de 1811 (avis du cons. d'État, 20 juin 1833).

Ces lettres sont accordées en conseil privé comme les lettres de grâce. (décr. 26 août 1811, art. 12).

Elles n'ont pas d'effet rétroactif. Dalloz, t. 6, p. 508, n° 27.

75. L'exercice des droits de citoyen peut n'être que suspendu.

Cette suspension a lieu dans les cas suivants :

Par l'état de débiteur failli ou d'héritier immédiat, détenteur à titre gratuit de la succession totale ou partielle d'un failli; par l'état de domestique à gages; par l'état d'interdiction judiciaire, d'accusation ou de contumace. Constit. 22 frim. an VIII, art. 5.

76. Toutes les manières dont se perd la qualité de Français emportent privation de celle de citoyen.

77. On perd en outre, non pas la qualité de Français, mais celle de citoyen, ou seulement l'exercice des droits civils, par

---

(1) C'est ce qui a lieu en Espagne.

la condamnation à certaines peines. Constit. du 22 frim. an VIII, art. 5. C. civ., art. 22. C. pén., art. 9, 42, 43, 109, 123, 185, 187, 401, 405, 406 et 410.

La privation des droits civiques ou civils, résultant d'un jugement, est totale ou partielle.

Cette privation ne doit être prononcée par les tribunaux, qu'autant qu'elle est autorisée par une disposition particulière de la loi. Elle est encourue ou comme peine, ou comme conséquence d'une peine.

78. La privation des droits civiques ou civils, résultant d'une condamnation judiciaire, ne cesse qu'à l'expiration de la peine, ou par l'exercice du droit de grâce, ou par la réhabilitation. Chart. Constit., art. 58. C. instr. crim., art. 633.

SECTION IV. — DU CERTIFICAT DE JOUISSANCE DES DROITS CIVIQUES ET CIVILS.

SOMMAIRE.

79. *Le certificat est délivré par le maire.*
80. *Compétence exclusive de ce fonctionnaire.*
81. *Exception, lorsqu'il y a un adjoint spécial pour l'état civil.*
82. *Cas où l'aspirant a eu plusieurs domiciles successifs,*
83. *Ou une résidence distincte de son domicile.*
84. *Mention à insérer dans le certificat.*
85. *Timbre et légalisation.*
86. *Suite.*
87. *Des cartes civiques.*
88. *L'attestation du maire n'est que la déclaration d'un fait.*
89. *Elle ne prouve pas la nationalité.*
90. *Critique d'une décision contraire.*
91. *Preuve à fournir par l'aspirant né dans un pays réuni,*
92. *Ou en pays étranger, mais d'un négociant français.*
93. *Du certificat de bonnes vie et mœurs.*

79. La preuve de la jouissance des droits civiques et civils s'établit au moyen d'un certificat délivré par le maire du domicile de l'aspirant.

Ce certificat est délivré par le maire seul, s'il a une connaissance personnelle des faits. Autrement, il est délivré sur la déclaration de deux témoins domiciliés dans la commune.

80. Le maire, comme officier de l'état civil, a seul qualité pour certifier la jouissance des droits civils et civiques; un certificat émané du secrétaire de la mairie, d'un greffier, du juge de paix, du président du tribunal, du sous-préfet, ne serait pas valable. C'est ce qui a été décidé plusieurs fois.

81. Dans les sections de communes où il y a un adjoint spé-

cial pour remplir les fonctions d'officier de l'état civil, le certificat devrait, à mon avis, être délivré par cet adjoint.

82. Lorsqu'il y a eu plusieurs domiciles successifs, le certificat doit être demandé au maire du dernier domicile.

Cependant si ce domicile n'était établi que par une résidance de moins de six mois, il serait prudent de produire aussi un certificat du maire du précédent domicile. Argum. C. civ., art. 167.

83. Si la résidence et le domicile étaient distincts, je pense que le certificat devrait toujours être délivré par le maire du domicile. Il ne s'agit pas en effet ici d'une attestation de moralité, mais d'une déclaration de capacité civile pour laquelle le maire du domicile légal paraît seul compétent.

84. Le maire doit certifier à la fois la capacité *civique* et *civile* de l'aspirant. Le certificat serait insuffisant, malgré les termes de l'art. 36, s'il se bornait à constater la jouissance des droits civiques, qui, comme on l'a vu *suprà*, n°ˢ 3 et 7, ne comprend pas nécessairement celle des droits civils. Il en serait de même, à plus forte raison, d'un certificat qui déclarerait seulement que l'aspirant jouit des droits civils.

J'ai vu un grand nombre d'attestations réduites à cette dernière mention; elles ont toujours été rejetées. C'est un point sur lequel les aspirants doivent porter une attention particulière, pour ne pas éprouver de retards, lorsqu'ils sollicitent leur nomination.

85. Ce certificat, comme toutes les autres pièces produites par l'aspirant, doit être sur papier timbré.

La signature du maire doit être légalisée par le sous-préfet et non par le président du tribunal civil.

86. Quelques maires, se fondant sur l'art. 23 de la loi du 13 brum. an 7, délivrent deux certificats, l'un pour les droits civiques et l'autre pour les droits civils.

Cela n'est pas nécessaire. Les attestations dont il s'agit n'ont jamais été considérées comme deux actes distincts. Elles forment un acte complexe, comme le certificat de moralité et de capacité. Elles peuvent par conséquent être délivrées sur la même feuille de timbre.

Mais on doit s'abstenir d'insérer dans ce certificat aucune autre attestation. Par exemple, il y aurait contravention à l'art. 23 précité, si le maire déclarait à la fois que l'aspirant jouit de ses droits civils et civiques et qu'il est libéré du service militaire.

87. Sous l'empire des précédentes constitutions, chaque citoyen devait être muni d'une *carte civique*. L'usage de ces cartes s'est maintenu dans quelques communes. J'en ai vu une délivrée à un candidat, né à Saint-Loup-de-Lasalle dans l'arrondissement de Châlons-sur-Saône.

Cette carte a été admise comme certificat de jouissance des

droits civiques ; mais l'aspirant a dû justifier en outre qu'il avait la pleine jouissance de ses *droits civils.*

88. Il ne faut pas, au surplus, donner au certificat délivré par le maire plus de portée qu'il ne doit en avoir.

Ce certificat prouve seulement le *fait* de la jouissance et non le *droit* à cette jouissance, qui peut n'être fondée que sur une simple possession ; en d'autres termes, il ne prouve pas la nationalité.

89. Ainsi, lorsque la preuve ou au moins une présomption suffisante de nationalité ne résulte pas de l'acte de naissance, l'aspirant doit prouver non-seulement qu'il *jouit* des droits civiques et civils, mais qu'il est Français.

Par exemple, s'il est étranger naturalisé ou fils d'étranger né en France et devenu Français en vertu des dispositions de l'art. 9 C. civ., il doit produire les lettres-patentes de naturalisation ou de déclaration de naturalité, ou l'extrait de la déclaration faite dans l'année de sa majorité.

Les mêmes justifications doivent être faites par le Français qui avait perdu et qui a recouvré sa qualité, et par le fils d'un Français expatrié, lorsqu'il a satisfait aux conditions prescrites par l'art. 10 C. civ.

90 L'espèce suivante s'est présentée.

En 1834, le sieur L... forma une demande pour être admis aux fonctions de notaire dans l'arrondissement d'Evreux. Il produisait un certificat du maire de sa commune, constatant qu'il jouissait de la plénitude de ses droits civiques et civils ; mais son acte de naissance était daté de Vienne, en Autriche. Il n'y était nullement fait mention de la qualité de son père, et rien n'indiquait que ce dernier fût attaché à l'ambassadeur ou à un autre agent français, ou qu'il exerçât lui-même des fonctions pour le compte du gouvernement français.

La seule présomption de nationalité résultait de ce que les parrain et marraine étaient le fils et la fille de l'ambassadeur français Champagny ; mais on voit combien cette présomption était faible et insuffisante.

Il était pour moi de toute évidence que cet aspirant ne pouvait être admis sans prouver la nationalité de son père, à laquelle la sienne était subordonnée ; cependant il fut nommé, « attendu qu'il produisait un certificat de jouissance des droits de citoyen, ce qui suffisait aux termes de la loi. »

Cette décision n'a pu changer ma conviction. Le certificat de droits civiques ne prouve, comme je l'ai dit, qu'une jouissance de fait, qui peut être le résultat d'une simple possession, d'une usurpation. Il faut donc, lorsqu'il y a des doutes sur la nationalité, qu'elle soit prouvée régulièrement.

Mais quel genre de preuve devra-t-on exiger dans ce cas ?

Je pense que l'acte de naissance du père, accompagné d'un acte de notoriété constatant à la fois sa nationalité et l'emploi ou profession qu'il exerçait à l'étranger, pourra ordinairement suffire.

Si néanmoins il restait des doutes sérieux sur la nationalité du père, l'aspirant devrait établir et faire reconnaître sa qualité devant les tribunaux.

91. En 1836, un sieur A... fut également nommé aux fonctions de notaire dans le département du Var, bien qu'il fût né à Nice.

A la vérité, il était né le 13 mars 1806, pendant la réunion de son pays à la France, et son acte de naissance portait qu'il était fils d'un receveur de l'enregistrement; mais il était possible que son père fût lui-même originaire d'un pays réuni, et dès-lors ils seraient redevenus étrangers l'un et l'autre, au moment de la séparation. Il paraissait donc indispensable de prendre des renseignements spéciaux sur la nationalité du père; cependant cette information n'a pas eu lieu.

92. Un établissement de commerce en pays étranger n'est jamais considéré comme une cause d'expatriation, même en Espagne où cependant, d'après la loi du pays, un pareil établissement suffit pour opérer la naturalisation. V. *sup.* nos 62 et 71.

Il a été décidé en conséquence qu'un aspirant né à Barcelone d'un père français, mais établi dans cette ville où il avait une maison de commerce, pouvait être admis aux fonctions de notaire, sans autres justifications que celles énoncées dans l'art. 36 de la loi de ventôse (décis. min. just. janvier 1838).

Il est vrai que, dans l'espèce, le père était rentré en France, depuis la naissance de son fils, et qu'il y était décédé *integri statûs.*

Peut-être la décision eût-elle été différente, si le père avait continué de résider en pays étranger et s'il y était décédé.

93. Indépendamment du certificat de jouissance des droits civiques et civils, beaucoup de candidats produisent un certificat de bonnes vie et mœurs, délivré également par l'autorité municipale.

Cette justification n'est point exigée par la loi; mais l'administration l'a toujours accueillie comme complément de preuve.

A la différence du certificat des droits civiques et civils, le certificat de bonnes vie et mœurs doit être délivré par le maire de la résidence, si elle est distincte du domicile. Il ne s'agit plus en effet ici d'attester une *capacité*, il s'agit d'un simple renseignement qui ne peut régulièrement être donné que par l'autorité sous les yeux de laquelle l'aspirant se trouve placé.

Le certificat de bonnes vie et mœurs étant une justification distincte, ne doit pas être délivré sur la même feuille que le certificat des droits civiques et civils.

CHAPITRE II.

DE LA LIBÉRATION DU SERVICE MILITAIRE.

—

Pour être admis aux fonctions de notaire, il faudra :..
2° Avoir satisfait aux lois sur la conscription militaire.

SECTION Iʳᵉ. — DU RECRUTEMENT.

SOMMAIRE.

94. *La conscription n'est abolie que de nom.*
95. *Aperçu de la législation sur le recrutement.*
96. *Durée du service militaire.*
97. *Vote annuel du contingent.*
98. *Sa division en deux classes. — Réserve.*
99. *Répartition du contingent entre les départements et les cantons.*
100. *Formation du contingent cantonal.*
101. *Le service militaire est un droit et un devoir. — Les Français seuls y sont appelés.*
102. *Des étrangers naturalisés.*
103. *Des fils d'étrangers.*

94. A la chute du gouvernement impérial, la restauration avait eu la pensée d'abolir la conscription, mais ce projet ne put être réalisé. On reconnut bientôt l'impossibilité d'entretenir dans l'armée un effectif suffisant, avec les seuls engagements volontaires.

La conscription ne fut donc abolie que de nom, elle fut maintenue de fait sous le nom de recrutement (art. 12 de la Charte de 1814, et 11 de celle de 1830).

95. Le recrutement des armées de terre et de mer a été régi d'abord par la loi du 10 mars 1818. A cette loi ont succédé celles des 11 oct. 1830 et 21 mars 1832, qui forment le dernier état de la législation (1).

---

(1) Le gouvernement avait présenté le 23 janv. 1841, un nouveau projet de loi sur le recrutement, mais il l'a retiré le 9 juin, au moment où la discussion venait de commencer à la chambre des pairs. La chambre des députés, saisie la première de ce projet, en avait modifié plusieurs dispositions.

96. La durée du service militaire est de sept ans (1) qui comptent du 1er janvier de l'année où le jeune soldat a été inscrit sur les registres matricules des corps de l'armée. L. 21 mars 1832, art. 30.

97. Le contingent à appeler, chaque année, pour le recrutement est déterminé par les chambres dans chaque session. Charte, art. 69, 4°; L. 11 oct. 1830.

98. Ce contingent est partagé en deux classes de quarante mille hommes chacune, composées, la première, de ceux susceptibles d'être mis en activité immédiatement; la seconde, de ceux qui seront laissés dans leurs foyers, et ne pourront être mis en activité qu'en vertu d'une ordonnance royale. C'est cette seconde classe qui forme la réserve (2). L. 21 mars 1832, art. 29.

99. La répartition du contingent entre les départements est faite par ordonnance royale. Celle du contingent départemental entre les cantons, est faite par le préfet, en conseil de préfecture. LL. 21 mars 1832, 8 mai 1837. — *V. aussi les lois annuelles du contingent et les ordonnances pour l'exécution de ces lois.*

100. Le contingent cantonal est fourni par un tirage au sort entre les jeunes Français qui ont leur domicile légal dans le canton, et qui ont atteint l'âge de vingt ans révolus dans le courant de l'année précédente. L. 21 mars 1832, art. 5.

La liste du contingent de chaque canton est arrètée et signée par le conseil de révision, qui statue sur les réclamations formées contre les opérations du recrutement, sur les exemptions, les dispenses, les substitutions ou les remplacements. L. 21 mars 1832, art. 28. Les décisions du conseil de révision sont définitives (3).

Les listes cantonales sont ensuite centralisées au chef-lieu du département, et leur réunion forme la liste du contingent départemental. *Ibid.*

101. Le service dans l'armée française constitue à la fois un droit et un devoir.

---

(1) Le nouveau projet de loi la portait à huit ans, qui ne devaient compter que du jour où le jeune soldat aurait été inscrit sur les contrôles de l'armée.

(2) Le projet voulait au contraire que la totalité du contingent fût appelée immédiatement sous les drapeaux, et que la réserve fût formée d'anciens soldats envoyés en congé illimité.

(3) D'après le même projet, le recours devant le conseil d'État était ouvert aux parties, pour incompétence ou excès de pouvoir, et au ministre seulement, pour violation de la loi.

Le *droit* appartient, sauf le cas d'indignité (1), à tout Français de naissance ou naturalisé.

Les étrangers ne sont point admis dans les troupes françaises. Charte const., art. 13; L. 21 mars 1832, art. 2.

Il n'y a d'exception que pour la légion étrangère.

Mais le *devoir* du service, c'est-à-dire l'obligation de concourir au tirage, n'est imposé qu'aux Français de naissance et aux individus nés en France de parents étrangers, immédiatement après qu'ils ont été admis à jouir du bénéfice de l'art. 9, C. civ. L. 21 mars 1832, art. 2.

102. Ainsi, les étrangers naturalisés. Français peuvent s'engager volontairement, mais ils ne sont pas soumis au recrutement (2).

103. Les individus nés en France de parents étrangers, demeurent également affranchis du service militaire, lorsqu'ils ne font pas la déclaration prescrite par l'art. 9 C. civ. Cette position exceptionnelle soulève depuis longtemps des réclamations, surtout dans les départements frontières où les établissements formés par des étrangers sont nombreux. Il y a, en effet, quelque chose d'injuste à laisser des individus profiter du bénéfice de nos lois, exercer en France des professions lucratives, y contracter des mariages, se déclarer Français, toutes les fois qu'il y a un avantage à recueillir, et répudier cette qualité, lorsqu'il s'agit de satisfaire à l'impôt du recrutement.

Les commissions législatives ont appelé plusieurs fois l'attention du gouvernement sur cette grave question (3).

SECTION II. — DES JUSTIFICATIONS.

SOMMAIRE.

104. *Observations générales.*
105. *Différentes positions dans lesquelles l'aspirant peut se trouver, relativement au service militaire.*

---

(1) L'indignité résulte de la condamnation à une peine afflictive ou infamante, ou à un emprisonnement correctionnel de deux ans au moins, avec mise en surveillance et interdiction des droits civiques, civils ou de famille. L. 21 mars 1832, art. 2.

(2) Le projet de loi du 23 janv. 1841 les soumettait au tirage immédiatement après leur naturalisation, à moins qu'ils n'eussent trente ans révolus.

(3) V. les rapports de MM. Paixhans et de Laplace, sur la loi du 27 avr. 1838, ceux de MM. Schneider et Aubernon sur le projet de loi du 23 janv. 1841, et les observations présentées dans la discussion de ce projet (*Mon.* 20 fév., 3 avr. 1838, 26 mars, 17 avr., 22 mai et 4 juin 1841).

104. Il convient d'abord de poser quelques principes généraux.

Le premier, c'est que la preuve de la libération du service ne peut plus être exigée aujourd'hui que des candidats âgés de moins de trente ans ; les autres sont libérés de plein droit.

Le deuxième, c'est qu'il faut avoir satisfait à la loi du recrutement ; ainsi, l'*omis*, c'est-à-dire celui qui par sa faute ou involontairement, n'a pas été porté sur les listes de tirage, ne pourrait être admis au notariat.

Enfin le troisième, c'est qu'il faut avoir satisfait complétement à la même loi. Il ne suffirait pas de prouver que l'on a concouru au tirage ; il faut, si l'on est tombé au sort, justifier d'une manière péremptoire, ou que l'on a accompli le temps de service exigé par la loi, ou que l'on a été libéré de toute autre manière.

105. Examinons maintenant les différentes positions dans lesquelles peut se trouver, sous le rapport du recrutement, le candidat qui se présente pour être admis aux fonctions de notaire.

Ou l'aspirant est libéré de plein droit, par bénéfice d'âge,

Ou bien il est porteur d'un certificat de libération définitive,

D'exemption,

De dispense ou déduction,

D'admission dans la réserve,

De substitution,

De remplacement ;

D'un congé illimité ou d'un congé définitif.

106. *Bénéfice d'âge.* L'art. 36 2° de la loi du 25 vent. an xi, assujettissait tous les aspirants, sans aucune dictinction, à prouver qu'ils avaient satisfait aux lois sur la conscription militaire ; mais cette disposition a été modifiée par la loi du 21 mars 1832, portant, art. 48. « Nul ne sera admis, *avant l'âge de trente ans accomplis*, à un emploi civil ou militaire, s'il ne justifie qu'il a satisfait aux obligations imposées par la présente loi (1). »

D'où il suit qu'après trente ans, l'aspirant est dispensé de toute justification.

---

(1) Il existait une disposition analogue dans le décret du 17 therm. an xii.

107. Ainsi l'admission au notariat ne pouvant avoir lieu qu'à vingt-cinq ans, et la dispense par bénéfice d'âge étant acquise à trente ans, ce n'est que pendant une période de cinq ans que la justification relative au recrutement est exigible.

108. On avait douté d'abord que cette disposition fût applicable aux *omis*, c'est-à-dire à ceux qui n'ont pas été portés sur les tableaux de recensement et qui n'ont point participé au tirage de leur classe.

Le Procureur du roi d'Yssingeaux avait, à la fin de 1836, refusé son *admittatur* à un candidat qui se trouvait dans cette position.

Mais il a été décidé, au mois de mars 1837, que la disposition de la loi de 1832 était absolue, et qu'elle s'appliquait à toutes les conditions dans lesquelles l'aspirant, âgé de plus de trente ans, pouvait se trouver.

109. On a demandé également si le candidat, âgé de plus de trente ans, était tenu néanmoins de produire un certificat de l'autorité administrative, constatant sa libération.

Non. La libération, dans ce cas, est de plein droit (décis. du 5 nov. 1836).

110. *Libération définitive.* C'est celle qui est prononcée en masse par le conseil de révision, après la clôture de la liste du contingent, en faveur de tous les jeunes gens dont les numéros ne sont pas compris sur cette liste.

Elle se prouve, comme les dispenses et exemptions, par un certificat de l'autorité administrative.

111. *Exemption.* Elle est accordée pour défaut de taille (la taille exigée est de 1 mètre 56 centimètres), pour infirmités constatées, L. 21 mars 1832, art. 13, 1°, 2°, ou pour des motifs d'équité ou d'humanité.

112. Ainsi, la loi exempte du service :

1° L'aîné d'orphelins de père et de mère, *ib.*, art. 13, 3°. On entend par *orphelins*, même les enfants qui auraient encore leurs grands-pères et leurs grand'mères.

113. 2° Le fils unique ou l'aîné des fils d'une femme actuellement veuve, ou d'un père aveugle, ou qui est entré dans sa soixante-dixième année, *ib.*, art. 13, 4°.

S'il n'y a pas de fils, l'exemption peut profiter au petit-fils unique ou à l'aîné des petits-fils, mais seulement quand il n'y a pas de gendre qui puisse être le soutien de la femme veuve ou du père septuagénaire.

Si, dans les cas précédents, l'enfant qui a droit de profiter de l'exemption est aveugle, ou atteint d'une autre infirmité incurable qui le rende impotent, l'exemption est accordée au frère puîné. L. 21 mars 1832, art. 13, 4°; Circul. min. de la guerre, du 30 mars 1832, n° 27.

114. 3° Le plus âgé de deux frères appelés à faire partie du même tirage et désignés tous deux par le sort, si le plus jeune est reconnu propre au service. L. 21 mars 1832, art. 13, 5°.

115. 4° Celui qui a un frère sous les drapeaux, à *tout autre titre que pour remplacement* (1), ou dont un frère est mort en activité de service, ou a été réformé, ou admis à la retraite pour blessures graves, reçues dans un service commandé, ou infirmités contractées dans les armées de terre ou de mer. *Ib.* 6° et 7°.

Ainsi, le remplaçant n'exempte pas son frère, par le fait de sa présence sous les drapeaux ; mais seulement lorsqu'il est mort en activité de service ou qu'il a été réformé ou admis à la retraite pour blessures ou infirmités résultant du service. Circul. 30 mars 1832.

On considère, comme étant *sous les drapeaux*, les militaires en congé, même illimité, et ceux qui font partie de la réserve.

Le frère qui est sous les drapeaux exempte son frère, lors même qu'il aurait déjà procuré l'exemption à un autre frère qui serait décédé depuis. Circul. 12 août 1837.

116. Les conseils de révision doivent avoir soin de ne pas confondre les militaires porteurs d'un *congé de renvoi*, avec ceux qui présentent un *congé de réforme*.

Ces derniers seuls procurent l'exemption d'un frère, parce que leur congé a été motivé par des blessures reçues dans un service commandé, ou par des infirmités contractées dans les armées de terre ou de mer. Circul. 30 mars 1832, n°s 38 à 40.

117. L'exemption accordée conformément au n° 115 ci-dessus, doit être appliquée dans la même famille, autant de fois que les mêmes droits s'y reproduisent, L. 21 mars 1832, art. 13 ; c'est-à-dire que, si, dans une famille composée de quatre enfants mâles, le premier est sous les drapeaux, le second est exempté ; le troisième ne l'est pas, et, s'il est obligé de partir, il exempte le quatrième. On compte néanmoins, en déduction de ces exemptions, celles qui ont déjà été accordées aux frères vivants, à tout autre titre que pour infirmité (2). Foucart, t. 1, p. 562.

118. Les exemptions sont applicables aux frères utérins et consanguins. Circul. 11 juill. 1836.

119. Elles peuvent aussi être invoquées par les enfants adoptifs ;

Et même par les enfants naturels, pourvu qu'ils soient légalement reconnus. Circul. 12 août 1837 ; Foucart, t. **1**, p. 563 ; Fleurigeon, Code administratif, v° *Recrutement*, n° 74.

---

(1) Par conséquent, le frère d'un *substituant* a droit à l'exemption.

(2) Ainsi, dans une famille composée de trois frères, si le premier est exempté pour défaut de taille, le second et le troisième doivent partir. Le troisième ne peut invoquer l'exemption résultant de la présence du second frère sous les drapeaux, car elle est remplacée par l'exemption accordée à l'aîné.

120. Les exemptions n'ont pas lieu de plein droit; elles sont prononcées par le conseil de révision. L. 21 mars 1832, art. 15.

Elles sont définitives. L'*exempté* est rayé de la liste du contingent, et remplacé dans l'ordre des numéros subséquents. *Ibid.*, art. 13.

Le certificat d'exemption est délivré par le préfet du département ou par le maire de la commune du domicile.

121. *Dispenses.* Il ne faut pas les confondre avec les *exemptions.*

Les jeunes gens *exemptés* sont rayés définitivement de la liste et remplacés par d'autres numéros; ceux qui ne sont que *dispensés* doivent, au contraire, être comptés en déduction du contingent, lorsque leur numéro les y place.

Les dispenses, comme les exemptions, sont accordées par le conseil de recensement. L. 21 mars 1832, art. 15.

122. Elles sont définitives ou conditionnelles.

123. Sont dispensés définitivement, les jeunes gens qui ont remporté les grands prix de l'institut ou de l'université. *Ib.*, art. 14, 6°.

124. La loi ne dispense que conditionnellement :

1° Ceux qui sont déjà liés au service des armées de terre ou de mer, en vertu d'un engagement volontaire, d'un brevet ou d'une commission ; les jeunes marins et ouvriers de marine portés sur les registres de l'inscription, conformément à la loi du 3 brum. an IV (L. 21 mars 1832, art. 14, 1o et 2°) ;

2° Les professeurs de l'université, des institutions royales des sourds muets, les instituteurs primaires communaux des deux premiers degrés, les élèves de l'école polytechnique, de l'école normale, de l'école dite *de jeunes de langues*, des grands séminaires, et ceux qui se destinent au ministère dans les cultes non catholiques. *Ibid.* 3°, 4°, 5°.

125. Ces dispenses ne sont accordées, qu'à la charge par les séminaristes, d'entrer dans les ordres à vingt-cinq ans, par les élèves des autres cultes, de recevoir la consécration dès que les réglements le permettent, et par les autres dispensés, de continuer leurs services, professions, ou études, pendant un temps égal à celui du service militaire. *Ibid.*

Ceux qui quittent leur carrière avant la libération de leur classe, sont tenus d'en faire la déclaration au maire de leur commune, et ils restent à la disposition du ministre de la guerre, pour tout le temps que leur classe doit encore à l'État.

126. Il faut donc bien se garder, comme je l'ai dit *sup.*, de confondre l'exemption avec la dispense, et la dispense définitive avec la dispense conditionnelle.

Celui qui a obtenu une exemption ou une dispense définitive est complétement libéré. Il peut se présenter immédiatement pour être admis à des fonctions publiques; la seule pièce qu'il ait à produire est le certificat du conseil de révision.

127. Celui, au contraire, qui n'a qu'une dispense conditionnelle ne, peut, lorsqu'il a moins de trente ans, être admis aux fonctions publiques qu'après la libération de sa classe, à moins qu'il n'ait été remplacé.

Il doit produire, indépendamment de la décision du conseil de révision, un certificat constatant qu'il a continué ses services ou ses études pendant le temps exigé, ou, s'il les a quittés prématurément, qu'il a passé au service militaire le surplus du temps que sa classe devait à l'Etat, ou qu'il a fourni un remplaçant. *Ibid.*, art. 14.

128. *Admission dans la réserve.* Nous avons vu *sup.*, n° 98, quelle est l'organisation actuelle de la réserve. Elle est formée de la deuxième classe du contingent, c'est-à-dire des jeunes soldats laissés dans leurs foyers, et qui ne sont susceptibles d'être mis en activité qu'en vertu d'une ordonnance royale.

Ces jeunes gens sont portés sur les contrôles de l'armée; ils sont soumis à des revues; ils sont placés sous la surveillance de l'autorité militaire, à la disposition de laquelle ils restent continuellement; ils ne peuvent quitter leur domicile ou se marier sans une autorisation (1). En un mot, ils font partie de l'armée.

129. Ils ne peuvent donc, jusqu'à la libération définitive de leur classe, être admis à des fonctions publiques, à moins de justifier d'un remplacement régulier. Décis. min. just. 21 avr. et 5 mai 1830.

L'engagement pris par le candidat qui se trouve dans cette position, de fournir un remplaçant en cas d'appel, ne suffirait pas. V. *inf.*, n. 145.

130. *Substitution et remplacement.* En principe, tous les Français sont appelés au service militaire. Cependant, ils ont la faculté de mettre à leur place une personne qui s'engage à servir pendant le temps et de la manière déterminés par la loi; ce qui a lieu de deux manières, par la substitution de numéro, ou par le remplacement.

131. La substitution de numéro est l'échange qui se fait, avant la formation de la liste du contingent, entre deux jeunes gens inscrits sur la même liste de tirage, et dont l'un est appelé par son numéro à faire partie du contingent, tandis que l'autre doit être libéré. Ce mode n'exige du substituant qu'une seule condition, c'est qu'il soit reconnu propre au service; il opère la libération définitive du substitué, sans le soumettre à la responsabilité annale. L. 21 mars 1832, art. 18.

132. La loi autorise aussi, après la clôture de la liste du

---

(1) Décret du 16 juin 1808.

contingent, les échanges de numéros entre les jeunes soldats mis en activité et ceux qui sont laissés en congé dans leurs foyers. Le substitué, dans ce cas, n'est pas libéré du service militaire ; son seul avantage est de passer de la classe d'activité dans la réserve. L. 21 mars 1832 art. 28. Circul. 30 mars 1832, n° 69. Foucart, t. 1, p. 580 et 581.

133. On distingue deux modes de remplacement.

Le remplacement sur la liste du contingent,

Et le remplacement au corps.

134. Le remplacement, dans le premier cas, ne peut avoir lieu qu'à l'égard des jeunes soldats compris définitivement dans le contingent cantonal. Circul. 30 mars 1832, n° 73.

135. Le remplaçant doit être Français, jouir des droits civiques et civils, avoir la taille requise, et réunir toutes les conditions de capacité physique et de moralité exigées par la loi ;

Etre libéré de tout service et obligations imposées soit par la loi du recrutement (1), soit par celle du 25 oct. 1795, sur l'inscription maritime ;

Etre âgé de vingt à trente ans au plus, ou de vingt à trente-cinq ans, s'il a été militaire, ou de dix-huit à trente ans, s'il est frère du remplacé ;

N'être ni marié, ni veuf avec enfants ;

N'avoir pas été réformé ;

Enfin, produire un certificat de bonnes vie et mœurs délivré, soit par le maire de son dernier domicile, soit par l'autorité militaire, s'il a déjà servi. L. 21 mars 1832, art. 19, 20 et 21. Circul. 30 mars 1832, art. 71 à 100.

136. Les substitutions de numéros et les remplacements sont autorisés par le conseil de révision qui examine si toutes les conditions exigées par la loi sont remplies. Il peut statuer après la clôture de la liste du contingent, jusqu'à la répartition des jeunes soldats dans les divers corps de l'armée. L. 21 mars 1832, art. 17 et 28.

L'acte de substitution ou de remplacement est reçu par le préfet dans la forme prescrite pour les actes administratifs.

137. Quant aux conventions particulières qui peuvent avoir lieu entre les substituants et les substitués, les remplaçants et les remplacés, la loi les soumet aux mêmes règles et formalités que tout autre contrat civil. L'administration n'a donc

____

(1) Le projet de loi présenté le 23 janv. 1841, autorisait à admettre comme remplaçants les militaires en activité de service ou faisant partie de la réserve, lorsqu'ils seraient entrés dans la dernière année de leur service, sous la condition qu'ils accompliraient le temps qui leur resterait à faire, indépendamment de celui auquel ils seraient tenus par leur acte de remplacement.

aucun droit de s'immiscer dans ces arrangements (1). L. 21 mars 1832, art. 24. Circul. 30 mars 1832, n⁰ˢ 105 à 108.

138. Le remplacement au corps n'étant pas autorisé par la loi (2), est laissé à la discrétion de l'autorité militaire. Foucart, t. 1, p. 582.

Les autorisations sont données, au nom du ministre de la guerre et sur la proposition des conseils d'administration des corps, par les maréchaux de camp commandant. Ord. 28 janv. 1837, art. 4.

On suit en général, pour ces autorisations, les règles prescrites par la loi du 21 mars 1832. Par conséquent, le remplacé est soumis à la responsabilité annale.

139. Toute substitution, tout remplacement effectué, soit en contravention des dispositions de la loi, soit au moyen de pièces fausses ou de manœuvres frauduleuses, est déféré aux tribunaux ; et, sur le jugement qui en prononce la nullité, l'appelé est tenu de rejoindre son corps ou de fournir un remplaçant, dans le délai d'un mois à compter de la notification du jugement. L. 21 mars 1832, art. 43.

Cette responsabilité, qui dure pendant tout le temps du service, est commune au substitué et au remplacé.

140. Mais le remplacé est soumis en outre à une responsabilité particulière, qui n'existe pas pour le substitué.

C'est la responsabilité pour le cas de désertion de son remplaçant (3).

Elle ne dure qu'un an à compter du jour de l'acte passé devant le préfet. Le remplacé est libéré, si le remplaçant meurt sous les drapeaux, ou si, en cas de désertion, il est arrêté pendant l'année. LL. 10 mars 1818, art. 18 ; 21 mars 1832, art. 23.

141. Remarquons, au surplus, que la responsabilité annale pour le cas de désertion, n'est pas une condition suspensive ; c'est une condition résolutoire qui n'empêche pas le remplacement de produire tout son effet *ab initio*, sauf à le perdre, si l'événement prévu par la condition venait à se réaliser. C. civ. art. 1183.

Un remplacé peut donc être admis aux fonctions de notaire,

---

(1) Ces arrangements se font par l'intermédiaire d'agences de remplacement, dont les opérations donnent souvent lieu à des plaintes.

Le nouveau projet de loi prononçait l'interdiction absolue de ces compagnies ; mais la chambre des députés a rejeté cette disposition.

(2) Ce mode était consacré dans le projet précité.

(3) La loi projetée ajoutait, *et pour le cas d'insoumission.*

Suivant le même projet, la responsabilité annale n'existait pas, lorsque le remplaçant était pris parmi les soldats sous les drapeaux ou dans la réserve.

même avant l'expiration de l'année de responsabilité. La question a été décidée dans ce sens.

142. L'aspirant au notariat, substitué pour le service mi'itaire, n'a qu'une pièce à produire, c'est l'acte administratif de substitution.

143. Mais le remplacé doit, indépendamment de l'acte de remplacement, produire un certificat constatant la présence au corps de son remplaçant.

144. *Congé illimité.* C'est la position du jeune soldat immatriculé dans un des corps de l'armée, mais qui a été renvoyé dans ses foyers pour un temps indéterminé. Il reste à la disposition du gouvernement pour tout le temps de service de sa classe, et il peut être soumis à des revues et à des exercices périodiques. L. 21 mars 1832, art. 30.

145. On a demandé si un aspirant au notariat, dans cette position, pourrait obtenir sa nomination, en prenant l'engagement cautionné par son père de fournir un remplaçant, dans le cas où il serait appelé au service.

La négative a été décidée en ces termes, le 18 mars 1839.

« Il résulte des pièces produites par l'aspirant qu'il fait partie de la classe de 1833, dont le temps de service n'est pas encore expiré ; qu'il a jusqu'à présent été laissé dans ses foyers ; mais qu'il n'en reste pas moins à la disposition du gouvernement pour tout le temps que sa classe doit encore à l'État.

« L'aspirant ne remplissant donc pas les conditions exigées par les art. 35-2° de la loi du 25 vent. an xi et 48 de la loi du 21 mars 1832, d'après lesquels, pour être admis à des fonctions publiques, et spécialement à celles de notaire, il faut être complétement libéré du service militaire, sa demande ne peut être accueillie quant à présent. »

146. *Congé définitif.* Il est délivré avant ou après la libération de la classe. Dans le premier cas, il prend le nom de congé de *réforme* ou de *renvoi*, suivant que les blessures ou infirmités pour lesquelles il est accordé, ont eu lieu par suite ou en dehors du service. On l'appelle, dans le second cas, congé de *libération.*

147. Ce congé opère, dans tous les cas, la libération définitive du service.

L'aspirant n'a pas d'autre pièce à produire pour obtenir son admission.

148. Enfin, celui qui est porté sur les registres de l'inscription maritime, ne peut obtenir une fonction civile, qu'en justifiant de sa radiation. L. 3 brum. an iv.

149. Les certificats, congés et autres pièces ou écritures concernant le recrutement, tant pour le service de terre que pour le service de mer, sont exemptés du droit et de la formalité du timbre et de l'enregistrement. LL. 13 brum. an vii, art. 16. et 22 frim. an vii, art. 70, § 3, 13°. Instr. rég. 10 sept. 1818.

150. Lorsqu'un certificat de libération, d'exemption ou de dispense est délivré par un maire, il doit être légalisé par le sous-préfet ou le préfet.

FORMULE.

Préfecture du
département de

Recrutement.

Commune de
Arrondissement de
Canton de

N°   du tirage.

Certificat d'exemption.

CLASSE DE

Le secrétaire-général de la préfecture de

Certifie que le sieur   né à   , département de   le   , fils de   et de   , ayant la taille d'un mètre   millimètres, et exerçant la profession de   ,

Est inscrit au tableau de recensement de la classe de   , de la commune de   , canton de   , et qu'il a été exempté, par décision du conseil de révision du département de   , pour faiblesse de complexion ;

Qu'en conséquence et aux termes de la loi du 21 mars 1832, il est définitivement libéré du service militaire.

Fait à   , le   .

CHAPITRE III.

DE L'AGE ET DE L'ÉTAT CIVIL DE L'ASPIRANT.

————

Pour être admis aux fonctions de notaire, il faudra :...

5° Être âgé de vingt-cinq ans accomplis.

151. L'aspirant doit prouver non-seulement qu'il est âgé de vingt-cinq ans, mais qu'il est en possession des nom et prénoms, sous lesquels il demande à exercer les fonctions de notaire.

Ces deux justifications se font ordinairement par le même acte, c'est-à-dire par la production d'une expédition de l'acte de naissance. Nous avons donc à nous occuper de l'*âge*, du *nom* et de l'*acte de naissance*.

SECTION Ire. — DE L'AGE.

SOMMAIRE.

152. Dans les pays de droit écrit et dans la plupart de nos pays coutumiers, on n'était majeur qu'à vingt-cinq ans accomplis, c'était aussi l'âge requis pour l'exercice de la plupart des fonctions publiques.

153. Cet ancien principe fut changé par la loi du 20 sept. 1792 qui fixa la majorité à vingt-un ans, disposition reproduite dans l'art. 388 C. civ. Ainsi, aujourd'hui, à vingt-un ans accomplis, on est capable de tous les actes de la vie civile, sauf l'exception relative au mariage ; mais on n'est pas pour cela capable de tous les actes de la vie publique ou politique. Il existe en effet une grande différence entre la capacité purement civile et la capacité politique ; entre la faculté de diriger ses propres affaires et celle de participer à l'exercice de la puissance publique. C'est donc avec raison que le législateur a établi, pour la capacité politique, différentes *majorités* graduées suivant la nature des fonctions à remplir (1).

154. La majorité notariale a toujours été fixée à vingt-cinq ans.

« Et ne sera doresnavant pourvû ausdits offices de notaire..., portait l'ordonnance d'Orléans, du mois de janv. 1560, art. 82, que de personnes agez de vingt-cinq ans au moins, dont ils feront dûément apparoir à nostre dit chancelier, avec attestation de leur bonne vie, mœurs et expérience. »

La coutume du Poitou (1559) contenait une disposition semblable.

On la retrouve dans la loi du 29 sept.—6 oct. 1791. Dans le système de cette loi, les places de notaire se donnaient au con-

---

(1) Il faut avoir quarante ans pour être président d'un trib. de commerce (C. comm., 620); trente ans pour être pair de France avec voix délibérative ; député (Ch. const., 24, 32); membre de la C. cass. (constitut., 5 fruct. an III, 209) ; président de C. roy. (L. 20 avr. 1810, art. 65); juge de commerce (C. comm., 620); juge de paix (constit. 5 fruct. an III, 209) ; vingt-sept ans pour être conseiller de C. roy., ou président de première instance (L. 20 avr. 1810, 64 et 65); vingt-cinq ans pour être électeur (L. 19 avr. 1831, 1) ; juge de première instance, procureur du roi (L. 20 avr. 1810, 64 et 65); avoué, huissier (L. 25 vent. an VIII, art. 5, décr. 14 juin 1813, art. 10); vingt-deux ans pour être substitut de première instance (L. 20 avr. 1810, 64).

cours, et l'on ne pouvait être admis à concourir qu'à l'âge de vingt-cinq ans accomplis (Tit. 4, art. 3).

La loi du 25 ventôse a adopté l'âge de vingt-cinq ans, avec d'autant plus de raison, que la majorité judiciaire pour les juges de première instance est fixée au même âge. Cette analogie résultait naturellement de celle qui existe, sous tant d'autres rapports, entre la magistrature et le notariat.

155. Il faut être âgé de vingt-cinq ans *accomplis*. Par conséquent, il ne suffit pas d'avoir commencé sa vingt-cinquième année. La règle *annus inceptus pro completo habetur* serait ici sans application. Ainsi, un candidat né le 1er janv. 1820 se présenterait inutilement le 2 janv. 1844, bien qu'il doive entrer ce jour là dans sa vingt-cinquième année. Il ne pourra être admis que le 2 janv. 1845. C'est seulement alors qu'il aura vingt-cinq ans accomplis.

156. Je dis qu'il ne pourra être *admis*. Cela doit-il s'entendre de la nomination ou de l'installation ; par exemple, nommerait-on un candidat âgé de vingt-quatre ans dix ou onze mois, sauf à lui à ne se faire installer que lorsqu'il aurait accompli sa vingt-cinquième année ? Je ne le pense pas. Les mots, *pour être admis aux fonctions de notaire*, ne peuvent évidemment se rapporter qu'à la nomination. C'est devant le gouvernement que sont faites les justifications, et elles doivent être complètes lors de la délivrance de la commission. L'opinion contraire tendrait à ramener au système de l'ancienne législation, d'après laquelle le gouvernement se bornait à délivrer les provisions, et laissait à la juridiction compétente le soin de vérifier, avant de procéder à l'installation, si l'impétrant justifiait des conditions requises (1).

157. Il est quelquefois difficile de déterminer l'âge précis d'un aspirant, par exemple, dans le cas où il produit, au lieu d'acte de naissance, un acte de baptême ; cela arrive encore assez fréquemment, non-seulement pour les naissances antérieures à la loi du 20 sept. 1792, mais pour celles qui ont eu lieu à l'étranger, dans des pays où l'état civil est resté entre les mains du clergé. Les extraits baptistaires sont, en effet, rédigés ordinairement comme celui-ci :

« L'an 1792, le 6 janvier, par moi curé soussigné, a été baptisé Jean-Jacques, né en légitime mariage de Louis Leclerc, et de Félicité Bernard. Les parrain et marraine ont été, etc. »

On ne peut, dans ce cas, prendre pour point de départ que la date du baptême. Si l'aspirant avait intérêt à établir qu'il est né plusieurs jours ou plusieurs mois auparavant, il devrait

---

(1) V. Loyseau, *des Offices*, et le style des chancelleries — V. aussi *infrà*, n° 532.

nécessairement se pourvoir dans la forme qui sera indiquée ci-après, n°s 334 et suiv.

158. Lorsque l'acte a été fait dans un pays où le calendrier grégorien n'est pas en usage, comme en Russie, ou lorsqu'il a été reçu en France pendant la révolution, la date de la naissance est suffisamment indiquée par les énonciations du calendrier du pays, ou par celles du calendrier républicain. La concordance est en effet facilement rétablie.

159. L'omission du jour de la naissance n'entraînerait pas le rejet de l'acte produit. On y suppléerait en prenant pour point de départ la date de l'acte. Il en serait de même, si l'énonciation du jour de la naissance était illisible, effacée, ou si l'acte était déchiré en cet endroit.

Mais si l'acte de naissance n'était pas daté, alors, comme l'extrait adressé à l'administration ne contiendrait en lui-même aucun indice du fait à vérifier, il faudrait nécessairement recourir à un jugement de rectification. La date omise serait au surplus facilement rétablie par le tribunal, si l'acte de naissance était inscrit sur un registre bien tenu, entre deux actes du même jour.

Une rectification serait également inévitable, si l'on avait exprimé une année pour une autre ; mais, dans ce cas encore, la méprise serait facilement constatée, par la contexture du registre entier (Tronchet, séance du 6 fruct. an ix. Toullier, n° 311).

160. La loi détermine un *minimum* pour la majorité notariale : on ne peut être admis avant l'âge de vingt-cinq ans accomplis ; mais elle ne fixe pas de *maximum*.

S'ensuit-il qu'un homme très-âgé, qu'un septuagénaire, par exemple, puisse et doive être pourvu d'un office de notaire ?

La question s'est présentée il y a quelques années ; elle a été résolue en sens contraire, par le même ministre et dans la même espèce.

M. B.... avait exercé pendant longtemps les fonctions de notaire. Parvenu à l'âge de soixante-deux ans, il se décida, au commencement de 1819, à résigner son office en faveur de son fils. — 20 août 1829, décès de M. B.... fils qui laissait lui-même un fils âgé seulement de vingt-un ans. A cette époque, l'administration admettait sans difficulté les *intérimaires* ou *confidentiaires*, jurisprudence rationnelle et que je n'ai cessé d'appuyer de tous mes efforts. Le sieur B.... père, âgé alors de soixante-douze ans, demanda à remplacer son fils, en déclarant que sa seule intention était de conserver l'étude jusqu'à ce que son petit-fils eût vingt-cinq ans. Cette demande était appuyée par les magistrats ; néanmoins elle fut rejetée. Le garde des sceaux d'alors, c'était, je crois, M. Bourdeau, trouva que le sieur B.... était trop âgé. Mais il revint quelque temps après sur cette décision, et admit la demande de M. B....; on lui fit observer, en effet, d'abord en droit, qu'il n'existait aucun empêchement à la nomination, la loi n'ayant pas fixé de maximum d'âge; en fait, que le sieur B..... jouissait de la plénitude de ses facultés physiques et morales; qu'il pouvait encore remplir utilement les fonctions de notaire; enfin, que le motif de sa demande était trop respectable pour ne pas être accueilli avec faveur.

On comprend au surplus que ce n'est là qu'une décision d'espèce : un septuagénaire, placé dans des circonstances moins favorables que M. B..., aurait à craindre de sérieuses difficultés (argum. C. civ., art. 433, 2066. C. instr. crim., art. 383. C. pén., art. 70. LL. 17 avr. 1832, art. 4. 3 mai 1841, art. 30.

161. Examinons maintenant la question de savoir si le gouvernement à le droit d'accorder des dispenses d'âge, question si souvent décidée, mais toujours reproduite.

Pour l'affirmative, on se fonde sur les règles de l'ancienne jurisprudence. Il est certain qu'avant la révolution, le roi, dont l'autorité était illimitée, accordait des lettres de dispenses d'âge non-seulement aux notaires (1) et aux officiers ministériels, mais même aux officiers de judicature.

Or, dit-on, si la loi nouvelle n'accorde pas textuellement cette faculté au gouvernement, elle ne la lui refuse nulle part, et, dans le doute, les dispositions favorables doivent être étendues. D'ailleurs l'art. 35 de la loi du 25 vent. an xi, ne se trouve pas mentionné dans l'art. 68 comme un de ceux dont l'inobservation entraîne la nullité des actes notariés.

On ajoute que depuis la réorganisation de l'ordre judiciaire, le gouvernement a accordé plusieurs fois des dispenses d'âge, et que ces actes de juridiction gracieuse n'ont jamais donné lieu à aucune observation.

J'avais longtemps douté de l'exactitude de cette assertion, mais après des recherches scrupuleuses, j'ai trouvé au *Moniteur* du 12 mars 1816, une ordonnance du 6 du même mois, ainsi conçue :

« Le sieur Frédéric Jacquemart, auquel *il est accordé des dispenses d'âge*, est nommé greffier du juge de paix du canton de Beaune, arrondissement de

---

(1) Quoique dans la règle, dit Blondela, il faille avoir vingt-cinq ans pour pouvoir être reçu à l'état de notaire, cependant, quand on approche de la majorité, dans certaines circonstances, on peut obtenir des dispenses d'âge en la grande chancellerie. Un fils de notaire surtout n'y rencontre aucune difficulté, parce qu'ayant été élevé dans la profession , on présume naturellement qu'il doit être en état de la remplir, plutôt qu'un autre qu'y n'y est entré qu'à un certain âge. » *Traité des connaissances nécessaires à un notaire* (1788), t. 1, p. 52.

Pithiviers, département du Loiret, en remplacement du sieur Fayal, démissionnaire. »

Une autre ordonnance, du 6 août 1817, qui n'a pas été insérée au *Moniteur,* accorde la même faveur à un avoué.

« Le sieur Jean Parat est nommé avoué près le tribunal de première instance
de Civray, département de la Vienne, et *nous lui accordons les dispenses
d'âge dont il a besoin pour exercer.* »

Quoi qu'il en soit, je n'hésite pas à penser que, dans l'état
actuel de la législation, le gouvernement n'a pas le droit
d'accorder des dispenses d'âge.

Vainement rappelle-t-on les principes de l'ancienne législation. Autrefois, le roi était souverain absolu; il pouvait,
quand il le voulait, déroger à des règles que lui-même avait
établies. Mais aujourd'hui, le gouvernement est soumis à l'autorité de la loi : il ne peut excéder les pouvoirs qu'elle lui confère (Ch. constit., art. 13).

On invoque la maxime *favores ampliandi,* mais elle est ici
sans application. Toute dispense est un privilége. Or, les priviléges sont de droit étroit : on les met au rang des dispositions que les légistes appellent *odieuses. Dispensatio est odiosa
et restringenda et ideò non præsumitur nisi probetur* (Suarez *de
Legibus,* liv. 6, ch. 13, n° 24).

L'argument tiré de l'art. 68, L. 25 vent. an XI, n'a pas plus
de valeur. Cet article ne dispose que pour *les nullités commises
dans les actes* par les notaires; il ne s'occupe nullement des
conditions de nomination.

Enfin, si en 1816 et en 1817 quelques dispenses d'âge ont
été accordées, ce sont des faits isolés et qui ne peuvent prévaloir contre le droit.

Le gouvernement a, au surplus, reconnu lui-même l'irrégularité de cette jurisprudence, et il l'a définitivement abandonnée, comme le prouvent les décisions suivantes.

24 mai 1831. « Il n'existe dans la loi du 25 vent. an XI, aucune disposition qui
permette d'accorder des dispenses d'âge; en conséquence, il ne sera donné
suite à la demande du sieur J..., que lorsqu'il aura vingt-cinq ans accomplis. »

Mêmes décisions, 30 mai, 22, 25 juin 1831, 15 fév., 9 mars
1832, 12 juin 1833.

Malgré une jurisprudence aussi bien établie, la chambre
des notaires de Roanne, avait pris, le 18 oct. 1836, une délibération ainsi conçue :

« La chambre arrête, à l'unanimité, qu'elle accorde au sieur A... un certificat
de moralité et de capacité ;

» Et attendu que, par le décès de son père, l'étude de notaire à la résidence d'Ambierle, par le défaut de son successeur, pourrait perdre une valeur
considérable; qu'il est dans l'intérêt de l'avenir du postulant d'être admis en
remplacement de son père, et que même il est nécessaire, dans l'intérêt des

habitants de la commune d'Ambierle, que ce poste soit promptement occupé ; la chambre supplie M. le ministre de la justice de vouloir bien avoir égard à la demande du candidat, afin de dispense d'âge. »

Mais cette demande a été rejetée par décision du 9 janv. 1837.

Il a été rendu depuis, plusieurs autres décisions dans le même sens.

J'ai insisté sur ce point, afin d'avertir les candidats âgés de moins de vingt-cinq ans, de l'inutilité des démarches qu'ils feraient pour obtenir des dispenses d'âge.

162. Mais s'il est indispensable d'avoir vingt-cinq ans accomplis pour être nommé, peut-on au moins, avant cet âge, se présenter à la chambre de discipline pour y passer son examen ? V. *infr.* n° 644.

163. Il peut arriver que le gouvernement soit induit en erreur et qu'il nomme un mineur de vingt-cinq ans. Quel sera l'effet de cette nomination?

D'abord, si le pourvu est de mauvaise foi, nul doute que sa nomination ne doive être annulée et que sa destitution ne soit même, au besoin, prononcée par les tribunaux.

Mais que décider, au contraire, si le pourvu a été de bonne foi ?

La question s'est présentée récemment. M. B..., nommé notaire à la fin de 1838, en vertu d'un acte de naissance qui lui donnait plus de vingt-cinq ans, fut dénoncé, quelque temps après son installation, comme exerçant ses fonctions sans avoir l'âge requis. Il fut constaté, en effet, que M. B... avait produit, au lieu de son acte de naissance, celui d'un de ses frères décédé depuis longtemps, mais que l'erreur avait été commise par l'officier de l'état civil et que M. B... avait été trompé lui-même par la ressemblance du nom et des prénoms. Il ne lui manquait, d'ailleurs, que quelques mois à l'époque de sa nomination, et lors de la découverte de l'erreur, il avait accompli sa vingt-cinquième année.

Le ministère public insistait néanmoins pour que la première nomination fût annulée et remplacée par une nouvelle commission ; mais cette proposition n'a pas été adoptée.

On a décidé avec toute raison, suivant moi, que puisque M. B... exerçait en vertu d'un titre régulier, et qu'il réunissait actuellement toutes les conditions requises, il n'y avait pas à revenir sur sa nomination (fév. 1839).

Le procureur général demandait en outre, quel devait être le sort des actes reçus par ce notaire, depuis sa nomination, jusqu'au moment où il avait atteint l'âge légal.

On lui a répondu que ces actes étaient valables sans aucune difficulté, et on l'a engagé à donner des instructions dans ce sens à ses substituts, si la question se présentait en justice.

En effet, de tout temps et sous toutes les législations, l'erreur commune et la bonne foi ont suffi pour couvrir dans les actes et même dans les jugements, des irrégularités que les parties n'avaient pu ni prévoir, ni empêcher (av. C. d'Etat du 6 juin 1807).

SECTION II. — DU NOM.

SOMMAIRE.

164. *Définition.*

165. *Coup d'œil sur la législation romaine.*

166. *Ancienne législation française.*

167. *Législation de la révolution. — Loi du 11 germ. an xi. — Elle est encore en vigueur.*

168. *Des différentes espèces de noms. — Division de la section.*

164. Ce mot , pris dans son acception générale, signifie tout ce qui sert à distinguer une personne.

165. Il y avait chez les Romains quatre espèces de noms : le nom de famille, *nomen;* le surnom de chaque branche de la même famille, *cognomen;* le nom particulier à chaque individu, *prœnomen;* enfin le surnom donné à un citoyen par une raison particulière, *agnomen.*

166. Jusqu'au commencement du xiie siècle, les Français n'avaient que des prénoms. A cette époque, les possesseurs de fiefs ajoutèrent à leurs prénoms les noms de leurs terres.

Ensuite, ces noms devinrent ce que nous appelons noms de famille.

Bientôt chacun voulut, à l'exemple des seigneurs, avoir un nom de famille, et chaque chef de famille adopta un nom. Souvent ce fut son nom de baptême; d'autres fois, il le tira de sa profession, du lieu de son domicile, de sa couleur, de ses habitudes; quelquefois ce nom ne fut autre chose que ce que nous appelons des *sobriquets.*

Au commencement du xiiie siècle, on voit déjà dans quelques actes des veuves de grands seigneurs conserver les noms de leurs maris (1).

La propriété des noms et des titres nobiliaires fut garantie, plus tard, par l'art. 9 de l'ordonnance d'Amboise, du 26 mars 1555, ainsi conçu :

Pour éviter la supposition des noms et armes, défenses sont faites à toutes personnes de changer leurs noms et leurs armes, sans avoir obtenu des lettres de dispenses et permission, à peine de 100 livres d'amende, d'être puni comme faussaire, etc.

167. Les titres de noblesse furent abolis par les lois des

____

(1) Henrion de Pansey, *du pouvoir municipal,* p. 396.

19 juin 1790 et 27 sept. 1791, qui ordonnaient aux citoyens de ne porter que leurs noms de famille. Puis, vint la loi du 20 sept. 1792, qui enleva l'état civil au clergé. Ce fut alors qu'on vit paraître dans les actes de naissance des noms d'êtres abstraits, d'animaux, de plantes, etc. La Convention alla plus loin, elle décréta, le 24 brum. an II, que chacun pourrait changer son nom de famille par une simple déclaration devant sa municipalité; mais elle fut effrayée elle-même des conséquences de ce système, et elle se hâta de sanctionner une nouvelle loi, celle du 6 fruct. an II, portant défense de prendre d'autres noms patronymiques que ceux énoncés dans l'acte de naissance, et injonction à ceux qui les avaient quittés de les reprendre. Plus tard, le gouvernement consulaire fit décréter la loi du 11 germ. an XI, qui détermine à la fois les prénoms dont l'usage est autorisé (1), et les règles à suivre pour obtenir un changement soit de nom, soit de prénom. Un décret du 20 juill. 1808 a statué ensuite sur les noms et prénoms des juifs. Enfin, les titres de noblesse ont été rétablis par la Charte de 1814 et par celle du 7 août 1830.

168. On admet donc aujourd'hui en France, pour la désignation de la même personne, 1° les prénoms ou noms de baptême ; 2° le nom de famille qui, de père en fils, a toujours été porté par la même race; 3° les noms de terre et les titres de noblesse qui sont des noms honorifiques et qui sont en même temps un supplément de désignation individuelle; 4° et même les surnoms, malgré les dispositions contraires de la loi du 2 fruct. an II qui a cessé depuis longtemps d'être exécutée sur ce point.

§ 1ᵉʳ.— Des prénoms.

169. Les prénoms servent à distinguer les personnes qui portent le même nom de famille. Il est donc essentiel de vé-

______

(1) Ce sont les noms en usage dans les différents calendriers et ceux des personnages connus de l'histoire ancienne, et il est interdit aux officiers publics d'en admettre aucun autre dans leurs actes (Art. 1ᵉʳ).

rifier avec soin ceux des aspirants au notariat, pour prévenir des erreurs semblables à celle que j'ai signalée n° 163. Les prénoms sont insérés ensuite, avec le nom patronymique, dans l'ordonnance de nomination et doivent être rappelés dans l'intitulé de tous les actes (L. 25 vent. an XI, art. 12).

170. La propriété des prénoms, comme celle du nom lui-même, se prouve par l'acte de naissance. Ce titre fait preuve complète et sert de base à l'ordonnance de nomination, non-seulement pour la nature et le nombre des prénoms, mais pour l'ordre dans lequel ils doivent être placés.

171. Il arrive souvent que l'acte de naissance ne s'accorde pas avec les autres pièces du dossier, sur le nombre ou l'arrangement des prénoms. Dans ce cas, si l'aspirant a intérêt à conserver les prénoms qui ne sont pas dans son acte de naissance, il doit obtenir un jugement de rectification, car il est de principe que nul ne peut réclamer un état contraire à celui que lui donne son titre de naissance (C. civ., art. 322).

S'il ne veut pas au contraire les conserver, il lui suffit de produire un acte de notoriété pour constater son identité, malgré la différence des prénoms. Mais il est bien entendu alors que l'acte de naissance devra seul être suivi pour l'indication des prénoms dans l'ordonnance. Cet acte, je le répète, fait seul foi et preuve complète, tant qu'il n'a pas été rectifié (Argum. av. cons. d'Et. approuvé le 30 mars 1808).

L'acte de notoriété exigé dans le cas ci-dessus, n'a rien de commun avec celui dont il est question dans les art. 70 à 72 C. civ.; c'est un acte simple, dressé par un notaire sur la déclaration de deux témoins, et qui peut être délivré en brevet.

172. Un candidat n'a quelquefois que des prénoms et point de nom de famille; par exemple, s'il est enfant trouvé, enfant naturel non reconnu, etc. On doit alors consulter la notoriété et lui donner, pour nom principal, le prénom sous lequel il est habituellement désigné. V. cependant n° 257, une instruction du ministre de l'intérieur du 30 juin 1812 sur cette question.

173. Que décider au contraire, si l'aspirant n'a reçu dans son acte de naissance qu'un nom de famille et point de prénoms?

Je pense qu'il faut faire une distinction.

Si, l'omission provient de la négligence de l'officier de l'état civil, et s'il est certain en fait que l'aspirant a porté un ou plusieurs prénoms, l'acte de naissance devra nécessairement être rectifié (Hutteau d'Origny, tit. 9, ch. 1er, § 4).

Si au contraire, l'omission a été faite à dessein par le père de l'aspirant, on doit, suivant moi, admettre l'acte de naissance. Il n'existe en effet dans la loi aucune disposition qui fasse de cette omission une cause de nullité. L'identité de certains individus peut d'ailleurs être suffisamment établie par la seule indication de leur nom de famille.

174. Lorsque les prénoms ont été mal orthographiés dans l'acte de naissance, il est inutile de le faire rectifier. Comme ce sont toujours des noms de saints ou de personnages connus dans l'histoire, la véritable orthographe est facilement rétablie dans l'ordonnance de nomination.

175. Il n'y a pas non plus de difficulté, lorsqu'un des prénoms est tout-à-fait illisible et que l'aspirant ne prend dans sa demande et dans les autres actes que les prénoms lisibles. Autrement, il faudrait appliquer la règle posée ci-dessus nº 171, pour le cas où l'acte de naissance ne s'accorde pas avec les autres pièces du dossier.

176. Des officiers de l'état civil avaient pensé que les prénoms des enfants des Israélites devaient être pris dans le calendrier.

Mais, par une circulaire du 28 sept. 1813, le ministre de l'intérieur a fait connaître aux préfets que cette opinion était contraire à la loi du 11 germ. an xi, et au décret du 20 juill. 1808 (1); qu'ainsi, les Israélites avaient la faculté de choisir dans la Bible, qui fait partie de l'histoire ancienne, les prénoms qu'ils voulaient donner à leurs enfants. (Hutteau d'Origny, tit. 4, ch. 1, § 2, nº 5.)

177. La loi du 11 germ. an xi, autorise et recommande même le changement des prénoms odieux ou ridicules imposés aux enfants dans les premiers temps de la révolution; on retrouve encore pourtant quelques-uns de ces prénoms dans les actes de naissance. J'ai vu des candidats appelés *Marat*, *Messidor*, *Liberté*, *Sextidi*. L'administration n'exige pas, dans ce cas, de jugement de rectification : elle se borne à retrancher les noms dont il s'agit des ordonnances de nomination.

178. Quant aux formes à suivre pour obtenir un changement de prénoms. V. nᵒˢ 303, 334 et suiv.

§ 2. — *Du nom de famille.*

SOMMAIRE.

---

(1) V. nº 167 et 285.

2° Enfants légitimés.

3° Enfants naturels reconnus.

4° Enfants naturels non reconnus.

4

179. Le nom patronymique ou de famille est un des éléments les plus essentiels de l'état des personnes ; c'est un des faits qui, à défaut de titre, servent à établir la possession d'état d'enfant légitime. Le nom d'un notaire a spécialement une grande importance : il forme la signature qui donne aux actes le caractère de l'authenticité, et qui reste entre les mains du juge, comme moyen de vérification ; il doit se retrouver d'ailleurs dans l'intitulé des actes et dans le sceau apposé sur les grosses et les autres expéditions.

La vérification du nom est donc un des points les plus importants et les plus délicats de l'instruction d'une demande de nomination.

180. Ceci oblige à examiner les différentes hypothèses dans lesquelles un aspirant peut se présenter.

Il peut être enfant légitime ou légitimé, enfant naturel reconnu ou non reconnu, reconnu par l'un de ses père et mère seulement, ou par tous les deux conjointement ou séparément, enfant adultérin ou incestueux, enfant adoptif, enfant trouvé ou abandonné, juif, etc.

1°. — *Des enfants légitimes.*

181. Le premier effet de la paternité légitime est de transmettre le nom du père à son enfant ; c'est pour l'enfant une propriété inviolable à laquelle son père lui-même ne pourrait porter la plus légère atteinte (1). Ces principes ne se trouvent pas textuellement dans la loi, mais ils sont de droit commun ; ils résultent d'ailleurs suffisamment de l'art. 321 C. civ., qui met la possession du nom au nombre des indices de la légitimité, et de l'art. 347 portant que l'adopté a le droit de joindre à son nom celui de l'adoptant.

182. Un candidat qui a été conçu et qui est né dans le mariage, n'a donc qu'une pièce à produire pour justifier de la propriété du nom qu'il porte, c'est son acte de naissance (2). Lorsque ce titre lui donne la qualification d'enfant légitime et qu'il a une possession d'état conforme, la preuve est complète et ne peut être contestée par personne (C. civ., 322).

183. Le titre, sans la possession, serait même suffisant si l'aspirant prouvait son identité, et s'il n'y avait point eu d'ailleurs de désaveu ou de contestation d'état, dans les cas prévus par les art. 312 à 318 et 325 C. civ. L'identité se prouve

---

(1) Louet et Brodeau. Henrion, Rép. de Merlin, v° *Nom.* Dalloz, *Recueil alphab. eod. verbo.* C. Grenoble, 3 fév. 1807.

(2) Cet acte est la grande et presque l'unique preuve de l'état des hommes (D'Aguesseau, 47ᵉ plaidoyer).

dans ce cas par un acte de notoriété fait devant notaire, sur la déclaration de témoins (CC., Paris, 13 flor. an XIII; Angers, 31 janv. 1814 et 23 juill. 1817; Cass. 27 janv. 1818; Sirey, t. 7, 2, 765, et t. 18, 1, 149. V. aussi Cochin, t. 5, 107e plaidoyer).

184. Quant à la possession, sans titre, je pense qu'elle devrait suffire, si elle était suffisamment justifiée dans la forme prescrite par les art. 71 et 72 C. civ. Cette opinion était admise autrefois au ministère de la justice, mais aujourd'hui la jurisprudence est fixée dans le sens contraire. V. *infrà*, n° 326.

185. Nul ne peut réclamer un état contraire à celui que lui donnent son titre de naissance et la possession conforme à ce titre. Et, réciproquement, nul ne peut contester l'état de celui qui a une possession conforme à son titre de naissance (C. civ., 322).

Ainsi, un aspirant au notariat ne peut, sous aucun prétexte, recevoir dans l'ordonnance de nomination un autre nom que celui que lui donne son acte de naissance, à moins qu'il n'ait obtenu depuis un changement d'état; la possession, quelque longue qu'elle fût, la notoriété la mieux établie seraient insuffisantes.

C'est ce qui a été décidé dans l'espèce suivante.

M. G..., notaire à Alais, présenta en 1836, pour son successeur, un candidat qui demandait à être admis sous les noms de *Duclaux-Monteil*, bien que son acte de naissance ne lui donnât que celui de *Monteil*.

On lui répondit que sa demande ne pourrait être accueillie que s'il faisait rectifier son acte de naissance; mais au lieu de prendre cette voie, il se borna à produire un acte de notoriété constatant qu'il avait toujours été connu sous les deux noms énoncés dans sa demande. Il prouvait même que ces noms se trouvaient dans l'acte de naissance de son frère.

Malgré ces nouvelles justifications, l'aspirant n'a été admis que sous le nom de *Monteil*, conformément à son acte de naissance.

186. La jurisprudence des tribunaux est sur ce point conforme à celle de l'administration.

Ainsi, il a été jugé en ce sens que l'individu qui porte un autre nom que celui exprimé dans son acte de naissance, s'il est attaqué à raison de ce fait, ne peut être autorisé à conserver le nom emprunté, par le motif qu'il est en possession de ce nom depuis sa naissance et qu'on le lui a attribué dans divers actes civils ou judiciaires (cass. req., 29 juill. 1825), ou qu'il l'a pris pour se conformer à une condition imposée dans un contrat de mariage ou dans une donation (Henrion, Rép. de Merlin, v° *Nom*).

187. On a demandé si un candidat aurait au moins le droit de joindre à son nom paternel celui de sa mère.

La question est plus délicate; on peut dire que dans ce cas, l'aspirant ne contrevient pas à son acte de naissance, dans lequel sa mère se trouve dénommée aussi bien que son père; que la loi ne lui attribue pas un nom plutôt que l'autre; enfin, qu'autrefois, dans plusieurs parties de la France, on prenait indifféremment le nom de la ligne paternelle ou celui de la ligne maternelle (Henrion, *loc. cit.*). Néanmoins, il faut décider que l'enfant né en mariage n'a pas le droit de porter le nom de sa mère. Le nom patronymique est en effet le nom de famille ou de race; or, le chef de la famille, c'est le père. Son nom est donc le seul qui puisse servir de type à la famille. Cela est si vrai, que la femme est obligée de prendre le nom de son mari.

Cette question s'est présentée plusieurs fois au ministère de la justice, et elle a toujours été résolue dans ce sens.

Il en est de même devant les tribunaux. La Cour de Nîmes a jugé le 13 déc. 1810, que des enfants ne peuvent ajouter à leur nom paternel celui de leur mère, bien que suivant un usage local, leur père eût toujours joint ce nom au sien. Cet usage ne constitue pas une possession suffisante pour établir la propriété du nom.

188. Non-seulement on ne peut donner à l'aspirant que le nom porté dans son acte de naissance, mais il faut suivre exactement l'orthographe de ce nom.

Un aspirant, présenté en 1831, avait été inscrit sur les registres de l'état civil sous le nom de *Butière*, mais il prenait dans sa demande le nom de *Boutières* qui lui était aussi donné dans les autres pièces, à l'exception d'une seule dans laquelle on l'avait appelé *Buttière*. On lui fit connaître que s'il y avait une erreur dans son acte de naissance, il devrait le faire rectifier conformément aux articles 99 et 101 du Code civil; qu'autrement on lui donnerait dans l'ordonnance le nom de *Butière*, et que ce serait le seul qu'il aurait le droit de prendre dans les actes.

Mêmes décisions le 30 mai 1832 et le 22 août 1836.

189. La différence qui existe quelquefois entre l'acte de naissance et les autres pièces du dossier, sur la manière d'orthographier le nom de l'aspirant, n'est pas un obstacle à son admission, si toutefois il ne demande pas un autre nom que celui de son acte de naissance. Il doit seulement alors prouver son identité par un acte de notoriété. V. n° 171.

Il en est de même dans le cas où la contradiction existe entre deux énonciations de l'acte de naissance. L'aspirant peut être admis dès que son identité est bien constatée, et l'on suit l'orthographe la plus conforme à sa possession d'état. Argum. av. cons. d'Et., 30 mars 1808.

190. Les aspirants au notariat n'ont à prouver que leur filiation. On ne les oblige pas à prouver, en outre, leur légi-

timité, c'est-à-dire à produire l'acte de mariage de leurs père et mère. L'administration s'en rapporte pour cela à la notoriété attestée par les magistrats instructeurs. Si cependant il y avait des raisons de douter de l'existence du mariage, la preuve pourrait en être exigée, par exemple, si, comme dans le cas précédent, la mère n'était désignée dans l'acte de naissance que sous ses noms de fille.

191. Un aspirant jouirait des effets de la légitimité, et par conséquent du nom, encore que le mariage fût déclaré nul, si ses père et mère, ou même l'un d'eux, étaient de bonne foi (C. civ., art. 201 et 202).

192. Il en serait de même s'il était né avant le 180e jour de la célébration, ou plus de trois cents jours après la dissolution du mariage, et s'il n'y avait pas eu contre lui d'action en désaveu ou en contestation d'état. Dans ce cas, l'illégitimité n'est pas de droit; il faut qu'elle soit prononcée en justice.

Mais, dans le cas de naissance anticipée ou tardive, quel serait l'état d'un aspirant, si, d'après l'époque probable de la conception, on devait présumer qu'il est provenu d'un commerce adultérin ou incestueux? V. nos 204, 267 et 268.

La circonstance que l'enfant est né après la séparation de corps prononcée entre époux, ou qu'il est le fruit d'un adultère prouvé en justice, lors même que sa naissance aurait été cachée, n'autoriserait pas les tiers à contester son état devant l'administration, s'il n'avait pas été désavoué par le mari.

C'est ce qui a été décidé plusieurs fois.

193. Lorsqu'un candidat inscrit d'abord comme enfant légitime a été privé ensuite de son état par un jugement passé en force de chose jugée, par exemple, si le mariage de ses père et mère a été annulé sans qu'ils aient prouvé leur bonne foi, s'il y a eu désaveu, contestation d'état, il n'a plus le droit de porter le nom de l'individu désigné dans son acte de naissance comme son père; il doit prendre alors le nom patronymique de sa mère, cela est sans difficulté.

Par la même raison, si un aspirant inscrit sur les registres comme né de père et mère inconnus, parvenait ensuite à se faire reconnaître en justice comme fils d'un homme et d'une femme unis en légitime mariage, il acquerrait un droit incontestable au nom du mari.

Dans ces deux cas, la preuve du changement d'état résulte de la transcription du jugement en marge de l'acte de naissance, dont il ne peut plus être délivré expédition qu'avec les rectifications ordonnées.

194. En général, l'état des hommes est indivisible. Il pourrait arriver cependant que le même individu fût à la fois enfant légitime et bâtard. Par exemple, si étant né plus de trois cents jours après le décès du mari, il avait été désavoué

par les parents paternels et reconnu par les parents mater-
nels. C. Angers, 11 avr. 1821 ; Sirey, t. 22 — 2 — 177.

Dans ce cas, n'ayant de droits que dans la ligne maternelle,
il pourrait prendre seulement le nom de sa mère.

2°. Des enfants légitimés.

195. La légitimation est une fiction de la loi, introduite
en faveur des enfants naturels, dont l'effet est d'effacer le
vice de leur naissance, et de placer celui qui en est l'objet
au rang d'enfant légitime. Notre ancien droit avait admis
deux modes de légitimation, l'une par rescrit ou lettres du
prince, l'autre par mariage subséquent. Ce dernier mode
a seul été conservé par le Code. C'est aujourd'hui le seul
moyen de faire acquérir le bénéfice de la légitimité aux enfants qui ne sont pas nés dans le mariage.

196. La loi exige deux conditions pour que les enfants naturels puissent être légitimés. Il faut 1° qu'ils ne soient pas
nés d'un commerce incestueux ou adultérin ; 2° qu'ils aient
été légalement reconnus avant le mariage de leurs père et
mère ou qu'ils le soient dans l'acte même de célébration (1).

Quand ces deux conditions sont remplies, la légitimation a
absolument les mêmes effets que la légitimité (C. civ.,
art. 333) ; par conséquent, elle assure à l'enfant le droit de
porter le nom de son père.

197. L'aspirant au notariat, qui se trouve dans cette position, doit produire son acte de naissance et l'acte de célébration du mariage de ses père et mère, si la reconnaissance a
été faite dans un de ces deux actes. Il doit y joindre l'acte de
reconnaissance, lorsqu'elle a eu lieu par acte séparé.

198. Sous l'ancienne législation, la légitimation s'opérait
de plein droit par le mariage subséquent des père et mère (2),
et bien que la filiation de l'enfant ne fût prouvée que par des
actes postérieurs au mariage.

Mais aujourd'hui, elle n'a lieu que lorsque la reconnaissance
précède ou accompagne le mariage. Ainsi, l'enfant qui n'aurait été reconnu que postérieurement au mariage ne pourrait
réclamer les droits d'enfant légitime (Douai, 15 mai 1816),
il n'aurait que les droits attribués aux enfants naturels.

---

(1) Il y aurait encore légitimation par mariage subséquent dans le cas prévu
par l'art. 340 du C. civ., lorsque le ravisseur a été déclaré père de l'enfant né
par suite de l'enlèvement.

(1) *Tanta est vis matrimonii, ut qui anteà sunt geniti, post contractum ma-
trimonium legitimi habeantur* (décrétale du pape Alexandre III).

199. Si l'enfant n'avait été reconnu *avant* le mariage que par son père, mais qu'il recherchât ensuite avec succès la maternité, aurait-il acquis la légitimation? M. Duranton, t. 3, nᵒ 180, enseigne l'affirmative; mais cette opinion qu'il trouve lui-même hardie ne paraît pas admissible. La déclaration de maternité ne peut avoir plus d'effet que la reconnaissance de la mère. Or, cette reconnaissance, postérieure au mariage, n'opérerait certainement pas la légitimation.

200. La légitimation a lieu, lors même qu'il y aurait eu un mariage intermédiaire entre la naissance de l'enfant naturel et le mariage de ses père et mère. Le Code civil ne distingue pas (Favard, vᵒ *Légitimation*, § 1, no 5).

201. La question de savoir si les petits-enfants peuvent être légitimés par le mariage subséquent de leur aïeul avec la mère de leur père décédé, a été autrefois vivement controversée. Le Code civil, art. 332, l'a nettement décidée en faveur des petits-enfants. Leur père décédé peut être légitimé, et la légitimation profite à ses descendants.

202. Le mariage contracté par des Français dans un pays étranger où la légitimation n'est pas admise aurait-il pour effet de légitimer leur enfant naturel? L'affirmative est sans difficulté. Les lois concernant l'état et la capacité des personnes régissent les Français même résidant en pays étranger. Il en était de même autrefois (voir un arrêt du 21 juin 1668, rapporté au Journal des Audiences).

203 Mais un étranger naturalisé Français ne pourrait prendre le nom de son père, s'il était originaire d'un pays qui rejette la légitimation, et si le mariage de ses parents était antérieur à sa naturalisation en France. Son état s'est trouvé définitivement régi par la loi de son pays.

204. La loi exclut du bénéfice de la légitimation les enfants adultérins ou incestueux.

On a demandé si c'était l'époque de la conception, ou seulement celle de la naissance qui devait déterminer la filiation adultérine : par exemple, si l'enfant né de deux personnes libres, au moment de sa naissance, serait adultérin et incapable de légitimation, parce que l'une d'elles aurait été mariée au moment de sa conception. L'affirmative enseignée autrefois par Pothier, et, depuis le Code, par MM. Delvincourt et Duranton, a été consacrée par un arrêt de la C. d'Angers, du 13 août 1806.

La même Cour a décidé, le 8 déc. 1824, que la reconnaissance d'un enfant adultérin, faite sous l'empire de la loi du 12 brum. an II, et sa légitimation par le mariage subséquent de ses père et mère, sont nulles, quoique accompagnées d'une longue possession d'état.

205. Tout ce qui vient d'être dit des enfants adultérins s'applique aux enfants incestueux.

Mais il se présente pour ces derniers une question fort délicate, c'est celle de savoir si le mariage contracté avec dispenses entre un oncle et sa nièce, en vertu de l'art. 164 C. civ., ou entre un beau-frère et sa belle-sœur, en vertu de la loi du 16 avr. 1832, a pour effet de légitimer les enfants nés incestueux d'un commerce antérieur.

La majorité des auteurs se prononce pour la négative. V., dans ce sens, MM. Delvincourt, t. 1, p. 374 ; (2ᵉ édit.); Merlin, vᵒ *Légitimation*, sect. 2, § 2, nᵒ 9 ; Toullier, t. 2, nᵒ 935 ; Duranton, t. 2, nᵒ 176 ; Favard, vᵒ *Légitimation*, § 1, nᵒ 4 ; et le Dict. du Not., *eod.* vₒ, nᵒ 3.

Cependant l'opinion contraire est soutenue par M. Loiseau, *Des Enfants naturels*, et par M. Dalloz, vᵒ *Filiation*, ch. 3, sect. 1, nᵒ 4. Elle a été aussi développée avec beaucoup de force à la chambre des députés, par M. Dupin, à l'occasion d'une pétition tendant à ce que le mariage entre beaux-frères et belles-sœurs fût permis, sans qu'il fût besoin de dispenses (séance du 29 janv. 1833).

On dit pour la légitimation qu'elle est le motif déterminant de la plupart des demandes de dispenses ; que les père et mère seront sans intérêt, qu'ils ne se marieront plus, si la loi refuse un état à leurs enfants. On insiste aussi sur l'inégalité qui résulterait du système contraire dans l'état des enfants nés avant ou depuis le mariage. « Ainsi, disait M. Dupin, dans la discussion déjà citée, on verrait des enfants nés d'un même père et de la même mère, dans la même maison, à la même table, jouir des droits d'enfants légitimes en présence de leurs frères qui n'auraient ni état, ni droit, ni partage ; et à moins que les parens ne voulussent les punir d'un crime qui ne serait pas le leur, il faudrait que le même foyer ralliât des enfants légitimes et des enfants incestueux. »

Ces raisons seraient concluantes s'il s'agissait de refaire la loi (1) ; mais malheureusement, elles restent sans force devant le texte impérieux de l'art. 331 C. civ. : « Les enfants nés hors mariage, autres que ceux nés d'un commerce INCESTUEUX ou adultérin, pourront être légitimés, etc... »

Aussi, la C. d'Orléans a-t-elle approuvé, par un arrêt du 23 avr. 1833, le refus d'un officier de l'état civil de constater, dans l'acte de célébration du mariage avec dispenses d'un beau-frère et d'une belle-sœur, la légitimation de leur enfant.

206. Nul doute que la question ne fût décidée dans le même sens par l'administration. Ainsi, un aspirant né d'un commerce incestueux ne pourrait pas être admis sous le nom de son père, lors même qu'il justifierait du mariage avec dispenses de ses parents et de sa reconnaissance dans l'acte de célébration.

---

(1) Duranton, t. 3 , nᵒ 177.

Cette reconnaissance serait de toute nullité, et l'annulation pourrait en être provoquée par toute personne intéressée, et même d'office par le ministère public C. civ. 184.

207. Autrefois, les enfants de prêtre étaient réputés adultérins et incestueux à la fois ; mais cette fiction du droit canon n'a plus d'autorité sous l'empire du Code civil et de la Charte. La C. de Bourges a jugé le 14 mars 1809, que l'enfant né avant la révolution, du commerce d'un prêtre avec une fille, avait pû être légitimé par le mariage contracté depuis larévolution, par ses père et mère (même sens, Cass., 22 janv. 1812).

208. Les reconnaissances d'enfants naturels, faites par acte de célébration de mariage, sont sujettes au droit fixe de 2 fr. (L. 28 avr. 1816, art. 43, n° 22); elles sont enregistrées sur expédition (déc. min. fin., 5 août 1816).

La reconnaissance de plusieurs enfants, faite par l'acte de mariage des père et mère, n'opère qu'un seul droit d'enregistrement. Elle doit être considérée comme ne renfermant qu'une seule disposition (déc. min. fin., 17 déc. 1819).

L'expédition d'une reconnaissance d'enfant naturel par acte de célébration de mariage, remise aux parties avant d'avoir été soumise à la formalité de l'enregistrement, est passible du double droit, qui reste à titre d'amende à la charge de l'officier qui l'a délivrée. Il n'a de recours que pour le droit simple. L .22 frim. an VII, art. 35 et 36.

3° *Des enfants naturels reconnus.*

209. La distinction que l'on faisait autrefois, quant à l'exercice de certains droits, entre les enfants légitimes et les bâtards n'existe plus. Aujourd'hui, tous les Français sont égaux devant la loi; ils sont tous également admissibles aux fonctions publiques (Charte constit., art. 1er). Un aspirant au notariat, quelle que soit sa filiation, est donc certain d'obtenir sa nomination, s'il réunit d'ailleurs les conditions légales. « La preuve de la légitimité ou d'une reconnaissance en forme, porte une décision du garde-des-sceaux du 22 oct. 1833, n'étant pas placée par la loi du 25 vent. an XI au nombre des conditions exigées pour l'exercice du notariat, un enfant naturel, même non reconnu, peut être admis comme tout autre aspirant, s'il est régulièrement présenté et s'il fait les justifications exigées par les art. 35 et suivants de la loi précitée. Ces justifications sont les seules auxquelles il puisse être assujetti. »

Si j'examine donc séparément ici la position des enfants naturels, ce n'est pas pour renouveler des classifications fâcheuses, c'est uniquement pour déterminer le nom auquel ils ont droit, et les justifications spéciales auxquelles ils peuvent être tenus à cet égard.

210. Les enfants naturels ont droit au nom de leur père, lorsqu'il les a reconnus seul, ou avec le concours de la mère. Si la mère seule les a reconnus, ils ne peuvent prendre que son nom.

211. Ce n'est donc pas l'acte de naissance, mais seulement l'acte de reconnaissance qui prouve la filiation d'un enfant naturel, et par conséquent le nom qu'il a le droit de porter (C. Paris, 27 fév. 1819). L'acte de naissance ne servirait pas même de commencement de preuve par écrit.

La reconnaissance peut, il est vrai, avoir lieu dans l'acte de naissance. C'est même le mode que la loi paraît indiquer de préférence (C. civ. 334); mais alors cet acte se compose de deux parties différentes, la déclaration de naissance et la reconnaissance : ce sont deux actes dans un seul contexte.

212. Lorsqu'un aspirant au notariat né hors mariage a été reconnu dans son acte de naissance, cet acte est la seule pièce qu'il ait à produire, pour prouver à la fois son âge et sa filiation.

Autrement, il doit toujours joindre à son acte de naissance l'acte authenthique de reconnaissance : rien ne peut le dispenser de cette justification.

213. La production par un enfant naturel dont l'identité n'est pas contestée, d'un acte de reconnaissance en forme, lui donne droit au nom, lors même qu'il n'en aurait pas été jusqu'alors en possession.

214. Mais la possession sans titre, quelque longue qu'elle fût, ne pourrait attribuer à un enfant naturel le nom de son prétendu père. Cela est sans difficulté devant l'administration, quoique la C. cass., 2 brum. an xii et 28 janv. 1806, ait jugé qu'un enfant naturel ne serait pas forcé de changer de nom, s'il avait été par hasard inscrit sous le nom de son père, sans en être reconnu, et qu'il eût la possession d'Etat.

En doit-il être de même à l'égard de la mère, pour laquelle la recherche de l'enfant n'est pas interdite? MM. Locré, Delvincourt, Duranton, se prononcent pour la négative, en s'appuyant de l'opinion émise au conseil d'Etat par M. Portalis, lors de la discussion du C. civ. (1). Ils enseignent que, dans ce cas, la possession d'état est la plus complète de toutes les preuves.

Mais cette opinion est combattue par M. Toullier. Je doute qu'elle fût admise par l'administration (2).

215. Un aspirant prouverait même inutilement que son pré-

----

(1) Séance du 26 brum. an vi.

(2) Elle vient dêtre rejetée par un jugement très-bien motivé de la 4e ch. du trib. de la Seine. V. le *Droit* du 25 mars 1841.

tendu père a été condamné à lui fournir des aliments. Cette condamnation peut avoir une autre cause que la présomption de paternité (1).

216. La reconnaissance faite par deux époux, pendant le mariage, d'un enfant né de leur commerce antérieur, produit tous ses effets, même à l'égard des enfants nés du mariage C. civ. 337.

Mais si elle n'a été faite que *par l'un des époux*, quel sera le nom de l'enfant?

Je pense qu'il a droit au nom de l'époux qui l'a reconnu.

L'art. 337 n'annulle pas dans ce cas la reconnaissance ; il déclare seulement qu'elle ne pourra nuire à l'autre conjoint, ni aux enfants issus du mariage, et que s'il ne reste pas d'enfants après la dissolution du mariage, elle produira tous ses effets.

217. La reconnaissance d'un enfant naturel par un mort civilement est radicalement nulle. C. civ., art. 25. Favard, v° *Reconnaissance d'enfant naturel*, sect. 1, § 1.

Mais tout autre condamné peut reconnaître valablement, même lorsque la loi le place dans un état d'interdiction légale. Hutteau d'Origny, p. 186.

218. Il en est de même de celui qui est placé sous l'assistance d'un conseil judiciaire.

La question est plus controversée pour l'interdit et le mineur pubère. Cependant, la majorité des auteurs se prononce pour l'affirmative. Toullier, Delvincourt, Favard, Duranton, Loiseau. Cass. 22 juin 1833. *Contrà*. trib. de la Seine, 24 mars 1841, aff. du marquis d'Harcourt (2).

219. La femme mariée n'a pas besoin de l'autorisation de son mari pour reconnaître un enfant naturel qu'elle aurait eu avant le mariage. Maleville, Exposé des motifs. Toullier, t. 2, n° 961.

Jugé aussi qu'un prêtre peut reconnaître son enfant naturel. C. Grenoble, 18 vent. an XII.

220. Un enfant naturel peut être reconnu avant sa naissance. Cass. 26 déc. 1811. Paris, 1er fév. 1812. Dalloz, v° *Filiation*, sect. 2, art. 2. Toullier, t. 2, n° 955.

Il peut l'être, même après sa mort, s'il a laissé des descendants. Arg. C. civ., art. 332. Loiseau, p. 444

221. La reconnaissance constatant la filiation et attribuant à celui ou celle qui l'a faite la qualité de père ou de mère, un individu déjà reconnu par une personne en cette qualité, ne peut l'être par une autre : la seconde reconnaissance resterait

---

(1) Par exemple, celui qui, sans reconnaître un enfant naturel, s'est engagé à fournir à son entretien, peut être condamné à exécuter son obligation. Cass. 16 nov. 1808, 10 mars 1818 ; Agen, 9 nov. 1823, 24 fév. 1825 ; Armand Dalloz, v° *Filiation naturelle*, n°s 217 à 222.

(2) **V. le *Droit* du 25 mars 1841.**

sans effet, à moins qu'on ne parvînt à faire annuler la première. Favard, v° *Reconnaiss. d'enf. nat.* V. *inf.*, n° 248.

222. Les lois spéciales qui régissent les colonies ne s'appliquent plus à leurs habitants, dès qu'ils touchent le territoire continental. Il suit de là que le statut colonial qui prohibe la reconnaissance, dans la colonie, d'une certaine classe d'enfants naturels, ne peut être opposé à celui de ces enfants qui a été reconnu en France, conformément aux lois françaises. Cass. 15 mars 1831.

223. A plus forte raison, la reconnaissance, par un étranger, d'un enfant naturel né en France, doit être faite suivant les formes prescrites par la loi française. C. Liége, 20 août 1812.

Mais quelle doit être la forme de la reconnaissance faite en pays étranger par un Français ? V. *inf.*, n° 246.

224. Les enfants adultérins ou incestueux ne peuvent être reconnus en cette qualité. V. *inf.*, n° 258.

225. La reconnaissance du père doit toujours être volontaire, excepté dans le cas d'enlèvement. C. civ. 340.

La reconnaissance de la mère peut être volontaire ou forcée. *Ib.* art. 341.

226. La reconnaissance volontaire doit être faite *directement* par la personne qui reconnaît.

Ainsi, un aïeul ne pourrait reconnaître l'enfant naturel de son fils, sans un mandat de ce dernier.

Ainsi encore, la désignation du père, dans la reconnaissance de la mère, est complétement nulle. Le père doit toujours reconnaître par acte authentique.

Mais la désignation de la mère, dans la reconnaissance du père, est valable, lorsqu'elle est *avouée* par la mère. C. civ. 336. V. *inf.*, n° 233.

227. Nous avons maintenant à nous occuper de la *forme* de l'acte de reconnaissance volontaire.

La jurisprudence de l'administration est sur ce point conforme à celle des tribunaux.

228. Avant 1789, la filiation naturelle se prouvait de trois manières : par lettres de légitimation délivrées en chancellerie, V. n° 195, par acte authentique et même par acte sous seing privé, accompagné de la possession d'état. Denisart, Rousseaud de Lacombe v^is *Bâtard, légitimation.*

Ces justifications seraient encore admises aujourd'hui pour les reconnaissances faites avant la révolution (2), car il est de principe que la qualité civile des personnes ne peut être changée par une loi nouvelle. Merlin, v° *Effet rétroactif.*

---

(1) Sous l'ancienne législation, elle pouvait être forcée.

(2) V. deux arrêts des CC. Paris, 4 germ. an xiii, et Montpellier 28 janv. 1806. Dalloz v° *filiation*, p. 636 et 637.

229. Plus tard, une loi du 12 brum. an ii décida que l'état et les droits des enfants nés hors mariage, dont le père et la mère existeraient encore lors de la promulgation du Code civil, seraient réglés par les dispositions de ce Code.

Il suit de là, que toute reconnaissance émanée d'une personne décédée avant la promulgation du Code civil, doit être admise, quelle que soit la forme de l'acte, fût-il même sous seing privé. Cass. 16 nov. 1808.

230. Aujourd'hui, la reconnaissance peut être faite dans l'acte de naissance de l'enfant ou par acte séparé.

231. L'extrait des registres de l'état civil produit par un candidat, à l'appui de sa demande, vaut à la fois, comme acte de naissance et comme acte de reconnaissance, lorsqu'il constate que le père et la mère, présents à l'acte, ont déclaré que l'enfant leur appartenait, qu'ils ont signé, ou déclaré ne savoir ou ne pouvoir le faire.

232. Il n'est pas même nécessaire que la déclaration de reconnaissance soit expresse. La présence du père à la rédaction de l'acte et sa signature, sans contestation, sont suffisantes (Bruxelles 4 juin 1811). Mais dans ce dernier cas, la signature est indispensable. Elle ne pourrait être suppléée par la mention de ne savoir ou de ne pouvoir signer.

L'acte ne serait pas moins valable, si le père ou la mère s'était fait représenter par un fondé de pouvoir. V. n° 239.

233. La simple désignation du père ou de la mère par les témoins serait tout-à-fait insuffisante. V. n°° 253 et 254.

Mais, comme nous l'avons vu, la désignation de la mère faite avec son aveu dans la reconnaissance du père, est valable.

La loi ne déterminant pas la forme de l'aveu de maternité, on en induit qu'il peut être sous seing privé. En effet, il est le complément de la reconnaissance du père, s'identifie avec elle et participe ainsi à son authenticité. Cass. 22 juin 1813.

234. Lorsque la reconnaissance n'est pas faite dans l'acte de naissance, il faut qu'elle soit prouvée par acte authentique. C. civ. 334.

Mais il n'est pas nécessaire que l'acte soit *ad hoc*. Ainsi la reconnaissance est valablement faite dans l'acte de mariage de l'enfant. Duranton, t. 3, n° 213.

Elle peut également résulter de termes énonciatifs, par exemple de la qualité prise par un individu, dans son contrat de mariage, de fils d'un TEL, qui a approuvé et signé le contrat (C. Riom 29 juillet 1809) ; de la qualification de fils naturel donnée à un individu dans une procuration générale (C. Agen 1ᵉʳ avr. 1816), ou dans un testament authentique (CC. Paris, 2 janv. 1849. Bastia 17 août 1820).

235. En serai-il de même de la reconnaissance directe ou indirecte faite dans un testament mystique ?

L'authenticité de cet acte peut être constestée. On est toutefois généralement d'avis que la reconnaissance qu'il contiendrait serait valable. L'acte de suscription est authentique et imprime en quelque sorte son caractère à l'écrit présenté au notaire. Loiseau, p. 466.

Quant au testament olographe, qui maintenant n'est plus réputé solennel, comme sous la coutume de Paris (art. 289), il est certain que n'étant qu'un acte privé, la reconnaissance qu'il renferme est nulle. CC. Paris, 27 flor. an XIII. Rouen, 30 juin 1817.

Si le testament olographe a été déposé par le testateur chez un notaire, appliquez ce qui sera dit n° 238.

236. On n'est pas d'accord sur le point de savoir si la reconnaissance faite par testament authentique devient nulle, quand le testament est révoqué. Je pense, avec M. Duranton, que la reconnaissance doit conserver toute sa force. On ne peut la considérer que comme un aveu; or, la révocation du testament peut bien avoir pour effet d'annuler un don, mais non de détruire un aveu. C'est aussi ce qu'a décidé la cour de Bastia par un arrêt du 5 juill. 1826.

Je pense, par la même raison, qu'on doit maintenir la reconnaissance insérée dans un testament par acte public, nul comme testament, mais revêtu des formes suffisantes pour la validité d'un acte notarié ordinaire.

Il est bien entendu, d'ailleurs, que lorsque la reconnaissance de paternité résulte de la déclaration du père consignée dans un testament public, l'enfant ne peut s'en prévaloir du vivant du testateur, parce qu'un testament est un acte dont le secret n'appartient qu'à celui qui l'a fait; mais après la mort du père, l'aveu de paternité produit tout son effet. C. Amiens, 9 fév. 1826.

237. La reconnaissance par acte sous seing privé est sans effet. Elle ne donne pas même à celui qui en est l'objet le droit de réclamer des aliments, à moins que l'acte sous seing privé n'ait été ensuite volontairement reconnu dans un acte authentique.

Mais une pareille reconnaissance devient-elle valable, si celui qui l'a faite a été ensuite contraint de reconnaître en justice son écriture et sa signature?

La négative est certaine à l'égard du père; la reconnaissance doit toujours être l'expression libre et spontanée de sa volonté. Cette liberté n'existe plus dès qu'il y a poursuites judiciaires. Cass. 4 oct. 1812; Sirey, 13, 1, 139.

Mais la recherche de la maternité étant admise, je pense que la reconnaissance en justice d'une déclaration de maternité sous seing privé, imprime à cet acte le caractère de l'authenticité. MM. Toullier, t. 2, n° 950, et Duranton, t. 3, n° 227, enseignent la même opinion.

238. Que faut-il décider, lorsqu'un acte de reconnaissance sous seing privé a été déposé chez un notaire?

Si le dépôt a été fait par l'auteur de la reconnaissance, l'acte déposé et l'acte de dépôt dressé par le notaire se sont identifiés et n'ont plus formé qu'un seul et même acte. Dans ce cas, la reconnaissance est valable (Cass. 3 sept. 1806, 11 juill. 1815; Bruxelles, 11 janv. 1808; Paris, 2 janv. 1819).

Si, au contraire, le dépôt n'a pas été fait par l'auteur de la reconnaissance, l'acte privé ne devient pas authentique par l'annexe à l'acte de dépôt; il acquiert seulement une date certaine : par suite, la reconnaissance est inefficace. Cass. 11 juill. 1815.

239. L'administration admettrait-elle une reconnaissance faite par procureur? Oui sans doute, mais il faudrait que la procuration fût spéciale et authentique. C. civ., 36. Une simple lettre ne suffirait pas, quoiqu'elle eût été annexée à l'acte par l'officier de l'état civil. C. Riom, 26 fév. 1817. Cependant quelques auteurs pensent qu'elle devrait suffire, si la reconnaissance était faite par acte notarié.

La procuration pourrait d'ailleurs être en brevet. C. Paris, 1er fév. 1812.

240. Le code ne désignant pas l'officier public qui est chargé de recevoir la reconnaissance par acte authentique, il faut en conclure que tous ceux qui ont qualité pour recevoir les actes ou les déclarations des parties et en conserver minute peuven' la constater.

241. On doit admettre en première ligne les reconnaissances faites devant les officiers de l'état civil. Ces fonctionnaires sont les officiers publics éminemment compétents pour constater l'état des citoyens, et leurs actes ont le caractère d'authenticité, voulu par la loi. Exposé des motifs.

Il a même été jugé que la reconnaissance reçue par un maire n'est pas nulle, si elle a été inscrite, non sur les registres de l'état civil, mais sur le registre des délibérations de la commune. C. Amiens, 12 juin 1829. »

Un adjoint peut la recevoir, et elle ne saurait être annulée sous le prétexte que l'acte ne constaterait pas l'empêchement du maire. C. Metz, 19 août 1824.

M. Hutteau d'Origny p. 185 pense qu'un officier de l'état civil n'aurait pas qualité pour constater la reconnaissance d'un enfant naturel *avant sa naissance;* mais je ne vois rien dans la loi qui justifie cette distinction.

242. Le code ne détermine pas non plus les formalités de l'acte de reconnaissance : il faut donc, quand elle est faite devant un maire, appliquer les règles générales sur la forme des actes de l'état civil, et la présence de deux témoins est nécessaire (Delaporte, *Pandectes françaises*, n° 61; Proudhon,

t. 1, p. 116 ; **Lagarde**, n° 476 ; *cantrà* **MM. Hutteau d'Origny**, t. 5, ch ᵉʳ, § 2, n° 6, et Garnier Dubourgneuf, *Manuel*, n° 140).

243. Les reconnaissances faites devant notaires sont également valables. Ce sont des actes authentiques ; les notaires sont compétents pour les recevoir, en se conformant aux règles prescrites par la loi du 25 vent, an xi ; par conséquent, les témoins de l'acte ne peuvent être parents du notaire ou des parties jusqu'au degré d'oncle ou de neveu inclusivement.

Lorsque l'acte de reconnaissance est au contraire reçu par un officier de l'état civil, les témoins peuvent être parents des parties. C. civ. 37 ; Poitiers, 28 août 1820.

L'acte notarié de reconnaissance doit, en outre, être en minute. L. 25 vent. an xi, 20. « Un acte aussi précieux, disait M. Labary au tribunat, et qui doit servir de titre à l'enfant naturel et aux héritiers de son père, ne peut être abandonné à une frêle garantie. Il est digne de la sollicitude du législateur qu'il soit conservé dans les dépôts publics. »

244. Que décider de la reconnaissance contenue dans un acte notarié non signé et portant la mention que les parties ne savent ou ne peuvent signer ?

Je crois qu'elle est valable, si elle est faite en termes exprès par le père. L. 25 vent. an xi, art. 14, mais qu'elle peut, au contraire, être contestée si elle n'a eu lieu qu'implicitement , par exemple, si elle résulte de la qualité d'enfant naturel , prise par un tiers en présence de son prétendu père, sans contradiction, mais aussi sans approbation de ce dernier.

245. Un acte notarié, spécialement une reconnaissance d'enfant naturel, ne cesse pas d'être authentique parce que l'enregistrement en a été bâtonné par le receveur, faute de paiement du droit (Bruxelles, 12 janv. 1808 ; Cass. 16 déc. 1811).

246. Quoique la loi ne le dise point, il est évident que les agents français, officiers de l'état civil hors du royaume, sont compétents pour recevoir la reconnaissance pure et simple , ou la reconnaissance avec légitimation par mariage subséquent, de la part de toutes personnes qui seraient dans le cas de recourir à eux pour les autres actes de l'état civil (Hutteau d'Origny, tit. 3, ch. 3). V. nᵒˢ 308 et 309.

247. Enfin, l'administration admet sans difficulté toute reconnaissance faite *librement* en justice, soit dans le cours d'une instance, soit même devant le bureau de conciliation (1) (Grenoble, 15 therm. an xiii).

Une reconnaissance faite devant le juge de paix en dehors

---

(1) Et ce, nonobstant la disposition de l'art. 54 C. pr. , portant que les conventions insérées au procès-verbal de conciliation ont force d'obligation privée. Cette disposition n'a été introduite que pour empêcher l'acte de conférer ypothèque ; mais le procès-verbal n'est pas moins authentique.

de ses fonctions de juge ou de conciliateur, ou seulement devant son greffier, serait également valable. Ce sont des *officiers publics* dans le sens de l'art. 1317 C. civ., et les actes qu'ils reçoivent sont authentiques (MM. Loiseau et Duranton). Il n'est pas même nécessaire, dans ce cas, que l'acte ait été fait en présence de témoins. Cette formalité n'est exigée que pour les actes de l'état civil et les actes notariés.

Mais, j'ai vu rejeter un acte de reconnaissance reçu par un commissaire de police (1).

Il en serait de même infailliblement de la reconnaissance constatée par un préfet, un préposé des contributions ou tout autre fonctionnaire administratif.

Et *à fortiori* de celle qui aurait été faite devant l'autorité ecclésiastique. La cour de Paris a jugé avec raison le 22 avril 1833, que la reconnaissance faite dans un acte de baptême est nulle.

248. La reconnaissance volontaire ne peut être révoquée par celui qui l'a faite. L'enfant a acquis des droits, dès l'instant où elle a été constatée dans la forme légale. Cass., 3 janv. 1808; mais elle peut être contestée, soit par l'enfant, soit par tout autre personne intéressée (C. civ. 339).

En cas de contestation, l'administration renvoie ordinairement les parties devant les tribunaux. Cependant, cet ajournement n'a lieu que pour des motifs sérieux et dûment justifiés.

249. La reconnaissance *forcée* est celle qui est prononcée en justice sur une demande en déclaration, soit de maternité, soit de paternité, dans le seul cas où la recherche de la paternité est admise (C. civ. 340, 341).

La seule pièce à produire dans ce cas par l'aspirant pour établir sa filiation, c'est une expédition du jugement.

250. La reconnaissance, dans une transaction sur procès relatif à la filiation de l'enfant, serait-elle valable? Quelques auteurs rejettent la reconnaissance si elle a eu lieu à une époque où la recherche de paternité était admise, et l'admettent si elle n'a eu lieu que depuis.

Cette distinction est motivée sur ce que, dans le premier cas, le père a pu céder à un sentiment de crainte qui ne pouvait exister dans le second.

Bien que la C. de cass., 13 vendem. an v, 6 janv. 1808 paraisse avoir adopté cette distinction, je ne la crois pas fondée. Le père, même dans le second cas, a pu céder à la menace d'un procès scandaleux. Sa volonté n'a donc pas été libre.

251. *Quid,* si un aspirant se présentait avec un jugement déclaratif de paternité passé en force de chose jugée, mais que, l'individu désigné comme père dans ce jugement l'attaquât ensuite devant l'administration?

---

(1) La C. de Dijon a jugé dans le même sens par un arrêt du 24 mai 1817.

Sa réclamation devrait être rejetée : il aurait à s'imputer de ne l'avoir pas fait réformer par les voies légales. L'administration ne peut contrôler les décisions des tribunaux.

252. Nous avons vu n° 208, que les reconnaissances d'enfant naturel par acte de célébration de mariage ne sont passibles que du droit fixe de 2 fr.

Celles qui ont lieu de toute autre manière sont assujetties au droit de 5 fr. (L. 28 avr. 1816, art. 45, n° 7).

Les reconnaissances d'enfant naturel ne peuvent être mentionnées en marge des actes de naissance, qu'après avoir été enregistrées, à moins que l'acte de reconnaissance n'ait été reçu par l'officier qui aurait à opérer la mention (déc. min. fin., 22 janv. 1819).

Dans ce dernier cas, le droit d'enregistrement se perçoit sur l'expédition de l'acte de naissance qui doit faire mention de la reconnaissance et qui ne peut plus dès-lors être considéré comme un simple extrait d'acte de naissance (déc. min. fin., 5 avr. 1816, et 22 janv. 1819).

Il faut remarquer cependant, que si la reconnaissance a lieu dans l'acte même de naissance, il n'est dû aucun droit, parce qu'alors la reconnaissance forme une partie essentielle et intégrante de l'acte de naissance qui a pour objet d'établir la qualité de l'enfant (délib. de la rég. du 16 mai 1821).

Les droits ne se perçoivent que sur l'expédition et non sur la minute, et qu'autant que l'expédition est requise par la partie qui en a besoin (déc. min. fin., 5 août 1816).

Les reconnaissances qui ont eu lieu avant la loi du 28 avr. 1816, mais dont les expéditions ne sont délivrées que depuis sa publication, sont soumises aux mêmes règles de perception (même décision).

Le ministre des finances avait arrêté d'abord que le droit était dû, autant de fois qu'il était délivré d'expéditions du même acte de reconnaissance ; mais, sur la réclamation des maires de Paris, il a décidé, le 8 juin 1821, que le droit d'enregistrement à raison des reconnaissances d'enfant naturel faites devant l'officier de l'état civil, ne serait perçu que sur la *première expédition* de chaque acte de reconnaissance ; mais que l'officier de l'état civil devrait, sous sa responsabilité personnelle, faire mention, en marge de la minute de l'acte, de la formalité qui aurait été donnée à la première expédition ; qu'il devrait aussi rappeler cette mention dans toutes les expéditions subséquentes qu'il serait requis de délivrer ; et que le droit d'enregistrement serait exigible sur ces expéditions si elles étaient dépourvues de la mention de la formalité.

4. — *Des enfants naturels non reconnus.*

253 Les aspirants au notariat, inscrits sur les registres de

l'état civil, comme nés d'un père et d'une mère inconnus, et qui n'ont pas été reconnus depuis dans la forme indiquée ci-dessus, ne peuvent être admis que sous les prénoms portés dans leur acte de naissance.

Il en est de même, lorsque le père ou la mère se trouve indiqué dans cet acte, mais sans y être intervenu.

Cela est sans difficulté à l'égard du père; la C. Besançon a même jugé, le 3 juin 1808, qu'un homme désigné comme père d'un enfant dans un acte de naissance, pouvait demander la rectification de cet acte devant les tribunaux, et des dommages-intérêts contre la femme ou les témoins qui auraient fait cette désignation.

254. Relativement à la mère, M. Toullier enseigne que l'acte de naissance, en matière de filiation naturelle, fait pleine preuve de la maternité, quoique la mère n'y soit pas inter-venue, si l'enfant a été présenté à l'officier de l'état civil par les docteurs en médecine ou en chirurgie, officiers de santé, accoucheurs, sages-femmes, ou toute autre personne ayant assisté à l'accouchement.

Mais cette opinion, déjà rejetée par un arrêt de cassation du 28 mai 1820, l'est également par la jurisprudence de l'ad-ministration.

Voici ce que porte une instruction adressée au procureur général de Rennes, le 11 juill. 1835.

« Il résulte de l'acte de naissance de l'aspirant, qu'il a été inscrit comme né, le 15 fév. 1810, de la demoiselle Félicité M... non mariée ; mais le même acte constate que cette énonciation a eu lieu sur la déclaration d'une sage-femme et sans la participation de la mère. Elle ne peut donc produire, en faveur de l'aspirant, aucun des effets que la loi attache à la reconnaissance faite par acte authentique. Rien ne constate d'ailleurs qu'il ait été reconnu par un acte ultérieur.

« En conséquence, s'il ne justifie pas d'un acte de reconnaissance en forme ou d'un jugement constatant qu'il est le fils de la demoiselle Félicité M..., il ne pourra obtenir sa nomination que sous le nom d'*Auguste* qui est le seul au-quel il ait droit d'après son acte de naissance.

Un autre candidat avait été inscrit sur les registres de l'état civil comme fils de la demoiselle *Bouderie*, non présente à l'acte, et d'un père inconnu.

Plus tard il fut reconnu, non par la demoiselle Bouderie, mais par une demoiselle Floucaud.

Quel était le nom à lui donner dans l'ordonnance de nomi-nation ?

Ce ne pouvait être évidemment que le nom de *Floucaud.*

La règle que nul ne peut être reconnu par plusieurs per-sonnes, est ici sans application. Le candidat dont il s'agit n'a-vait jamais en effet été en possession de l'état de fils de la demoiselle Bouderie, la simple *indication* de la mère dans l'acte de naissance ne pouvant valoir comme reconnaissance (décision du mois de mai 1836).

5° — *Des enfants trouvés.*

255. Les enfants abandonnés, exposés ou trouvés, sont des enfants naturels non reconnus. Tout ce qui vient d'être dit, n°ˢ 253 et 254 leur est applicable. Ils ne peuvent être admis au notariat que sous les prénoms portés dans le procès-verbal dressé au moment de leur remise à l'officier de l'état civil. C'est ce qui a été décidé au mois de juin 1837.

256. Il est d'usage, dans quelques pays, de désigner les enfants trouvés par un surnom commun, tel qu'*Innocenti* en Toscane, *Venturini* en Piémont, et *Blanc* en Provence. Cet usage est blâmé avec raison dans une circulaire du min. de l'int. du 30 juin 1812. Cette désignation jointe à un nom de baptême qui, lui-même, peut-être commun à plusieurs individus, ne suffit pas pour les distinguer.

257. Lorsqu'un enfant trouvé a été désigné sous deux prénoms, par exemple, *Jacques-Joseph,* quel sera celui des deux que l'on devra considérer comme *nom?*

La question se trouve ainsi résolue dans la circulaire déjà citée du 30 juin 1812. Après avoir fait observer qu'aux termes de l'art. 58 C. civ., il doit être donné des noms à l'enfant trouvé, le ministre ajoute :

« Ces noms doivent être tels, par exemple, que, s'il n'y en a que deux, le premier soit considéré comme nom de baptême, et l'autre devienne, pour l'enfant qui le reçoit, un nom de famille transmissible à ses propres descendants. »

Je ne puis admettre cette solution. Je pense au contraire que, dans ce cas, l'on doit admettre comme *nom* celui qui a été consacré par l'usage. C'est pour l'individu qui se présente, une véritable possession d'état.

6₀ — *Des enfants adultérins ou incestueux.*

258. Les enfants adultérins ou incestueux ne peuvent jamais être reconnus en cette qualité, C. civ. 335. Une pareille reconnaissance, comme on l'a dit dans la discussion au conseil d'Etat serait un outrage à la morale publique. Ce serait l'aveu d'un crime que la loi et les mœurs défendent de révéler.

Un aspirant au notariat, né hors le mariage, mais porteur d'une reconnaissance authentique, ne pourrait donc s'en prévaloir pour être admis sous le nom de son père ou sous celui de sa mère, s'il résultait de cette reconnaissance la preuve d'une filiation adultérine ou incestueuse. Cela avait fait difficulté autrefois ; on trouve même dans les anciens recueils un arrêt du parlement de Paris, en date du 18 juill. 1707, qui avait jugé qu'un bâtard adultérin pouvait prendre le nom de son père ; mais aujourd'hui une pareille prétention serait infaiiliblement rejetée (C. Paris, 22 mars 1828).

259. Vainement l'aspirant prouverait-il que le nom qu'il réclame lui a été donné dans son acte de naissance ; qu'il a une possession plus que trentenaire, et qu'il a même obtenu le consentement de tous les tiers intéressés.

On lui répondrait que ce titre est infecté d'un vice radical, que l'état des hommes n'étant pas dans le commerce ne peut s'acquérir ni par prescription, ni par transaction (C. civ., 2045, 2226).

Et comme il s'agit ici d'un empêchement d'ordre public, l'administration n'aurait pas besoin de renvoyer devant les tribunaux pour faire régler la question d'état. Elle pourrait rejeter le nom, dès que le vice de la reconnaissance lui serait démontré.

Dans ce cas, l'aspirant, de même que celui qui est né de père et de mère inconnus, ne pourrait être désigné dans l'ordonnance de nomination que par ses prénoms, et celui sous lequel il est le plus habituellement connu lui serait donné comme nom propre.

260. L'administration ne rejette toutefois qu'avec beaucoup de réserve le nom d'un aspirant, et seulement lorsque la preuve d'une filiation adultérine ou incestueuse existe de plein droit.

Cette preuve existe de droit, d'abord, dans tous les cas de *reconnaissance forcée*; par exemple, si un enfant né dans le mariage a été désavoué par le mari (C. civ., 312), s'il y a eu annulation d'un mariage contracté de mauvaise foi par deux personnes en état d'inceste ou de bigamie (*ibid.*, 184).

Il en est de même en cas de *reconnaissance volontaire*, si le père, qui a reconnu, était marié à l'époque de la conception de l'enfant, ou si, après le désaveu du mari, il a été condamné comme complice de l'adultère de la mère, ou enfin s'il est parent au degré prohibé, de la mère qui a déjà reconnu le même enfant. V. n° 262.

261. Mais, lorsqu'à défaut de preuve, il n'existe que de simples *présomptions* de filiation adultérine ou incestueuse, l'aspirant est considéré comme enfant naturel simple et peut par conséquent être admis sous le nom de son père ou de sa mère.

Par exemple, si la reconnaissance n'avait été faite que par le père non marié, des tiers ne seraient pas admis à prouver que l'aspirant est adultérin ou incestueux du côté de sa mère, *et vice versâ.* La recherche de la paternité et de la maternité est formellement interdite dans ce cas. C. civ., 342; C. cass., 14 mai 1810, 14 mai 1811, 28 juin 1815, 17 déc. 1816, 1er avr. 1818, 11 nov. 1819, et 9 mars 1824; C. Pau, 27 juill. 1822.

262. Il peut s'élever des questions plus délicates. En voici une sur laquelle j'ai été consulté.

Un aspirant avait été inscrit sur les registres de l'état civil comme né en 1810, de père et de mère inconnus; mais il fut reconnu en 1824, par le sieur P..... qui n'avait jamais été marié. En 1831, décès du sieur P..... L'année suivante, la demoiselle M....., nièce de ce dernier, se déclara mère du même enfant et le reconnut à son tour par un acte authentique.

Il s'agissait donc de savoir quel était l'état de l'aspirant. Était-il enfant naturel simple ou enfant incestueux? la reconnaissance tardive de la demoiselle M..... avait-elle fait tomber celle du sieur P....?

Voici comment j'ai cru devoir résoudre cette grave question:

La maternité est un fait patent, matériel, qui peut être établi par des preuves positives. La paternité est, au contraire, la plus incertaine des présomptions. Aussi la loi qui, sauf dans un cas, prohibe la recherche de la paternité, autorise-t-elle celle de la maternité. Il y a plus, elle déclare que la reconnaissance du père, sans l'aveu de la mère, est sans effet à l'égard de cette dernière (C. civ., art. 336). La reconnaissance de maternité est donc considérée comme le fait principal, comme celui qui doit avoir la priorité, et la raison en est simple; c'est qu'une preuve doit toujours l'emporter sur une présomption. Cela posé, et en admettant d'ailleurs que le consultant n'eût aucun intérêt à contester la reconnaissance de la demoiselle M....., j'ai pensé que cette reconnaissance devait seule subsister; que celle du sieur P..... se trouvait nulle de plein droit, en vertu de l'art. 342 C. civ. (1).

Ainsi, dans mon opinion, l'aspirant dont il s'agit n'a pas d'autre état que celui de fils naturel de la demoiselle M...., et il doit être admis sous son nom, nonobstant la reconnaissance de paternité faite par le sieur P.... (2)

263. La décision serait la même si les deux reconnaissances avaient été faites dans le même acte et, *à fortiori*, si celle du père était postérieure à celle de la mère (3).

---

(1) **M.** Duranton pense même que, dans ce cas, l'enfant pourrait rechercher la maternité, à moins qu'il n'eût avoué pour père celui qui l'a reconnu, par exemple, s'il en avait exigé des aliments; t. 3, n° 201.

(2) **V.** dans ce sens un arrêt de la **C.** de Dijon, du 29 août 1818. Cet arrêt est rapporté à l'art. 2860 du *Journal des Notaires.*

(3) **A** moins que l'enfant n'eût fait annuler judiciairement la reconnaissance de la mère. Dans ce cas, celle du père produirait son effet.

Il en serait de même encore si un enfant reconnu par une femme libre l'avait été soit avant, soit depuis cette reconnaissance, par un homme marié.

264. Mais faudra-t-il au moins, qu'avant d'attribuer à l'enfant le nom de sa mère, l'administration le renvoie devant les tribunaux pour faire juger la question d'état? Je ne le pense pas. La nullité de la reconnaissance du père, dans les espèces ci-dessus, est une nullité d'ordre public, qui a lieu par la seule force de la loi et sans avoir besoin d'être déclarée en justice.

265. L'enfant adultérin, reconnu sous l'empire de la loi du 12 brum. an II, et dont le père est mort avant la publication du Code civil, pourrait-il se prévaloir de cette reconnaissance? Non. Les enfants de cette classe étaient l'objet d'une exception formelle dans les art. 1 et 13 de la loi.

Je pense qu'il en devrait être de même des enfants incestueux, bien qu'ils ne fussent pas mentionnés dans cette loi. Il faudrait toutefois faire une exception pour les enfants de beaux-frères et de belles-sœurs entre lesquels le mariage n'était pas interdit avant le code.

266. L'aspirant né d'un Français et d'une Française, parents au degré prohibé, et mariés en pays étranger, sans dispenses du gouvernement français, serait évidemment incestueux et n'aurait aucun droit au nom de son père.

Ce serait inutilement qu'il justifierait de dispenses accordées par l'autorité du pays ou par l'autorité ecclésiastique; sa réclamation échouerait nécessairement devant la disposition formelle de l'art. 3, § 3, C. civ.

267. Comme je l'ai déjà dit, c'est l'époque présumée de la conception qui détermine la qualité de l'enfant.

Mais comment établir cette présomption?

M. Duranton, t. 3, nᵒˢ 24 et 194, pense qu'on doit s'en tenir aux bases posées dans les art. 312 et 314 du Code civil, cent quatre-vingts et trois cents jours; en conséquence, qu'un veuf peut valablement reconnaître l'enfant né cent quatre-vingts jours après la mort de sa femme, car cet enfant a pu être conçu depuis cet événement.

Mais le contraire a été décidé par la C. de Dijon, le 29 août 1818. Elle a déclaré adultérin, par rapport au père veuf, un enfant né deux cent sept jours après la dissolution du mariage. On lit, dans les motifs de l'arrêt, que la loi a pu se prêter à certaines suppositions en faveur de la légitimité, mais qu'il n'y a pas les mêmes raisons de les admettre pour les enfants nés hors mariage.

Que devrait faire maintenant l'administration, si la question se présentait devant elle?

D'abord, s'il n'y avait pas de réclamation, elle ne pourrait élever d'office la contestation d'état, dans un intérêt d'ordre public, puisque l'enfant est né *après la dissolution du mariage.* Ce serait le cas de dire avec le tribun Duveyrier : « Un intérêt particulier ne peut être combattu que par un intérêt contraire. La loi n'est point appelée à réformer ce qu'elle ignore ; et si l'état de l'enfant n'est point attaqué, il reste à l'abri du silence que personne n'est intéressé à rompre. »

Mais, en cas de contestation, l'administration renverrait nécessairement devant les tribunaux, seuls compétents pour statuer sur les questions d'état (C. civ., 326).

Il en serait de même, si l'aspirant était né dans les trois cents jours de la célébration du mariage, d'une autre femme que l'épouse, et s'il était reconnu par le mari.

268. Une question fort grave est celle de savoir si la règle qui détermine la qualité de l'enfant, d'après l'époque de sa conception, ne reçoit pas une exception lorsque l'enfant est né en légitime mariage. Par exemple, un homme veuf depuis un mois seulement se remarie, et sa nouvelle femme accouche au bout d'un mois de mariage ; ou encore un beau-frère épouse sa belle-sœur en vertu de dispenses, et il survient un enfant dans le mois de la célébration. On demande quel est, dans ces deux cas, l'état de l'enfant?

Je n'hésite pas à répondre qu'il est légitime. Ici, la faveur du mariage l'emporte sur tout. Les art. 314 et 316 n'accordent le droit de désaveu qu'au mari, en limitant même son action à un mois (1).

7° — *Des enfants adoptifs.*

269. L'adoption confère le nom de l'adoptant à l'adopté, en l'ajoutant au nom propre de ce dernier. C. civ., 347.

L'enfant adoptif, qui se présente pour être admis aux fonctions de notaire, doit donc prouver à la fois sa filiation naturelle et sa filiation adoptive.

270. A cet égard, il faut distinguer si l'adoption a eu lieu avant ou depuis le Code civil, et dans ce dernier cas, si elle est consensuelle, rémunératoire ou testamentaire.

271. Si l'adoption a eu lieu avant le code, elle est valable, quelle que soit la forme de l'acte, pourvu qu'il soit authentique. C'est ce qui résulte de la loi du 25 germ. an XI. Il aurait

____

(1) V. dans ce sens la loi 11, Cod. *de naturalibus liberis,* Lebrun, Rousseaud de Lacombe. *Contrà*, Pothier, Delvincourt, Duranton.

en effet été injuste d'anéantir les nombreuses adoptions faites sous l'empire de la loi du 18 janv. 1792, qui, en introduisant dans notre droit le principe de l'adoption, avait omis d'en déterminer la nature, la forme et les effets.

Il a, en conséquence, été jugé que l'adoption constatée avant le Code par une délibération d'un conseil municipal, doit être admise (Paris, 11 vendém. an xii);

Qu'il en est de même du testament authentique par lequel le testateur, après avoir institué pour héritier universel son enfant naturel précédemment reconnu, a déclaré le reconnaître de nouveau, en tant que de besoin, l'adoptant même encore, s'il est nécessaire, pour assurer de plus en plus son état. Pau, 22 juill. 1826.

Que, sous la loi de 1792, un homme a pu adopter quoiqu'il eût des enfants légitimes au moment de l'adoption, Besançon, 28 janv. 1808 ;

Que la femme a pu adopter à la même époque, sans être autorisée de son mari, Cass. 13 déc. 1809 ;

Que l'adoption d'un enfant naturel reconnu, faite avant le code par ses père et mère, est valable. Cass. 24 juill. 1811 ; Toulouse, 5 mars 1817. V. ci-après n° 274.

La C. Bordeaux, 12 fév. 1811, et la C. cass., 9 fév. 1824, avaient même étendu ce principe aux enfants adultérins ; mais le contraire a été jugé par la C. Nancy, le 18 août 1814, et la C. cass., par deux arrêts des 23 déc. 1816 et 13 juill. 1826, est revenue à cette dernière opinion qui paraît en effet préférable.

Il est hors de doute aussi, malgré la généralité des termes de la loi du 25 germinal, que l'adoption faite avant le code, par un mineur, un interdit, un mort civilement, serait nulle.

Enfin, la loi de germinal a été déclarée inapplicable aux adoptions faites, antérieurement au Code civil, dans les pays réunis où l'adoption était en usage. Bruxelles, 12 juill. 1806.

272. La formalité de l'inscription sur les registres de l'état civil n'était pas exigée pour les actes d'adoption consentis sous la loi de 1792. Néanmoins cette inscription a pu être faite depuis, en vertu des dispositions générales des art. 855 et suivants. C. pr. civ.

Lorsque l'inscription a eu lieu, l'aspirant n'a qu'une pièce à produire ; c'est son acte de naissance qui ne peut plus être délivré qu'avec les rectifications ordonnées, c'est-à-dire avec la transcription de l'acte d'adoption. C. pr. civ., art. 857.

Autrement, il devrait représenter l'acte d'adoption.

273. Depuis le Code civil, l'adoption qui a lieu par le seul consentement des parties, est soumise aux règles suivantes. Il faut que l'adoptant ait plus de cinquante ans et quinze ans de plus que l'adopté ; qu'il ait donné à ce dernier, dans sa minorité et pendant six ans au moins, des soins et des secours

non interrompus ; qu'il justifie du consentement de son conjoint ; qu'il n'ait, au moment de l'adoption, ni enfants, ni descendants légitimes, d'où il suit que l'existence d'un enfant naturel reconnu ou d'un autre enfant adoptif ne serait pas un obstacle à l'adoption. Il faut que l'adopté soit majeur, et, s'il a moins de vingt-cinq ans, qu'il produise le consentement de son père ou de sa mère. Art. 343 à 346.

Pour l'adoption rémunératoire, il suffit que l'adoptant soit majeur, plus âgé que l'adopté, sans enfants légitimes, et qu'il ait le consentement de son conjoint. Art. 345.

L'adoption testamentaire n'est permise qu'au tuteur officieux en faveur de son pupille, et cinq ans au moins après le commencement de la tutelle. Elle peut avoir lieu en faveur d'un mineur et sans le consentement de l'autre conjoint pourvu qu'il ait adhéré à la tutelle. Art. 361, 362.

274. Un enfant naturel peut-il être adopté par le père qui l'a reconnu ? La négative enseignée par MM. Delvincourt, Merlin, Toullier, 2ᵉ édit. (1), Maleville, Favard, a été jugée par les CC. Paris, 15 germ. an xii ; Nîmes, 18 flor., 3 prair. an xii, 30 déc. 1812 ; Besançon, 1ᵉʳ pluv. an xiii ; Cass. req., 14 nov. 1815 ; Pau, 1ᵉʳ mai 1826. Mais M. Duranton et les CC. Angers, 29 juin 1824, 28 mars 1828 ; Douai, 13 fév., 1ᵉʳ mai, 30 août 1824 ; Rennes, 14 fév. et 24 mars 1821 ; Poitiers, 17 mai 1828, Riom 14 mai 1838, et enfin la C. cass., ch. civ. 28 avr. 1841, sur le pourvoi contre ce dernier arrêt, se prononcent pour la validité de l'adoption. Je crois que c'est avec raison. Le Code civil ne contient aucune disposition qui frappe les enfants naturels de l'incapacité à laquelle on veut les soumettre. Comment, d'ailleurs, les traiter plus défavorablement que les adultérins et les incestueux, qui pourraient bien certainement être adoptés, puisque la reconnaissance et la recherche de paternité sont interdites pour eux.

275. Je pense aussi, contrairement à l'opinion de la C. cass., 5 août 1823, 22 nov. 1825 et 7 juin 1821, qu'un Français peut valablement adopter un étranger (2). Vainement objecte-t-on que l'adoption est un acte de pur droit civil ; ces actes ne sont pas interdits aux étrangers surtout lorsqu'ils sont faits avec un Français. Quant à la confusion de nationalité qui en résulte dans la famille adoptive, elle peut avoir lieu même dans la famille naturelle, de sorte que cette objection tombe entièrement. C'est ce que la C. de Colmar avait fort bien décidé dans un arrêt du 28 juill. 1822.

---

(1) Dans sa première édition , M. Toullier se prononçait au contraire en faveur de l'adoption.

(2) Telle est aussi l'opinion de M. Gaschon , *Code diplomatique des aubains.*

M. Duranton, t. 3, n° 286, refuse aux prêtres catholiques la faculté d'adopter; mais cette opinion, bonne en droit canonique, n'est pas soutenable en droit civil. Les prêtres, aux yeux de la loi civile, ne sont distingués en rien des autres citoyens. Trib. de la Seine, 11 juin 1841, aff. Daguier-Houel.

Ces questions, que je ne fais qu'indiquer ici, ne sont pas de la compétence de l'administration. L'adoption est prononcée en justice. Par conséquent, l'administration qui n'est point appelée à contrôler les actes de l'autorité judiciaire, doit admettre le jugement tel qu'il a été prononcé, pourvu que les formalités prescrites par la loi aient été observées. V. cependant quelques exceptions à cette règle, n° 279 et 280.

276. Les formes de l'adoption ordinaire et de l'adoption remunératoire sont les mêmes. L'acte d'adoption est reçu par le juge de paix et soumis ensuite au tribunal, qui, après avoir entendu le procureur du roi, admet ou rejette l'adoption, sans énoncer de motifs. Le jugement est soumis à son tour à la cour royale, qui prononce aussi, sans énoncer de motifs. Dans les trois mois de l'arrêt, l'adoption doit être inscrite sur les registres de l'état civil, autrement elle reste sans effet. Elle n'est réellement opérée que par cette inscription. C. civ. art. 353 à 359.

277. L'adoption n'étant complète et définitive que par sa transcription sur les registres de l'état civil, un aspirant ne peut justifier l'adjonction à son nom de celui de l'adoptant qu'en produisant un extrait de son acte de naissance *rectifié*, c'est-à-dire suivi de l'acte d'adoption. C. civ. 359. C. pr. civ. 857.

Il faut en outre que cet extrait constate que l'inscription a eu lieu dans les trois mois de l'arrêt, sans quoi l'adoption serait infailliblement rejetée et l'aspirant ne pourrait être admis que sous son nom de famille.

278. Lorsque l'adoption ordinaire ou remunératoire est consommée par l'inscription sur le registre de l'état civil, elle est irrévocable, il ne dépend plus des parties de l'anéantir, même d'un commun accord. Cette règle s'applique aux adoptions conférées avant le Code civil et sous l'empire de la loi du 18 janv. 1792. Cass. 26 avr. 1808.

L'adoption régulièrement inscrite ne peut pas même être révoquée pour cause d'ingratitude (1), ou pour survenance à l'adoptant d'un enfant légitime, conçu depuis la passation de l'acte. Si, au contraire, l'enfant avait été conçu avant cet acte, l'adoption serait non pas révoquée, mais nulle *ab initio*; car il est de principe qu'on ne peut adopter lorsqu'on a un

---

(1) Duranton, t. 3, n° 328.

enfant légitime, et l'enfant conçu est présumé né toutes les fois que son intérêt le réclame.

279. On ne peut attaquer une adoption du vivant de l'adoptant. Ce serait élever une contestation sur une succession future. Ainsi toute opposition à la possession du nom de l'adoptant par l'adopté, serait rejetée par l'administration.

À moins que l'adoption ne fût le résultat d'une collusion, par exemple, s'il y avait eu dissimulation d'âge ou de qualités de la part des parties, simulation des consentements exigés, etc. Je pense qu'on pourrait, dans ces différents cas, en poursuivre l'annulation du vivant de l'adoptant.

Il en serait de même s'il était survenu un événement tel que l'adoption dût nécessairement être annulée. Par exemple, s'il était né un enfant de l'adoptant moins de cent quatre-vingt jours après la passation de l'acte d'adoption, ou encore si le fils ou la femme de l'adoptant, en état d'absence déclarée au moment de l'acte, venait ensuite à reparaître.

280. Mais, après le décès de l'adoptant, la voie de l'opposition est ouverte à toute personne intéressée, et en cas de contestation, l'administration doit renvoyer devant les tribunaux.

Quelle est dans ce cas la voie à prendre? doit-on demander la révocation de l'adoption par action principale et parcourir les deux degrés de juridiction, ou faut-il s'adresser directement à la cour royale par voie de tierce opposition à l'arrêt d'homologation? MM. Delvincourt et Duranton donnent la préférence au premier mode, et je crois qu'ils ont raison. La tierce opposition est un moyen accordé aux tiers pour arrêter l'exécution d'une sentence qui leur causerait un préjudice irréparable. Ce motif ne peut s'appliquer à l'exécution d'un jugement d'adoption.

281. L'adoption testamentaire n'est soumise à aucune autre forme que celle des testaments. Elle peut avoir lieu par testament authentique, mystique ou olographe.

Il n'est pas nécessaire de la faire homologuer par les tribunaux.

Quant à l'inscription sur les registres de l'état civil, elle n'est pas exigée, mais elle est utile, et l'adopté a toujours le droit de la requérir en vertu des dispositions du C. pr. civ., art 855 et suiv.

L'aspirant au notariat adopté par un acte de dernière volonté régulièrement inscrit, n'a à produire que son acte de naissance rectifié, tandis qu'à défaut d'inscription, il aurait en outre à représenter le testament qui lui a conféré l'adoption.

282. L'adoption testamentaire ne peut être conférée valablement qu'après cinq ans révolus depuis la tutelle. Pour déterminer ce délai de cinq ans, faut-il prendre la date du testa-

ment ou celle du décès du testateur? c'est celle du décès, puisque le testament ne peut avoir d'effet qu'à cette époque.

283. L'adoption testamentaire est essentiellement révocable. Duranton, t. 3, n° 304, note.

284. L'acte d'adoption reçu par le juge de paix est assujetti au droit fixe de 1 fr.; le jugemen et l'arrêt sont passibles, le premier du droit fixe de 50 fr., et le second du droit fixe de 100 fr. LL. 22 frim. an VII, art. 68, § 1, n° 9, et 28 avr. 1816, art. 43.

L'adoption testamentaire opère le droit fixe d'enregistrement de 1 fr.

8° — Des juifs.

285. Les juifs, connus sous la dénomination de *juifs allemands*, n'ont eu jusqu'en 1808 aucun nom patronymique ou nom de famille. Un petit nombre de noms puisés dans leurs livres sacrés servait indifféremment à tous les individus. Ils y ajoutaient seulement les noms des villes qu'ils habitaient; mais lorsqu'ils changeaient de domicile, cette sorte de surnom se trouvait en défaut, et de là naissait un premier sujet de méprises. Ainsi les juifs avaient toute facilité de changer de noms, dès qu'un intérêt quelconque les y sollicitait, et ils pouvaient ainsi se soustraire à la fois aux charges publiques et à l'accomplissement des obligations privées.

Pour remédier à ces désordres, un décret du 20 juill. 1808 ordonna, art. 1er, que les juifs qui jusqu'alors n'avaient pas eu de nom patronymique ou de prénoms fixes, seraient tenus d'en adopter dans les trois mois et d'en faire la déclaration par devant l'officier de l'état civil de la commune de leur domicile.....; art. 2, que les juifs étrangers qui viendraient s'établir en France seraient tenus de remplir les mêmes formalités dans les trois mois de leur arrivée...; art. 3, qu'on n'admettrait comme nom de famille aucun nom tiré de l'ancien Testament, ni aucun nom de ville et que, pour le choix des prénoms, on se conformerait à la loi du 11 germ. an XI...; art. 5 et 6, que les juifs ayant des noms et prénoms qu'ils auraient constamment portés pourraient les conserver, encore que ce fussent des noms de villes ou de l'ancien Testament, mais qu'ils seraient tenus d'en faire la déclaration devant le maire, conformément à l'art. 1er.

Les juifs qui demandent à être admis aux fonctions de notaire peuvent donc avoir à produire, indépendamment de leur acte de naissance, une expédition de la déclaration exigée par le décret de 1808. Ces deux actes leur sont délivrés à la suite l'un de l'autre. La déclaration dont il s'agit n'est, en effet, qu'un changement de nom qui, par dérogation à la loi de l'an XI, a pu avoir lieu sans autorisation du gouvernement et être inscrit sur les registres de l'état civil, sans jugement.

§ 3. — *Des surnoms.*

SOMMAIRE

286. *De l'usage des surnoms.*
287. *Aperçu de la législation.*
288. *Du droit aux surnoms.*
289. *Manière de le prouver.*
290. *Insertion des surnoms dans les ordonnances de nomination.*
291. *Le notaire nommé avec un surnom doit le prendre dans l'intitulé de ses actes.*
292. *Des noms de terres.*

286. Les surnoms servent à désigner les branches de la même famille; quelquefois aussi ce sont des désignations purement individuelles.

Dans les familles nobles, les diverses branches se distinguent ordinairement par l'adjonction d'un nom de terre, précédé ou non de titres de féodalité. Avant la révolution, l'acquisition d'un fief autorisait l'acquéreur à ajouter le nom de cette terre au sien sans permission du roi.

Dans les autres familles, les surnoms sont des désignations tirées du physique, des habitudes ou de la profession de la personne.

Les surnoms sont d'un usage fréquent dans les villages, où il n'y a quelquefois qu'une ou deux familles primitives, de sorte que les habitants portent presque tous le même nom patronymique.

Ils sont aussi fréquemment employés dans l'armée.

L'usage s'est introduit dans les assemblées législatives, de désigner certains membres par l'adjonction du nom de leur ville ou de leur département.

287. Les lois des 19 juin 1790 et 27 sept. 1791 avaient aboli les titres nobiliaires.

La loi du 6 fruct. an II fut plus loin. Elle décida, art. 2, qu'on ne pourrait « ajouter aucun surnom à son nom propre, à moins qu'il n'eût servi jusque là à distinguer les membres d'une même famille, sans rappeler les qualifications féodales ou nobiliaires. »

Et l'art. 4 défendait expressément à tous fonctionnaires publics « de désigner les citoyens dans les actes autrement que par le nom de famille, les prénoms portés en l'acte de naissance ou les surnoms maintenus par l'art. 2, ni d'en exprimer d'autres dans les expéditions ou extraits qu'ils délivreraient à l'avenir. »

Enfin, la loi 11 germ. an xi porte qu'aucun changement ou addition de nom ne pourra avoir lieu qu'avec l'autorisation du gouvernement.

Les dispositions des lois de 1791 et de la loi de l'an ii relatives aux titres nobiliaires ont été abrogées par l'art. 62 de la Charte constitutionnelle.

Il en est de même de celle qui interdisait de reproduire dans les expéditions certaines énonciations des actes originaux.

Les art. 45 C. civ. et 852 C. pr. civ., veulent, au contraire, que les expéditions soient conformes aux minutes.

Quant aux surnoms, les dispositions prohibitives des lois de l'an ii et de l'an xi subsistent dans toute leur force. Un surnom n'est en effet qu'un changement de nom qui ne peut être autorisé qu'en vertu d'une ordonnance royale.

288. Ainsi, un individu peut prendre ou recevoir un surnom et s'en servir habituellement dans les relations privées, mais il ne peut en faire usage dans les actes, s'il ne justifie pas d'un titre régulier.

Il ne pourrait surtout le faire admettre dans une ordonnance de nomination.

Quelque longue que fût pour un aspirant au notariat la possesion d'un surnom, quelque bien établie que fût la notoriété, ce surnom serait infailliblement rejeté de l'ordonnance, si la propriété n'était pas prouvée.

Je n'ai vu faire qu'une exception à cette règle.

Un aspirant au notariat, enfant naturel non reconnu et n'ayant par conséquent que des prénoms, avait cependant été désigné, depuis son enfance, sous le nom de J....

Il insistait pour obtenir ce nom dans l'ordonnance de nomination, mais on lui opposait les dispositions de l'art. 322 C. civ.; alors il se borna à demander que le nom de J... lui fût au moins donné comme surnom, ce qui lui fût accordé, et dans sa commission, il fut désigné sous les noms de Jean-Léon, dit J....

Cette exception, la seule que j'aie pu découvrir, fut motivée sur ce que l'aspirant avait formé, pour obtenir l'autorisation de prendre le nom de J..., une demande dont l'admission paraissait sans difficulté.

289. La propriété du surnom se prouve, suivant la filiation de l'aspirant, par la représentation de son acte de naissance ou d'un acte de reconnaissance, par un jugement de rectification, ou par une ordonnance d'autorisation.

290. Lorsque la propriété du surnom est prouvée, il est inséré sans difficulté dans l'ordonnance de nomination.

Ainsi, dans une ordonnance du 7 juill. 1834, un nouveau notaire est désigné de la manière suivante : « Le sieur Charles-François-Xavier Lebret, *dit Latour* est nommé, etc. »

Le surnom est en effet, dans ce cas, une partie de la désignation de la personne, ou plutôt une partie du nom lui-même.

291. Tellement, que l'individu qui l'a reçu dans son acte de naissance ne pourrait le quitter qu'en faisant rectifier cet acte, ou en obtenant un changement de nom.

Un notaire nommé au commencement de l'année dernière sous les noms de *Bachelet de Vauxmoulins*, conformément à son acte de naissance, ne prit, lors du dépôt de sa signature au greffe et dans l'intitulé de ses premiers actes que le nom de *Bachelet*. Il fondait le retranchement du nom de *de Vauxmoulins*, sur ce que ce n'était qu'un surnom ajouté arbitrairement par son aïeul paternel à son nom patronymique.

Consulté sur cette question, j'ai répondu que le nom de *Bachelet de Vauxmoulins*, donné au notaire dans son acte de naissance et dans son titre de nomination, devait être inséré *in extenso* dans l'intitulé de tous ses actes ; qu'autrement ce notaire pourrait être poursuivi, conformément à l'art. 12 de la loi du 25 vent. an XI. Il est en effet de principe que nul ne peut réclamer un état contraire à celui que lui donne son titre de naissance (C. civ. 322), et l'addition aussi bien que le retranchement d'un nom constitue un *changement* qui, aux termes de la loi du 11 germ. an XI, doit être autorisé par le gouvernement.

292. Nous avons vu *suprà*, n° 286, que sous l'ancienne législation, l'acquisition d'une terre donnait le droit d'en porter le nom. Mais, sous la loi nouvelle, cette adjonction ne pourrait avoir lieu qu'en vertu d'une autorisation et sauf les droits des tiers.

Il a même été jugé que celui qui a acquis une terre avant la révolution, ne peut quitter son nom patronymique pour ne porter que le nom du domaine (Nîmes, 7 juill. 1829).

§ 4. *Des changements de noms.*

SOMMAIRE.

302. *Du changement de nom d'un notaire en exercice et de la rectification de l'ordonnance de nomination.*

303. *Des changements de prénoms.*

293. Les changements de noms sont autorisés par le gouvernement qui statue dans la forme prescrite pour les réglements d'administration publique. L. 11 germ. an xi, art. 5.

294. Celui qui veut obtenir un changement de nom (1), doit avant tout faire insérer sa demande dans la partie officielle du *Moniteur*, dans le journal judiciaire du département de sa naissance et dans celui du département de son domicile (décis. du min. de la just. insérées au *Monit.* du 26 oct. 1815, et du 10 avr. 1818).

La demande ne peut être formée utilement que trois mois après ces insertions (*mêmes décisions*). Elle doit être motivée. L. 11 germ. an xi, art. 4. Elle est remise au procureur du roi avec l'expédition de l'acte de naissance du postulant et un exemplaire de chacun des journaux, dans lesquels l'insertion a eu lieu. Ce magistrat la transmet ensuite avec ses observations au ministre de la justice qui statue, après avoir pris l'avis du conseil d'Etat.

Le ministère des référendaires au sceau est inutile pour cette première partie de l'instruction qui est faite sans intermédiaire par les procureurs du roi, le ministre de la justice et le conseil d'Etat. Si un référendaire intervenait donc, ce serait sans aucun caractère public et comme simple agent d'affaires. Il en résulterait une augmentation de frais que les parties peuvent éviter.

295. Les demandes, en changement de noms sont quelquefois admises avec une extrême facilité, d'autres fois au contraire elles sont repoussées avec la plus grande rigueur. Cela dépend entièrement du ministre, car le conseil d'Etat ne donne qu'un avis consultatif. Il est difficile de saisir quelques principes au milieu de décisions presque toujours motivées en fait. Cependant, l'on admet en général avec faveur les demandes qui tendent à changer un nom auquel le déshonneur est attaché, celles qui sont la condition d'un mariage, ou d'un legs entre parents.

Au contraire, on refuse toujours aux enfants naturels non reconnus le droit de changer le nom que leur assigne leur acte de naissance, pour y substituer ou ajouter celui de la personne qu'ils désignent pour leur père ou leur mère. Comme le disait en 1820 le savant Mangin (2), promoteur de cette jurispru-

---

(1) On doit considérer comme *changements*, non seulement les *additions*, mais les retranchements de *noms*. V. *suprà*, n. 291.

(2) Alors chef de division au ministère de la justice.

dence. « Ce refus est fondé à la fois en droit et en morale. »

296. En cas de refus, la décision du ministre n'est pas de nature à être portée au conseil d'État par la voie contentieuse, lors même que la demande aurait été formée en exécution d'un testament et comme condition d'un legs. Une concession de nom est un acte de faveur que le gouvernement est toujours maître de refuser. Ord. 28 oct. 1831, et 9 janv. 1832.

297. Si l'autorisation est accordée, l'ordonnance est insérée au *Bulletin des lois*, mais elle n'est exécutoire qu'un an après cette insertion, pour laisser aux tiers intéressés le temps de réclamer (L. 11 germ. an xi, art. 6 et 7). Les réclamations sont jugées en conseil d'État.

Le délai d'un an court du jour même de l'insertion au bulletin, et non du jour de sa date, ni de celui où le Code civil déclare les lois et ordonnances exécutoires (Ord. des 18 avr. 1816, et 3 juin 1818). L'insertion au *Bulletin des lois* est accompagnée de la publication par extraits dans la partie officielle du *Moniteur*.

298. Toute famille en possession d'un nom peut s'opposer à ce qu'il devienne celui d'une autre, lors même qu'elle serait son alliée (Ord. 12 août 1828). Le droit d'opposition appartient aussi à une commune dont le nom a été concédé à un particulier. Ord. 8 janv. 1817.

Il ne faut pas confondre, au surplus, l'opposition à *l'ordonnance* avec l'opposition à *la demande*. C'est l'opposition à l'ordonnance qui, seule, ouvre la voie contentieuse devant le conseil d'État. L'opposition à la demande ne serait qu'un renseignement que le ministre pourrait admettre ou négliger. Elle ne rendrait pas la décision contradictoire et n'empêcherait pas les oppositions à l'ordonnance. Ord. 21 août 1816.

299. Au bout de l'an et jour de l'insertion de l'ordonnance au *Bulletin des lois*, le secrétaire général du conseil d'État délivre un certificat constatant qu'il n'est point survenu d'oppositions, ou qu'elles ont été rejetées.

Muni de ce certificat et de l'expédition de l'ordonnance, l'impétrant se pourvoit auprès du tribunal civil compétent pour faire faire les rectifications ordonnées sur les registres de l'état civil. L. 11 germ. an xi, art. 8.

Ce tribunal, sur les conclusions du ministère public, après avoir reconnu que l'ordonnance est régulière en la forme, ordonne tous les changements qui sont une conséquence de cette ordonnance, et il les précise dans le jugement, de manière que l'officier public n'éprouve aucun embarras dans leur application.

Le jugement est suivi des mêmes transcription et mention que tout jugement de rectification.

Ainsi, l'instruction d'une demande en changement de nom ne dure pas moins de seize à dix-huit mois, à partir de sa première insertion dans le *Moniteur* et dans le *Journal judiciaire*.

300. Autrefois, les autorisations relatives aux changements ou additions de noms étaient accordées gratuitement; mais la loi des recettes du 20 juill. 1837, art. 12, les a soumises à un droit de sceau fixé à 600 fr., en réservant néanmoins au gou‑vernement la faculté de remettre ce droit en tout ou en partie, conformément aux dispositions de la loi du 21 avr. 1832.

Le versement du droit ne peut se faire que par les mains d'un référendaire au sceau. Son intervention ne commence que lorsque l'ordonnance d'autorisation est signée.

Cet officier est désigné par l'administration, s'il n'a pas été choisi par la partie.

301. Les demandes qui tendent seulement à faire modifier l'orthographe d'un nom, doivent-elles être portées devant les tribunaux ou devant l'administration?

Il faut à cet égard faire une distinction.

Si le postulant peut établir que l'orthographe qu'il réclame était originairement celle de son nom; qu'elle a été altérée par erreur dans son acte de naissance, il est bien évident qu'il ne s'agit pas d'un changement de nom. Que demande-t-on en effet? la reconnaissance d'un fait préexistant, la réin-tégration dans un droit dont on était en possession. Ce n'est point un changement, c'est une rectification qui doit être instruite et jugée suivant les formes prescrites par les art. 99 à 101 C. civ., et 855 à 858 C. pr.civ.

Mais, si au contraire, le postulant n'a aucun moyen de prou-ver que sa famille ait été autrefois en possession d'un nom orthographié, comme il le prétend, sa demande a réel-lement pour objet un changement de nom. Car, il importe peu que le changement soit total ou partiel; il résulte de l'ad-dition ou du retranchement d'une lettre aussi bien que de l'addition ou du retranchement d'un nom. En un mot, il y a changement toutes les fois qu'on ne peut justifier de la préexi-stence du nom qu'on réclame. Dans ce cas, la demande doit être poursuivie administrativement, conformément à la loi de l'an xi.

On en trouve un exemple dans le *Moniteur* du 18 avr. 1840, portant, que le sieur *Laputte* de Charentay (Rhône) avocat, est dans l'intention de se pourvoir auprès du garde-des-sceaux, à l'effet de se faire autoriser à modifier l'orthographe de son nom en l'écrivant *Laputte*.

302. Nous verrons n° 344, que le notaire qui, depuis son admisson, a fait rectifier en justice une erreur de nom commise dans son acte de naissance, peut obtenir ensuite

auprès de l'administration que la même rectification soit faite à son ordonnance de nomination.

En serait-il de même si au lieu d'un jugement de rectification, il avait obtenu un changement de nom? Je ne le pense pas.

L'ordonnance qui accorde un changement de nom ne modifie pas l'ordre préexistant. Elle reconnaît implicitement que les choses étaient ce qu'elles devaient être ; seulement, pour des motifs puisés dans l'intérêt des parties, elle établit en leur faveur un ordre de choses nouveau. Elle dispose pour l'avenir, et par conséquent elle doit rester sans influence rétroactive sur les droits acquis et sur les actes faits avant sa promulgation.

Il n'en est pas de même d'un jugement de rectification. Il n'innove pas, il se borne à déclarer un fait préexistant; il constate qu'une erreur a été commise et il la rectifie ; en un mot, il laisse subsister l'ancien ordre de choses en le dégageant des erreurs qui en avaient altéré le principe.

On conçoit donc qu'à la différence d'une ordonnance en changement de nom, un jugement de rectification dispose pour le passé aussi bien que pour l'avenir.

303. Il est essentiel de ne pas confondre les demandes en changement de *prénom* avec celles en changement de *nom*. Les premières se poursuivent devant les tribunaux, et les secondes devant l'administration (Loi du 11 germ. an xi, art. 3 et 4. V. aussi nᵒˢ 334 et suiv.).

Lorsqu'un candidat veut obtenir un changement de prénom, il doit présenter requête au tribunal qui statue sur les conclusions du ministère public, et, si sa demande est accueillie, lever le jugement pour le faire transcrire sur les registres de l'état civil, dont il lui est ensuite délivré un nouvel extrait avec les rectifications ordonnées (*ibid.*).

Toutefois, lorsqu'une instruction dure depuis longtemps, l'administration, *brevitatis causâ*, se contente quelquefois d'une expédition du jugement de rectification. V. nᵒ 343.

SECTION III. — DE L'ACTE DE NAISSANCE.

Je diviserai cette section en trois paragraphes, traitant successivement :

1ᵒ De l'extrait des registres de l'état civil que l'aspirant doit produire à l'appui de sa demande;

2ᵒ Du rétablissement des actes adirés ;

3ᵒ De la rectification des erreurs ou omissions dans les actes de naissance.

§ 1. — *De l'extrait de l'acte de naissance.*

SOMMAIRE.

304. Pour prouver à la fois son âge et sa filiation, l'aspirant au notariat doit produire un extrait de son acte de naissance.

Les extraits des registres de l'état civil sont délivrés par les *dépositaires* de ces registres (C. civ. art. 45). Il faut donc déterminer quels sont ces dépositaires.

Avant la révolution, les registres de l'état civil étaient tenus par le clergé.

305. La loi du 20 sept. 1792 qui institua les fonctions d'officier de l'état civil, chargea les conseils généraux des communes de nommer parmi leurs membres, suivant l'étendue et la population des lieux, une ou plusieurs personnes qui seraient chargées de ces fonctions.

Cet ordre de choses a été successivement modifié par les lois des 19 déc. 1792, 28 niv., 14 et 21 fruct. an ii, 3 vent. an iii, 19 vend. an iv, et enfin par la loi du 28 pluv. an viii, art. 13, qui charge les maires et adjoints des fonctions d'officier de l'état civil. Cette loi constitue sur ce point le dernier état de la législation.

306. Depuis la loi du 20 sept. 1792 jusqu'au C. civ., tous les registres de l'état civil ont été déposés au directoire de chaque

département que remplace aujourd'hui la préfecture. On peut donc aller à ce dépôt demander des extraits des registres qui s'y trouvent.

Il serait à désirer pour la commodité des citoyens, que ces registres fussent renvoyés dans les greffes des tribunaux de chaque arrondissement. Les recherches seraient moins embarrassantes et moins dispendieuses.

Avant la loi du 20 sept. 1792, les actes de l'état civil des Français professant le culte luthérien étaient reçus par des chapelains étrangers, à ce autorisés.

En exécution d'un décret du 22 juill. 1801, les registres contenant ces actes, ont été traduits par un commissaire-interprète du ministère des relations extérieures, dont la signature a été légalisée par le ministre de ce département. Ils ont ensuite été réunis au dépôt des actes de l'état civil de la ville de Paris.

Aujourd'hui, les registres de l'état civil sont tenus doubles. L'un des doubles reste à la mairie, l'autre est déposé au greffe du tribunal de l'arrondissement (C. civ. art. 40 et 43).

De plus, un décret du 20 juill. 1807, prescrit de faire des tables annuelles et décennales pour les registres de l'état civil. Les tables annuelles sont annexées à chacun des doubles des registres. Les tables décennales sont faites par les greffiers des tribunaux, en triple expédition pour chaque commune : l'une reste au greffe, la seconde est adressée au préfet du département, et la troisième à chaque mairie du ressort du tribunal art. 5 et 12.

307. Les actes de l'état civil dans les colonies françaises sont reçus par les maires ou par des officiers de l'état civil spéciaux dans la forme prescrite par le C. civ. Cet état de choses existe au moins depuis 1814, époque de la reprise de nos possessions d'outre-mer (1).

Les registres qui contiennent ces actes sont faits en double minute dont l'une, après avoir été collationnée et certifiée par le procureur du roi et le président du tribunal, est adressée au ministère de la marine et déposée au bureau des archives. Le chef de ce bureau a qualité pour en délivrer des extraits authentiques.

Pour les obtenir, on en fait la demande au ministre et si l'acte existe au dépôt, la délivrance est faite *gratis* sous la seule condition, par la partie intéressée, de fournir la feuille de papier timbré nécessaire à l'expédition.

308. Les actes de naissance en pays étranger peuvent être

---

(1) A Bourbon, sous la domination anglaise, les actes dont il s'agit étaient reçus par des officiers *ad hoc*, institués sous le titre de commissaires de l'état civil.

reçus, soit par les fonctionnaires du pays (C. civ. 47), soit par les agents diplomatiques ou consulaires français, (*ib*. 48).

Dans le premier cas, l'acte est rédigé suivant les formes usitées dans le pays ;

Dans le second, il doit être reçu conformément aux lois françaises.

Les actes sont inscrits par les agents diplomatiques et consuls sur des registres particuliers tenus doubles, cotés et paraphés par eux. Un des doubles reste à la chancellerie, l'autre est envoyé chaque année au ministre des affaires étrangères. De plus, les agents extérieurs doivent adresser au même ministre une expédition des actes qu'ils ont reçus, pour être transmise aux officiers de l'état civil du domicile de chaque partie. Circ. min. aff. étr., 8 août 1814, ord. 23 oct. 1833.

309. Lorsque la naissance a lieu pendant un voyage de mer, elle est inscrite à la suite du rôle d'équipage par l'officier de l'administration de la marine, sur les bâtiments de l'Etat, et sur les autres bâtiments, par le capitaine, maître, ou patron (C. civ., 59).

Au premier port de relâche, l'officier qui a reçu l'acte est tenu d'en déposer deux expéditions authentiques, savoir : dans les ports de France, au bureau de l'inscription maritime, et dans les ports étrangers, à la chancellerie du consulat français. L'une de ces expéditions reste au lieu du dépôt, l'autre est adressée au ministre de la marine qui la garde dans ses archives, pour servir au besoin de minute, et qui en envoie une copie par lui certifiée à l'officier de l'état civil du domicile du père de l'enfant ou de la mère, si le père est inconnu (*Ib*. 60).

Enfin, à l'arrivée du bâtiment dans le port du débarquement, le rôle d'équipage est déposé au bureau du préposé à l'inscription maritime, qui envoie directement une expédition de l'acte de naissance, de lui signée, à l'officier de l'état civil du domicile du père, ou à défaut, de la mère de l'enfant. Cette expédition est inscrite de suite sur les registres (*Ib*. 61).

Si le maire a déjà reçu et transcrit une copie certifiée par le ministre, dans le cas de l'art. 60, il ne doit pas moins transcrire la nouvelle expédition qui lui est transmise du bureau de l'inscription maritime. Il fait en marge de ces deux transcriptions un renvoi de l'une à l'autre, et annexe à chacune l'expédition et la lettre d'envoi. (Hutteau d'Origny, tit. 4, ch. 2, § 1 ; Lagarde, n° 623 ; Coin de l'Isle, sur l'art. 61.)

Lorsqu'une armée est en campagne, le quartier-maître dans chaque corps d'un ou de plusieurs bataillons ou escadrons, et le capitaine-commandant dans les autres corps, remplissent les fonctions d'officiers de l'état civil. Ces mêmes fonctions sont remplies pour les officiers sans troupes et les employés de l'armée, par l'inspecteur aux revues, attaché à l'armée ou au corps d'armée (C. Civ. 89).

Il est tenu, dans chaque corps de troupes, un registre de l'état civil, relatif aux individus de ce corps; et un autre à l'état-major général de l'armée ou du corps d'armée pour les officiers sans troupes et les employés. Ces registres sont conservés de la même manière que les autres registres des corps et états-majors, et déposés aux archives de la guerre, à la rentrée des corps ou armées sur le territoire français (*Ib.* 90).

L'officier chargé de la tenue du registre doit, dans les dix jours qui suivent l'inscription d'un acte de naissance audit registre, en adresser un extrait à l'officier de l'état civil du dernier domicile du père de l'enfant, ou de la mère si le père est inconnu (*Ib.* 93).

310. L'art. 19 de la loi du 3 mars 1822 porte : Les membres des autorités sanitaires exerceront les fonctions d'officiers de l'état civil dans l'enceinte des lazarets et autres lieux réservés. Les actes de naissance et de décès seront dressés en présence de deux témoins. Expédition de ces actes sera adressée dans les vingt-quatre heures à l'officier de l'état civil de la commune où sera situé l'établissement, lequel en fera la transcription.

311. Enfin, lorsqu'un enfant trouvé est remis à l'officier de l'état civil, cette remise et toutes les circonstances du temps et du lieu où l'enfant a été trouvé, ainsi que son âge apparent et les noms qui lui sont donnés, sont constatés dans un procès-verbal inscrit sur les registres de l'état civil. (C. civ. 58).

312. Les dépositaires chargés de la délivrance des extraits, aux termes de l'art. 45 C. civ., sont donc 1° les maires et adjoints pour les registres étant en leur possession; 2° les greffiers ou archivistes des communes pour les registres à eux remis en dépôt; 3° les agents diplomatiques et consuls, les préposés à l'inscription maritime; 4° enfin, les archivistes des ministères de la guerre, de la marine et des affaires étrangères pour les actes de l'état civil reçus hors du royaume, et dont les registres sont remis à ces différents ministères par leurs agents respectifs. Hutteau d'Origny, tit. 3, ch. 3, n° 8.

Mais, comme le fait observer M. Coin de l'Isle (p. 25), ces différents agents ne peuvent faire ces expéditions qu'en vertu d'une délégation spéciale du maire, du préfet ou du ministre, ces derniers étant seuls fonctionnaires.

313. A Paris, la compétence des adjoints est absolue (L. 28 pluv. an viii, art. 16). Il en est de même de celle des adjoints spéciaux nommés dans les fractions de communes, en cas d'interruption ou de difficulté des communications. L. 18 flor. an x.

Autrement, il faut avoir soin de faire constater par l'adjoint, signataire de l'extrait, qu'il agit en l'absence, par l'empêchement ou par délégation du maire. Arrêté du 2 pluv. an III. Décr. du 4 juin 1806. Lagarde, *Traité de l'org. municip.*, n° 190.

Quoiqu'un adjoint ait été délégué par le maire pour remplir les fonctions d'officier de l'état civil, il n'en résulte pas que celui-ci ne puisse plus aucunement recevoir les actes; seulement l'adjoint est l'officier public habituel, mais le maire peut encore recevoir les actes de l'état civil toutes les fois qu'il le juge à propos; et lorsque son délégué est absent ou empêché, il doit nécessairement reprendre l'entier exercice de ses fonctions.

Dans le cas où le maire et les adjoints se trouveraient simultanément absents, ils doivent être suppléés, dans l'exercice de leurs fonctions, par un membre du conseil municipal désigné par le préfet, et, à défaut de cette désignation, par le plus ancien. Cons. d'Ét., 2 déc. 1826.

On avait pensé pendant quelque temps que les secrétaires des mairies avaient le droit de délivrer et de certifier des extraits des registres de l'état civil, mais c'était une erreur qui a été improuvée par un avis du conseil d'État du 2 juill. 1807.

Cependant, cet avis se fondant sur la règle *error communis*, décide transitoirement que tous les extraits délivrés depuis la loi du 28 pluv. an VIII, seront considérés comme authentiques, pourvu que la signature du secrétaire ait été légalisée, soit par le maire, soit par le préfet.

314. Depuis que les curés ne sont plus chargés de la tenue des registres, ils n'ont aucun caractère pour constater l'état civil des citoyens. Les registres qu'ils tiennent n'étant et ne pouvant être relatifs qu'à l'administration des sacrements, ne peuvent, dans aucun cas, suppléer les registres ordonnés par la loi pour constater l'état civil (L. 18 germ. an x, art. 55). Il est même défendu à tous juges, administrateurs ou fonctionnaires publics quelconques, d'avoir aucun égard aux attestations que les ministres du culte pourraient donner relativement à l'état civil des citoyens. (L. 7 vend. an IV, art. 20.)

J'ai été consulté sur la question de savoir si un acte de baptême délivré en pays étranger, par un *aumônier de l'armée de Condé*, pourrait être admis à l'appui d'une demande d'admission aux fonctions notariales.

La négative n'était pas douteuse. L'armée de Condé n'a jamais eu d'existence légale. On ne peut donc reconnaître un caractère d'authenticité aux actes émanés des officiers et des autres fonctionnaires de cette armée. Même sens. C. Paris, 18 germ. an XIII.

315. L'ordonnance de 1667, tit. 20, art. 18, accordait le droit d'exiger des extraits des actes de l'état civil aux personnes *qui en auraient besoin*, et l'art. 33 de la déclaration de 1736 aux personnes qui auraient droit *de lever des actes*. Mais le législateur moderne n'a pas maintenu ces restrictions.

L'art. 45 C. civ. donne à toute personne le droit de se faire délivrer, par les dépositaires des registres de l'état civil, des extraits de ces registres.

Tellement que les dépositaires refusants sont condamnés par corps à la délivrance aussitôt leur refus constaté. Colmar, 14 juin 1814.

316. Mais ils n'y sont tenus qu'à la charge de leurs droits.

Ces droits sont fixés ainsi qu'il suit : pour chaque expédition d'acte de naissance, de décès ou de publication de mariage, 30 centimes dans les communes au-dessous de 50,000 habitants ; 50 centimes dans les villes de 50,000 âmes et au-dessus, et 75 centimes à Paris ; et pour les actes de mariage, de divorce ou d'adoption, 60 centimes, 1 franc, et 1 fr. 50 c., selon les mêmes distinctions de population. (Décr. du 12 juill. 1807.)

Il est défendu d'exiger d'autres taxes et droits, à peine de concussion. Il n'est rien dû pour la confection des actes et leur inscription sur les registres (*ib.*, art. 4).

Cette règle s'applique non-seulement aux officiers de l'état civil, mais aux greffiers. Une décision du min. des fin., du 2 janv. 1836, porte que le droit de greffe d'un franc par rôle, établi par l'art. 9 de la loi du 21 vent. an VII pour les expéditions des actes déposés au greffe, n'est point exigible sur les expéditions et extraits délivrés par les greffiers des tribunaux des actes de naissance, mariage et décès ; que le greffier ne peut exiger, outre le remboursement du droit de timbre, que les droits d'expédition alloués aux officiers de l'état civil par les art. 1, 2 et 3 du décret du 12 juill. 1807.

317. Les extraits des actes de l'état civil étant de véritables expéditions d'actes reçus par des dépositaires publics, ne peuvent être délivrés que sur papier de 1 fr. 25 cent. (L. 28 avr. 1816, art. 63).

318. Les actes de naissance, de mariage et de décès sont affranchis de la formalité de l'enregistrement (L. 22 frim. an VII, art. 7, § 3, n° 8).

Cette exemption a lieu pour les actes de naissance, lors même qu'ils constatent la reconnaissance d'un enfant naturel. V. *sup.*, n° 252.

Mais, lorsque la reconnaissance a été faite par acte séparé et mentionnée en marge de l'acte de naissance, l'expédition de l'acte avec cette mention est soumise à la formalité. V. *ib.*

319. Les extraits des registres de l'état civil délivrés, en France, par les maires et les greffiers, sont légalisés par le président du tribunal ou par le juge qui le remplace (C. civ., art. 45), et contre-signés par le greffier, qui doit apposer en outre le sceau du tribunal. Il est dû un droit de 25 cent. pour chaque légalisation.

Les extraits délivrés par les archivistes des ministères, en vertu d'une délégation spéciale, ne sont soumis à aucune légalisation, lorsqu'ils doivent être produits en France.

Dans le cas où l'acte viendrait d'une colonie, il devrait, outre la légalisation du président du tribunal, recevoir celle du chef de la justice dans la colonie, enfin, celle du ministre de la marine. Si l'acte venait d'Alger, la légalisation définitive serait donnée par le ministre de la guerre.

Les actes tirés des registres des ambassadeurs ou des consuls sont légalisés par le ministre des affaires étrangères.

Enfin, les actes délivrés par les fonctionnaires étrangers doivent être légalisés par le ministre des affaires étrangères de leur pays. Cette dernière légalisation est suivie de celle de l'agent français résidant dans le pays, et la signature de cet agent est visée, en France, par le ministre des affaires étrangères.

320. Il ne faut pas se tromper sur le mot *extrait* dont se sert l'art. 45 : il signifie *extrait* du registre et *expédition* de l'acte (Hutteau d'Origny, tit. 3, ch. 3, § 1); autrement, il ne serait pas conforme au registre. C'est donc une reproduction littérale de l'acte qu'exige la loi, et non de simples extraits en forme de certificat, d'appert, ou autrement.

Cette règle s'applique aux actes anciens dont on délivre de nouveaux extraits : ainsi, quoique l'état civil soit indépendant des cérémonies religieuses, on ne peut se permettre de supprimer, dans les extraits de naissance antérieurs à la loi du 20 sept 1792, la mention des cérémonies du baptême (circul. min. just., 21 avr. 1806); ni les qualifications féodales, malgré la loi du 6 fruct. an ii, qui les prescrivait (1), et un avis du conseil d'État, du 10 fév. 1806, qui ne permettait de les reproduire qu'autant qu'il s'agissait d'éclairer des questions de propriété ou de filiation (Coin de l'Isle sur l'art. 45).

Néanmoins, avant la publication du code, des actes de l'état civil étaient expédiés en forme d'extraits, et, à Paris, sur des imprimés préparés à cet effet. Ces extraits seraient encore admissibles.

321. Les actes de naissance doivent être écrits en langue française; c'est ce qui ne peut faire l'objet d'aucune difficulté (L. 2 therm. an ii; arrêté 24 prair. an xi).

Toutefois, dans les départements où cette langue n'est pas en usage, les officiers de l'état civil peuvent écrire à mi-marge de la minute française la traduction en idiome du pays, lorsqu'ils en sont requis par les parties (arrêté 24 prair. an xi, art. 3).

---

(1) V. *suprá*, n° 287.

Quant aux expéditions d'actes anciens délivrées dans ces départements, elles doivent être *conformes aux registres*, et par conséquent dans l'idiome employé pour la rédaction de l'acte original ; seulement, dans ce cas, l'aspirant qui produit une de ces expéditions doit y faire joindre une traduction en langue française.

Il en est de même des expéditions d'actes reçus en pays étranger par les fonctionnaires et dans l'idiome du pays.

322. Si, en faisant l'expédition, on remarquait dans l'acte inscrit au registre une omission, une irrégularité quelconque, s'il était incomplet ou non signé de tous les comparants, ou de l'officier de l'état civil, l'extrait devrait reproduire fidèlement toutes ces imperfections (Lagarde, n° 664) ; et s'il y avait sur le registre quelque mention indicative des raisons qui ont empêché de compléter l'acte, cette mention devrait être mise dans l'extrait.

L'extrait doit, comme le registre, ne contenir aucuns blancs, aucunes surcharges, abréviations, ni dates en chiffres. Si la collation donnait lieu à des ratures ou renvois, ils doivent être approuvés et signés particulièrement (Hutteau d'Origny, tit. 3, ch. 3, n° 4). Les renvois simplement paraphés seraient sans valeur.

Les surcharges et altérations doivent être sévèrement interdites non-seulement dans le corps de l'acte, mais même dans sa date.

Ainsi jugé par la C. cass., le 20 fév. 1816.

323. Il n'est pas toujours indispensable, pour obtenir sa nomination, de produire l'extrait même du registre de l'état civil.

Le ministère de la justice admet de simples copies de ces extraits, lorsqu'ils ont été antérieurement déposés, soit entre les mains d'un officier de l'état civil à l'appui d'un acte de mariage, soit dans l'étude d'un notaire qui les a classés au rang de ses minutes (L. 25 vent. an xi, art. 21).

Mais il faut que ces copies soient entières ; de simples extraits en forme *d'appert* ne seraient pas reçus.

Il faut encore que l'officier de l'état civil ait soin de mentionner le dépôt de l'extrait et sa date, et que le notaire énonce que l'extrait lui est resté pour minute.

Une expédition sur extrait rendu à la partie serait irrégulière et devrait être rejetée (Hutteau d'Origny, tit. 3, ch. 3, n°14).

324. L'extrait de l'acte de naissance est suppléé, pour les enfants trouvés, par un extrait de la déclaration exigée par l'art. 58 C. civ. V. n° 255.

Les actes de l'état civil peuvent encore être suppléés, lorsque

---

(1) *Journal du Palais*, t. 45, p. 297.

la preuve de la naissance se trouve acquise par le résultat d'une procédure criminelle. L'inscription du jugement sur les registres tient lieu d'acte de l'état civil (Arg. C. civ. 198, 199. Favard, v° *Acte de l'état civil*, § 4, n° 5).

§ 2. — *Du rétablissement des actes adirés.*

SOMMAIRE.

325. Mais comment l'acte de naissance doit-il être remplacé lorsqu'il n'existe pas de registres, soit parce qu'il n'en a pas été tenu, soit parce qu'ils sont perdus ?

Le Code civil contient à cet égard deux dispositions distinctes.

Il établit d'abord dans l'art. 46, les formes à suivre pour le rétablissement de l'acte sur les registres, rétablissement qui doit être demandé en justice comme je le dirai ci-après.

Ensuite, dans l'art. 70, il fait une exception pour le mariage. Il permet dans ce cas de remplacer l'acte de naissance par un acte de notoriété délivré sur la déclaration de sept témoins, par le juge de paix, et homologué par le tribunal de première instance (C. civ. 71 et 72).

326. On décidait anciennement au ministère de la justice que lorsqu'un aspirant se trouvait dans l'impossibilité de produire son acte de naissance, il pouvait le remplacer par un acte de notoriété délivré dans la forme ci-dessus.

Le motif de cette décision était que si un acte de notoriété suffisait pour constater l'état civil d'un individu relativement au mariage, on ne pouvait se montrer plus exigeant lorsqu'il s'agissait d'une simple nomination.

Ce système avait l'avantage d'abréger les délais et d'affranchir les parties des frais que nécessite une procédure en rectification.

Mais la jurisprudence changea tout à coup, il y a environ dix ans. Un acte de notoriété produit par un candidat dont la possession d'état n'était nullement contestée, fut rejeté par une décision du 24 sept. 1829.

Cette nouvelle jurisprudence se maintint pendant quelques années, elle fléchit ensuite. Ainsi, en 1831 et au commencement de 1832, plusieurs aspirants furent nommés sur la production de simples actes de notoriété, en remplacement d'actes de naissance perdus.

Mais une réaction a eu lieu à son tour contre les actes de notoriété, et elle a pris cette fois un caractère définitif.

Je remarque, porte une décision du 25 juill. 1834, qu'au lieu de son acte de naissance, le candidat ne produit qu'un acte de notoriété délivré selon les formes indiquées par les art. 70 et suiv. C. civ. ; cela ne suffit pas. Dans la nomination d'un notaire, il ne s'agit pas seulement de constater l'époque et le fait de sa naissance ; il s'agit de conférer un titre à un fonctionnaire dont le nom doit donner le caractère de l'authenticité aux actes passés devant lui. Il faut donc qu'il ne reste aucune incertitude, aucun doute à l'égard de ce nom. En conséquence, il est indispensable de recourir aux formalités prescrites par l'art. 46 du même code, toutes les fois que les candidats se trouvent dans l'impossibilité de produire leur acte de naissance.

Mêmes décisions les 16 juill., 12 nov. 1836 et 7 mars 1837.

La jurisprudence reprise en dernier lieu par l'administration a donné lieu à de nombreuses critiques, et j'avoue qu'elles me paraissent fondées.

Les auteurs, je le sais, se montrent en général peu favorables à l'acte de notoriété.

« Cette exception, dit M. Toullier, t. 1, n° 358, établie uniquement pour favoriser les mariages, ne peut être étendue à d'autres cas. Un pareil acte de notoriété ne pourrait servir à prouver la filiation de celui qui l'a obtenu, ni lui procurer les droits de famille, tels que celui de succéder. Le but d'un pareil acte est de prouver l'âge du requérant, afin de faire voir qu'il est habile à contracter mariage, et nullement d'établir sa filiation, qui ne peut être prouvée qu'en suivant les règles ordinaires. »

Mais on répond d'une manière péremptoire par les dispositions de l'art. 320 C. civ. portant, qu'à défaut de titre, la possession constante de l'état d'enfant légitime suffit. Or, bien certainement l'acte de notoriété établit cette possession (1). Si l'on y réfléchit d'ailleurs, on reconnaîtra qu'un jugement de rectification rendu presque toujours sur requête, par conséquent, en l'absence de contradiction, n'a pas plus de valeur qu'un acte de notoriété. Il ne peut, dans aucun

______

(1) Surtout si l'aspirant y joint un titre de famille, tel qu'un inventaire, un partage, un testament.

temps, être opposé aux parties qui n'y ont pas été appelées (C. civ. art.100). Il ne prouve donc rien quant à la filiation. Je ne vois pas dès-lors de motifs pour assujettir les aspirants aux formes lentes et dispendieuses d'une rectification en justice.

Quoi qu'il en soit, la jurisprudence paraissant fixée aujourd'hui dans le sens contraire aux actes de notoriété, les aspirants qui ne pourraient se procurer un extrait de leur acte de naissance feront bien, avant de former leur demande, de le faire rétablir en vertu de l'art. 46 C. civ.

327. Il est généralement reconnu et jugé que l'art. 46 est démonstratif et non limitatif (Coin de l'Isle. Dict. du Notariat v° *Etat-civil* n° 58 3ᵉ édit., suppl., CC. Montpellier, 12 février 1825; Bourges, 31 août 1829).

Ainsi cet article est applicable 1° s'il n'existe que des registres tenus sans ordre de date et de manière à prouver qu'ils ont été faits après coup (Merlin v° *Etat civil*;) 2° lorsque les registres d'un hospice militaire ont été tenus avec irrégularité. (C. Bordeaux 9 mars 1812;) 3° lorsque l'irrégularité des registres résulte de l'impéritie et de la négligence constatées des officiers de l'état civil. (C. Montpellier, 2 mars 1832).

On doit considérer le cas de soustraction, de destruction ou de corruption d'une ou de plusieurs feuilles des registres sur lesquelles on prétendrait que des actes ont existé, comme la perte des registres eux-mêmes, parce qu'en effet c'est la même chose pour les personnes dont l'acte a été supprime; Toullier, t. 1, n° 349; Dur. t. 1, n° 236; Cass. 21 janv. 1814; Arg., L. 13 janv. 1817 sur la preuve testimoniale du décès des militaires).

Les omissions d'actes sur les registres sont assimilées aussi à la non existence de ces registres. Elles peuvent être prouvées de la manière prévue par l'art. 46. (CC. Bordeaux, 29 août 1811; Caen, 22 févr. 1826; Limoges, 26 juill. 1832; Cass. 17 juin 1830 et 22 août 1831).

328. L'art. 46 ne dit rien sur les formalités à suivre pour le rétablissement des actes de l'état civil; mais il est certain qu'il doit être ordonné en justice (avis du cons. d'Et. du 13 niv. an x et du 16 brum. an xi).

C'est devant le tribunal du lieu de la naissance qu'on doit se pourvoir pour faire rétablir l'acte de naissance omis ou perdu.

Si le lieu de la naissance est inconnu, ou s'il s'agit d'un acte reçu hors de France par des agents diplomatiques (1), le tribunal compétent est celui du domicile.

La demande est formée par requête ou par la voie ordinaire

---

(1) V. l'ordonnance du 23 oct. 1833, art. 7 et 13.

de l'assignation et jugée conformément aux articles 99 à 101
C. civ., 855 et suiv. C. pr. V. *infrà* n°' 334 et suiv.

Si l'instruction a constaté suffisamment la possession d'état, le tribunal prononce à l'audience un jugement qui ordonne qu'il soit dressé sur les registres de l'état civil de la commune où l'individu est né, acte de sa naissance ; que le jugement soit transcrit sur les registres courants et que mention en soit faite sur ceux de l'année de la naissance, à la date qui a été déclarée (Thomine-Desmazures , n° 1001).

329. Les événements de la révolution avaient causé la perte d'un grand nombre de registres de l'état civil, surtout dans les départements de l'Ouest. Une loi du 2 flor. an III, ordonna qu'il serait procédé par des commissaires spéciaux au rétablissement de ces registres. Cette loi reçut à peine un commencement d'exécution. Toutefois les registres rétablis en exécution de ses dispositions, n'en font pas moins foi des énonciations qu'ils contiennent.

Il faut en dire autant des registres de l'état civil, rétablis dans l'arrondissement de Soissons, en vertu d'une ordonnance spéciale du 9 janv. 1815.

L'administration admet sans difficulté les extraits de ces registres produits à l'appui des demandes de nomination.

330. Si l'un des registres seulement est perdu, la loi n'avait rien à déterminer dans l'intérêt de la preuve de l'état civil, puisqu'elle se tire du registre encore subsistant.

Cependant, pour prévenir les inconvénients de la perte de l'autre registre et ne pas laisser de lacune dans le dépôt où il manque, on en fait une copie exacte. Afin qu'elle présente le plus de garantie possible, elle est portée sur un registre préalablement coté et paraphé par le président du tribunal de première instance, et collationnée par lui sur l'original (1).

En tête on mentionne que ce registre n'est qu'une copie, afin que les extraits à en délivrer énoncent qu'ils ne sont pas tirés du registre original. La raison en est qu'aux termes de l'art. 1335 C. civ., de pareils extraits n'étant que des copies de copies, ne font pas foi entière et peuvent être considérés comme de simples renseignements (Hutteau d'Origny, t. 3, ch. 2, § 4, n° 6).

§ 3. — *De la rectification des erreurs ou omissions.*

SOMMAIRE.

---

(1) La formation de ce registre-copie a été autorisée par une circulaire du chancelier de France du 4 nov. 1814.

7

331. Les registres des naissances contiennent souvent de nombreuses erreurs. Des noms y sont quelquefois mal orthographiés, augmentés, tronqués; des prénoms peuvent avoir été omis, des surnoms ajoutés arbitrairement.

Néanmoins, d'après la règle posée dans l'art. 322 C. civ., si l'aspirant consent à être nommé conformément à son titre de naissance, son admission est sans difficulté. Seulement, dans le cas où il serait en possession d'un autre nom, il aurait à prouver son identité par un acte de notoriété passé devant notaire (décision du 11 sept. 1837). V. *sup.* nᵒˢ 171 et 189.

332. Mais si l'aspirant veut, au contraire, que les erreurs ou les omissions soient réparées dans l'ordonnance de nomination, il doit se pourvoir en rectification, suivant les formes prescrites par les art. 99, 100, 101 C. civ., 855 et suiv. du C. pr.

333. Un avis du conseil d'État, du 19 mars 1808, se contente il est vrai de l'attestation des père et mère, aïeuls et aïeules; mais cet avis est spécial pour le mariage.

Au ministère de la justice, la jurisprudence sur les rectifications a subi les mêmes variations que celle pour le rétablissement des actes. V. nᵒ 326.

On exigeait d'abord des jugements de rectification,

« Le nom de *Blaive* que l'aspirant prend dans sa demande, porte une décision du 12 oct. 1829, n'est pas celui que lui donne son acte de naissance, dans lequel il est désigné sous le nom de *Blesve*. Il produit, il est vrai, un acte de notoriété, constatant que c'est le premier de ces noms qui lui appartient; mais on ne peut, sur un pareil acte, lui conférer, par ordonnance, un autre nom que celui qu'il a droit de prendre d'après son titre de naissance. Je vous prie, en conséquence, de faire connaître au sieur Blaive ou Blesve qu'il ne sera donné suite à sa demande que lorsque son acte de naissance aura été rectifié conformément aux art. 99 C. civ., 855 et suiv. C. pr. civ.; ce dont il devra justifier par la représentation d'un nouvel extrait des registres de l'état civil, délivré en conformité de la loi.

Mêmes décisions 18 février et 4 août 1829.

On se relâcha ensuite de la rigueur de ce principe, et l'on admit pendant quelque temps comme élément suffisant de rectification des actes de notoriété délivrés par les juges de paix, conformément aux art. 71 et 72 C. civ.

Un Corse, aspirant au notariat, produisait son acte de naissance, dans lequel il était appelé *Marcelli*; mais il prenait dans sa demande le nom de *Marsilly*, et dans d'autres pièces, on lui donnait celui de *Marsily*.

29 juill. 1832, décision portant que s'il y a erreur dans son acte de naissance, le sieur Marsilly ou Marcelli devra le faire rectifier, conformément aux art. 99 et 101 C. civ., ou tout au moins *produire un acte de notoriété délivré par le juge de paix du lieu de sa naissance ou de son domicile, suivant les formes prescrites par les art. 71 et 72 du même Code.*

Mais cette jurisprudence a été abandonnée, et aujourd'hui un acte de notoriété produit pour rectifier un acte de naissance serait infailliblement rejeté (Décis. du mois de fév. 1839).

Si j'ai improuvé le rejet des actes de notoriété pour suppléer les actes de naissance, je ne puis que l'approuver entièrement lorsqu'il s'agit de rectifications.

Cette différence d'opinion est motivée sur les art. 320 et 322 C. civ., portant, l'un, *qu'à défaut de titre, la possession d'état d'enfant légitime suffit*, et l'autre que *nul ne peut réclamer un état contraire à celui que lui donne son titre de naissance.*

334. Du moment où un acte est porté sur les registres, il n'appartient pas plus à l'officier de l'état civil qu'aux parties d'y apporter le moindre changement.

Aussi est-ce un principe fondamental de l'état civil, qu'aucune lacune, omission, erreur dans les registres, ne peut être remplie, suppléée ou réparée qu'en vertu d'un jugement (Hutteau d'Origny, t. 3, ch. 2, § 2, n° 13).

Notre législation n'a pas varié sur ce point. L'art. 99 C. civ. porte qu'il sera statué sur les demandes en rectification par le tribunal *compétent.*

335. Mais quel sera ce tribunal?

Il n'y a pas de difficulté si la demande en rectification est incidente. Elle doit être formée par acte d'avoué à avoué devant le tribunal saisi de la contestation principale. C. pr. 856.

Si au contraire la demande est principale, le tribunal compétent est celui au greffe duquel se trouve déposé le registre à rectifier. Cela n'est pas contesté lorsque la demande est formée sur requête et qu'il n'y a par conséquent d'autre partie que le demandeur ; mais en doit-il être de même s'il y a d'autres parties en cause ?

M. Carré (1) se prononce pour l'affirmative, par le motif que les registres ne doivent pas être déplacés, et que le juge peut avoir besoin de les voir pour prononcer, mais d'autres auteurs, notamment M. Coin de l'Isle (2), enseignent que l'on doit dans ce cas s'en tenir à la règle ordinaire *actor sequitur forum rei*, sauf à adresser, s'il y a lieu, une commission rogatoire au tribunal dépositaire des registres. Cette opinion parait plus fondée.

336. S'il s'agissait de rectifier l'acte de l'état civil d'un Français, reçu par un officier public étranger, il faudrait nécessairement recourir aux tribunaux du pays (Hutteau d'Origny, tit. 9, ch 1, § 1, n° 11).

Si l'acte reçu hors de France l'a été pendant un voyage de mer, à l'armée ou par des agents diplomatiques ou consulaires français, la demande devra être formée en France devant le tribunal du domicile. Puisque la loi a voulu que les registres du domicile conservassent la preuve de l'état, c'est encore là que, dans les cas donnés, la preuve de l'erreur ou de l'omission devra être faite.

337. La rectification peut être demandée par l'un des trois modes suivants. Par *requête*, si la demande est principale et n'intéresse que le demandeur ; par *voie d'assignation*, si elle intéresse d'autres personnes ; par *acte d'avoué à avoué*, si elle est incidente.

La requête est présentée par avoué au président du tribunal, qui rend ordonnance de soit communiqué au procureur du roi et commet un juge pour en faire rapport.

Le tribunal statue ensuite sur ce rapport et sur les conclusions du ministère public. Les juges ordonnent, s'ils l'estiment convenable, que les parties intéressées soient mises en cause et que le conseil de famille soit préalablement convoqué pour donner son avis (C. pr. 856, C. civ. 99).

Si la rectification demandée soumettait aux juges saisis de la requête une véritable question d'état, ils pourraient se refuser à prononcer sur la rectification jusqu'à ce que l'exposant eût fait statuer sur la question principale. Ainsi, un enfant dont le titre attribuerait la naissance à une femme mariée et à un *père inconnu*, ne pourrait prendre la simple voie de requête pour faire insérer dans l'acte les noms du mari de sa mère (Bordeaux, 11 juin 1828).

338. Le jugement, tant qu'il n'est pas réformé, suffit pour

----

1) *Lois de la procédure*, n° 2893.

2) P. 87, n° 18.

attribuer à la personne envers la société l'état qui lui a été reconnu, mais il ne peut dans aucun temps être opposé aux parties intéressées qui ne l'auraient pas requis ou qui n'y auraient pas été appelées. Elles n'ont pas besoin de l'attaquer par la voie de la tierce opposition. C. civ. 100, 1351.

339. Tout jugement rendu sur une demande en rectification peut être attaqué par la voie de l'appel, par ceux qui y ont été parties. S'il n'y a point d'autre partie que le demandeur en rectification, il peut, dans les trois mois de la date du jugement, se pourvoir à la cour royale par requête présentée au président. C. pr. 858.

On procède devant la cour comme en première instance; seulement la loi n'exige pas que l'affaire soit mise en rapport. *Ibid.*

340. La rectification ne doit pas être faite sur l'acte, car ce serait l'altérer ou le dénaturer; le *dispositif* du jugement de rectification doit en conséquence être transcrit sur les registres de l'année courante. Il n'est pas nécessaire d'y ajouter les *motifs*. Cependant la transcription doit être assez complète pour que les parties soient dispensées de lever un extrait du jugement. Av. cons.-d'Et., 4 mars 1808.

Mention de la rectification est faite à la marge de l'acte réformé, et il ne peut plus être délivré expédition de cet acte qu'avec la rectification ordonnée, à peine de tous dommages-intérêts contre l'officier. C. civ. 49 et 101, C. pr. 857.

Si la mention doit être faite sur les registres de l'année courante, le maire la porte dans les mêmes termes sur les deux doubles qui sont en sa possession; si c'est sur un registre antérieur, il fait la rectification sur le double déposé aux archives de la commune et envoie dans les trois jours au procureur du roi une copie littéralement exacte de la mention qu'il a opérée, afin que ce magistrat exerce la surveillance prescrite par l'art. 49 sur la mention qui en sera faite au greffe (Lagarde, n° 366).

Les rectifications sont également faites, lorsqu'il y a lieu, sur les registres-minutes déposés aux archives des affaires étrangères, de la guerre et de la marine.

341. Si le jugement a été rendu sur requête et sans contradiction, l'officier de l'état civil doit opérer immédiatement la transcription.

Au contraire, si le jugement est rendu contre une partie intéressée, la transcription n'en peut avoir lieu au mépris de l'opposition ou de l'appel de cette partie, et le maire doit exiger les certificats requis par l'art. 548 C. pr. avant d'obéir au jugement. Coin de l'Isle, p. 90, n° 1.

Un officier de l'état civil n'a pas d'ailleurs qualité pour examiner si un jugement de rectification a été rendu avec partie capable ou par un tribunal compétent. Dès que le jugement est exécutoire, il doit opérer la transcription. Lagarde, n° 643.

342. Lorsqu'un jugement déjà transcrit et mentionné sur les registres de l'état civil est ensuite attaqué devant la cour royale et réformé, il ne faut pas, en transcrivant l'arrêt, rayer la transcription et la mention marginale du premier jugement. L'expédition de l'acte doit au contraire porter les deux mentions pour faire reconnaître les modifications qu'il a éprouvées (Hutteau d'Origny, tit. 9, ch. 1er, § 3).

343. L'aspirant dont l'acte de naissance a été rectifié doit faire immédiatement transcrire le jugement et produire un nouvel extrait des registres de l'état civil, avec les rectifications ordonnées. On se contente même quelquefois d'une expédition du jugement sans exiger la preuve de sa transcription (déc. min. just. 16 avr. 1835).

344. Lorsqu'un notaire déjà en exercice a fait rectifier son acte de naissance, il peut obtenir que la même rectification soit faite à l'ordonnance de nomination.

C'est ce qui résulte d'une ordonnance du mois de juin 1835, ainsi conçue :

Notre ordonnance, du 7 juill. 1834, portant nomination du sieur Charles-François-Xavier Lebret dit Latour aux fonctions de notaire à la résidence de Noviant-aux-Prés, canton de Domêvre, arrondissement de Toul, département de la Meurthe, est rectifiée en ce que ce notaire y est désigné sous les noms de Lebret dit Latour, tandis que son seul et véritable nom est celui de Latour, ainsi que le constate le jugement du tribunal de première instance de Toul, en date du 9 fév. 1835, le surplus de ladite ordonnance sortissant effet.

Mêmes décisions, 18 sept., 31 oct. 1833, nov. 1834 et mai 1836.

CHAPITRE IV.

DU STAGE.

Pour être admis aux fonctions de notaire, il faudra :..

4o Justifier du temps de travail prescrit par les articles suivants .

SOMMAIRE.

345. Le stage est le temps de travail exigé des aspirants qui se destinent aux fonctions de notaire.

L'admission au notariat, comme à toutes les professions savantes, a toujours été subordonnée à des conditions spéciales de capacité.

« Eh! quelle profession plus que celle des notaires, disait l'orateur du tribunat, M. Jaubert, au corps-législatif, exige une éducation analogue; ne sait-on pas que la plus savante théorie ne suffirait pas pour faire un bon notaire, qu'il faut aussi une pratique assidue pour apprendre les formes, pour connaître les lois relatives, pour exprimer avec clarté des conventions qui se diversifient à l'infini, pour éviter des piéges qui trop souvent sont tendus à la candeur et à la bonne foi? pour tout cela sans doute, il faut de la perspicacité naturelle, mais il faut aussi de l'habitude. Loin de nous de considérer le ministère des notaires comme l'ouvrage d'une routine vulgaire : chaque profession à ses règles ; celle du notaire a de plus son style particulier. L'habitude seule peut donner ce genre d'instruction.

» Un des plus grands avantages du stage doit être aussi d'aider les candidats à se bien pénétrer de l'esprit de la profession. Il est utile, il est nécessaire, que dans chaque profession il y ait un esprit de l'état; il excite l'émulation, honore le cœur, élève l'âme. Lorsqu'un homme estime sa profession, il sait prendre les moyens de se faire estimer lui-même. »

346. Avant la révolution, pour être notaire dans le ressort du parlement de Paris, il fallait justifier d'un stage de cinq ans dans une étude de notaire ou de procureur (arr. de réglement du 4 sept. 1685).

A Paris, le stage devait être de dix ans, dont cinq en qualité de maître clerc dans l'étude d'un notaire de Paris (Blondela, *Traité des connaissances nécessaires à un notaire*, 1788, t. 1, p. 53).

Dans les autres ressorts, les règles sur le temps de cléricature étaient moins certaines : c'était, en général, l'événement de l'examen qui décidait du mérite du sujet (*id.*).

347. Suivant la loi du 29 sept.-6 oct. 1791, tit. 4, art. 3, pour être admis à *concourir* aux places de notaire, il fallait :...

3° Avoir travaillé pendant huit années sans interruption, savoir : pendant les quatre premières, soit dans les études des ci-devant procureurs ou des avoués, soit dans les études de notaires en quelque lieu que ce fût du royaume, mais nécessairement pendant les quatre dernières, en qualité de clerc de notaire, dans l'étendue du département où le concours avait lieu, et y être employé en cette qualité.

Cet article établissait, comme on le voit, une distinction entre *le travail habituel* dans une étude, et le travail en *qualité de clerc*.

Cette distinction existe-t-elle encore aujourd'hui? V. *inf.* n. 351.

348. La loi du 25 vent. an XI, établit relativement au stage une règle et plusieurs exceptions.

Je traiterai successivement :

Du stage ordinaire,

Du stage exceptionnel,

Des dispenses de stage,

De la preuve du stage,

Des registres de stage,

Des écoles de notariat.

J'examinerai ensuite la question de savoir s'il conviendrait d'assujettir les aspirants au notariat, à prendre des grades dans les facultés de droit.

SECTION Ire. — DU STAGE ORDINAIRE.

SOMMAIRE.

349. L'art. 36 de la loi du 25 vent an xi est ainsi conçu :

« Le temps de travail ou stage sera, sauf les exceptions ci-après, de six années entières et non interrompues, dont une des deux dernières, au moins, en qualité de premier clerc chez un notaire d'une classe égale à celle où se trouvera la place à remplir (1). »

Analysons maintenant ces diverses conditions :

1° — *Le temps de travail ou stage sera, etc., etc.*

350. Il faut rechercher d'abord ce qu'on doit entendre par *clerc de notaire.* C'est un titre qu'il est essentiel de bien définir, non-seulement pour l'appréciation des questions de stage, mais pour l'application de l'art. 9 de la loi du 25 vent. an xi,

---

(1) La première rédaction adoptée par le conseil d'État voulait que, pour être admis au concours d'examen, l'aspirant eût travaillé pendant trois années consécutives et sans interruption, en qualité de clerc de notaire, dans l'étendue du département où se faisait l'examen et y fût alors employé en cette qualité.

qui interdit aux *clercs* la faculté d'être témoins dans les actes
reçus par leur patron.

Sous l'empire de la loi du 29 sept.-6 oct. 1791 (V. *sup.*
n° 547) on pouvait travailler *habituellement* chez un notaire
sans être *son clerc*. La cléricature était un titre spécial conféré
par le notaire, ordinairement après quatre années de travail.

351. Cette distinction a-t-elle été maintenue par la loi de
l'an xi?

Oui, suivant un arrêt de la C. d'appel de Bruxelles du
20 mars 1811, qui décide en conséquence qu'un individu,
quoique travaillant *habituellement* chez un notaire, avait pu lui
servir de témoin, s'il n'avait pas la qualité de clerc, et s'il ne
recevait pas d'émoluments.

Les notaires de Paris se sont prononcés dans le même sens.

Un de leurs statuts, en date du 5 juin 1827, n'admet à l'inscription les stages inférieurs au grade de quatrième clerc,
que quand le certificat du notaire porte expressément que le
clerc est ou logé, ou nourri, ou rétribué par lui.

Mais ces décisions ne paraissent pas fondées. Il n'existe
dans la loi de ventôse aucune disposition qui fasse dépendre la
qualité de clerc d'une circonstance particulière, telle qu'un
salaire, le logement chez le notaire, une inscription à la
chambre, etc.

La loi ne parle que de la *continuité du travail :* la qualité de
clerc de notaire est donc aujourd'hui un titre générique applicable à tout individu qui travaille habituellement et d'une
manière continue chez un notaire.

Et en effet, la plupart des jeunes gens employés dans les
études ne sont pas payés. A Paris, et dans les autres grandes
villes, le premier, le second, et quelquefois le troisième clerc,
reçoivent seuls des appointements. Les aspirants des grades
inférieurs n'en sont pas moins clercs du notaire qui les emploie ; leur stage n'est pas moins valable, et les dispositions
prohibitives de l'art. 7 ne leur sont pas moins applicables.

352. Par la même raison, et quoique l'établissement des registres de stage soit approuvé et encouragé par l'administration, l'inscription sur ces registres n'est pas constitutive de la
qualité de clerc ou de la validité du stage. Aussi à Paris, où la
chambre n'admet à l'inscription qu'à compter du grade de cinquième clerc, les aspirants non inscrits que l'on appelle *externes* n'en sont pas moins *clercs de notaires*, leur stage est également admissible. C'est ce qui a été formellement décidé par
l'administration dans l'espèce ci-après :

M. P..., aspirant aux fonctions de notaire à Chartres, justifiait, entre autres, de quatre ans dix mois de travail en qualité
de clerc externe chez un notaire de première classe.

Le procureur général avait fait sur ce stage les observations
suivantes :

« Aux termes d'un arrêté de la chambre des notaires de Paris, du 8 mars 1804, conforme à l'arrêt du parlement du 16 juill. 1779, les clercs de notaires de Paris sont assujettis à se faire inscrire sur un registre tenu à cet effet au secrétariat de la chambre. Il est au surplus à Paris d'un usage constant que les certificats de capacité ne soient délivrés aux aspirants que sur le vu d'extraits de ce registre que ne remplace aucune autre forme de justification.

» Il semble donc déjà que les quatre ans de stage que prétend avoir fait à Paris le sieur P... devraient être rejetés.

» Mais il y a plus : on a senti à Paris la nécessité de distinguer le stage sérieux que font les jeunes gens qui se destinent au notariat, des apparitions plus ou moins régulières que font dans les études, et sans grande utilité pour eux ni pour leurs patrons, quelques jeunes gens qui n'ont pas encore arrêté le choix de leur carrière. Les premiers, deuxièmes, troisièmes et quatrièmes clercs sont donc admis de droit à l'inscription au stage; les cinquièmes clercs, quand ils sont nourris et logés; les sixièmes clercs, quand ils en obtiennent l'autorisation expresse; les clercs externes jamais. Leur position n'est pas considérée comme un stage utile.

« Il est dès-lors manifeste pourquoi le sieur P... n'a jamais été inscrit sur le registre de stage. »

Mais une décision de M. le garde-des-sceaux, du 23 juin 1838, a admis le stage de M. P... en ces termes ;

« L'on exprime des doutes sur l'admissibilité du stage fait à Paris par le sieur P..., parce qu'il ne justifie pas d'un certificat d'inscription au registre de la chambre de discipline; mais cette inscription, établie par un simple réglement intérieur, n'est point exigée par la loi qui prescrit seulement un travail déterminé et dûment justifié, sans admettre aucune distinction entre les clercs internes et les clercs externes.

353. On doit d'autant plus s'étonner de l'arrêt rendu par la C. Bruxelles, le 20 mars 1811, que la même Cour avait fort bien jugé, le 12 avr. 1810, que celui qui travaille habituellement dans l'étude d'un notaire, doit être réputé *clerc*, lors même qu'il n'est pas porté sur le registre de stage.

354. La qualité de clerc ne résultant d'ailleurs que de la *continuité* du travail, n'appartiendrait pas à celui qui travaille accidentellement chez un notaire (C. Agen, 17 mai 1824), ni à celui qui exerce une autre profession ou un négoce, surtout s'il est patenté. V. n° 373.

Remarquons, toutefois, que l'administration et les tribunaux étant respectivement placés dans une complète indépendance, pourraient apprécier différemment la position d'un aspirant. Ainsi, quoiqu'il fût déclaré *judiciairement* qu'un individu n'était pas clerc de notaire, l'administration pourrait admettre son stage comme suffisant, et proposer sa nomination.

La loi de ventôse n'exige pas en effet, comme celle de 1791, que le travail ait eu lieu *en qualité de clerc*.

355. Cette loi ne détermine pas non plus quelle devra être la nature du travail. Ainsi, la qualité de clerc-copiste ou expéditionnaire donnée à un aspirant, dans un certificat, n'est pas un motif de rejeter son stage (V. deux décisions de M. le garde-des-sceaux, juin 1836).

356. La loi du 25 vent. an XI ne fixe pas l'âge auquel le stage notarial pourra être commencé utilement, mais il y a pourtant une limite que la raison indique. La loi du 22 vent. an XII porte que l'on ne pourra commencer son droit qu'à seize ans. Le même âge est exigé pour l'admission dans les autres facultés. D'un autre côté, l'art. 66 C. pén. veut que lorsqu'un accusé a moins de seize ans, la question de *discernement* soit toujours posée.

Sans adopter d'une manière absolue l'âge de seize ans pour déterminer le commencement d'un travail utile dans le notariat, il paraît difficile de considérer comme sérieux le stage fait par un individu qui n'a pas atteint cet âge.

La question s'est présentée, et a été résolue dans ce sens.

M⁰ P..., avoué en exercice, produisait, pour être admis aux fonctions de notaire, un certificat constatant un stage notarial de deux ans, commencé en 1804, époque à laquelle M⁰ P... n'avait que huit ans.

Ce stage a été rejeté.

357. Ces considérations ont frappé plusieurs assemblées générales. On lit dans le réglement des notaires de Châteauroux, en date du 1ᵉʳ mai 1824, les dispositions suivantes qui confirment nos observations.

Art. 10. La chambre fera tenir un rôle d'inscription des stagiaires, contenant leurs noms et prénoms, la date de leur naissance, etc.

Art. 41. Nul ne sera admis au rôle d'inscription avant l'âge de seize ans accomplis.

Le réglement des notaires de Pithiviers contient une disposition semblable.

Art. 105. Ne seront pas admis à l'inscription les individus âgés de moins de seize ans.

358. Remarquons à ce sujet que si l'opinion de la chambre des notaires de Paris sur la nécessité de continuer le stage jusqu'au moment de l'examen (V. *inf.*, nᵒˢ 377 et 378) était admise, il en résulterait qu'un aspirant ne pourrait commencer son stage d'une manière utile qu'à l'âge de dix-neuf ans, puisque ce n'est qu'à vingt-cinq ans que l'on est admis aux fonctions de notaire.

359. Les clercs ne sont que les collaborateurs, les commis du notaire qui les emploie. Il est responsable de leurs faits. C. civ. 1384; par conséquent c'est à lui seul qu'appartient le

droit de les choisir, de les classer (V. n°ˢ 392 et 393). Sa liberté ne doit pas être gênée : autrement la responsabilité que la loi lui impose serait une véritable injustice.

Il est cependant des règles de convenance, des rapports de confraternité que les assemblées générales peuvent recommander aux notaires.

Ainsi, une disposition des anciens statuts des notaires de Paris, homologués le 13 mai 1681, porte :

Art. 21. Pour entretenir entre lesdits notaires un respect réciproque , aucun d'eux n'admettra un clerc à son service, qu'il n'ait su du dernier notaire de la maison duquel il sera sorti, s'il en aura été fidèlement servi.

Un autre statut, en date du 11 oct. 1711, est ainsi conçu :

Lorsqu'un notaire viendra à décéder ou qu'il vendra son office, son maître clerc ne pourra quitter son étude pour aller demeurer chez un autre, pendant les trois mois qui seront comptés du jour de la réception du successeur, et aucun notaire ne pourra le prendre avant lesdits trois mois, si ce n'est du consentement du successeur ou des syndics.

360. Mais si la chambre de discipline ne doit pas intervenir dans le choix des collaborateurs du notaire, pourrait-elle, au moins, procéder par voie d'exclusion et exiger le renvoi d'un clerc qui aurait mérité de graves reproches ?

L'affirmative paraît certaine.

Les chambres notariales sont investies d'un droit de surveillance et de discipline qui s'exerce dans tous les cas de discipline et même de police intérieure. Elles sont chargées de prendre les mesures d'ordre qui intéressent la compagnie. L. 25 vent. an XI, art. 60, arr. 2 niv. an XII, art. 1, 9, 10 et 15. Ces attributions comprennent dans leur généralité, non-seulement les notaires du ressort mais les aspirants au notariat, puisque c'est la chambre qui est appelée à donner un avis sur leur moralité et leur capacité, lorsqu'ils se présentent pour obtenir leur nomination.

Une chambre de discipline peut donc, elle doit même faire observer à un notaire, que la présence de tel individu dans son étude tend à le compromettre, à altérer la confiance qu'il inspire. Un notaire qui, malgré cet avertissement, persisterait à employer un individu taré, encourrait une grave responsabilité et il pourrait, suivant les cas, être poursuivi disciplinairement.

361. On a demandé s'il était nécessaire que le clerc d'un notaire eût sa résidence de fait dans la commune où le notaire est établi ?

La négative a été décidée par le garde-des-sceaux (juill. 1835). Mais il était établi dans l'espèce que la commune habitée par le clerc était tellement voisine de celle de la résidence du notaire que l'on pouvait s'y rendre en quelques minutes.

Cette décision ne peut être considérée que comme une décision de circonstance. Je pense qu'en général l'on n'admettrait pas le stage d'un aspirant s'il était constaté qu'il n'avait pas sa résidence dans le lieu de la résidence du notaire; et à plus forte raison si les autorités locales déclaraient qu'il y est totalement inconnu. Le certificat délivré par le notaire serait considéré, dans ce cas, comme un certificat de complaisance.

362. Une règle certaine en matière de stage, c'est qu'il ne doit pas avoir été fait nécessairement dans le département où l'aspirant demande ensuite à être placé.

La loi du 29 sept.-6 oct. 1791 voulait que les quatre années de cléricature eussent lieu dans l'étendue du département où le concours était ouvert.

Mais cette disposition est au nombre de celles qu'a abrogées la loi du 25 ventôse. Ainsi, un maître clerc de Bordeaux peut être nommé notaire à Lyon, à Rouen, à Paris, et réciproquement.

363. Il est entendu, d'ailleurs, que le stage doit être fait en France. Un aspirant ne serait certainement pas admis avec des certificats de cléricature délivrés par des notaires étrangers. Le stage est un surnumérariat pour une fonction publique. Il doit, par conséquent, avoir lieu sous la surveillance et la garantie de fonctionnaires français : ajoutons que si le clerc étranger peut acquérir des connaissances en droit et la pratique des affaires, il n'apprendra pas les usages du notariat français; il ne pourra se pénétrer de l'*esprit de la profession*; ainsi, l'un des avantages les plus considérables du stage sera manqué.

On argumenterait vainement de la loi du 22 vent. an XII qui permettait, art. 15, de viser les diplômes délivrés par les universités de droit étrangères. Cette disposition, purement transitoire, ne concernait que des avocats déjà en exercice, et qu'on ne voulait pas priver de leur état. D'ailleurs, il s'agissait d'une profession, et non de l'exercice d'une fonction publique.

364. *Quid*, du stage fait dans les pays qui ont été autrefois réunis à la France? Il faut distinguer :

Si le stage a eu lieu avant la séparation, il doit être admis ; car il a été fait en France chez des notaires français.

S'il n'a eu lieu que depuis la séparation, il doit être rejeté comme ayant été fait en pays étranger.

365. Le stage fait dans les colonies françaises est admis sans difficulté dans la métropole.

366. Il en doit être de même du stage fait à Alger.

En effet, nos possessions dans le nord de l'Afrique sont considérées comme territoire français. Les notaires, comme les autres fonctionnaires publics, y sont nommés et institués par le roi, ou en son nom (1); leurs attributions sont les mêmes que celles des notaires de la métropole. Enfin, c'est la loi française qui régit en Afrique toutes les conventions entre français ou étrangers (ordonn. 10 août 1834, art. 31 ; 28 fév. 1841, art. 33), non-seulement *au fond*, mais *quant à leur forme et à leur rédaction*. Les clercs employés dans les études d'Alger ayant donc à leur disposition les mêmes moyens d'instruction que ceux des études continentales, nous ne voyons pas de motifs pour rejeter leur stage en France, lorsqu'ils se présentent pour y être admis au notariat.

Une ordonnance royale, du 31 oct. 1835, porte, art. 2, que le surnumérariat fait à Alger pour les divers services financiers, sera assimilé à celui qui a lieu dans l'administration continentale. Il en doit être de même du stage notarial.

A l'égard de la classification de ce stage, je pense qu'on devrait appliquer les règles établies par l'art. 5 de la loi du 25 vent. an xi. Ainsi le travail dans les études d'Alger, siége d'un tribunal d'appel, serait considéré comme un stage de première classe. A Bone et à Oran, où il n'y a que des tribunaux de première instance, le stage ne pourrait servir que pour l'admission à des études de la seconde classe.

2° — *Le temps de travail ou stage sera* DE SIX ANNÉES.

367. La fixation de la durée du stage était un des points les plus difficiles d'une loi d'organisation du notariat (2). S'il était nécessaire de déterminer un temps assez long pour que les aspirants pussent acquérir les connaissances que doit posséder un notaire, d'un autre côté, il fallait éviter de décourager les jeunes gens, en reculant indéfiniment le terme de leurs études. Les anciens réglements des notaires de Paris, et la loi du 6 oct. 1791, étaient tombés dans une exagération évi-

---

(1) Ils sont nommés aujourd'hui par arrêté du ministre de la guerre.

(2) Chacun a reconnu, disait M. Favard de l'Anglade dans son rapport au tribunat, la nécessité de la justification d'un temps de travail ; mais on a été divisé sur le temps a passer chez un notaire ; les uns le désiraient plus long que ne l'exige la loi, parce qu'ils pensaient que, si l'aspirant doit se livrer à l'étude des lois, s'il peut acquérir au barreau des connaissances très-utiles, il n'en est pas moins vrai que c'est dans les études des notaires que l'on acquiert surtout le talent de la rédaction des actes, l'habitude de la conciliation, tout ce qui donne enfin la pratique si nécessaire dans cet état. La section de législation s'est cependant réunie à penser que la loi annonçait assez cette vérité, et qu'on pouvait se dispenser de mettre de plus grandes entraves à l'admission des aspirants jugés capables de remplir les fonctions de notaire.

dente, en exigeant, les uns dix (1), l'autre huit années de stage
notarial. Le législateur de l'an xi a montré plus de mesure; il
a fixé la durée du stage à six ans. Ce délai ne paraît point exa-
géré. Il semble cependant qu'on aurait pu s'arrêter à un stage
de cinq ans, suivant la règle établie autrefois pour le ressort
du parlement de Paris, Paris excepté. Quelque importance en
effet que l'on attache aux fonctions du notariat, on ne peut les
considérer comme plus difficiles à remplir que celles de la
magistrature elle-même. Or, pour être juge, il suffit d'avoir
suivi des cours de droit pendant trois ans et le barreau pendant deux ans (LL. 22 vent. an xii, art. 23, et 20 avr. 1810,
art. 64). Si cinq années de noviciat suffisent pour former un
magistrat, il n'y avait pas de motifs pour se montrer plus exigeant à l'égard des notaires.

J'examinerai plus tard si l'étude du droit ne devrait pas être
un motif de réduction du stage notarial.

368. Les années et les mois de stage sont comptés de quantième en quantième, suivant le calendrier grégorien, bien que,
suivant ce calendrier, les mois civils ou usuels soient inégale-
lement composés (arg. C. comm. art. 132).

On n'admet point à cet égard les dispositions de l'art. 40 du
C. pén., d'après lequel les mois ne se comptent que par trente
jours.

3° — Le stage doit être de six années ᴇɴᴛɪÈʀᴇs.

369. Cependant, lorsqu'il ne manque qu'une fraction de
stage insignifiante, l'aspirant peut être admis, s'il présente des
garanties *spéciales* de capacité, et surtout s'il est établi que,
depuis son examen par la chambre de discipline, il continue à
travailler dans une étude notariale.

Voici l'espèce qui s'est présentée :

Le sieur D...., aspirant à un office de seconde classe, justifiait d'un stage de cinq ans, neuf mois et demi, savoir : un an
quinze jours chez des notaires de première classe, et le surplus
chez des notaires de deuxième classe.

Il lui manquait donc, aux termes de l'art. 36, deux mois et
quinze jours de travail; mais sur les cinq ans neuf mois dont
il justifiait, il avait employé quatre ans aux travaux de la première cléricature, tandis que la loi n'exige qu'un an. Il était
licencié en droit. De plus, il avait été pendant trois ans surnuméraire dans un bureau d'enregistrement.

---

(1) Dont deux ans et demi comme premier clerc. Le stage était réduit à cinq
années lorsqu'on avait été premier clerc pendant tout ce temps, ou lorsqu'on
était fils, gendre, frère ou neveu du notaire à remplacer (arrêt de règlement
du 16 juill. 1779).

8

Enfin, le dernier certificat de stage constatait que le sieur D.... continuait à travailler dans l'étude en la même qualité.

Ces diverses circonstances ont déterminé l'admission du sieur D..., qui a été nommé par ordonnance du 14 juill. 1837.

4° — Le temps de travail ou stage sera de six années entières et
NON INTERROMPUES.

370. Le notariat est en effet de toutes les professions celle qui exige le plus de suite et de persévérance. Une application continue pendant plusieurs années est indispensable pour former un bon notaire.

La validité du stage résulte donc de la continuité du travail.

371. Toutefois, la disposition prohibitive des interruptions doit être sainement entendue.

D'abord, il est des interruptions forcées; celles, par exemple, que nécessite le voyage d'un candidat lorsqu'il quitte un notaire pour aller travailler chez un autre notaire dans une résidence éloignée.

Il est d'autres interruptions tellement courtes qu'elles ne peuvent avoir une influence réelle sur l'instruction de l'aspirant. Ainsi, lorsqu'il ne s'agit que d'une lacune de quelques jours, la nomination a lieu sans difficulté.

372. En outre, le temps passé sous les drapeaux, ou aux écoles de droit, l'exercice de fonctions analogues à celles de notaire (1), une maladie grave ou dûment constatée ne sont pas considérés comme des interruptions de stage.

C'est ce qui résulte de plusieurs décisions :

(1825). L'exercice de l'emploi d'huissier ne constitue pas une interruption du temps de cléricature.

(Oct. 1831). Le temps passé sous les drapeaux n'a jamais été un motif d'exclusion pour les candidats qui ont pu justifier du nombre d'années de cléricature prescrit par la loi, et dont la capacité et la moralité étaient suffisamment constatées.

(juill. 1836). Une interruption de stage ne peut être opposée à un aspirant lorsqu'il justifie que, pendant la durée de cette interruption, il a fait l'interim d'un bureau d'enregistrement en vertu d'un brevet de surnuméraire à lui délivré par la Régie.

(8 sept. 1836). Le sieur Le G....., greffier de justice de paix et aspirant au notariat, craint d'éprouver des difficultés pour son admission, parce qu'il a discontinué son stage notarial depuis huit ans.

Les fonctions publiques que le sieur Le G..... a successivement remplies

---

(1) Il existait à cet égard, dans le projet primitif, une disposition formelle.

« Ne pourront néanmoins être opposées, les absences ou interruptions occasionnées par l'exercice de fonctions publiques ou par le service militaire.

ne pouvant que l'avoir perfectionné dans la pratique des affaires, son admission à un office de notaire sera sans difficulté si, comme il le déclare, il avait fait antérieurement un stage de plus de six années consécutives dont une au moins comme premier clerc, et si ses autres justifications sont en règle.

(14 nov. 1837.) Le sieur M....., clerc de notaire à Paris, expose qu'une maladie grave l'a forcé, d'après l'avis des médecins, d'aller passer quelques mois en Italie. Il demande si cette absence lui serait opposée comme une interruption de stage dans le cas où il se présenterait pour être admis aux fonctions de notaire.

Je vous prie de lui faire connaître qu'une maladie grave et dûment constatée n'a jamais été considérée comme une interruption pour les aspirants qui justifient du nombre d'années de cléricature prescrit.

373. Mais si l'exercice d'une fonction publique empêche le stage d'être interrompu, on ne compterait pas à un aspirant le stage qu'il aurait fait, en se livrant simultanément à l'exercice d'une autre profession.

C'est ce qui a été décidé deux fois.

(25 juill. 1834.) On ne peut compter à l'aspirant, comme stage régulier, le temps qu'il paraît avoir employé chez le sieur L....., notaire, depuis le commencement de 1831 jusqu'au commencement de 1833, puisqu'il exerçait concurremment les fonctions de percepteur des contributions directes (1).

(31 juill. 1839.) Le stage, fait concurremment avec l'exercice d'une fonction publique, n'est point admissible; car l'aspirant qui aurait d'autres devoirs à remplir, n'apporterait point à l'étude du notariat l'assiduité qui peut seule garantir sa capacité.

Notez cependant que cette décision ne serait pas applicable au clerc de notaire qui suivrait en même temps les cours d'une faculté de droit ou d'une école de notariat. Loin d'improuver ces études simultanées, on ne peut que les encourager, puisque c'est pour les jeunes gens un moyen de joindre la théorie à la pratique.

374. La chambre des notaires de Paris avait exprimé sur es interruptions de stage une opinion différente de celle de l'administration.

Une délibération du 4 juill. 1822 portait :

Il y a interruption de stage toutes les fois qu'un aspirant s'est livré à des occupations quelconques étrangères au notariat ou contraires à ses usages, et, à plus forte raison, s'il a accepté des fonctions déclarées par l'art. 7 de la loi organique du 25 vent. an xi, incompatibles avec celles de notaire.

---

(1) La Cour de Grenoble a jugé aussi, le 7 avr. 1827, que celui qui, quoique occupé à faire des expéditions d'actes chez un notaire, exerce habituellement un négoce, surtout s'il est patenté, ne peut être considéré comme clerc de notaire.

Les notaires sont invités à n'admettre ou à ne conserver aucuns clercs qui seraient dans l'un de ces cas.

375. Si la chambre s'était bornée à déclarer que l'on ne compterait pas le stage des clercs qui exerceraient simultanément des fonctions publiques ou une autre profession, elle serait restée dans le vrai principe ; le stage ne peut en effet avoir lieu utilement que si l'aspirant se livre exclusivement à ses études.

La chambre aurait eu raison encore si elle avait invité les notaires à n'admettre ou à ne conserver aucuns clercs qui se trouveraient dans l'une de ces positions.

Enfin, sa délibération serait à l'abri de toute critique, si elle avait dit seulement qu'il y aurait interruption de stage toutes les fois qu'un aspirant aurait discontinué ses études pour se livrer à des occupations quelconques, étrangères au notariat ou contraires à ses usages.

Mais la chambre a commis une erreur évidente en déclarant le stage interrompu par l'exercice de fonctions incompatibles. Elle a confondu à tort l'incompatibilité avec le défaut d'analogie entre les fonctions. La plupart des fonctions déclarées incompatibles par l'art. 7 de la loi de ventôse, loin d'être sans analogie avec le notariat, sont au nombre de celles qui peuvent motiver des dispenses de stage. La chambre des notaires de Paris s'est donc mise, par sa délibération, en contradiction avec l'art. 42 de la même loi. Il impliquerait en effet qu'une fonction pût tenir lieu du stage notarial, et que le stage fût néanmoins interrompu par l'exercice de cette fonction.

Au surplus, comme on l'a vu, cette opinion est formellement repoussée par la jurisprudence de l'administration.

376. La question la plus délicate qui se soit élevée sur les interruptions de stage, est celle de savoir si, pour être admissible, le stage doit être prolongé jusqu'à l'examen de l'aspirant.

M. Loret se prononce pour l'affirmative.

« Il serait ridicule, dit cet auteur, parce qu'on aurait autrefois travaillé six ans chez un notaire, qu'on y aurait été premier clerc pendant la dernière année, qu'après une interruption d'une ou de plusieurs années, on se prétendît en droit d'aspirer à une place de notaire. Non ; le sanctuaire du notariat ne peut être ouvert qu'au candidat qui, étant toujours resté dans la carrière, n'aura jamais perdu de vue les bons modèles, et se sera montré digne de remplir des fonctions dont il a été le constant coopérateur. »

L'on cite à l'appui de cette opinion la loi du 29 sept.-6 oct. 1791, qui non-seulement n'admettait au *concours* que les clercs qui étaient actuellement employés en cette qualité, mais portait que les sujets ainsi élus *continueraient jusqu'à leur placement effectif* leurs études chez les notaires (tit. 4, art. 4 et 12).

M. Massé pense aussi qu'il ne doit pas y avoir d'interruption entre le stage et l'instant où le candidat se présente pour être reçu; et que si, après avoir fait son stage, il avait quitté le notariat pendant un certain temps, il ne pourrait plus prétendre à se faire recevoir notaire qu'en recommençant son stage entier, à moins qu'il ne se trouvât dans les cas d'exception établis par la loi.

Mais plusieurs autres auteurs, MM. Favard, vᵒ *Notaire*, sect. 4, les rédacteurs du Dictionnaire du notariat, vᵒ *Stage*, nᵒˢ 18 à 22, Rolland de Villargues, *eod.* vᵒ, nᵒ 7, Scholl, soutiennent l'opinion contraire. Ils font observer que l'art. 36 de la loi du 25 vent. an 11 se borne à exiger que les six années de stage soient entières et non *interrompues*; que prétendre que le stage doit continuer même au-delà de ces six années, jusqu'au moment de la nomination, c'est ajouter à la disposition de la loi, c'est imposer une condition qui ne s'y trouve pas.

377. La chambre des notaires de Paris a pris les deux délibérations suivantes :

17 vent. an xɪɪ. La chambre n'admet de demandes à fin de certificat de moralité et de capacité, que de la part d'aspirants qui travaillent *actuellement* en qualité de clercs dans une étude.

19 nov. 1812. La chambre a été d'avis, 1ᵒ que l'art. 41 ayant eu pour seul objet de réduire le temps de stage, mais non d'en changer la nature, les aspirants au notariat de troisième classe, comme ceux de la première, doivent justifier que leur travail n'a pas éprouvé d'interruption, quoique ledit art. 41 n'ait pas répété cette condition ;

2ᵒ Que, pour satisfaire au vœu de la loi relativement à cette même condition de *non interruption*, il ne suffit pas que l'aspirant ait travaillé de suite, dans un temps quelconque, pendant le nombre d'années prescrit, mais qu'il faut que ce stage ait précédé immédiatement la demande faite à la chambre du certificat de moralité et de capacité, et qu'il ait continué *sans interruption* jusqu'à cette époque.

En conséquence, il ne sera délivré de certificat à aucun aspirant, soit pour la première, soit pour la troisième classe, qu'en justifiant par lui d'une *continuité* de stage dans le sens qui vient d'être établi.

378. L'opinion de la chambre de Paris avait été constamment repoussée par l'administration, notamment par deux décisions du 5 janv. 1829, et du mois de sept. 1836.

Cependant, la question s'étant reproduite la chambre a émis l'avis suivant :

19 avril 1838. Toutefois, la chambre croit devoir faire remarquer que M. F.... a quitté le notariat le 1ᵉʳ juin 1832 et a rempli les fonctions de greffier de justice de paix pendant le temps qui a suivi. Elle appelle l'attention sur cette circonstance et sur les graves inconvénients qui pourraient en résulter ; car, en supposant qu'elle ne constitue pas une interruption de stage, d'après la lettre de la loi du 25 vent. an xɪ, contrairement à l'opinion que la chambre a émise

en plusieurs circonstances, toujours est-il que cet abandon du notariat et l'exercice d'une autre profession n'offrent plus la même garantie que les aspirants n'apporteront pas dans leurs nouvelles fonctions des habitudes étrangères aux devoirs et à la discipline des notaires. »

379. Cette délibération a donné lieu à la décision suivante, en date du 22 juin 1838:

« J'ai pensé qu'il n'y avait pas lieu de s'arrêter à la difficulté soulevé par la chambre de discipline, qui avait douté que le stage du sieur F.... pût être admis, parce qu'il n'avait pas été continué jusqu'au moment de la demande. Cette opinion, déjà exprimée plusieurs fois par cette chambre, n'a jamais été admise. Il n'existe, en effet, dans la loi du 25 vent. an xi, aucune disposition qui oblige les aspirants dont le stage est complet à le continuer jusqu'au moment où ils forment leur demande. Cette loi porte seulement que le stage, pendant la durée qu'elle exige, devra être fait sans interruption. »

380. On peut opposer aussi à l'avis de la chambre des notaires de Paris, celui de la chambre des notaires de Laon, dans l'espèce ci-après :

M. C..... était entré dans l'étude d'un notaire de Laon, le 16 frim. an xiii (17 déc. 1804), mais le temps de son stage et sa sortie de chez ce notaire ne se trouvaient pas constatés au registre de la chambre. Un acte de notoriété constatait seulement que M. C.... avait travaillé jusqu'à la fin de mai 1806, ce qui faisait un stage de près de deux années. Depuis, M. C..... avait été nommé avoué par ordonnance du 31 déc. 1817 ; il avait exercé ces fonctions jusqu'en 1829; ensuite, il avait été attaché comme avocat au barreau de Laon, et en 1835, il avait été nommé suppléant du juge de paix de cette ville.

La question d'interruption de stage ayant été élevée devant la chambre de discipline, le syndic exposa :

« Que l'on pouvait considérer que les connaissances acquises par M. C... pendant la durée de son stage, non seulement n'avaient pu être perdues pour lui, mais encore qu'elles n'avaient pu que s'étendre par son temps d'étude chez l'avoué, en quittant le notariat, et en devenant ensuite successivement avoué, avocat et suppléant du juge de paix, toutes fonctions qui exigent des connaissances étendues, et que M. C... avait toujours remplies avec distinction; que sous ce rapport, on pouvait regarder son stage comme non interrompu. »

Ces conclusions ont été adoptées à l'unanimité par une délibération du 26 sept. 1836, qui a reçu l'approbation de M. le garde-des-sceaux.

Mais, dans d'autres chambres de notaires, notamment dans celle de Bordeaux, on décide comme à Paris que le stage doit être prolongé jusqu'au moment de la demande.

Il suffira sans doute de faire connaître la jurisprudence de l'administration pour mettre un terme aux difficultés qui sont opposées à des aspirants dont les justifications sont régulières.

381. Remarquons toutefois que si un temps très-long s'était écoulé depuis la fin du stage, l'aspirant serait probablement tenu de justifier de ses occupations pendant cet intervalle. L'intérêt du public et celui du notariat l'exigent également.

382. Mais, s'il n'est pas indispensable que le stage soit continué jusqu'au moment de l'examen, faut-il au moins qu'il soit complet au moment où l'aspirant est soumis à cette épreuve?

Cela n'est pas plus nécessaire. Si, après quelques années de travail, un aspirant a été reconnu capable, il est certain qu'il ne pourra que se perfectionner en complétant ses études. Un clerc, auquel il ne manque que quelques mois de stage, et qui a déjà traité d'une étude, peut profiter d'un voyage au chef-lieu de l'arrondissement, d'une réunion de la chambre, pour se faire examiner. Nous ne voyons pas de motifs de lui refuser cette faculté.

Je citerai à l'appui de cette opinion la décision du mois de juill. 1837. V. *sup.*, n° 369, par laquelle le sieur D..... a été admis avec un stage de cinq ans neuf mois et demi, parce qu'il résultait du dernier certificat que l'aspirant avait *continué* à travailler pendant trois mois, depuis son examen.

5° — *Le temps de travail sera de six années entières et non interrompues, dont une des deux dernières au moins en qualité de* PREMIER CLERC.

383. La loi exige avec raison la justification d'une année de travail en qualité de premier clerc. Cette épreuve est la plus décisive de toutes celles auxquelles sont soumis les aspirants. Le premier clerc est, sous la surveillance du notaire, le directeur de son étude, le distributeur des travaux dont il a ensuite la révision; il accompagne le notaire dans toutes les opérations importantes, il le remplace, lorsqu'il est absent, dans tous ses rapports avec les clients, et il faut qu'il soit en état de leur répondre comme le notaire lui-même. Il est donc certain que celui qui remplit avec distinction depuis un an les fonctions difficiles de la première cléricature, fera ensuite un bon notaire.

384. Le titre de *premier clerc* est celui sous lequel la loi désigne le premier collaborateur d'un notaire ; on l'appelle encore *maître clerc*, ou *principal clerc;* mais suivant la remarque des auteurs du Dictionnaire du Notariat, *v° Principal clerc*, cette dernière dénomination ne rend pas d'une manière aussi exacte la pensée du législateur, car il peut y avoir plusieurs principaux clercs dans une étude, indépendamment du premier clerc.

Aussi, le projet primitif de la loi du 25 vent. an xi, qui employait toujours l'expression de *principal* clerc, a-t-il été modifié : on a remplacé avec raison cette qualification par celle de *premier* clerc (Rolland de Villargues, *Code du Notariat* p. 33).

385. Mais le titre de premier clerc peut-il lui-même être divisé ?

Voici ce que porte à cet égard le réglement des notaires de Châteauroux :

Art. 43. Après deux années de stage au moins, le stagiaire âgé de vingt-un ans, ayant l'habitude des affaires et de la rédaction, pourra être qualifié de *premier clerc*, par le notaire instructeur qui attestera la capacité du stagiaire dans le brevet de celui-ci.

On trouve une disposition analogue dans les statuts des notaires de Gray.

Art. 688. Cependant si un ou plusieurs autres clercs méritaient cette faveur, le notaire en fera part à la chambre qui, après examen, prononcera sur l'admission ou le rejet du candidat.

En cas d'admission, le notaire délivrera certificat attribuant la qualité de premier clerc à celui qui l'aura obtenue ; ce dernier remplacera de droit le premier clerc en titre, quand celui-ci quittera l'étude.

Les statuts des notaires de Paris décident au contraire :

Qu'un clerc ne peut être admis à s'inscrire comme premier clerc chez un notaire, lorsque, dans le même temps, il se trouvera déja un autre clerc inscrit au même titre chez le même notaire (26 août 1779 et 25 novembre 1813).

Cette disposition a été adoptée par les notaires de plusieurs autres arrondissements, notamment par les notaires de Mortagne.

386. Sans doute, c'est aller trop loin que de déclarer, avec les notaires de Châteauroux et de Gray, que le titre de premier clerc pourra être accordé *indéfiniment*. Il résulterait de cette disposition que, dans la même étude, tous, ou presque tous les aspirants pourraient avoir le titre de premier clerc, sans exercer aucune des attributions qui y sont attachées, et la loi se trouverait ainsi altérée dans une de ses dispositions essentielles.

Mais, d'un autre côté, les notaires de Paris et de Mortagne ont peut-être appliqué le texte de la loi avec trop de rigueur, en déclarant qu'en aucun cas le titre de premier clerc ne pourrait être partagé dans une étude. La conséquence de cette interprétation serait que, dans un grand nombre de cas, des candidats d'ailleurs recommandables, se trouveraient empêchés de satisfaire à la disposition finale de l'art. 36. Cet inconvénient se ferait sentir surtout à Paris, où les mutations parmi les clercs sont assez rares, et où l'exercice des fonctions de premier clerc est même pour quelques individus une position définitive.

387. L'administration a pris un terme moyen entre ces deux systèmes.

Elle admet, non pas dans tous les cas, mais avec une prudente réserve, et en s'entourant de tous les renseignements propres à en garantir la sincérité, les certificats de stage qui confèrent à des aspirants le titre de *premier clerc adjoint*. Ces certificats ne sont reçus comme valables que lorsque par le nombre et l'importance des travaux, une étude peut comporter une division *réelle* du titre et des fonctions de la première cléricature.

Ainsi, dans les grandes villes telles que Paris, Lyon, Bordeaux, etc., l'adjonction à la première cléricature a été quelquefois admise, bien que sur les registres de la chambre, le candidat n'eût que le titre d'un grade inférieur (décisions de sept. 1828 (1); .... 1833, juin 1836, mai, juill. et 13 août 1837).

388. Je dois toutefois prévenir les aspirants, que ces exceptions ont toujours été très-rares, qu'elles le deviennent tous les jours davantage, que d'ailleurs elles n'ont jamais eu lieu que pour des candidats qui, ayant travaillé dans la première classe, avec le grade de premier clerc adjoint, demandaient à exercer dans la seconde classe.

Ainsi, un candidat qui se présentait pour être admis à une étude de troisième classe, en justifiant du grade de premier clerc adjoint dans une étude de la deuxième classe, a vu sa demande rejetée par une décision du mois de mai 1840.

389. L'administration se montre très-scrupuleuse sur l'accomplissement de la condition du stage au titre de premier clerc.

Elle n'admet pas, en compensation de ce stage complémentaire, les années de travail en qualité de simple clerc, dont un aspirant justifie au-delà du temps exigé.

390 Mais comme cela arrive souvent dans les questions d'interprétation, l'administration, par respect même pour le principe posé dans l'art. 36, s'est trouvée amenée à une conséquence sous plusieurs rapports contraire à ce principe.

Elle s'est vue obligée d'admettre, comme complétant les justifications d'un aspirant, le stage en qualité *d'unique clerc;* cette conséquence est inévitable, mais fâcheuse. Lorsqu'un notaire est assez peu occupé pour se contenter d'un seul clerc, il est à peu près certain que ce clerc n'est qu'un copiste; que le notaire se réserve tous les travaux de rédaction. Le stage des *clercs uniques* est donc en réalité le moins utile de tous; mais le texte de la loi est en leur faveur, et l'on ne pourrait sans arbitraire repousser leur stage comme insuffisant. Les chambres de discipline peuvent seules prévenir les

---

(1) Voici le texte de cette décision : « Attendu que le sieur Danré a travaillé neuf ans dans une étude à Paris; que s'il n'y a pas rempli exclusivement les fonctions de maître-clerc, il les a partagées, et que la longueur de son stage supplée à la qualité qui lui a manqué. »

abus qui résulteraient de ces justifications, en apportant une attention particulière à l'examen des aspirants qui se trouvent dans cette position, et en les ajournant toutes les fois que leur capacité paraît douteuse.

391. L'année de première cléricature doit elle avoir lieu sans interruption ?

Il faut distinguer :

Ou le premier clerc, qui interrompt cette partie de son stage, quitte l'étude du notariat pour se livrer à d'autres occupations ;

Ou seulement il quitte momentanément son grade de premier clerc, pour occuper un rang inférieur dans la même, ou dans une autre étude.

Dans le premier cas, il faut appliquer les règles générales exposées ci-dessus, n°s 370 à 382, pour les interruptions de stage.

Dans le second cas, le stage sera régulier. Soit par exemple un aspirant à un office de première classe, justifiant du stage suivant :

ans.	mois.	grades.
1.	»	3e
1.	»	2e
	3	1er
1.		2e
	3	1er
1.		2e
	3.	1er
1.		2e
	3.	1er

Cette justification devrait, à mon avis, être admise sans difficulté.

392. Est-ce aux notaires ou à la chambre de discipline   il appartient de conférer les différents grades de la cléricature, et spécialement le grade de premier clerc?

Je me suis fait cette question en lisant l'art. 688 des statuts des notaires de Gray.

« Cependant si un ou plusieurs autres clercs méritent cette faveur, le notaire en fera part à la chambre, qui, après examen, prononcera sur l'admission ou le rejet du candidat. »

Le même usage existe dans l'arrondissement de Tours, comme le prouve le certificat suivant :

« Je soussigné....., notaire de l'arrondissement de Tours, certifie que le sieur Deniau a travaillé dans mon étude......, avec le titre de maître clerc à lui accordé par la chambre de discipline des notaires de cet arrondissement, depuis le 4 déc. 1833, jusqu'au 31 mars 1836. »

393. Je pense qu'il y a là un déplacement d'attributions. Il en résulterait qu'un notaire ne serait plus le maître chez lui, qu'il se verrait en quelque sorte obligé de prendre les collaborateurs qui lui seraient imposés par la chambre de discipline. Il n'en saurait être ainsi : le notaire est le régulateur et le premier juge des travaux de ses collaborateurs ; il est le seul dispensateur des grades et des émoluments dans son étude ; sa liberté à cet égard doit demeurer illimitée, comme sa responsabilité. L'établissement des registres de stage, ne peut avoir pour effet de créer au profit des chambres de discipline un droit de nomination que la loi ne leur attribue pas. Cette inscription n'est point *attributive* des différents grades, mais seulement *déclarative* de la position que chaque clerc occupe auprès de son patron.

C'est ce qu'a parfaitement compris l'assemblée générale des notaires de Châteauroux, en décidant, art. 43 de son réglement, « qu'après deux années de stage le stagiaire âgé de vingt-un ans...., pourra être qualifié premier clerc, par le notaire instructeur. »

Mais la chambre de discipline pourrait-elle exiger qu'un notaire renvoyât son premier clerc? V. *suprà*, n° 360.

394. Les observations que j'ai faites n° 356, sur l'âge des *clercs ordinaires*, s'appliquent aux *premiers clercs*. La loi ne précise pas l'âge auquel ce stage pourra être commencé. Plusieurs assemblées générales ont rempli cette lacune dans leurs réglements, et elles se sont ordinairement arrêtées à l'âge de vingt-un ans, qui est celui de la majorité civile.

Ces dispositions peuvent s'étayer d'une décision ministérielle du 28 août 1835, qui a rejeté une justification de première cléricature faite par un individu qui n'aurait eu que dix-sept ans au moment de l'obtention de ce grade. « Il est impossible de croire, porte cette décision, que le sieur V....., ait obtenu le titre de premier clerc en 1823, époque à laquelle il n'avait que dix-sept ans. »

Quoi qu'il en soit, la détermination de l'âge de 21 ans, pour le commencement de l'année de première cléricature, ne saurait être absolue ; et l'administration admettrait sans doute cette justification à un âge inférieur, si elle avait la conviction de la réalité de cette partie du stage, et de la capacité de l'aspirant.

395. On a demandé si l'année de première cléricature doit être nécessairement l'une des deux dernières du stage notarial.

Cette disposition, qui n'existait pas dans le projet primitif, fut ajoutée sur l'avis ainsi motivé du tribunal.

On observe que, faute de déterminer à quelle époque de ces six années il est nécessaire d'avoir eu cette qualité, il serait possible qu'un aspirant au notariat eût la qualité de premier clerc dès la première année de son stage, place qu'il était hors d'état de remplir et qu'il n'aura point conservée, mais qu'on lui aura donnée d abord, afin que cette condition une fois accomplie, il n'eût plus à faire qu'un stage de forme. On préviendra cet inconvénient si l'on exige que l'aspirant ait eu cette qualité de premier clerc au moins une des deux dernières années du stage ; il serait trop rigoureux d'exiger que ce fût absolument la dernière, vu qu'il peut arriver qu'un clerc fort instruit se trouve premier clerc la cinquième année, et que la dernière il l'ait passée dans une autre étude, où il n'ait pu être reçu en cette qualité, la place étant déjà remplie par un autre.

396. Cependant, malgré un texte aussi précis que celui de l'art 36, et les observations non moins explicites du tribunat, auteur de la proposition, la jurisprudence administrative a souvent admis la justification de l'année de première cléricature, à quelque époque du stage qu'elle ait eu lieu. Je constate le fait sans l'approuver. Il pourrait sans doute paraître rigoureux, dans certains cas, d'ajourner un candidat uniquement parce qu'il n'aurait pas, pendant les deux dernières années de son stage, exercé les fonctions de premier clerc, bien qu'il les eût remplies avec distinction à une époque antérieure. Les motifs donnés par le tribunat pour reporter à l'avant dernière année du stage l'accomplissement de la condition de première cléricature, se réunissent tous pour faire reporter cette justification aux quatre premières années. Mais quelque puissantes que soient ces considérations, l'on ne peut se dissimuler que les décisions de l'administration se trouvent ici en contradiction avec le texte de la loi.

Un magistrat distingué, M. Caussin de Perceval, avocat général à Amiens, avait proposé de revenir sur cette jurisprudence ; mais ses observations ne furent point accueillies, et le candidat dont il examinait le stage obtint sa nomination le 16 octobre 1836, bien que son temps de première cléricature remontât à l'une des premières années de son stage, et que pendant les deux dernières, il ne pût justifier que du grade de second clerc.

Quoi qu'il en soit, je persiste à penser que cette jurisprudence ne peut se justifier en présence des dispositions formelles de l'art. 36 ; je ne doute pas que tôt ou tard on ne revienne à une application plus exacte de la loi.

397. Il est d'usage, dans quelques arrondissements, d'exiger des premiers clercs une espèce de serment.

On leur fait promettre de se conformer aux lois et aux réglements sur le notariat dans les rédactions qui leur seront confiées.

Cette promesse est faite entre les mains du président de la chambre.

Il s'est élevé quelques réclamations au sujet de cet usage ; je pense cependant qu'il n'a rien d'abusif ; on ne peut y trouver qu'une garantie de plus, donnée par des individus qui, suivant l'observation judicieuse de M. Cornet, ont, à défaut de caractère public, un caractère moral qu'il est de l'intérêt de la société de reconnaître et de conserver. Le droit d'imposer aux premiers clercs cette obligation, résulte d'ailleurs, pour les assemblées générales, des dispositions de l'art. 16 de l'arrêté du 2 nivôse an XII.

6° — *Le temps de travail ou stage sera de six années entières et non interrompues, dont une des deux dernières, au moins, en qualité de premier clerc* CHEZ UN NOTAIRE D'UNE CLASSE ÉGALE A CELLE OU SE TROUVERA LA PLACE A REMPLIR.

398. Ces mots : *chez un notaire d'une classe égale à celle où se trouvera la place à remplir*, s'appliquent-ils à la totalité du stage, ou seulement à l'année de première cléricature ; par exemple, pour être nommé notaire à Paris, suffirait-il d'une année de première cléricature dans cette ville, et de cinq années de travail chez des notaires de seconde et même de troisième classe.

399. Pour l'affirmative, on fait observer qu'il n'existe pas de virgule après ces mots : *dont une des deux dernières au moins en qualité de premier clerc*, de sorte que le dernier membre de phrase semble former une disposition distincte et sans relation avec celles qui précèdent.

Ce n'est pas dans la ponctuation plus ou moins exacte d'un article, c'est dans l'ensemble des dispositions relatives au stage, qu'il faut chercher la véritable intention du législateur.

Or, les dispositions qui suivent l'art. 36 ne peuvent laisser aucun doute sur son véritable sens.

L'art. 39 réduit le stage à quatre années, dont une comme premier clerc, en faveur des avocats ou avoués, qui, ayant deux ans d'exercice, veulent être nommés notaires de première ou de deuxième classe. Si le sens restreint que l'on veut donner à l'art. 36 était exact, le législateur, à moins de tomber dans une contradiction flagrante, aurait dû dire dans l'art. 39 que les quatre années de stage, ou au moins les trois années antérieures à celle de première cléricature, pourraient être faites dans les trois classes indistinctement. Au contraire, il a eu soin de déterminer que ces quatre années de stage ne seraient admissibles qu'autant qu'elles auraient été employées *en totalité* dans une étude de classe égale à celle de la place à remplir.

Il y a plus : l'article 40 décide, en termes formels, que le temps de travail exigé par les articles précédents devra être d'un tiers en sus, toutes les fois qu'il aura été fait dans la classe immédiatement inférieure à celle de la place à remplir. Que signifierait cette disposition, si l'art. 36 laissait, comme on le prétend, à l'aspirant la faculté de faire cinq années de stage sur six dans une classe inférieure ?

Il paraît cependant que l'interprétation que je combats est admise depuis quelque temps au ministère de la justice ; mais c'est là une de ces erreurs de bureau dont le bon sens d'un ministre ne tardera pas à faire justice, dès qu'il voudra se donner la peine d'examiner la question.

400. Que doit-on décider à l'égard du stage fait avant la promulgation de la loi du 25 vent. an XI?

Il doit être admis sans difficulté. C'est ce qui résulte d'une décision de M. le garde-des-sceaux dans l'espèce suivante :

Le sieur M..., avoué, en exercice depuis plus de vingt ans, se présenta pour obtenir une étude de notaire, dans une résidence de deuxième classe. Aux termes de l'article 39 de la loi du 25 vent. an XI, il devait justifier d'un stage consécutif de quatre années (dont une au moins en qualité de premier clerc) chez un notaire d'une classe égale à celle où se trouvait la place à remplir.

Pour établir cette justification, il produisait un certificat constatant qu'il avait travaillé chez son père, notaire à Brignoles, aujourd'hui siége d'un tribunal civil, depuis l'année 1784, jusqu'en l'an VIII, et que durant cet intervalle, il avait presque constamment rempli les fonctions de premier clerc.

Il n'avait d'ailleurs travaillé chez aucun autre notaire, depuis la promulgation de la loi du 25 vent. an XI.

La chambre de discipline et le ministère public ont pensé que cette circonstance ne devait pas être un obstacle à l'admission de l'aspirant ; et, en effet, par ordonnance du 17 décembre 1835, le sieur M... a été nommé aux fonctions de notaire à Marseille.

SECTION II. — DU STAGE EXCEPTIONNEL.

SOMMAIRE.

401. Il arrive souvent qu'un aspirant, après avoir fait son stage dans une classe, traite d'une étude vacante dans une classe supérieure ou inférieure, ou qu'un notaire, par des motifs de convenance personnelle, pour se rapprocher de sa famille ou de ses propriétés, demande à quitter son étude et à exercer dans une autre classe : l'on voit aussi des hommes rompus à la pratique des affaires, des avocats, des avoués, renoncer, au bout de quelque temps, à leur profession et embrasser la carrière notariale.

La loi, dans ces diverses hypothèses, devait tenir compte des études faites, de l'expérience acquise, et modifier en conséquence les conditions du stage.

Tel est l'objet des art. 37 à 41. On verra cependant que ces articles n'ont pas tout prévu, et que la jurisprudence administrative s'est vue forcée quelquefois de suppléer à l'insuffisance de la loi.

Première exception.

402. Art. **57.** Le temps de travail pourra n'être que de quatre années, lorsqu'il en aura été employé trois dans l'étude d'un notaire d'une classe supérieure à la place qui devra être remplie, et lorsque, pendant la quatrième, l'aspirant aura travaillé, en qualité de premier clerc, chez un notaire d'une classe supérieure ou égale à celle où se trouvera la place pour laquelle il se présentera.

403. Remarquons d'abord, malgré les termes généraux de cet article, qu'il n'est applicable qu'aux candidats qui se présentent pour exercer dans la deuxième classe. S'il s'agissait d'une étude vacante dans la troisième classe, l'aspirant n'aurait pas besoin d'une quatrième année de stage ; il lui suffirait, aux termes de l'art. 41, de trois années de travail chez un notaire de première et même de seconde classe.

404. Le stage exceptionnel, établi par l'art. 37, se divise en deux fractions distinctes : la première, de trois années chez un notaire de première classe ; la deuxième, d'une année, en qualité de premier clerc, chez un notaire de première ou de deuxième classe, au choix de l'aspirant.

Ces quatre années doivent avoir lieu sans interruption, bien que l'article ne contienne point à cet égard de disposition expresse. La *continuité* du stage est une condition de rigueur, en vertu de l'art. 36 qui doit être appliqué toutes les fois qu'il n'y est pas dérogé formellement. Ainsi, l'on n'admettrait pas, dans le cas prévu par l'art. 37, un aspirant dont le stage se trouverait interrompu, à moins que cette irrégularité ne fût couverte par la justification d'occupations utiles.

405. Mais il se présente une autre question.

L'ordre établi par l'art. 37 entre les deux fractions de stage, doit-il être observé strictement à peine de nullité de la justification : par exemple, admettrait-on un candidat qui, au lieu d'avoir travaillé trois ans dans la première classe, et un an comme premier clerc dans la seconde, aurait travaillé un an dans la première classe, un an comme premier clerc dans la seconde, et, enfin, deux ans dans la première.

L'affirmative est décidée journellement au ministère de la justice qui, dans cette circonstance encore, s'est plus attaché à l'esprit qu'à la lettre de la loi.

406. Il est également de jurisprudence que l'année de première cléricature peut, sans irrégularité, ne pas être faite d'un seul trait ; ainsi l'on admettrait un aspirant qui aurait travaillé quatre mois comme premier clerc dans la seconde

classe, un an dans la première, quatre mois comme premier clerc dans la seconde, deux ans dans la première, quatre mois comme premier clerc dans la seconde.

On n'exige pas non plus que l'année de première cléricature ait été faite dans la même classe : ainsi, un aspirant, avec trois ans de stage de première classe, six mois de première cléricature dans cette classe, et six mois du même grade dans la seconde classe, obtiendrait infailliblement sa nomination.

407. Le stage exigé par l'art. 37 peut-il, lorsqu'il est insuffisant, être complété avec du stage de classe inférieure.

Pour l'examen de cette question, V. *infrà*, n°s 425 et 429 à 432.

408. M. Scholl, professeur de notariat à Bordeaux, exprime l'opinion suivante sur le stage exceptionnel de l'art. 37 :

« Cet article disposant que le stage sera de quatre années, au lieu de six (réduction d'un tiers), lorsqu'il en aura été passé trois ou quatre dans une étude de classe supérieure à celle à laquelle on aspire, on doit décider que, si l'aspirant n'a travaillé que pendant deux ans en première classe, ces deux ans compteront pour trois, de même qu'un an compterait pour seize mois, et ainsi de suite. Enfin, le travail de clerc en première classe, quelle qu'en soit la durée, devra *toujours* être compté pour un tiers en sus à l'aspirant qui se présentera pour une étude de seconde classe ; de même qu'il doit être compté pour une moitié en sus toutes les fois que le candidat se présente pour une étude de canton. »

409. Pour reconnaître l'impossibilité d'admettre ce système, il suffit de remarquer que l'art. 37 ne détermine pas une seule espèce de stage exceptionnel ; il en établit deux. — Quatre années de stage supérieur, dont une en qualité de premier clerc, — ou quatre années, dont trois seulement dans une classe supérieure et une en qualité de premier clerc dans une classe égale.

La valeur relative de l'année de stage supérieur se trouvant donc entièrement différente dans les deux cas, on voit que la compensation proposée par M. Scholl n'est pas exacte.

Ajoutons que ce professeur commet une grave erreur en enseignant que le travail de clerc en première classe doit toujours être compté pour un tiers *en sus* à l'aspirant qui veut exercer dans la seconde classe. Notre article décide, au contraire, d'une manière formelle que l'année de première cléricature est également admissible et par conséquent qu'elle a la même valeur, soit qu'elle ait été faite dans la première ou dans la seconde classe.

Deuxième exception.

410. Art. 38. Le notaire déjà reçu, et exerçant depuis

[...]un an dans une classe inférieure [...] sera dispensé de tout[e] justification de stage pour être admis à une place de notaire vacante dans une classe immédiatement supérieure.

411. Le notaire reçu [...]. Ainsi, l'année ne court pas du jour de la nomination : car le notaire n[...] nommé que [...] le dit la loi, le serment, n'a pas immédiatement le dr[oit] [...] exercer : il n'acquiert ce dr[oit] [...] que par sa prestation de serment devant le tribunal de première instance. L. 25 vent. an XI, art. 17 et 18.

412. Ce premier point est sans difficulté : mais on en élève un autre [...].

L'art. 18 [...] bien que le notaire aura le droit d'exercer à compter du jour de sa prestation de serment [...] ajouter que [...] j[...], il devra effectuer le dépôt de sa signature et paraphe : d'où quelques personnes ont conclu que l'année d'exercice exigée par l'art. 37 ne devait commencer qu'à partir de ce dépôt.

C'est une erreur évidente. Le dépôt dont il s'agit est une mesure d'ordre et de régularité dont l'omission [...] la responsabilité du notaire, mais qui n'influe en rien sur son caractère d'officier public. Il a le droit d'exercer à compter de son installation. Les actes qu'il fer[ait] depuis cette installation avant le dépôt de sa signature, seraient bien certainement valables ; car les nullités ne se suppléent pas. La prestation [...] seulement détermine donc seule le point de départ de l'année d'exercice mentionnée dans l'art. 37.

413. En appliquant [...] l'art. [...] dans tous ses termes [...], il faudra refuser la dispense [...] l'ancien notaire [...] étant [...] dans une classe supérieure [...] à [...] qui aurait exercé pendant plus d'un an.

La loi parle en effet au présent : elle veut que le notaire soit actuellement en exercice.

Mais je reculerai toujours devant cette conséquence de l'art. 38. Il répugne à toutes les idées de justice, et blesse les plus simples notions de convenance, qu'un ancien notaire, déjà âgé peut-être, qu'un homme qui a exercé les fonctions publiques, qui a commandé [...] magistrature [...], soit [...] de se remettre sur les bancs de l'étude et [...] [...] même dirige les études. Cette solution n'est pas seulement contraire à l'équité, elle serait en opposition [avec] [...] assez [...] les dispositions relatives aux dispenses. Un ancien suppléant le justice de paix, l'adjoint au maire d'une commune [...], pourrait, quel que fût le temps écoulé depuis son [...] ment, obtenir une dispense de stage en vertu de l'art. 42 [...] a loi. Pourrait-on raisonnablement refuser la même faveur aux anciens notaires ? Évidemment le législateur a voulu dire dans l'art. 38 : « le notaire *ayant déjà exercé* pendant plus d'un an dans une classe inférieure. »

Cette interprétation a été consacrée plusieurs fois par l'administration, en faveur d'anciens notaires qui justifiaient de plus d'une année d'exercice.

414. L'art. 38 ne statue que pour les mutations d'une classe à celle qui lui est immédiatement supérieure ; il ne contient aucune disposition applicable au notaire de troisième classe, qui demande à exercer dans la première, sans justifier du stage exigé pour cette classe ; mais c'est une lacune que la jurisprudence a dû remplir.

415. En effet, l'on a décidé plusieurs fois que les notaires de troisième classe, après deux années d'exercice, pouvaient être nommés dans la première classe, quoique leur stage primitif fût insuffisant.

Quelquefois même, ils étaient admis avec moins de deux ans d'exercice ; c'était, lorsqu'avant leur nomination, ils avaient travaillé chez un notaire de première classe, pendant un temps à peu près égal à celui exigé par l'art. 36.

Dans ce cas, il leur suffisait de compléter par leur exercice notarial le stage de première classe qui leur manquait. Il est juste, en effet, de considérer l'exercice du notariat, même dans une résidence de troisième classe, comme équivalant au moins à un stage de premier clerc dans la première classe. On peut d'autant moins s'y refuser que cette assimilation a lieu pour l'exercice des professions d'avoué et d'avocat.

Ces principes ont été appliqués, notamment par une décision du mois d'octobre 1836, dans une espèce où l'aspirant à un office de notaire de première classe justifiait qu'il avait lui-même exercé, pendant plus de deux ans, comme notaire de troisième classe, et qu'antérieurement il avait été clerc, pendant quatre ans, dans une étude de première classe.

On a essayé depuis de faire changer cette jurisprudence, mais inutilement. Une ordonnance du 4 octobre 1840 a nommé à une résidence de première classe un notaire de troisième classe en exercice depuis environ deux ans. Il est à désirer que l'administration maintienne cette solution ; non-seulement elle est de toute équité, mais je la crois conforme à l'esprit bien entendu de la loi.

416. La loi ne parle que du notaire de classe inférieure, qui veut passer dans une classe supérieure ; elle n'avait pas à s'occuper de la position inverse, c'est-à-dire du notaire qui demande à être pourvu d'une étude d'un rang inférieur à celui de la place qu'il occupe ; il est évident que, dans ce cas, le notaire est dispensé de toute nouvelle justification ; mais il ne doit pas moins se présenter devant la chambre de discipline. **V.** *infrà*, n° 581.

Troisième exception.

417. Art. 59. L'aspirant qui aura travaillé pendant quatre ans sans interruption chez un notaire de première ou de seconde classe, et qui aura été pendant deux ans au moins défenseur ou avoué près d'un tribunal civil, pourra être admis dans une des classes où il aura fait son stage, pourvu que, pendant l'une des deux dernières années de son stage, il ait travaillé en qualité de premier clerc chez un notaire d'une classe égale à celle où se trouvera la place à remplir.

418. Ici se présente pour le stage notarial un nouvel ordre de dispositions. Le législateur, considérant le notariat comme une magistrature, et se rappelant la liaison intime qui existe entre la magistrature et le barreau, veut que la durée des épreuves notariales soit réduite en faveur des avocats et des avoués ayant un certain temps d'exercice.

419. Cette disposition fait naître plusieurs questions importantes; par exemple :

1° Les avocats stagiaires peuvent-ils, comme les avocats inscrits, prétendre au bénéfice de l'exception?

2° Les deux années d'exercice au barreau doivent-elles être complètes ou, en cas d'insuffisance, peut-on les compléter avec du stage notarial?

Je me réserve d'examiner ces questions lorsque je m'occuperai de l'art. 41 qui réduit aussi le stage en faveur des membres du barreau. V. n°ˢ 452 et 457.

420. Je remarquerai seulement que les mots *tribunal civil* employés dans l'article sont génériques et comprennent par conséquent les cours d'appel comme les tribunaux de première instance.

C'est ce qui résulte d'ailleurs formellement de l'art. 41.

421. La justification d'une année de première cléricature est indispensable dans le cas prévu par l'art. 39; elle ne peut pas être suppléée (1) (décision du mois de janvier 1837).

422. La disposition de l'art. 40, qui augmente le stage d'un tiers lorsqu'il s'agit de nommer dans la classe immédiatement supérieure à celle où le stage a été fait, est applicable aux aspirants qui se présentent en vertu de l'art. 39. V. n°ˢ 425 et 433.

____

(1) V. *sup.* n°ˢ 383 à 397.

Quatrième exception.

423. Art. 40. Le temps de travail exigé par les articles précédents, devra être d'un tiers en sus, toutes les fois que l'aspirant, ayant travaillé chez un notaire d'une classe inférieure, se présentera pour remplir une place d'une classe immédiatement supérieure.

424. Cet article étend au simple clerc le bienfait de l'exception que l'art. 38 a établie pour le notaire lui-même. Un aspirant que des motifs de convenance personnelle ont décidé à travailler chez un notaire de classe inférieure, peut ensuite avoir l'occasion de traiter d'une étude de classe supérieure ; la loi devait lui en faciliter les moyens ; mais il était rationnel d'exiger alors un temps de cléricature plus long.

425. L'art. 40 s'applique au temps de travail exigé par les *articles précédents*, par conséquent, au stage exigé par les art. 36, 37 et 39.

426. Occupons-nous d'abord de l'art. 36.

Le stage étant fixé à six années par cet article, dont une année au moins comme premier clerc, doit, dans le cas prévu par l'art. 40, c'est-à-dire lorsqu'il a eu lieu dans une classe immédiatement supérieure, être porté à huit années consécutives dont seize mois au moins en qualité de premier clerc.

427 Cette dernière condition est indispensable. Ces mots, *le temps de travail*, employés dans l'art. 40, sont génériques et comprennent l'année de première cléricature comme le reste du stage.

428. On a demandé si la compensation, pour être admise, devait être complète, ou si elle pouvait n'être que partielle, en d'autres termes, si elle s'appliquait non-seulement à la totalité, mais à de simples fractions de stage.

Il a toujours été décidé que l'art. 40 s'appliquait aussi aux simples fractions de stage.

Le sieur Ch..., aspirant aux fonctions de notaire à Châteaubriant, résidence de seconde classe, justifiait de sept ans cinq mois de stage, savoir: trois ans un mois (dix-huit mois comme premier clerc) dans la seconde classe, et quatre ans quatre mois, en qualité de premier clerc, chez des notaires de troisième classe.

Ce stage a été admis. On a reconnu que les trente-cinq mois de stage de seconde classe, qui manquaient au sieur Ch..., se trouvaient compensés et au-delà par les cinquante-deux mois (quatre ans quatre mois) qu'il avait employés dans des études de troisième classe (20 septembre 1836).

Il existe dans le même sens deux autres décisions du mois de novembre de la même année.

429. L'art. 37 qui réduit le stage à quatre années, divise, comme on l'a vu, ce stage en deux fractions : trois ans de stage de classe supérieure, et un an comme premier clerc dans une classe supérieure ou égale.

430. Que l'art. 40 soit applicable à la deuxième fraction, c'est ce qui n'a jamais fait question.

Le sieur B... a été nommé, en 1834, notaire à Moulins, résidence de seconde classe, avec le stage suivant : trois ans un mois chez un notaire de première classe et trois ans comme premier clerc chez un notaire de troisième classe. Ces trois années ont été admises avec raison en compensation de l'année de première cléricature dans la seconde classe dont le sieur B... aurait dû justifier ; il aurait même suffi de seize mois de première cléricature dans la troisième classe.

Même décision, le 23 juin 1838, en faveur de M. P... qui justifiait de sept ans trois mois de stage, dont quatre ans trois mois dans la première classe et trois ans comme premier clerc dans la troisième classe.

M. P..., porte cette décision, satisfait et au-delà à la première condition de de l'art. 37, puisqu'il a travaillé pendant quatre ans au lieu de trois, dans des études de première classe, et, quant à la seconde condition, il offre en compensation de l'année de première cléricature qui lui manque dans une classe supérieure, trois ans de travail, en qualité de premier clerc chez un notaire de troisième classe. Cette compensation est formellement autorisée par l'art. 40 de la loi précitée.

431. Mais une question plus difficile est celle de savoir si l'on peut compenser avec du stage de seconde ou même de troisième classe, le stage de première classe exigé dans la première fraction de l'art. 37, et qui doit être de trois années.

Cette question s'est présentée dans l'espèce suivante :

M. A..., cessionnaire d'une étude de seconde classe, justifiait du stage suivant :

11 mois	troisième classe.	
2 ans 6 mois (premier clerc)	première	*id.*
1 an 2 mois (*id.*)	seconde	*id.*

En tout 4 ans 7 mois.

Ce stage ne satisfaisait pas à la première condition exigée par l'art. 37, puisqu'au lieu de trois années dans la première classe, M. A... ne justifiait que de deux ans six mois ; mais on argumentait, en faveur de l'aspirant, des dispositions de l'art. 40 d'après lequel le stage fait dans une classe inférieure peut, lorsqu'il est d'un tiers en sus, être compté pour l'admission à un office de la classe immédiatement supérieure. « M. A... , disait-on, a travaillé onze mois chez un notaire de troisième classe; il ne lui manque que six mois dans la première classe; il justifie donc de plus de deux tiers en sus du temps rigoureusement exigé; il s'agit, il est vrai, d'imputer un stage de troisième classe sur un stage de première, mais la jurisprudence administrative admet ordinairement cette imputation. »

Ces observations, sanctionnées par une délibération de la chambre de discipline, ont obtenu également l'assentiment de M. le garde-des-sceaux, et par une ordonnance royale du 25 juin 1837, M. A... a été nommé aux fonctions de notaire.

432. Je crois que ce n'est là encore qu'une décision de circonstance. En adoptant cette interprétation, on arrive en effet à une conséquence qui tendrait à changer les conditions de l'art. 40 combiné avec l'art. 36.

Que porte en effet l'art. 40? qu'un aspirant qui a travaillé dans une classe inférieure peut, lorsque son stage est d'un tiers en sus (c'est-à-dire de huit ans au lieu de six), être nommé dans la classe immédiatement supérieure.

Admettons maintenant qu'un aspirant à un office de seconde classe n'ait travaillé dans cette classe que pendant un an, et qu'il demande à compenser les cinq années qui lui manquent avec du stage de troisième classe, on dira : il manque à l'aspirant cinq ans ou soixante mois de stage, dont le tiers est de vingt mois (un an huit mois); par conséquent, l'aspirant doit justifier de six ans huit mois de stage de troisième classe. Ainsi, dans cette hypothèse, le stage serait en tout de sept ans huit mois (un an dans la seconde classe et six ans huit mois dans la troisième classe).

Il résulterait, au contraire, de la décision ci-dessus qu'un aspirant, d'après l'art. 37 combiné avec l'art. 40, pourrait être admis avec un an de cléricature dans la seconde classe et six ans de stage de troisième classe.

Telle est la conséquence forcée de la décision ci-dessus; mais cette conséquence n'est point admissible, puisqu'elle tend à une violation directe de l'art. 40.

Cette observation paraît avoir échappé à l'administration.

433. L'application de l'art. 40 au stage de l'art. 39, n'offre pas de difficultés.

Cet article, spécial pour les avocats et les avoués, ayant deux ans d'exercice, et qui veulent être nommés notaires de première ou de deuxième classe, réduit le stage à quatre années dans l'une de ces classes.

434. Le tiers de quatre ans, ou de quarante-huit mois, est de seize mois; ainsi, pour être admis avec du stage inférieur, le stage, d'après la combinaison des art. 39 et 40, devra être de cinq ans quatre mois (soixante-quatre mois), dont seize mois en qualité de premier clerc.

435. L'art. 40 donne lieu à la même observation que l'art. 38. Il n'y est question que du passage d'une classe dans celle qui lui est immédiatement supérieure. Il n'autorise pas textuellement les compensations de stage entre la première et la troisième classe.

Mais la jurisprudence administrative doit encore suppléer ici à la loi ; il paraît, en effet, impossible de repousser indéfiniment de la première classe un aspirant qui a travaillé dans la troisième, pendant un très-grand nombre d'années, de l'obliger, car il faudrait aller jusque-là, à recommencer son stage.

Aussi, a-t-on décidé plusieurs fois qu'un clerc de troisième classe peut être admis dans la première en justifiant d'un stage de *moitié en sus*, c'est-à-dire de neuf ans, dont dix-huit mois en qualité de premier clerc (10 mai 1833, 26 août 1834, juin 1838).

Cinquième exception.

436. Art. 41. Pour être admis à exercer dans la troisième classe de notaires, il suffira que l'aspirant ait travaillé pendant trois années, chez un notaire de première ou de seconde classe, ou qu'il ait exercé comme défenseur ou avoué, pendant l'espace de deux années auprès du tribunal d'appel ou de première instance, et qu'en outre il ait travaillé pendant un an chez un notaire.

437. Cet article contient deux dispositions distinctes:

Il réduit, pour la troisième classe, le stage à trois années, en faveur des aspirants qui ont travaillé dans la première ou dans la seconde classe ;

Il réduit le stage à une année, quelle que soit la classe dans laquelle il ait eu lieu, en faveur des avocats et des avoués qui ont au moins deux ans d'exercice.

438. Je m'occuperai d'abord de la première disposition : trois années de travail chez un notaire de première ou de seconde classe.

439. L'article ne dit pas que ce stage doit être non interrompu ; mais cette condition n'en est pas moins exigée. La continuité est de l'essence du stage notarial. Ainsi, toutes les observations que j'ai faites ci-dessus au sujet des interruptions de stage, sont applicables à l'art. 41 comme aux art. 36, 37, 39 et 40.

440. Il faut décider surtout que le stage fait dans une classe inférieure ne peut constituer aucune interruption du stage exigé par l'art. 41. Ainsi, un aspirant qui aurait travaillé un an chez un notaire de première classe, un an chez un notaire

de troisième classe et deux ans chez un notaire de première classe, serait admis sans difficulté.

Il en serait de même, à plus forte raison, du candidat qui, pendant trois ans, aurait travaillé alternativement dans la première et dans la seconde classe.

441. On remarque que l'art. 41, à la différence de l'art. 37, ne fait pas de distinction entre le stage de première et celui de deuxième classe.

Cette distinction existait dans la première rédaction proposée par le conseil d'État. Le stage ne devait être que de deux années dans la première classe et de trois années dans la seconde.

Mais elle fut retranchée par le tribunat ; on fit observer qu'il n'existait pas une assez grande différence quant au degré d'instruction de ces deux classes, pour qu'il fût nécessaire d'en admettre quant à la durée du stage.

442. L'article n'exige pas une année de première cléricature : il suffit de la justification de trois années employées dans une étude de première ou de seconde classe. Le législateur a pensé que dans ces études supérieures, les travaux seraient plus importants, plus multipliés et par conséquent plus également répartis entre les différents clercs, qui pourraient ainsi acquérir, en moins de temps, autant d'expérience que les premiers clercs des notaires de troisième classe.

Il suit de là qu'un clerc de première ou de deuxième classe, quelle que fût sa position dans l'étude, fût-il le dernier sur le tableau, peut, au bout de trois ans, être nommé notaire de troisième classe. Cette latitude impose aux chambres de discipline l'obligation d'apporter une attention spéciale à l'examen qu'elles font subir aux aspirants qui invoquent le bénéfice de l'art. 41.

443. L'art. 36 fixe la durée du stage à six ans dans une classe égale. L'art. 41 la réduit à trois ans pour les aspirants aux offices de troisième classe, lorsque le stage a été fait dans une des deux classes supérieures.

De la combinaison de ces deux articles, plusieurs auteurs, notamment MM. Massé, Rolland de Villargues, Scholl, tirent la conséquence que le stage de classe supérieure compte double pour l'admission dans la troisième classe.

444. Voici comment s'exprime M. Scholl (1) :

---

(1) Son opinion a été adoptée par la chambre des notaires de Pamiers, dans la délibération suivante en date du 21 août 1838.

Un membre observe que les certificats de stage présentés par le sieur B... sont incomplets et ne satisfont pas au vœu de la loi.

En effet, le principe est qu'il faut au candidat six années de stage, comme condition essentielle à sa nomination ; la seule exception à ce principe est que le candidat puisse remplacer les six années de stage voulues par trois années

« On prétend qu'il n'existe dans la loi aucunes dispositions qui permettent de dédoubler le stage de classe supérieure pour compléter le stage nécessaire pour une classe inférieure. C'est s'arrêter à l'écorce de la loi que de donner une semblable interprétation à l'art. 41 ; car, en remontant aux motifs qui ont donné lieu à l'exception qu'il contient, il est aisé de reconnaître que le législateur a voulu que ce stage, fait dans les deux premières classes, comptât double à l'aspirant qui se présenterait pour une étude de troisième classe, quel que fût le temps que ce stage aurait duré. En effet, pourquoi trois années de travail en première ou seconde classe, tiennent-elles lieu de six années de stage passées en troisième classe? C'est évidemment parce que, partant de ce point, qu'un clerc de notaire acquerra d'autant plus de science que les sources où il puisera seront plus abondantes, le législateur a pensé, eu égard à la multiplicité, à la variété et à l'importance des affaires qui se traitent dans les études des villes populeuses, que les jeunes gens qui y travaillent comme clercs y rencontreront des éléments d'instruction bien supérieurs à ceux que fournissent des études de canton, où généralement les affaires sont moins importantes, moins variées et moins nombreuses. Eh bien ! je le de-

---

stage dans une classe supérieure, lorsqu'il se présente pour être notaire de troisième classe.

Or, le sieur B... ne produit que deux années de stage dans la première classe, et deux années dans la troisième.

Il faudrait donc, pour que sa candidature fût régulière, qu'il fût permis de convertir chaque année de stage dans une classe supérieure, ou deux années pour la troisième classe à laquelle il aspire.

Mais le contraire est aujourd'hui universellement adopté.

Il a été reconnu que tel n'est pas l'esprit de la loi, et que ce serait en faire une fausse application.

Me L... a répondu qu'il reconnaissait la vérité de cette doctrine, alors que le candidat voulait convertir les deux années de classe supérieure en quatre années de troisième classe, qu'alors seulement la doctrine ci-dessus devait recevoir son application; mais que rien ne s'opposait à ce que le candidat convertît les deux années de troisième classe en une année de classe supérieure ; — Or, dans l'espèce, a-t-il dit, en procédant ainsi, le candidat aura les trois années de classe supérieure que la loi exige de lui.

A cela Me F... a répliqué que c'était tourner la difficulté, au lieu de la résoudre ; que ce serait évidemment rendre la loi illusoire que de lui donner cette interprétation, et substituer le mot à la chose, puisqu'il serait toujours possible alors au candidat d'arriver au même résultat, en changeant le mode de conversion.

En conséquence, il a conclu à ce que la chambre considère les certificats du sieur B... comme incomplets, et le renvoie à compléter le stage voulu.

La chambre a passé outre, etc.

mande, si, comme on ne peut se refuser d'en convenir, tels sont les motifs qui ont servi de fondement à l'exception de l'art. 41, cette conséquence n'en découle-t-elle pas naturellement, que, si trois années de stage dans les premières classes en valent six en troisième, deux en valent quatre, une en vaut deux ? N'est-il pas conforme à la raison que la présomption qui existe en faveur de celui qui a travaillé pendant trois ans en première ou en deuxième classe, existe également pour celui qui a travaillé pendant un temps moins long, et que si pendant trois ans l'on y a rencontré autant de moyens de s'instruire que pendant six années passées en troisième classe, l'on y aura aussi, pendant deux ans, rencontré autant des mêmes moyens de s'instruire que pendant quatre années passées dans cette dernière classe, et ainsi de suite.

« Sans doute il est de jurisprudence que tout ce qui est d'exception est de droit étroit, et doit être restreint au cas prévu par la loi. Mais il est un autre principe fondé sur la raison, et qui doit être appliqué le premier : c'est qu'il faut rechercher l'esprit de la loi, et non s'arrêter à sa lettre. Or, il est évident ici que l'exception posée en l'art. 41, se fonde sur une présomption qui est toujours la même, quel que soit le temps qu'ait duré le travail en première ou seconde classe. Cette présomption, c'est que le stage fait en classes supérieures est plus profitable que celui fait dans une classe inférieure, et que par conséquent il doit être réduit lorsque l'aspirant se présente pour une étude de classe inférieure à celle où il a travaillé ; de même que la durée doit en être plus longue lorsque, ayant travaillé dans une classe inférieure, l'aspirant se présente pour une classe immédiatement supérieure. »

445. Cette opinion, soutenue par un professeur renommé, pourrait induire en erreur beaucoup d'aspirants et les porter à traiter sans avoir rempli les conditions légales ; il est donc essentiel de la réfuter.

L'art. 41 contient, comme on l'a vu, deux dispositions distinctes :

1° Réduction du stage à trois années dans la première ou la deuxième classe ;

2° Ou à trois années, dont deux en qualité d'avocat ou d'avoué, et une chez un notaire.

Si, comme le prétend M. Scholl, les trois années de stage de classe supérieure, exigées dans la première disposition, équivalaient aux six années de stage de classe égale exigées dans l'art. 36, il devrait en être de même évidemment des trois années mentionnées dans la seconde disposition, qui se composent d'une année de stage notarial et de deux années d'exercice comme avocat ou avoué. Ainsi, dans ce cas, comme dans celui de l'art. 39, une année d'exercice de l'une de ces professions, vaudrait un an de stage de classe supérieure, ou deux ans de stage de troisième classe. Mais voici la difficulté : la deuxième disposition de l'art. 41 ne porte pas que l'année de stage notarial devra être faite *chez un notaire d'une classe supérieure*, elle dit seulement qu'il faudra une année de stage chez UN NOTAIRE. L'aspirant peut donc employer cette année dans la troisième, aussi bien que dans la première ou la deuxième classe.

Alors de deux choses l'une :

Si l'année de stage notarial avait eu lieu dans la première ou la deuxième classe, les deux années d'exercice de la profession d'avocat sembleraient représenter quatre ans, ou chacune deux ans de stage de troisième classe ;

Mais si au contraire l'année de première cléricature avait eu lieu dans la troisième classe, les deux années d'exercice au barreau représenteraient cinq ans, ou chacune deux ans six mois de stage de troisième classe. La conséquence est rigoureuse.

Ainsi, une année d'exercice comme avocat ou avoué vaudrait tantôt deux ans, tantôt trente mois de stage de troisième classe. Comment choisir entre ces deux évaluations ? Ajoutons que pour suivre le même raisonnement, il faudrait dire que trois ans d'exercice, comme avocat, équivalent *au moins* à six années de stage de troisième classe ; mais alors ce serait, en d'autres termes, accorder aux avocats et aux avoués une dispense de stage, et l'art. 42 de la loi s'y oppose formellement.

L'on voit dans quelles inextricables difficultés l'on se jette en adoptant le système des compensations : je pense donc que, comme le législateur l'a au surplus déclaré lui-même (art. 35), il ne faut voir dans l'art. 36 et les suivants *qu'un principe* et *des exceptions* : un stage de six ans dans le premier, un stage de trois ans dans l'art 41, et que, dans le cas prévu par cet article, il faut, comme lorsqu'on veut appliquer l'art. 36, que la condition du stage soit remplie intégralement ; sinon le stage même de classe supérieure ne compte que pour sa durée réelle.

446. C'est au surplus dans ce sens que la question a été toujours décidée par l'administration.

Voici le texte de deux décisions en date des 19 juin et 30 août 1838.

(19 juin 1838 .) Si l'art. 41 de la loi du 25 vent. an xi autorise par exception à admettre dans la troisième classe de notaires les candidats qui ont travaillé pendant trois années consécutives dans des études de première ou de seconde classe , il ne résulte nullement de cette disposition que l'on puisse, dans tout autre cas, compter doubles les fractions de stage de classe supérieure , pour compléter les justifications des aspirants aux offices de troisième classe.

Le sieur J... ne justifie en tout que de quatre ans de stage , dont deux ans dans la seconde et deux ans comme premier clerc dans la troisième classe, ce qui ne satisfait ni à l'art. 36, ni à l'art. 41 de la loi précitée.

Sa demande ne pourra être admise que lorsqu'il aura complété le temps de travail exigé par l'un de ces articles.

(30 août 1838.) Pour être admis aux fonctions de notaire de troisième classe, il faut avoir travaillé, selon l'art. 36 de la loi du 25 vent. an xi, ou pendant six années entières et non interrompues, dont une des deux dernières au moins, comme premier clerc, chez un notaire d'une classe égale, ou, d'après l'art. 41, pendant trois années chez un notaire de première ou de seconde classe. Cette dernière disposition, comme toutes celles qui énoncent des exceptions, est de droit étroit et ne peut souffrir aucune extension.

Or, le sieur S... ne satisfait à aucun de ces deux articles, puisqu'il n'a travaillé en tout que pendant trois ans et sept mois, dont deux ans cinq mois seulement chez des notaires de classe supérieure. Il ne saurait invoquer le temps qu'il a passé dans la troisième classe, pour compléter la troisième année qui lui manque dans l'une des classes supérieures, ni exciper des compensations autorisées par l'art. 40 qui ne s'applique qu'aux cas prévus par les articles *précédents*.

Quelles que soient les opinions de certains auteurs sur ce stage exceptionnel, il est impossible d'invoquer l'esprit présumé de la loi, lorsque le texte exprime d'une manière précise la volonté du législateur.

447. La deuxième disposition de l'art. 41 exige aussi trois années de travail, dont deux comme avocat ou avoué en exercice auprès d'un tribunal d'appel ou de première instance, et une chez un notaire.

448. Cette disposition ne déterminant pas de classe ni de grade spécial pour l'année de cléricature, il s'ensuit qu'elle peut être faite même chez un notaire de troisième classe, en qualité de simple clerc.

449. Mais il faut que les deux années d'exercice comme avocat et l'année de cléricature soient distinctes. Un avocat en exercice depuis deux ans ne pourrait pas être nommé, en justifiant que pendant l'une de ces deux années, il a travaillé en outre dans l'étude d'un notaire (décision du 26 nov. 1833).

450. Il faut encore que les deux années d'exercice comme avocat ou avoué soient non interrompues, conformément à la règle établie pour le stage notarial.

451. Que doit-on entendre par *défenseur* près d'un tribunal civil? On doit entendre les avocats reçus et exerçant près de la cour royale et du tribunal de première instance, les avocats qui font partie du barreau.

Je dis *les avocats reçus* et *exerçant*, car il ne suffirait pas d'être porté au tableau, d'avoir légalement le titre d'avocat, si l'on n'exerçait pas réellement la profession.

C'est ce qui résulte d'une décision de M. le garde-des-sceaux du 19 janv. 1836.

452. L'avocat stagiaire peut invoquer le bénéfice de l'exception ; il est assimilé presque sur tous les points à l'avocat définitivement inscrit au tableau. Il peut, comme lui, plaider, consulter, écrire ; enfin, le nombre de ses années de stage lui

compte pour prendre rang au tableau (décis. des 8 sept. 1836 et 9 juin 1839).

453. Bien que l'article ne parle que des tribunaux d'appel et de première instance, nul doute qu'il ne soit applicable aux avocats à la cour de cassation ; ils sont à la fois défenseurs et avoués.

454. Mais il ne peut être étendu aux agréés près des tribunaux de commerce, ni aux praticiens qui postulent auprès des justices de paix.

455. Il ne peut pas davantage être étendu aux licenciés, ni même aux docteurs en droit. Ce n'est pas le titre académique, c'est l'exercice au barreau qui motive l'exception (décisions de juin, sept. et oct. 1836).

L'exception doit, par la même raison, être strictement restreinte aux avocats et aux avoués. Les clercs d'avoué, quelle que soit leur capacité, les huissiers, quelle que soit la durée de leur exercice, ne peuvent y prétendre.

456. Celui qui aurait été successivement avocat pendant un an, et avoué pendant une autre année, serait admis sans difficulté dans la troisième classe, en justifiant d'une année de stage notarial. L'art. 41 n'exige pas que les deux années soient employées exclusivement à l'exercice d'une des professions qu'il énonce ; on peut donc, avec le temps passé dans l'une de ces professions, compléter le temps qui manquerait dans l'autre.

457. Toute autre compensation est formellement interdite. Les deux années d'exercice au barreau, l'année de stage notarial, doivent être complètes. On n'admettrait pas en complément de ce qui manquerait de l'un ou de l'autre côté, un supplément de cléricature ou de postulation.

La question a été décidée dans ce sens le 8 sept. 1838.

Le sieur Th..., aspirant à un office de troisième classe, justifiait de deux années de stage notarial et d'une année d'exercice de la profession d'avocat.

Sa demande a été ajournée.

« Les dispositions de l'art. 41, porte la décision, comme toutes celles qui énoncent des exceptions, étant de droit étroit, l'exercice au barreau et le stage notarial ne peuvent être réciproquement admis en compensation. Il faut qu'ils soient chacun de la durée exigée par la loi. »

En effet, le principe qui doit dominer en matière d'appréciation de stage, c'est qu'il constitue, non une capacité de *fait*, mais une capacité de *droit*. Tout est donc de droit strict, et l'on ne peut s'écarter en rien des conditions prescrites par la loi. Il en est du stage comme de l'âge, comme du cautionnement. Un aspirant âgé de vingt-quatre ans et quelques mois ne serait pas admis ; il en doit être de même de celui qui n'a pas accompli les conditions du stage notarial.

458. Tout ce qui vient d'être dit à l'égard des avocats et des avoués, s'applique également au stage énoncé dans l'art. 39. V. *sup.* n°ˢ 417 à 422.

SECT. III. — DES DISPENSES DE STAGE.

SOMMAIRE.

459. *Art. 42. — **Des fonctionnaires qui peuvent obtenir des dispenses de stage.***

460. *Cet article est-il seulement transitoire ?*

461. *Preuve qu'il est définitif.*

462. *Des fonctionnaires administratifs.*

463. *On ne peut considérer comme tels, les députés, les membres des conseils généraux et d'arrondissement.*

464. *Des conseillers d'État, préfets, etc.*

465. *Des maires et adjoints.*

. *Des conseillers et autres fonctionnaires municipaux.*

467. *Des commissaires de police.*

468. *De simples emplois peuvent donner droit à la dispense.*

469. *Des employés du ministère de la justice. — Des préposés de l'enregistrement. — Quid, des surnuméraires ?*

470. *Des employés des autres administrations.*

471. *Des fonctionnaires de l'ordre judiciaire.*

472. *Des magistrats, depuis la cour de cassation, jusqu'aux simples justices de paix.*

473. *Des juges suppléants.*

474. *De la cour des comptes.*

475. *Des tribunaux de commerce.*

476. *Des greffiers.*

477. *Des commis greffiers.*

478. *Des officiers ministériels.*

479. *Des avocats. — Ils n'ont droit qu'à une réduction de stage.*

480. *Les dispenses ne s'accordent pas d'avance. — Formes de la demande.*

459. Art. 42. Le gouvernement pourra dispenser de la justification du temps d'étude, les individus qui auront exercé des fonctions administratives ou judiciaires.

460. Cet article a soulevé une question fort délicate.

On a prétendu, en se fondant sur les paroles de l'orateur du gouvernement, qu'il n'était que transitoire (1).

---

(1) Cette opinion a été soutenue par la chambre des notaires de Lyon, dans une délibération du 5 oct. 1836.

Voici comment M. Réal s'était exprimé dans l'exposé des motifs de la loi.

« Cette disposition est essentiellement transitoire, et le gouvernement désire voir arriver promptement le moment où *il en proposera l'abrogation*. Mais il faudrait ignorer qu'il s'est fait une révolution en France pour contester la nécessité de cette mesure ; il faudrait, d'un côté, méconnaître quelles sont les intentions, quels sont les intérêts du gouvernement ; il faudrait surtout méconnaître avec quelle précaution, avec quelle prudence et avec quelle sagesse le gouvernement fait ses choix, pour craindre que cette mesure fût dans sa main la source d'aucun abus. »

461. Une disposition est transitoire lorsqu'elle ne statue que pour un temps limité, et qu'elle contient elle-même son abrogation ; mais l'art. 42 ne présente pas ce caractère ; il statue en termes aussi absolus, aussi définitifs que les autres articles. Ainsi, la disposition de l'art. 42 ne peut en elle-même être considérée comme transitoire.

Cela suffirait pour faire repousser l'objection ; car on ne peut point argumenter d'un exposé de motifs contre le texte même de la loi.

Mais il y a plus. L'exposé des motifs ne dit nullement que l'art. 42 n'est que transitoire dans l'acception légale de ce mot ; il dit seulement que le gouvernement *considère* cette disposition comme transitoire et qu'il se réserve d'en proposer un jour l'abrogation. Donc, tant que cette abrogation n'aura pas eu lieu, la disposition subsiste et doit être exécutée.

462. Le gouvernement est autorisé à accorder des dispenses aux individus qui ont exercé des *fonctions administratives*.

463. Cette disposition serait-elle applicable aux membres de la chambre des députés ? Non sans doute, la chambre exerce un pouvoir purement législatif ; elle n'a pas d'attributions administratives.

Il faut en dire autant des conseillers généraux de département et des conseillers d'arrondissement. Ce ne sont point des fonctionnaires administratifs ; ce sont tantôt des délégués du pouvoir législatif, tantôt des administrateurs particuliers, tantôt, enfin, de simples représentants des intérêts de localité (L. du 10 mai 1838, art. 3, 5, 6, 7, 41 et suiv.).

464. Ces distinctions établies, la dispense est applicable à tous les fonctionnaires administratifs, aux membres du conseil d'État, aux préfets, aux conseillers de préfecture, aux sous-préfets, et même aux fonctionnaires des services financiers.

Sans doute, comme le tribunat l'avait fait remarquer, il y a peu d'analogie entre ces fonctions et l'exercice du notariat ; mais la loi est positive.

465. Les maires et leurs adjoints sont compris dans l'exception de l'art. 42 (déc. des 18 mai, 6, 10 août 1836, fév., avr.

et nov. 1837). Ils exercent en effet deux sortes de fonctions ; ils sont à la fois les représentants de la commune et les délégués du gouvernement (L. 18 juill. 1837, art. 9 et 10).

466. Les autres fonctions municipales ne donnent pas droit à la dispense ; elles ne sont exercées que dans l'intérêt de la commune ; elles ne participent en rien à l'administration générale de l'État.

Ainsi, la dispense a été refusée à des conseillers municipaux, à des secrétaires de mairie (décis. des 24 juin 1831 et 12 avr. 1836).

Cependant il existe un exemple de dispenses accordées au receveur des hospices d'une des principales villes de France (juill. 1832) ; mais ce fut là une décision de circonstance.

467. Que faut-il décider à l'égard des commissaires de police ? La question ne s'est pas présentée, et j'avoue qu'elle est délicate. Le commissaire de police, comme le maire, est un fonctionnaire complexe ; il n'est pas chargé seulement de la police municipale, il est officier de police judiciaire pour constater les délits et les contraventions ; il est officier du ministère public au tribunal de simple police ; enfin, il est chargé, sous la direction du préfet, de ce qui concerne la haute police, la sûreté de l'État. Nous croyons donc que la question, si elle se présentait, pourrait, *en droit*, être résolue en faveur des commissaires de police, mais, *en fait*, leurs fonctions n'ayant aucune analogie avec le notariat, la dispense serait difficilement accordée, à moins que la preuve de la capacité ne fût établie d'une manière toute spéciale.

468. Les mots *fonctions administratives* doivent-ils être entendus *lato sensu* ? comprennent-ils, par exemple, les *emplois* administratifs ?

L'affirmative a été décidée pour certains emplois qui ont beaucoup d'analogie, soit avec les fonctions judiciaires, soit avec la profession notariale.

469. Une décision de 1836 accorde la dispense du temps de cléricature à un employé du ministère de la justice.

Des dispenses ont également été accordées à divers préposés de la régie de l'enregistrement, à des inspecteurs, des vérificateurs, et même à de simples receveurs de canton (nov. 1835, mai 1837), à des conservateurs des hypothèques (nov. 1834).

Je pense qu'il en serait de même des employés de l'administration centrale.

Mais les surnuméraires de l'enregistrement ne peuvent être dispensés de la justification du temps d'étude ; non-seulement ils ne sont revêtus d'aucun caractère public, mais ils ne font pas même partie intégrante de l'administration ; ils ne sont admis à y travailler qu'à titre de simple tolérance (13 juin 1835).

470. Les employés, agents ou préposés des autres admi-

nistrations, éprouveraient plus de difficultés pour obtenir des dispenses de stage.

Une décision du mois de mars 1832 les refuse positivement au secrétaire d'un préfet. Cependant un arrêt de la C. cass., ch. crim., décide que les employés des bureaux des préfectures ou des sous-préfectures sont réellement des agents ou préposés d'une administration publique.

471. L'application de l'art. 42 présente moins de difficulté relativement aux fonctions judiciaires.

On ne doit entendre par là que les fonctions de magistrature.

472. Les membres de la cour de cassation, des cours d'appel, des tribunaux de première instance et même des justices de paix, ont droit à la dispense.

Les membres du parquet y ont droit comme les conseillers et les juges ; c'est ce qui ne pouvait faire de difficulté (décis. des 12 mai 1834, relative à un juge auditeur, 24 déc. 1834, à un substitut de procureur du roi ; 12 janv. 1835, à un juge de paix ; sept. et nov. 1836, à des juges de première instance ; oct. 1838, à un procureur du roi).

473. Les juges suppléants sont-ils compris dans l'exception ? Oui, ils sont membres du tribunal ; ils ont un caractère permanent (nov. 1836).

Le bénéfice de l'exception a été aussi étendu plusieurs fois à des suppléants de juges de paix (juill., nov. 1830, 6 juill. 1831, oct. 1836, janv. 1837).

474. La cour des comptes prend rang immédiatement après la cour de cassation et jouit des mêmes prérogatives (loi du 16 sept. 1837). Ses membres peuvent donc être nommés notaires avec *dispense de stage* (14 nov. 1835).

475. *Quid*, des membres des tribunaux de commerce ? Je pense que la dispense ne leur est point applicable. Ce sont plutôt des arbitres que de véritables juges ; d'ailleurs, ils n'exercent leurs fonctions que temporairement.

476. Les greffiers ne sont pas des magistrats, mais ils exercent réellement des fonctions judiciaires ; ils font même partie intégrante du tribunal qui ne serait pas régulièrement constitué sans leur présence. Ils peuvent, par conséquent, obtenir des dispenses de stage. Cette décision est applicable non seulement aux greffiers des cours et des tribunaux de première instance, mais aux greffiers des justices de paix et des tribunaux de simple police (1823, 18 oct., 11 sept. 1829, 13 oct. 1830, avr. et déc. 1831, juill. 1832, juin 1835, 25 janv., 16 juin, nov. 1836, juill. 1837).

477. Je crois qu'il en doit être de même des commis-greffiers assermentés ; ils ont un caractère public comme les greffiers ; mais les commis non assermentés ne seraient fondés, sous aucun rapport, à réclamer le bénéfice de l'exception.

478. Quelque généraux que soient les mots *fonctions judi-*

ciaires, employés dans l'art. 42, ils ne doivent s'entendre, comme je l'ai dit, que des membres des tribunaux; les avocats, les avoués et les huissiers font bien partie de l'ordre judiciaire, mais ils n'exercent pas de fonctions de magistrature; la dispense ne leur est pas applicable. Les avocats et les avoués ont droit seulement à une réduction de stage, en vertu des art. 39 et 41 (ainsi décidé juill. 1829 pour un huissier, déc. 1836 pour un avoué).

479. Autrefois, les avocats immatriculés près d'un tribunal étaient dispensés du temps d'étude chez un notaire pour être admis à en exercer les fonctions; mais la loi du 25 vent. an XI a fait cesser cet usage. On a reconnu sans doute que l'instruction en droit dans celui qui a exercé la profession du barreau, quoiqu'elle pût être de beaucoup supérieure aux connaissances d'un notaire, n'est qu'une partie de ce que réclame la profession de notaire, qui exige un long usage des affaires sous les rapports, non de discussion, mais de conciliation, et l'habitude de la rédaction des actes qu'on n'acquiert pas sans avoir longtemps pratiqué (Garnier Deschênes, *Traité élémentaire du Notariat*, n° 44).

480. Une observation commune à toutes les dispenses de stage, c'est que ces dispenses ne s'accordent pas d'avance et d'une manière absolue, comme un diplome académique. L'administration ne statue sur une demande de dispense que lorsqu'elle est jointe à une demande de nomination régulièrement instruite. L'aspirant qui veut obtenir une dispense de stage doit donc présenter sa demande à la chambre de discipline qui ne peut refuser de procéder à l'examen; elle a seulement le droit de donner son avis sur le point de savoir s'il y a lieu d'accorder ou de refuser la dispense.

SECTION IV. — DE LA PREUVE DU STAGE.

SOMMAIRE.

481. *Silence du législateur sur la preuve du stage. — Elle est laissée à la prudence de l'administration.*

482. *Du certificat délivré par le patron. — Mention qu'il doit contenir.*

483. *Refus du certificat, sommation à faire dans ce cas.*

484. *Des extraits d'inscription. — Ils ne dispensent pas de produire les certificats de stage.*

485. *Disposition contraire du réglement des notaires d'Angers, rejetée par l'administration.*

486. *Des certificats de complaisance. — Danger auquel ils exposent les notaires et les aspirants.*

481. La loi n'ayant tracé aucune règle précise pour la manière dont le stage notarial doit être prouvé, tout est abandonné à l'arbitrage de l'administration, qui est, par conséquent, toujours libre d'admettre ou de rejeter la preuve offerte.

La jurisprudence a établi à cet égard quelques principes que je vais réunir.

482. D'abord, si le notaire chez lequel le stage a été fait est présent, le certificat doit être délivré par lui.

Il est essentiel que ce certificat détermine avec précision l'époque à laquelle le stage a commencé et celle où il a fini. Un certificat qui déclarerait que l'aspirant a travaillé *un certain nombre d'années,* sans autre indication, pourrait être rejeté; car l'administration n'aurait aucun moyen de vérifier si ce stage n'a pas été fait cumulativement avec d'autres études. Le certificat doit aussi indiquer les grades que l'aspirant a successivement occupés dans l'étude.

483. Si le notaire refusait le certificat de stage, l'aspirant devrait le faire *sommer* de lui délivrer ce certificat. En cas de refus, il pourrait y suppléer de la manière qui va être indiquée pour le cas où le notaire est absent ou décédé.

484. Lorsqu'il a été tenu des registres de stage, la production de l'extrait de ces registres ne dispense pas de rapporter le certificat du notaire chez lequel l'aspirant a travaillé.

485. Le réglement des notaires d'Agen, en date du 7 mai 1834, contenait une disposition contraire; il disposait :

Art. 4. — « Il est interdit aux notaires de délivrer des certificats de stage à leurs clercs, lorsque ceux-ci auront à se présenter pour une place de l'arrondissement.

Lorsqu'un clerc se présentera pour être admis aux fonctions de notaire, le secrétaire lui délivrera *gratis* son certificat de stage conformément au registre.

Mais cette disposition a été improuvée par une décision ministérielle du 6 oct. 1834.

486. On ne saurait recommander aux notaires trop d'exactitude et de sincérité dans les énonciations des certificats de stage. S'il était reconnu qu'un certificat produit est un certificat de complaisance, non-seulement la demande du candidat serait rejetée, mais le notaire, signataire du certificat, pourrait être poursuivi disciplinairement. (CC. Poitiers, 10 août 1824, Agen, 28 fév. 1826 décis. min., just. 12 et 30 juill. 1834, ch. not. de Baugé, 9 juill. 1834 (1), et même, suivant les circonstances, par la voie criminelle (décis. du 4 mars 1835).

487. En cas de refus, d'absence ou de décès du notaire, il peut être suppléé à son attestation par une délibération de la chambre de discipline.

488. C'est ce que la chambre des notaires de Vesoul a fort bien décidé le 3 mai 1836.

« Attendu, en fait, qu'il est à la connaissance de la chambre que M⁰ B... père, avait l'intention de donner sa démission en faveur de son fils, mais que ce projet n'a pu recevoir son exécution par suite du décès dudit M⁰ B...;

» Qu'à cette époque fatale, le candidat était a Paris sans avoir connaissance de la maladie de son père ; qu'il n'a pu ainsi prendre aucune précaution pour se procurer le certificat justifiant sa qualité de premier clerc ;

« Considérant que l'absence de cette justification est un fait de force majeure, indépendant de la volonté du candidat, et qui, par les motifs ci-dessus, ne peut en aucune manière lui être imputé ;

« Considérant qu'en l'absence de toute autre preuve, il semble qu'il appartient à la chambre de discipline de statuer sur la manière dont elle pourra être procurée, puisqu'il en résulterait, dans le cas contraire, pour les jeunes gens placés dans la même position que le sieur B..., la conséquence de ne pouvoir se faire nommer à des fonctions pour lesquelles ils ont fait d'énormes sacrifices et travaillé une longue suite d'années ;

» Considérant que les notaires composant la chambre savent, par leurs rela-

---

(1) Voici le texte de cette délibération :
Considérant qu'en délivrant le certificat dont il s'agit, M⁰ G... n'a été mu par aucun motif d'intérêt personnel ; qu'il n'a eu pour but, au contraire, que d'être utile à une famille honnête et malheureuse; et que, d'ailleurs, M⁰ G.... a toujours mis dans l'exercice de ses fonctions toute la délicatesse et toute la dignité possibles.

Mais que cependant il y a eu de sa part irréflexion dans la délivrance du certificat ;

A censuré M⁰ G..., avec injonction d'être plus circonspect à l'avenir.

tions avec le notaire B..., que son fils a travaillé comme premier clerc en son étude, la dernière année de son temps de stage ;

» Considérant que, dans la circonstance, il est du droit et du devoir de la chambre de venir en aide au postulant et de suppléer au défaut de justification dont il s'agit ;

» La chambre, après en avoir délibéré, et sur les conclusions conformes du syndic, estime à l'unanimité que c'est le cas de délivrer à l'aspirant un certificat de premier clerc et que la présente délibération lui en tiendra lieu. (1) »

Cette délibération a été approuvée sans difficulté par l'administration supérieure.

489. Une autre décision du 20 oct. 1834, relative à la rectification d'un certificat délivré par un notaire décédé, était ainsi conçue :

« Si l'insuffisance de la justification que fait à cet égard le sieur M... provient seulement d'une omission commise par le sieur H..., comme ce titulaire est décédé, le certificat rectificatif devra être délivré par la chambre de discipline. »

Même décision, 12 janv. 1835.

490. L'administration n'étant, comme je l'ai dit, liée par aucune prescription légale, peut admettre toute autre manière de constater le stage fait chez un notaire décédé.

Voici les différentes justifications qui ont été reçues :

Octobre 1836, acte de notoriété par-devant notaire, sur la déclaration de cinq témoins.

491. 4 et 31 août 1836, 7 mars 1838, certificats délivrés par le maire de la résidence du notaire décédé.

492. 2 juin et 27 octobre 1836, certificat délivré, après le décès du notaire, par un autre notaire, par le maire de la commune et par le juge de paix du canton de la résidence.

493. Mai 1837, certificat par le successeur du notaire décédé ; ledit certificat confirmé par le juge de paix du canton.

494. 22 septembre 1836, certificat par le syndic adjoint de la chambre de discipline.

15 janvier 1838, *id.* par le secrétaire de la chambre de discipline.

495. Une attestation des autres notaires du canton, ou du président de la chambre de discipline pourrait aussi être admise par l'administration.

496. S'il a été tenu des registres de stage, la production d'un extrait de ces registres, lorsque le notaire est décédé, paraît devoir dispenser de toute autre justification.

---

(1) Le règlement des notaires de Poitiers, en date du 10 juin 1831, contient la disposition suivante :

Art. 106. — « En cas de refus par un notaire de délivrer à un clerc un certificat constatant le temps que ce dernier aura travaillé chez le notaire qui refuse, la chambre pourra le délivrer, s'il y a lieu, sur la demande qui lui en sera faite, le notaire refusant entendu ou appelé. »

497. Les certificats de stage ne sont pas des *actes notariés* ; ils peuvent être délivrés non-seulement par un notaire en exercice, mais par un ancien notaire, et même par des personnes étrangères au notariat.

Par conséquent, un notaire ne contrevient pas à l'art. 6 de la loi du 25 vent. xi, en délivrant une attestation de stage hors du ressort dans lequel il a le droit d'instrumenter.

Par conséquent encore, ces certificats ne sont pas soumis à l'enregistrement.

498. Mais ces certificats, comme toutes les pièces produites en justice ou devant une administration publique, doivent être sur papier timbré (L. 13 brum. an vii, art. 12); seulement ils peuvent, comme actes simples, être délivrés sur une demi-feuille de petit papier.

499. Ils doivent aussi être légalisés.

Cependant, cette formalité est inutile pour les aspirants qui ont fait leur stage et qui demandent à être nommés dans le département de la Seine où est le siége du gouvernement (L. 25 vent. an xi, art. 28).

500. En serait-il de même si le stage avait été fait dans le département de la Seine ; mais si la place à pourvoir se trouvait dans un autre département : par exemple, un clerc de Paris demande à être nommé notaire à Amiens. La chambre des notaires de cet arrondissement sera-t-elle en droit d'exiger que le certificat de stage soit légalisé?

On dit, pour la négative, que l'examen subi devant la chambre n'est qu'un degré d'instruction, que la chambre ne statue pas, qu'elle donne un simple avis, que le certificat n'est donc réellement produit que devant le gouvernement à l'égard duquel il est certain que la légalisation est inutile.

Mais on répond par les termes mêmes de l'art. 28, portant que les actes seront légalisés lorsqu'on *s'en servira* hors du département. Or, il est bien certain que c'est se *servir* d'un certificat que le produire devant une chambre de discipline. Je pense en conséquence que, dans l'espèce posée, le certificat devrait être légalisé.

501. La légalisation est donnée par le président du tribunal de première instance, même lorsque le certificat est délivré par un ancien notaire. Argum. L. 25 vent. an xi, art. 28.

Cependant, si, au moment de la délivrance du certificat, le signataire se trouvait hors de son arrondissement, je crois que la légalisation pourrait être faite par le maire de la commune dans laquelle il résiderait momentanément ; car les certificats de stage, je le répète, ne sont pas des actes notariés.

502. Je terminerai cette section en donnant quelques formules de certificats de stage.

1° Certificat du notaire chez lequel le stage a été fait.

Je soussigné Hyacinthe Thomas, notaire à Paris, certifie à tous qu'il appartiendra que M. Denis Liotaud, né à Paris, le seize janvier mil huit cent neuf, a travaillé sans interruption dans mon étude depuis le cinq septembre mil huit cent trente jusqu'au dix-neuf décembre mil huit cent trente-huit, savoir :

Comme sixième clerc, du cinq septembre mil huit cent trente au vingt-huit mars mil huit cent trente et un ;

Comme cinquième clerc, du vingt-huit mars mil huit cent trente et un au premier avril mil huit cent trente-deux ;

Comme troisième clerc, depuis cette dernière époque jusqu'au premier avril mil huit cent trente-trois ;

Comme deuxième clerc, depuis cette dernière époque jusqu'au premier mars mil huit cent trente-six ;

Et, enfin, comme premier clerc, du premier mars mil huit cent trente-six jusqu'au dix-neuf décembre mil huit cent trente-huit ;

Et que, pendant tont ce temps, M. Liotaud a fait constamment preuve de probité et de capacité.

En foi de quoi, j'ai délivré, etc.

2° *Certificat par un maire.*

Nous maire de la ville de Bolbec, arrondissement du Havre (Seine-Inférieure),

Certifions que M. Désiré-Cyprien Letellier, né le 14 septembre 1807, réside à Bolbec depuis le 1er juillet 1830 ;

Que, depuis lors jusqu'à cejourd'hui 1er mars 1838, il a été employé sans interruption en l'étude de feu Me Alexandre-Norbert Marion, fils, notaire, et ce, en qualité de maître clerc ;

Qu'il n'est connu que sous des rapports honorables.

En foi de quoi, etc.

3° *Certificat par le syndic de la chambre, après la destitution d'un notaire.*

Je soussigné syndic de la chambre des notaires de l'arrondissement de Beauvais,

Certifie que M. Jean-Amand Benoit a travaillé en qualité de principal clerc de notaire, à Beauvais, dans l'étude de Me..., depuis le vingt-quatre septembre mil huit cent trente-quatre jusqu'au vingt-quatre décembre suivant.

Je certifie, en outre, que M. Benoit, que j'ai connu parfaitement, s'est conduit dans cette place avec toute la loyauté, la probité et l'exactitude désirables.

En foi de quoi, je lui ai délivré le présent pour lui servir au besoin.

4° *Acte de notoriété pour constater le stage fait chez un notaire décédé.*

Par-devant Me Lanvin et son collègue, notaires à la résidence de Périgueux, soussignés,

Ont comparu, 1° M. Jean-Charles Poullet, ex-notaire, âgé de 63 ans ; 2° M. Michel François, juge au tribunal de Périgueux, âgé de 45 ans ; 3° M. Jacques-Laurent Gaigner, propriétaire, âgé de 57 ans ; 4° M. Jean

Baptiste Bauquart, avoué près le tribunal civil, âgé de 32 ans; 5° et M. Antoine Husson-Fleury, secrétaire de la mairie, âgé de 48 ans;

Tous demeurant en ladite ville de Périgueux.

Lesquels ont, par ces présentes, attesté pour vérité et notoriété à qui il appartiendra, que M. Simon Lenoir, avocat, exerçant près le susdit tribunal, a travaillé en qualité de clerc, en l'étude de M. Pierre-Remi Dubois, décédé ex-notaire audit Périgueux et prédécessur de l'un des notaires soussignés, depuis le vingt-six août mil huit cent vingt-cinq jusque vers la fin de mil huit cent vingt-sept.

Dont acte requis et octroyé, pour servir audit M. Lenoir ce que de droit.

5° *Délibération prise par une chambre de discipline pour tenir lieu d'un certificat de stage.*

L'an mil huit cent trente-huit, et le lundi vingt-six mai à midi;

La chambre de discipline des notaires de l'arrondissement de Tournon, étant réunie à Tournon, dans le lieu ordinaire de ses séances, et composée de MM. Coissieu, président, en remplacement de M. Murol qui s'est abstenu à cause de sa parenté avec le candidat dénommé ci-après; Saléon-Terras, syndic, Pradier et Gamon, membres; Danteville, secrétaire:

S'est présenté M. Louis-Henri-Eugène Moyère qui sollicite sa nomination aux fonctions de notaire à la résidence de Saint-Agrève, canton de ce nom, arrondissement dudit Tournon;

Lequel a exposé que Me Herbier Desrois, notaire à Saint-Agrève, chez lequel il a fait son stage, étant décédé, il se trouve dans l'impossibilité de justifier de son temps de cléricature, et qu'il a besoin de l'attestation de la chambre pour suppléer au certificat du notaire décédé.

Sur quoi la chambre délibérant;

Ouï le dénommé ci-dessus:

Attendu qu'il est de notoriété et à la connaissance personnelle des membres de la chambre que M. Moyère a travaillé chez Me Herbier-Desrois, notaire à Saint-Agrève, pendant six années entières et non interrompues, depuis le mois de mai mil huit cent trente-un jusqu'au mois de mai mil huit cent trente sept, les deux dernières années en qualité de premier clerc;

Accorde à M. Moyère un certificat de stage de six années consécutives dans une étude de troisième classe, dont deux années en qualité de premier clerc.

Ainsi délibéré à Tournon, les jour et an susdits, et ont les président et secrétaire signé à la minute dont une expédition sera adressée à M. le procureur du roi.

(Voir aussi *suprà*, n° 488, la délibération de la chambre des notaires de l'arrondissement de Vesoul.)

SECTION V. — DES REGISTRES DE STAGE.

SOMMAIRE.

503. L'arrêt de réglement du 16 juillet 1779 portant homologation d'une délibération des notaires au Châtelet de Paris, contenait la disposition suivante :

« Ordonne, que ceux qui se destineront à l'état de notaire seront tenus de s'inscrire sur un registre qui sera tenu à cet effet par le greffier de la communauté des notaires, et sera coté et paraphé par l'un des syndics des notaires, et sur lequel registre seront portés l'âge et le temps d'étude de ceux qui s'inscriront, les grades qu'ils auront remplis chez les différents notaires où ils auront demeuré et où ils demeureront lors de l'inscription, et les mutations d'études de notaires jusqu'au temps où ils se présenteront pour être admis et reçus notaires....., comme aussi ordonne qu'aucun clerc ne pourra être admis ni reçu notaire que sur le certificat des syndics portant qu'il a rempli son temps d'étude et obtenu le consentement des notaires. »

504. Cette disposition se trouve reproduite dans les nouveaux statuts des notaires de Paris.

17 ventôse an XII. « Les clercs de tous les notaires du ressort seront assujettis à se faire inscrire sur un registre qui, à cet effet, sera tenu par le secrétaire de la chambre, conformément à l'arrêt du parlement du 16 juill. 1779.

« La chambre n'admettra de demande à fin de certificat de moralité et de capacité que de la part d'aspirants travaillant actuellement en qualité de clercs dans l'étude d'un notaire, et dont le stage, à l'égard des aspirants travaillant chez les notaires du ressort, se trouvera constaté par inscription sur le registre à ce destiné (1).

5 juin 1817. « Le secrétaire ne peut admettre à l'inscription les stages inférieurs au grade de quatrième clerc que quand le certificat du notaire porte expressément que le clerc auquel s'applique ce certificat est ou logé, ou nourri, ou rétribué par lui (2).

1er avril 1829. Les certificats concernant les grades inférieurs à celui de cinquième clerc ne sont visés par les syndics que d'après l'autorisation spéciale de la chambre.

Chaque clerc demande son inscription sur ce registre, dans un délai à compter du jour de son entrée dans l'étude; ces inscriptions sont renouvelées dans un délai fixe, suivant les localités; on y fait mention de la sortie des clercs des études auxquelles ils étaient attachés.

---

(1) V. nos 507 et 508, mes observations sur cette disposition.

(2) J'ai combattu cette décision *suprà*, nos 351 et 352.

505. Plusieurs autres communautés de notaires ont aussi établi des registres de stage. On peut citer entre autres les notaires du ressort de la cour royale d'Aix, ceux d'Agen, de Châteauroux, de Gray, de Mortagne, de Mons, de Pithiviers, etc.

506. L'administration, loin d'improuver cette mesure, l'a encouragée de tous ses efforts; quelques procureurs généraux, notament celui d'Aix, dans deux instructions des 14 juillet 1828 et 25 mai 1836, a recommandé aux assemblées générales de notaires d'établir des registres d'inscription.

507. Mais il ne faut pas oublier, d'un autre côté, que cette inscription, quelque utile quelle soit, n'est pas prescrite par la loi; qu'ainsi on ne serait pas fondé à repousser un aspirant qui justifierait d'un stage régulier, uniquement parce qu'il n'en aurait pas été fait mention sur les registres. C'est ce qui résulte de la décision ministérielle, rendue le 23 juin 1838, dans l'affaire de M. P..., et que j'ai rapportée, n° 430.

508. Les notaires de Paris et d'Agen ont donc été beaucoup trop loin, en décidant, les uns, qu'il ne serait délivré de certificats de stage qu'aux aspirants régulièrement inscrits; les autres, que le droit de délivrer des certificats de stage appartiendrait exclusivement au secrétaire de la chambre de discipline.

509. Je rappelle aussi que la production de l'extrait des registres ne suffit que lorsque le notaire chez lequel le stage a eu lieu est absent ou décédé. Autrement il sera toujours utile de représenter le certificat de ce notaire, sauf à y joindre comme complément de preuve l'extrait du registre d'inscription. V. n°ˢ 484 et 496.

510. Voici, au surplus, les deux formules les plus usitées pour les extraits des registres de stage.

1° *Chambre des notaires séant à Versailles.*

Extrait du registre établi par la chambre pour constater le stage des clercs, en exécution de la délibération prise en assemblée générale le........

Le sieur Benoît (Jean-Louis), né a Condray, département du Loiret, le 1er octobre 1808, a été inscrit sur ledit registre sous les numéros, aux dates, chez les notaires, et avec les grades ci-après indiqués :

Nos du Registre.	DATES des inscriptions.	NOMS ET RÉSIDENCES des notaires ou le stage à eu lieu.	GRADES comme clerc.	ÉPOQUES de l'entrée dans ces différens grades. ou du changement d'étude.	de la sortie de chaque grade.	Temps de stage. années, mols, jours.			OBSERVATIONS.
675	6 sept. 1852.	Me Thomas, nre à Versailles.	4e	6 juin 1852.	20 sept. 1852.	»	3	14	Ce stage résulte d'un certificat delivré par ledit Me Thomas, le 24 sept. 1854, et déposé aux archives de la chambre.
684	8 nov, 1852.	Le dit Me Thomas.	2e	20 sept. 1852.	24 sept. 1854.	2	»	4	
		Desquelles inscriptions il résulte un stage de deux ans trois mois et dix-huit jours, ci.				2	3	18	

2º Je soussigné, notaire à Angers, secrétaire de la chambre des notaires de l'arrondissement, certifie que M. Camille Moreau, né à Brissac le vingt-un juin mil huit cent neuf, est inscrit sur le registre de stage tenu à ladite chambre.

Il résulte des inscriptions que ledit M. Moreau a travaillé en qualité de clerc, 1º depuis le premier décembre mil huit cent trente-deux jusqu'au premier mai mil huit cent trente-trois, en l'étude de Mᵉ Moreau, son père, notaire à Brissac ;

2º En l'étude de Mᵉ Avenant, notaire à Angers, depuis ledit jour premier mai mil huit cent trente-trois jusqu'au premier février mil huit cent trente-six ;

3º En qualité de premier clerc en l'étude de Mᵉ Moreau, son père, depuis le premier février mil huit cent trente-six jusqu'à ce jour ;

Le stage n'ayant jamais été interrompu.

En foi de quoi, j'ai délivré le présent.

Angers, le vingt décembre mil huit cent trente-sept.

SECTION VI. — DES ÉCOLES DE NOTARIAT.

SOMMAIRE.

511. *Utilité de cours spéciaux pour le notariat.*
512. *Examen des objections. — Réfutation.*
513. *Ouverture d'un cours spécial dans la faculté de droit de Strasbourg.*
514. *Des écoles notariales.*
515. *Encouragements qu'elles méritent.*
516. *Observation essentielle sur les certificats d'assiduité délivrés par les professeurs de notariat.*

511. Je crois que des cours spéciaux de notariat peuvent être fort utiles. J'ai souvent regretté que cet enseignement n'ait pas été compris dans l'organisation des facultés de droit. Un cours de ce genre ne profiterait pas seulement aux aspirants notaires, il aurait des avantages pour tout le monde, pour le jurisconsulte et pour le simple particulier ; car si l'on peut espérer de n'avoir pas de procès, quel est l'homme qui ne sera pas forcé de recourir au ministère d'un notaire ! ne convient-il pas dès-lors de pouvoir comprendre et surveiller ses opérations ?

512. L'objection contre les cours spéciaux, c'est que le notariat n'est qu'une application de la loi civile, et que l'enseignement général peut dès-lors suffire au notaire aussi bien qu'au membre de la magistrature ou du barreau ; mais cette objection que nous allons trouver reproduite dans une délibération du conseil de l'Université (1), ne paraît pas très-forte. Le notariat est une science à part ; il a ses règles, sa jurisprudence, sa procédure, ses usages, et son style ; tellement

---

(1) V. *infrà*, nº 520.

que la loi oblige le notaire à se préparer par un noviciat de six ans. On ne peut donc contester l'utilité d'études spéciales pour le notariat, et alors pourquoi ne pas joindre à l'enseignement pratique et nécessairement un peu aride de l'étude, les notions théoriques et plus élevées que l'aspirant puiserait dans les écoles de droit? Avec les cours spéciaux, nous n'aurions pas seulement d'habiles praticiens, nous aurions des notaires jurisconsultes : je crois que tout le monde y gagnerait.

513. Ces observations que l'Université avait rejetées trop légèrement, ont été reproduites; et cette fois elles paraissent avoir modifié l'opinion du conseil royal. Un premier pas vers le but que j'indique a été fait, et probablement le gouvernement ne s'arrêtera pas dans cette voie.

On sait qu'aux termes d'une ordonnance du 22 mars 1840, le ministre de l'instruction publique peut autoriser les suppléants des facultés de droit à ouvrir des cours gratuits destinés à fortifier et à compléter les études.

Il a été fait une heureuse application de cette disposition nouvelle dans la faculté de droit de Strasbourg. M. Eschbach, suppléant de cette faculté, a été autorisé à faire dans le local de la faculté un cours de notariat (1).

Ce cours est *gratuit* et entièrement facultatif; mais on ne doute pas qu'il ne soit suivi avec empressement.

Espérons que des cours semblables seront successivement institués dans les autres facultés.

514. Les regrets que j'exprime sur l'absence de ces cours dans les facultés, annoncent assez que je suis partisan des écoles notariales. C'est une heureuse idée de la part d'anciens notaires, d'avoir résumé les notions qu'ils ont acquises, et d'en faire profiter les jeunes gens qui doivent les remplacer dans la carrière. Il ne faut pas s'exagérer cependant l'importance de ces établissements; *l'étude* sera toujours la véritable et la meilleure école de l'aspirant. C'est là qu'il respire l'atmosphère notariale, qu'il s'initie au maniement des affaires réelles, tandis que dans les cours de l'école il ne peut s'exercer que sur des hypothèses et des fictions. Le cours de notariat ne devra donc jamais remplacer le travail de la cléricature; mais il en sera un puissant auxiliaire. Il faut que l'aspirant s'accoutume à analyser théoriquement la convention qu'il vient de rédiger, que son instruction ne se borne pas au souvenir d'un certain nombre de formules : c'est cet enseignement que l'école pourra lui procurer.

515. En comprenant ainsi l'enseignement donné dans l'école notariale, en le combinant avec le travail de l'étude dont il ne doit être que la démonstration, le complément, je crois

---

(1) *Moniteur* du 28 mai 1840.

que cet enseignement ne saurait être trop encouragé ; je ne crains pas d'être démenti en avançant que telle est la pensée de l'administration, et qu'elle a toujours vu avec faveur les écoles notariales.

516. J'engage donc les aspirants, dans les villes qui possèdent des établissements de ce genre, à compléter leur instruction par la fréquentation des cours notariaux.

Je dois cependant renouveler ici un avertissement qui a déjà été donné. C'est que ces écoles n'ont aucun caractère public ; et que les jeunes gens qui les fréquentent ne peuvent être nommés, ainsi que le promettent certains prospectus, sur de simples certificats de leurs professeurs.

SECTIO VII. — DE L'ÉTUDE DU DROIT DANS SES RAPPORTS AVEC LE NOTARIAT.

SOMMAIRE.

517. *Doit-on obliger les aspirants au notariat à prendre des grades dans les facultés de droit?*

518. *Vœu exprimé à cet égard dans l'exposé des motifs de la loi du 25 ventôse.*

519. *Il n'a pas été réalisé.*

520. *Ce vœu a été reproduit en 1837 par le conseil de l'université.*

521. *Ce conseil avait déjà pris une délibération dans le même sens.*

522. *Distinctions établies à tort par ce conseil. — Son inexpérience des questions notariales. — Réfutation.*

523. *Suite.*

524. *Conclusion que les études en droit sont utiles mais qu'elles doivent rester facultatives.*

517. Doit-on assujettir les aspirants au notariat à prendre des grades dans les facultés de droit ?

518. L'orateur du conseil d'Etat avait dit, dans l'exposé des motifs de la loi du 25 vent. an 11 : « Sans doute qu'à la probabilité imposante que procure ce stage, on ajoutera d'autres garanties d'instruction, lorsque les écoles de droit seront rétablies, et qu'on exigera surtout du candidat qui se destinera aux places de première classe quelques-unes des preuves d'étude et de savoir qui seront demandées à ceux qui devront remplir les autres fonctions judiciaires. »

519. Depuis cette époque cependant, et malgré l'organisation des écoles de droit, les conditions d'admission au notariat n'ont pas été changées.

520. Mais le conseil royal de l'instruction publique a pris, le 10 octobre 1837, la délibération suivante :

Vu la lettre et les mémoires adressés à M. le ministre de l'instruction publique, et tendant à la création de chaires de notariat dans les facultés de droit ; — Vu la loi du 25 vent. an XI sur l'organisation du notariat ; — Vu les art. 23 et 24 de la loi du 22 vent. an XII ; — Vu l'art. 187 du décret du 18 nov. 1811 (1) :

Considérant que, dans l'état présent de la législation, la profession de notaire n'est assujettie à l'obtention d'aucun grade dans les facultés de droit, ni à la formalité du certificat de capacité à obtenir pour les fonctions d'avoué, après un an d'étude dans une desdites facultés ;

Considérant que, dès-lors, une chaire de notariat n'aurait pas d'auditeurs obligés dans une faculté de droit ;

Considérant de plus que la matière d'un tel enseignement comprendrait nécessairement diverses parties du droit civil français, qui sont enseignées déjà dans une faculté de droit ;

Estime qu'il n'y aurait lieu, quant à présent, de proposer la création de chaires pour l'enseignement du notariat dans les facultés de droit ;

Considérant, toutefois, qu'aux termes de l'art. 187 du décret du 16 nov. 1811, le conseil de l'université est appelé à indiquer les professions auxquelles il paraîtrait convenable d'imposer l'obligation de prendre des grades dans lesdites facultés ;

Considérant qu'une telle obligation ne peut être imposée que par des motifs d'utilité publique et d'après le caractère de la profession ; que, sous ce double rapport, la profession de notaire, par son importance et par son objet, paraît devoir être assujettie à la condition d'études et de grades en droit ; que, dans la supposition même où le titre de bachelier en droit serait suffisant pour les notaires de deuxième et de troisième classe, il semblerait nécessaire de réserver pour les notaires de première classe la condition du titre de licencié en droit ;

Estime qu'il y aurait lieu de provoquer la présentation d'un projet tendant à établir, par voie législative, l'obligation de grades en droit pour les diverses classes de notaires. »

Cette délibération a été approuvée par le ministre de l'instruction publique.

521. Déjà en 1814, le conseil de l'université avait proposé de soumettre, savoir : au grade de licencié en droit les notaires de première classe, à celui de bachelier, les notaires de deuxième classe, à la production d'un certificat de capacité, les notaires de troisième classe. Cette proposition n'eut aucune suite. Elle a été reproduite en 1831 dans une pétition que la chambre des députés a renvoyée au garde-des-sceaux.

522. Je ne puis admettre la distinction proposée par le conseil de l'instruction publique, quant aux grades en droit pour les diverses classes de notaires.

Le certificat de capacité se délivre à ceux qui ont suivi pendant une année un cours de législation et de procédure civile.

---

(1) Cet article est ainsi conçu : le conseil de l'université présentera un projet dans lequel il indiquera les professions auxquelles il conviendra d'imposer l'obligation de prendre des grades dans les diverses facultés.

Ce cours est fort utile pour les avoués; c'est même pour eux qu'il a été institué spécialement; mais de quelle utilité serait-il pour les notaires?

Quant au diplôme de bachelier, il est accordé après deux examens qui portent sur les deux premiers titres du Code civil; or, ces titres sont précisément ceux qui contiennent les notions les moins profitables pour un notaire.

Comment concilier, d'ailleurs, ces différents degrés d'étude avec la faculté accordée (L. 25 vent. an xi, art. 38) au titulaire d'un office inférieur, de passer à une résidence plus importante? L'aspirant qui voudrait être nommé à un notariat de première classe, devrait être licencié en droit; et cependant on admettrait dans la même classe, après un an d'exercice, un notaire de seconde classe, simple bachelier en droit, et, après deux ans, un notaire de troisième classe, pourvu seulement d'un certificat de capacité.

523. Il faut donc le reconnaître, si l'étude du droit était réellement nécessaire, on devrait exiger des aspirants au notariat un cours complet et le grade de licencié.

Mais alors la carrière notariale se trouverait forcément interdite à tous les jeunes gens dont la famille n'est pas assez riche pour ajouter aux frais de la première éducation les dépenses qu'entraînent les études universitaires. Ce n'est pas seulement à Paris et dans les autres grandes villes qu'il faut considérer le notariat. L'aspirant dont l'ambition se borne à être un jour pourvu de l'étude de son père dans un village, sera forcé de renoncer à cet avenir, si, au lieu de recevoir, au foyer paternel, son éducation notariale, il doit se déplacer à grands frais pour aller faire ses études dans un collége, afin d'obtenir des grades dans la faculté des lettres et dans la faculté de droit. Et, en admettant qu'une famille se résigne à ce nouveau sacrifice, l'aspirant perdra le bienfait de cette éducation intérieure qu'il est si essentiel de maintenir dans le notariat. Pour lui, se trouveront interrompues ces traditions respectables que l'orateur du gouvernement considérait avec raison comme l'une des plus fortes garanties qu'un notaire puisse offrir à la société.

524. Je pense donc que les études en droit doivent rester facultatives pour les aspirants au notariat; seulement, comme on ne saurait trop les encourager, il serait à désirer qu'une loi nouvelle accordât une réduction de stage aux candidats qui justifieraient d'un grade obtenu dans une faculté de droit.

CHAPITRE V.

DU CERTIFICAT DE MORALITÉ ET DE CAPACITÉ.

Loi du 25 ventôse an XI.

Art. 43. — L'aspirant demandera à la chambre de discipline du ressort dans lequel il devra exercer un certificat de moralité et de capacité. Le certificat ne pourra être délivré qu'après que la chambre aura fait parvenir au commissaire du gouvernement du tribunal de première instance l'expédition de la délibération qui l'aura accordé.

Art. 44. — En cas de refus, la chambre donnera un avis motivé, et le communiquera au commissaire du gouvernement, qui l'adressera au grand-juge, avec ses observations.

Arrêté du 2 nivôse an XII.

Art. 2. — Les attributions de la chambre seront :...

5° De délivrer ou refuser, s'il y a lieu, tous certificats de bonnes mœurs et capacité à elle demandés par les aspirants qui se présenteront pour être admis aux fonctions de notaire ; prendre à ce sujet toutes délibérations, ou donner tous avis motivés, les adresser ou communiquer à qui de droit.

SOMMAIRE

525. Le certificat de moralité et de capacité est celui que l'aspirant au notariat demande à la chambre de discipline du ressort dans lequel il doit exercer.

526. Il ne suffit pas, pour un aspirant au notariat, de prouver qu'il a fait avec assiduité le stage requis, qu'il jouit de l'exercice de ses droits politiques et civils. Ces justifications établissent sa *capacité légale*, mais il lui reste à justifier de sa *capacité de fait.*

Le stage n'est en réalité qu'une présomption, une probabilité. Un individu peut avoir passé inutilement bien des années dans une étude sans y acquérir le degré d'instruction nécessaire (1).

D'un autre côté, dans le commerce ordinaire de la vie, l'homme qui manque aux lois de la délicatesse, celui même qui ne fait pas tout ce que la probité commande, sont presque toujours hors des atteintes des lois ; mais, lorsqu'il s'agit d'un notaire, un manque de délicatesse est déjà un délit répréhensible et qui doit être sévèrement puni (2).

Il fallait donc qu'au moment où il sollicite sa nomination, l'aspirant prouvât non-seulement qu'il possède l'aptitude et les connaissances acquises nécessaires pour remplir convenablement les fonctions de notaire ; mais, en outre, que ses précédents sont à l'abri de tout reproche.

Cette double vérification doit être faite à la fois par la compagnie dont il demande à faire partie et par le gouvernement.

Par la compagnie, gardienne de sa propre considération et

---

(1) Réal, exposé des motifs de la loi du 25 vent. an xi.
(2) *Ibid.*

qui est intéressée à n'admettre que des candidats dignes et capables.

Par le gouvernement, tuteur de tous les intérêts, et qui doit veiller à ce que des fonctions aussi importantes ne tombent pas dans des mains indignes de les exercer. L'intervention du gouvernement est d'autant plus nécessaire que les notaires, après trois ans d'exercice, sont appelés à remplir les fonctions de juré (C. instr. crim., art. 382-5°), et qu'ils sont de plein droit électeurs départementaux (LL. 21 mars 1831, art. 11; 22 juin 1833, art. 3; 20 avril 1834, art. 3, 6°.)

527. L'épreuve à laquelle l'art. 43 soumet l'aspirant au notariat n'est pas une institution nouvelle; on la trouve dans les plus anciens monuments de notre législation.

528. Ordonnons, portait la coutume de Bueil, que tous les notaires que par nous seront créez et constituez soubs notre authorité et jurisdiction, seront tout premier examinez par nostre juge-majeur, et d'appeaux sur la suffisance et litérature d'iceux....., ordonnant à nostre dit juge-majeur de ne les recevoir point à ladite charge, moins leur bailler pour icelle aucun serment, si, après les avoir examinez, il ne les trouve suffisans et capables pour l'exercice d'icelle, et ce sur peine de cent escus et autre arbitraire contre ledit juge.

529. Une ordonnance de Charles VIII, du 28 déc. 1490, contenait des dispositions analogues.

Art. 20. Pour ce qu'au dit pays de Languedoc y a grand et excessif nombre de notaires, et que plusieurs sont receuz légèrement à exercer le dit office, qui depuis se trouvent moins suffisans, au grand préjudice de la chose publique du pays, est ordonné que les lettres qui se donnent en chancellerie de Tholose, par lesquelles sont créez les dits notaires royaux, s'adresseront d'oresnavant aux séneschaux ou à leurs lieutenans, pour estre par eux receuz au dit office de notaires s'ils sont suffisans; et à ce ne seront receuz sinon que premier soyent examinez et trouvez suffisans, en meurs, science, loyauté par les dits séneschaux ou juges-majeurs, lieutenans et autres officiers du siége, appelez avec eux quatre des plus nobles conseillers de la dite cour » (1).

530. Enfin les anciens statuts des notaires de Paris, homologués par arrêt du 13 mai 1681, et qui étaient encore en vigueur au moment de la révolution, portaient, art. 10 :

« Et le dimanche suivant du jour que le résignataire aura traité, il sera tenu de se présenter à ladite communauté, afin qu'un chacun s'informe de ses vie et mœurs, avant laquelle présentation, ledit récipiendaire sera tenu se transporter chez tous lesdits notaires en leurs maisons, et le consentement ne pourra être donné qu'après qu'ils auront fait les soumissions en la forme ordinaire, tant pour la bourse commune que pour les debtes contractées par ladite communauté au sujet d'icelle. »

---

(1) V. dans le même sens l'ordonnance de François Ier, du mois d'oct. 1535, sur l'administration de la justice en Provence, et un arrêt de réglement du 4 sept. 1695.

531. Le traité ou *composition* et la procuration *ad resignandum* devaient être adressés, dans l'année, à la chancellerie (1); s'il n'y avait pas de *regrès* signifié ou d'opposition au sceau, les provisions étaient expédiées et revêtues du sceau de la grande chancellerie; elles portaient injonction à la juridiction compétente de recevoir le pourvu « après qu'il lui aurait apparu de ses bonnes vie et mœurs, âge requis par les ordonnances et religion catholique, et de lui pris le serment accoutumé » (2).

532. Lorsque, muni de ces provisions, on se présentait pour se faire recevoir, le juge, sur les conclusions du ministère public, ordonnait qu'il serait préalablement procédé à une information des vie et mœurs, religion catholique, apostolique et romaine, et à l'*examen* du récipiendaire (3) (déclaration du 13 déc. 1698).

Cet examen, pour les notaires de Paris, se faisait en la chambre du conseil du Châtelet, tous les services assemblés. Là, on leur faisait des questions relatives à leur état (Blondela, *Traité des connaissances nécessaires à un notaire*, t. 1, p. 49 et 52, édit. de 1788).

533. Plus tard, la loi du 29 sept. 1791 statua que le choix des notaires se ferait au concours entre les clercs de notaires, les juges et les hommes de loi (tit. 4, art. 3).

Ce concours consistait dans un interrogatoire fait à chacun

---

(1) Autrement, il y avait déchéance.

(2) Style des chancelleries.

(3) M. Rolland de Villargues, *Répert. du Notariat*, vº *Certificat de moralité et de capacité*, nº 1 (1re édit.), avait dit que les notaires de Paris devaient, *avant d'obtenir leurs provisions*, se faire examiner par les sénéchaux, lieutenants et conseillers du roi.

C'était une erreur qu'il a corrigée dans sa seconde édition. A Paris, comme dans le reste de la France, l'examen n'avait lieu qu'au moment de la réception et *après* la délivrance des provisions. C'est ce qui résulte formellement de l'ordonnance du mois d'octobre 1535 et de l'arrêt de réglement du 14 septembre 1695, que j'ai cités *supra*, nº 529, note.

Voici le texte de ces documents :

« Premièrement, pour ce qu'il est bien convenable que les dits notaires soient aucunement sçavans et experts, pour obvier aux inconvéniens qui en adviennent, tous les jours, par l'ignorance de plusieurs notaires, nous avons ordonné et ordonnons que, quand tels seront POURVEUS, AVANT QU'ESTRE REÇEUS à prêter le serment en tel cas pertinent, soient interrogez et examinez par nostre Cour de parlement ou commis d'icelle, et avant qu'estre interrogez et examinez, sera faite sommaire inquisition *super vitâ et moribus* » (ordonnance de 1535).

« La Cour..... ordonne qu'aucun ne pourra ÊTRE REÇU à l'avenir notaire royal qu'il n'ait été clerc de notaire ou de procureur pendant cinq années et qu'il ne soit jugé suffisant et capable ; à l'effet de quoi il sera interrogé en la chambre du conseil. » (Arrêt de réglement de 1695.)

séparément sur les principes de la constitution, les fonctions et les devoirs du notaire, et dans la rédaction d'un acte dont le programme, donné par les juges, était rempli, sans déplacer, par les aspirants (*ib.*, art. 9).

Ceux qui étaient reconnus capables étaient déclarés par les juges de l'examen, habiles à remplir les fonctions de notaires publics, et inscrits aussitôt sur un tableau, suivant le nombre des voix pour leur admission (*ib.*, art. 10).

Ce tableau était continué d'année en année, et le premier inscrit était nommé à la première place de notaire qui devenait vacante.

534. Je n'ai pas besoin de faire ressortir les bizarreries et les vices de ces anciens systèmes.

Comment expliquer en effet la disposition des anciens édits, qui voulait que les provisions fussent délivrées avant l'examen de capacité et l'information de vie et mœurs, c'est-à-dire que la nomination fût faite avant l'instruction de la demande. Comme le disait M. Réal, « il répugne de penser qu'un gouvernement puisse conférer ainsi une institution conditionnelle. Le gouvernement qui donne une commission doit savoir que celui qu'il a choisi est propre à la place qu'il lui destine. »

535. Le système du concours, admis par la loi de 1791, pouvait encore moins se justifier.

Il en résultait que le dernier nommé d'un concours primait de droit celui qui, l'année d'après, dans un concours composé d'aspirants beaucoup plus instruits, aurait été placé en tête de la liste. Enfin, une fois placé sur cette liste, l'aspirant n'avait plus aucun motif d'émulation ; il pouvait attendre dans l'insouciance que ceux qui le précédaient fussent placés, bien sûr d'obtenir alors la première étude qui viendrait à vaquer.

Mais quelqu'imparfaites que fussent ces dispositions, elles prouvent que le législateur avait reconnu de tout temps la nécessité d'ajouter l'épreuve décisive d'un examen à la présomption qui résulte du stage.

536. La même pensée avait présidé à la rédaction des projets présentés, en l'an vi, en l'an vii et en l'an viii, aux conseils des Cinq-Cents et des Anciens pour l'organisation du notariat (1).

---

(1) Ces projets établissaient deux concours :

Le premier était appelé *concours d'examen*, et le candidat admis ne retirait d'autre fruit de cette première épreuve que d'être porté sur une liste de candidats. Cet examen était annuel.

Il était suivi d'un autre que l'on appelait *concours de primauté*, auquel n'étaient admis que les candidats déjà portés sur la liste, et qui avait lieu toutes les fois qu'il existait une vacance.

537. Elle ne pouvait manquer d'être adoptée par le législateur de l'an XI, qui l'a dégagée, d'ailleurs, de toutes les imperfections que j'ai signalées.

Aujourd'hui, l'examen de moralité et de capacité, comme tous les autres éléments de l'instruction, *précède* la demande de nomination. Il est *spécial* pour chaque place. Il doit, autant que possible, avoir lieu peu de temps avant la demande. Enfin, des précautions ont été prises contre la faveur dont un aspirant pourrait être l'objet, ou contre les injustices qu'il aurait à craindre.

538. Ainsi, aujourd'hui, l'instruction d'une demande notariale se compose de trois parties bien distinctes : 1° l'avis consultatif de la chambre ; 2° l'avis également consultatif du ministère public ; 3° la décision du gouvernement.

539. Je traiterai successivement dans le présent chapitre :

1° De l'autorité chargée de délivrer le certificat de moralité et de capacité ;

2° De ceux qui doivent demander ce certificat ;

3° De la demande ;

4° De la formation de la chambre de discipline ;

5° Des oppositions ;

6° Des fins de non recevoir ;

7° De la délibération au fond, et spécialement de l'examen ;

8° Des formes de la délibération ;

9° De la communication au ministère public ;

10° De la délivrance du certificat ;

11° Du refus de ce même certificat.

SECTION Ire. — PAR QUI LE CERTIFICAT DOIT-IL ÊTRE DÉLIVRÉ ?

SOMMAIRE.

540. *Du bureau de l'ancienne communauté des notaires de* **Paris**.

541. *Loi de* 1791.

542. *Des chambres de discipline. — Utilité du certificat de moralité et de capacité qu'elles délivrent aux aspirants.*

543. *Influence de ce certificat sur les déterminations du gouvernement.*

544. *Obligation pour les aspirants de demander le certificat. — C'est une règle sans exception.*

545. *Compétence exclusive de la chambre de discipline du ressort.*

546. *Inutilité de la demande présentée à toute autre chambre de discipline. — Décision fondée de la chambre des notaires de Paris.*

547. *Examen d'une décision ministérielle.*

548. *Le droit de délivrer les certificats de moralité et de capacité n'appartient qu'aux chambres de discipline.*

540. Les chambres de discipline de notaires étaient inconnues sous l'ancienne législation. Les notaires de Paris s'étaient, il est vrai, formés en communauté. Ils avaient même un bureau composé d'un doyen, de trois syndics, de douze délégués et d'un greffier pour la direction et conduite des affaires de la communauté (1); mais ces délégués et la communauté elle-même n'exerçaient pas les pouvoirs que les chambres de discipline ont reçus depuis. Le résignataire d'un office n'était tenu qu'à une démarche de pure convenance auprès de la communauté; c'était le juge qui procédait à l'examen de la capacité et à l'information de vie et mœurs.

541. L'institution des chambres de discipline ne se trouvait non plus ni dans la loi de 1791, ni dans les projets présentés aux conseils législatifs en l'an vi et en l'an vii.

542. Il appartenait au législateur de l'an xi de rétablir sur ses véritables bases l'institution du notariat. Il comprit qu'elle ne pouvait subsister que par l'esprit d'association, qu'il lui fallait un lien commun. Il établit en conséquence les chambres de discipline, et pour que leur influence se fît sentir au moment où l'aspirant allait recevoir l'institution, il voulut que ce fût la chambre qui délivrât le certificat de moralité et de capacité.

« Ce qui a surtout déterminé l'adoption des règles proposées pour le stage de chaque aspirant, disait le tribun Favard (2), c'est l'obligation de rapporter un certificat de moralité et de capacité de la chambre de discipline. Cette disposition infiniment honorable pour l'institution du notariat, doit rassurer sur la capacité, l'instruction et la probité des aspirants qui seront examinés par leurs pairs. La garantie de la société entière repose donc sur ces chambres de discipline; la loi leur en confie le soin et s'en rapporte à leur conscience. Elles sentiront toute l'importance des obligations qui leur sont imposées; elles sauront les remplir avec courage et sans acception de personnes, pour que le gouvernement soit toujours éclairé sur ses choix. »

---

(1) Lettre du prévôt de Paris, 28 fév. 1557. Statuts homologués le 13 mai 1681, art. 7, 8 et 13.

(2) Séance du 21 vent. an xi.

543. En effet, le certificat, en constatant que les candidats ont les qualités exigées par la loi, servira presque toujours à fixer la détermination du gouvernement (circ. 22 vent. an xii).

544. La première formalité que doit remplir un aspirant au notariat, c'est donc de se présenter à la chambre de discipline des notaires du ressort, et d'y exposer ses titres à la confiance de la compagnie. Rien ne peut le dispenser de ce préalable qui est à la fois une garantie pour l'administration et une preuve de juste déférence envers la communauté des notaires.

Vainement un aspirant justifierait-il directement auprès de l'administration de l'accomplissement des conditions légales et des plus honorables précédents; on le renverrait toujours à se pourvoir devant la chambre de discipline; les termes de l'art. 43 son tformels.

545. C'est devant la chambre de discipline du ressort dans lequel il se propose d'exercer, que l'aspirant doit former sa demande. Le notariat est organisé par arrondissement, et les décisions des chambres de discipline ne sont pas comme les jugements et les actes notariés, exécutoires dans tout le royaume. Un certificat de moralité et de capacité ne peut donc servir que dans l'arrondissement soumis à la juridiction de la chambre qui l'a délivré.

546. L'aspirant s'adresserait en vain à une autre chambre de discipline, fût-ce celle dans le ressort de laquelle il a fait son stage. Elle serait incompétente *ratione loci*. L'art. 43 ne peut laisser aucun doute à cet égard.

C'est ce que la chambre des notaires de Paris a parfaitement compris. Un de ses statuts, en date du 20 mars 1806, est ainsi conçu :

« La chambre a déclaré ne pouvoir délivrer de certificats aux clercs aspirant au notariat hors du ressort, et ce, par le motif qu'il ne lui convient pas de prendre, à cet égard, l'initiative sur les chambres des arrondissements dans lesquels ces clercs se proposent de s'établir. »

547. La décision suivante n'a rien de contraire à ce principe.

Un clerc de l'arrondissement de Compiègne traita d'une étude dans l'arrondissement de Coulommiers et passa son examen devant la chambre des notaires de cette ville. Il adressa ensuite sa demande au ministère de la justice ; mais, dans l'intervalle, on avait appris que, pendant son stage à Compiègne, l'aspirant avait été impliqué dans une affaire qui avait nécessité l'intervention de la chambre de discipline. La lettre suivante fut en conséquence adressée au procureur du roi de Compiègne, le 21 nov. 1836.

« Le sieur L...., ancien premier clerc à Compiègne, a formé une demande tendant à être pourvu d'un office de notaire dans l'arrondissement de Coulommiers. Cet aspirant justifie des conditions légales, mais à une époque peu éloignée, une délibération de la chambre des notaires a fait peser sur lui une partie de la responsabilité d'un acte déloyal qui a motivé, contre le notaire chez lequel il travaillait, une condamnation disciplinaire. Avant qu'il soit statué sur la demande que forme aujourd'hui le sieur L....., je désire avoir des renseignements précis sur les faits qui ont donné lieu à la délibération dont il s'agit et sur la conduite de cet aspirant pendant son séjour à Compiègne. Je vous prie en conséquence de consulter, à cet égard, *la chambre des notaires de votre arrondissement.* »

Voilà donc une chambre de discipline appelée à délibérer sur la moralité d'un candidat qui demande à exercer dans un autre arrondissement. Mais, en examinant l'instruction ministérielle, on reconnaît facilement qu'il n'y est nullement question d'une délibération pour la délivrance d'un certificat de moralité et de capacité; qu'elle demande uniquement des renseignements sur la conduite d'un candidat qui avait fait son stage sous la surveillance de la chambre. Cette décision ne viole donc en rien la règle de compétence établie par l'art. 43 de la loi du 25 vent. an XI.

548. Comme le disait avec raison Favard de Langlade, l'examen de la moralité et de la capacité des aspirants est une des plus honorables attributions des chambres de discipline. C'est un droit qui leur est propre et dont elles ne partagent l'exercice avec aucune autre autorité.

549. Les tribunaux de première instance n'ont donc pas d'avis à exprimer sur l'admission des aspirants au notariat. Leur *admittatur* n'est exigé que pour les avoués et les huissiers.

Quelques tribunaux persistent cependant à délibérer sur les demandes notariales.

Ainsi le 29 août 1836 le tribunal de Montargis a pris une délibération spéciale pour l'admission d'un aspirant au notariat.

13 juin 1837, autre délibération du tribunal de Trévoux en ces termes :

« Le tribunal après avoir vu la requête d'autre part, toutes les pièces produites par le sieur S........., avoir ouï M. le procureur du roi, et en avoir délibéré ;

» Considérant que le sieur S.... qui sollicite le poste de notaire à la résidence de M...., a produit toutes les pièces nécessaires en pareil cas; qu'il jouit d'une bonne moralité, que la chambre lui a délivré le certificat de capacité voulu par la loi, et qu'il s'acquittera bien des fonctions qu'il demande,

» Est d'avis de présenter et présente au Roi des Français le sieur S.... pour qu'il lui plaise le nommer notaire à la résidence de M... »

Une pareille délibération est tout-à-fait inutile, lorsque l'instruction a suivi sa marche normale, c'est-à-dire, lorsque la chambre de discipline a procédé à l'examen de moralité et de capacité. On ne saurait trop le répéter aux aspirants, pour leur éviter les retards et les frais qui résultent de l'intervention du tribunal.

550. Cette intervention n'est reclamée par l'administration que dans un cas, c'est lorsque la chambre de discipline refuse de délibérer sur la demande. Alors le tribunal peut être invité officieusement à procéder lui-même à l'examen de l'aspirant. V. n° 665.

551. S'il n'existait pas de chambre de discipline dans un arrondissement, elle devrait être suppléée par le tribunal de première instance.

C'est ce qui a eu lieu pendant longtemps en Corse, où dans quelques arrondissements il n'y avait pas assez de notaires pour organiser une chambre de discipline ; en voici un exemple :

« Ce jourd'hui 14 juillet 1825, le tribunal de première instance de Sartène, département de la Corse, réuni en la chambre du conseil, et faisant fonctions de chambre de discipline des notaires, attendu qu'il n'existe pas sept notaires dans cet arrondissement, par analogie de l'article 32 du décret du 14 déc. 1820 et de l'article 10 de l'ordonnance royale du 10 nov. 1822.

» Sur les réquisitions de M. de Susini, procureur du roi , a accordé et accorde au sieur de Pietri le certificat de moralité et de capacité exigé par la loi. »

552. Cette délibération ne paraît au fond susceptible d'aucune critique. Je contesterai seulement l'analogie tirée par le tribunal de Sartène, d'un décret et d'une ordonnance spéciaux pour l'exercice de la profession d'avocat, et qui, par conséquent ne peuvent sous aucun rapport s'appliquer au notariat. Le tribunal aurait mieux fait de fonder sa délibération sur les anciennes ordonnances implicitement maintenues par la loi du 25 vent. an XI (art. 69), en ce qu'elles n'ont pas de contraire à ses dispositions.

553. Mais les tribunaux de la Corse ne s'étaient pas bornés à suppléer les chambres de discipline pour la délivrance des certificats de moralité et de capacité.

Le tribunal de première instance de Corte, le 11 janv. 1821, avait *nommé provisoiremeat* un notaire ; et, ce qu'il y a de plus extraordinaire, c'est que cette nomination fut faite conformément à l'avis d'un éminent jurisconsulte, qui alors remplissait en Corse les fonctions de substitut du procureur général.

Je n'ai pas besoin de faire ressortir l'illégalité de cette nomination. Aussi une décision du 19 nov. 1822, enjoignit-elle au *notaire provisoire* de cesser immédiatement ses fonctions.

SECTION II. — DE CEUX QUI DOIVENT DEMANDER LE CERTIFICAT DE MORALITÉ ET DE CAPACITÉ.

SOMMAIRE.

554. *Observation générale sur l'art. 45. — Ce qu'on doit entendre par aspirant.*

555. *Ce mot a un sens plus étendu que celui de clerc de notaire. — Preuve.*

556. *Des clercs de notaire.*

557. *Cas où chacun des membres de la chambre aurait donné un certificat de stage à l'aspirant.*

558. *Du refus de délibérer. — Renvoi.*

559. *De l'âge de l'aspirant.*

560. *Suite, un candidat peut-il se présenter avant vingt-cinq ans. — Renvoi.*

561. *Des demandes en création.*

592. *Spécialité du certificat de moralité et de capacité.*

563. *Il ne peut servir pour la demande d'une autre étude,*

564. *Lors même que cette étude serait dans le même arrondissement;*

565. *Mais un certificat peut servir plusieurs fois pour la même place. — Exemples.*

566. *Prescription du certificat.*

567. *Du délai de cette prescription. — Analogie puisée dans l'ancienne jurisprudence.*

568. *Distinction entre la continuation et le renouvellement d'une demande.*

569. *Des anciens notaires. — Ils doivent demander un nouveau certificat,*

570. *Même lorsqu'ils ont exercé dans le ressort de la chambre.*

571. *Décisions contraires de trois chambres de discipline improuvées par l'administration.*

572. *Exception pour les notaires dont le successeur n'a pas été installé.*

573. *Quid, du notaire qui a exercé des fonctions incompatibles?*

574. *Distinction entre la dispense de certificat et la dispense d'examen. — Renvoi.*

575. *Du notaire de classe inférieure qui veut passer dans une clase supérieure. — Il n'est pas dispensé de la production du certificat.*

576. *Des mutations dans la même classe. — Observation inexacte du journal des notaires.*

577. *Réfutation.*

578. *Le notaire peut tout au plus, dans ce cas, être dispensé de l'examen.*

579. *Des mutations dans le même ressort.*

580. *Des permutations entre notaires. — Nécessité du certificat.*

554. L'art. 43 décide, sans autres explications, que 'aspirant demandera à la chambre de discipline un certificat de moralité et de capacité.

Que faut-il entendre par *aspirant?*

Dans les art. 37, 39, 40 et 42 de la loi, ce mot est employé comme synonyme de *clerc de notaire*, mais, dans l'art. 43, il a nécessairement un sens plus étendu.

Quelques observations suffiront pour en convaincre.

En demandant le certificat de moralité et de capacité, le législateur a eu certainement pour principal motif de prévenir les mauvais choix, de donner à l'administration un nouveau moyen de s'éclairer, mais ce motif n'est pas le seul. Ce qui le prouve, c'est que l'avis de la chambre n'a rien d'obligatoire, que l'administration peut admettre lorsque la chambre rejette, rejeter lorsque la chambre a admis.

Le législateur de l'an XI, avait donc une autre pensée, et il n'est pas difficile de la pénétrer : il a voulu que la chambre donnât son avis, non-seulement sur le mérite personnel de l'aspirant, mais sur les diverses questions qui peuvent se présenter, notamment sur les questions de stage, ainsi que sur l'utilité de l'étude à pourvoir, et la convenance de la collocation notariale (circulaire du 22 vent. an XII).

Enfin, et ce dernier motif quoique moins grave, mérite aussi d'être pris en considération, la comparution devant la chambre est une preuve de déférence de l'aspirant envers la compagnie dont il demande à faire partie.

C'est ainsi qu'autrefois le résignataire d'un office devait, avant même d'obtenir ses provisions, se présenter à la communauté pour obtenir son consentement, bien qu'elle ne fut chargée alors ni de l'information de vie et mœurs, ni de l'examen de capacité.

555. Cette interprétation prouve que le mot *aspirant* employé dans notre article, ne s'applique pas seulement au simple clerc qui demande pour la première fois à être admis au notariat, mais qu'il doit s'entendre *lato sensu* de tout individu, quels que soient ses précédents, qui veut exercer les fonctions notariales dans le ressort de la chambre, par conséquent de l'avocat, de l'avoué (art. 38 et 41), du juge, de l'administrateur (art. 42), de

l'ancien notaire, et du notaire en exercice qui veut passer à une autre résidence.

La loi ne distingue pas : loin de là, elle semble prescrire implicitement dans tous les cas l'accomplissement de cette formalité. L'art. 43 relatif au certificat de moralité et de capacité ne vient en effet qu'après ceux qui fixent les conditions d'admission au notariat, et les diverses conditions relatives au stage. Enfin, si l'on se reporte à la discussion de cet article, on voit qu'il avait été conçu d'abord dans des termes qui pouvaient laisser des doutes sur la question. Il y était dit *l'aspirant se présentera.... POUR OBTENIR S'IL Y A LIEU.* Mais ces derniers mots ont été retranchés dans la rédaction définitive.

556. Parlons d'abord du cas le plus ordinaire, c'est-à-dire, de celui où le candidat qui se présente est clerc de notaire. Là point de difficulté : quelque long que soit le temps de cléricature, quelque honorable qu'on suppose les certificats de stage, l'aspirant ne peut être dispensé de la présentation à la chambre.

La loi ne fait pas d'exception, la jurisprudence administrative est invariable sur ce point.

557. Il en serait ainsi, lors même que le candidat serait porteur d'attestations favorables, signées individuellement par chacun des notaires qui composent actuellement la chambre de discipline.

558. Mais est-il nécessaire que l'aspirant soit clerc de notaire? Une chambre peut-elle refuser de statuer sur la demande d'un individu qui ne travaille pas *actuellement* dans une étude. V. n°s 377 à 381 et 656.

559. L'âge de l'aspirant quelque avancé qu'on le suppose, n'est pas un motif de dispense de l'épreuve exigée par l'art. 43.

J'ai parlé n° 160, d'un septuagénaire admis non sans difficulté en 1829, aux fonctions de notaire. Il avait été forcé de subir son examen devant la chambre de discipline, bien qu'il eût antérieurement exercé les fonctions de notaire.

560. Si au contraire l'aspirant est âgé de moins de vingt-cinq ans, peut-il forcer la chambre de discipline à délibérer sur sa demande? V. n° 644.

561. Lorsque le gouvernement crée une chaire dans une faculté, il se réserve d'y pourvoir pour la première fois, directement et sans concours (ordonn. du 12 décembre 1837, portant création de plusieurs chaires dans des facultés de droit) (1).

Mais il n'en est pas ainsi pour les créations notariales. Les aspirants qui demandent une création doivent se présenter

______

(1) Cette ordonnance se trouve à l'art. 2281 du *Recueil des lois et ordonnances*, publié sous ma direction.

à la chambre de discipline du ressort, comme ceux qui sollicitent une place établie depuis longtemps.

562. Le certificat de moralité et de capacité ne forme point un titre définitif, comme les diplômes universitaires. Il est au contraire spécial pour chaque place et doit être renouvelé à chaque nouvelle demande de nomination.

563. Il suit de là que l'aspirant qui, après avoir obtenu un certificat de moralité et de capacité, n'a pas poursuivi sa nomination, doit demander un nouveau certificat s'il vient à traiter d'une autre étude.

Cela est sans difficulté, lorsque la nouvelle place à pourvoir est dans un autre arrondissement. Les délibérations des chambres de discipline, ne sont pas, comme les jugements des tribunaux exécutoires dans tout le royaume. Elles n'ont de valeur que dans leur ressort : d'ailleurs l'art. 43 décide expressément que le certificat sera demandé à la chambre des notaires de *l'arrondissement*.

564. Mais en doit-il être de même, lorsque la nouvelle place est dans l'arrondissement de la chambre qui avait délivré le premier certificat?

L'affirmative ne me paraît pas douteuse. Je me fonde sur ce que j'ai dit *suprà* n° 554, que la chambre de discipline n'a pas seulement à s'enquérir de la moralité et de la capacité du candidat, mais qu'elle doit donner son avis sur tous les autres points de l'instruction, notamment sur les questions de stage, de résidence, sur les conditions du traité. Il est donc évident qu'une délibération prise pour une demande de nomination, ne peut pas servir pour une autre demande.

J'ajouterai seulement que si la nouvelle présentation avait lieu très-peu de temps après la première, la chambre se bornerait probablement à donner un certificat confirmatif de celui qu'elle avait précédemment délivré, sans soumettre le candidat à la formalité d'un nouvel examen.

Un certificat ne peut donc servir que pour l'étude énoncée dans la demande sur laquelle il a été délivré.

565. Mais il peut servir plusieurs fois.

Ainsi un aspirant qui après le retrait ou le rejet de sa demande la renouvelle, peut employer le certificat de moralité et de capacité qu'il avait obtenu dans le principe.

Il en est de même de celui qui, après avoir été nommé, a encouru la déchéance, parce qu'il n'a pas prêté serment dans les deux mois et qui demande ensuite, d'accord avec son cédant, à être relevé de la déchéance.

566. A moins toutefois que la date de ce certificat ne soit trop ancienne ; car le certificat de moralité et de capacité, je le répète, n'a pas un caractère définitif et ne peut, sous aucun rapport, être assimilé à un titre académique.

C'est ce qui a été décidé plusieurs fois, notamment dans l'espèce ci-après :

Le sieur Michelet s'était présenté à diverses reprises, mais toujours inutilement, pour remplacer son père, notaire dans le canton de Magnac-Laval. La difficulté qu'on lui opposait n'avait rien qui lui fût personnel. Il s'agissait d'une réduction à effectuer dans le nombre des études du canton.

Enfin, cette réduction ayant été opérée, il reproduisit sa demande en 1836; mais il ne prit pas la précaution de faire renouveler son certificat de moralité et de capacité, qui lui avait été délivré depuis plus de douze ans.

10 déc. 1836, décision en ces termes :

« Le sieur Michelet produit un certificat de moralité et de capacité qui ne peut plus servir puisqu'il a été délivré, il y a plus de douze ans; il devra en demander un nouveau à la chambre de discipline. »

Même décision 28 août 1837.

567. Comment déterminer d'ailleurs, dans le silence de la loi, le délai passé lequel un certificat de moralité et de capacité devra être renouvelé?

Voici quelques raisons d'analogie puisées dans l'ancienne législation.

Autrefois, comme je l'ai rappelé, n° 531, le résignataire d'un office était tenu de solliciter ses lettres de provision dans l'année, à compter de la date de la résignation. Il devait, à peine de déchéance, produire, dans le même délai son traité que l'on appelait alors *composition*, et la procuration *ad resignandum*, c'est-à-dire la présentation du résignant. Un plus long retard était considéré comme un changement de volonté. *Aliquandò voluntas præsumitur mutata ex longinquitate temporis.*

Je pense qu'on pourrait fixer le même délai d'un an pour la péremption du certificat de moralité et de capacité. Après un aussi long intervalle, l'aspirant peut avoir démérité.

568. Remarquez, au surplus, qu'il n'y a lieu au renouvellement du certificat que lorsque la demande elle-même est *renouvelée.*

S'il s'agissait, au contraire, d'une demande dont l'instruction, par suite de retards étrangers à l'aspirant, fût continuée sans interruption pendant plus d'un an, les pièces originairement produites conserveraient toute leur valeur jusqu'à la fin.

569. De ce que j'ai dit *suprà*, n°ˢ 554 et 555, de la généralité des expressions de l'art. 43 et n° 562, du caractère transitoire et spécial du certificat de moralité et de capacité, il résulte nécessairement que l'ancien notaire qui demande sa réintégration est tenu de produire un nouveau certificat.

En abdiquant ses fonctions, il a renoncé à tous les priviléges qui y étaient attachés; il est redevenu un véritable *aspirant.* D'ailleurs, il a pu se livrer, dans l'intervalle, à des occupations étrangères au notariat, et perdre ainsi le fruit de ses premières études; il faut donc s'assurer de nouveau de sa capacité.

12

570. Quelques auteurs, en admettant la nécessité d'un nouveau certificat, si l'ancien notaire veut être réintégré dans un autre arrondissement, la contestent, lorsque la réintégration doit avoir lieu dans l'arrondissement où les fonctions avaient été originairement exercées.

Mais cette distinction n'est pas fondée. Le second certificat est exigé, parce que l'ancien notaire a pu oublier ce qu'il savait. Ce motif s'applique à celui qui était placé sous la surveillance de la chambre, aussi bien qu'à celui qui exerçait dans un autre arrondissement. D'ailleurs, la chambre n'a pas seulement à s'expliquer sur la capacité, elle doit aussi donner son avis sur la moralité de l'aspirant, sur l'utilité de la place, etc.

571. La jurisprudence de l'administration est invariable sur ce point.

Plusieurs chambres de notaires ont cherché vainement à y résister.

Ainsi, en 1836, les chambres de discipline du Puy, de Mortain et de Tulle avaient déclaré que trois anciens notaires qui sollicitaient leur réintégration étaient dispensés de produire un certificat de moralité et de capacité, mais elles ont reçu l'injonction formelle de donner un avis motivé sur chacune de ces demandes.

572. On ne peut, au surplus, considérer comme *ancien notaire* celui qui avait été remplacé, mais qui reprend, ou plutôt, qui continue l'exercice de ses fonctions, parce que son successeur a encouru la déchéance faute de prestation de serment dans le délai fixé par l'art. 47 de la loi.

Une ordonnance du 25 juin 1832, rapportée à l'art. 9070 du Journal des notaires, prononce la déchéance d'un nouveau notaire qui n'avait pas prêté serment dans les deux mois de sa nomination, et ajoute que le démissionnaire *continuera d'exercer ses fonctions comme par le passé.*

Il est bien évident que, dans ce cas, il ne s'agit pas d'une *réintégration*, mais d'une conservation de titre. Par conséquent, le notaire maintenu n'a aucune démarche à faire auprès de la chambre de discipline.

573. Le notaire nommé juge de paix, qui opte pour ces dernières fonctions et qui n'a pas été remplacé dans son office, peut-il, s'il se démet ensuite de la place de juge de paix, reprendre de *plano* l'exercice du notariat ?

Non ; il doit obtenir une nouvelle nomination, et, par conséquent, il doit se présenter à la chambre de discipline. En acceptant des fonctions incompatibles, il a donné implicitement sa démission de l'état de notaire, suivant la disposition de l'art. 66 de la loi du 25 vent. an xi (décis. de 1836).

574. Si l'ancien notaire doit demander l'*admittatur* de la chambre de discipline, peut-il au moins être dispensé de subir un nouvel examen ? V. n°s 697 à 699.

575. Le notaire de classe inférieure, qui, après un an d'exercice, demande à passer dans la classe immédiatement supérieure, doit nécessairement produire un nouveau certificat de moralité et de capacité.

Ainsi décidé, au mois de fév. 1837, au sujet de Me Boullangier, notaire de troisième classe, qui demandait à être nommé à Saint-Dié (Vosges), siége d'un tribunal civil et par conséquent résidence de seconde classe.

En effet, l'art. 38 de la loi du 25 vent. an xi ne dispense, dans ce cas, le notaire de classe inférieure que de la justification du temps d'étude. Or, cette dispense, loin d'entraîner celle du certificat de capacité, est au contraire, pour les chambres, un motif de plus de procéder scrupuleusement à l'examen.

Il en serait de même, *à fortiori*, du notaire de troisième classe qui demanderait à passer dans la première.

576. Mais que faudrait-il décider si le changement d'étude devait avoir lieu dans la même classe?

Le Journal des Notaires, qui reconnaît la nécessité d'un nouveau certificat pour le changement d'une classe inférieure à une classe supérieure, considère cette justification comme entièrement inutile, si le changement a lieu dans la même classe.

Il motive ainsi son opinion (1).

« La nomination d'un notaire, à la suite d'un examen régulier, établit en sa faveur une présomption de capacité qui doit le rendre admissible à toute autre place vacante dans la classe dont son étude fait partie.

» Comment admettre, en effet, qu'un notaire soit légalement capable de remplir ses fonctions dans une résidence et qu'il ne le soit pas dans une autre résidence de même classe.

» L'art. 43 de la loi du 25 vent. an xi se combine nécessairement avec l'art. 35, portant : *Pour être admis aux fonctions de notaire, il faudra*, etc. Donc, un notaire en exercice ne peut être considéré comme un aspirant, dans le sens de l'art. 43, lorsqu'il ne demande pas à passer dans une classe supérieure. »

577. Je ne puis admettre cette distinction. Un notaire redevient aspirant toutes les fois qu'il abdique son titre pour en demander un nouveau; ce qui a lieu pour les changements d'études dans la même classe aussi bien que pour les changements dans des classes différentes.

Ainsi, lorsqu'on exige le certificat de capacité dans un cas, on doit également l'exiger dans l'autre.

L'erreur du Journal des Notaires vient de ce qu'il n'examine la question qu'au point de vue d'une certification de capacité, tandis qu'il s'agit de faire constater, en outre, la moralité de

____

(1) Art. 9173.

l'aspirant, l'utilité de la résidence, la sincérité du traité, etc.; en un mot, de réunir tous les documents qui peuvent éclairer l'administration.

578. Maintenant, que la chambre de discipline puisse dispenser de l'examen le notaire qui demande à changer de résidence, c'est ce que j'admettrai sans difficulté; mais elle ne peut se dispenser de délibérer sur la demande, elle ne peut déclarer, comme l'avaient fait, en 1836, les chambres du Puy, de Mortain et de Tulle, que l'aspirant est dispensé de produire une attestation de capacité. L'art. 43 est général et comprend tous ceux qui demandent à exercer dans le ressort de la chambre de discipline.

579. Peu importe d'ailleurs que le notaire qui demande à changer d'étude dans la même classe, exerce dans le ressort de la chambre, ou dans un autre arrondissement. La seule différence qui puisse en résulter, c'est que, dans le second cas, la chambre ne connaissant pas le notaire, sera moins disposée à le dispenser de l'examen.

580. Lorsque deux notaires demandent à permuter, il y a changement de titre, puisque chacun des copermutants donne sa démission en faveur de l'autre. Il y a lieu par conséquent à l'application de l'art. 43, nonobstant l'avis exprimé en 1836 par le procureur du roi de Cahors et par le procureur général d'Agen.

581. Je n'ai parlé jusqu'à présent que des notaires de classe inférieure qui veulent monter à une classe supérieure; ou des notaires qui demandent à changer d'étude dans la même classe; mais il arrive aussi quelquefois qu'un notaire de classe supérieure demande à redescendre dans une classe inférieure. Sera-t-il dispensé de la formalité exigée par l'art. 43? Non sans doute, il abdique son titre pour en demander un nouveau, par conséquent il redevient un simple aspirant soumis à toutes les justifications prescrites par la loi.

582. Mais si au lieu d'un changement *d'étude*, un notaire se bornait à demander un changement de résidence, c'est-à-dire, la translation de son étude sur un autre point du canton, il n'aurait point à produire de nouveau certificat de capacité. Dans ce cas, en effet, il y a continuation d'exercice au même titre. Le notaire ne peut donc être considéré comme un aspirant, mais il n'est pas moins tenu d'adresser sa demande à la chambre de discipline, pour qu'elle exprime son avis sur l'opportunité de la translation.

583. On tenait autrefois qu'il suffisait d'être avocat pour être dispensé non-seulement du temps de cléricature, mais encore de l'examen.

584. Cette jurisprudence était justement critiquée.

« Qu'un avocat inscrit sur deux tableaux consécutifs, disait Blondela, qui a exercé son état avec distinction, jouisse de l'avantage de cette dispense, il en est digne et c'est une justice qu'on doit rendre à ses talents : mais qu'un avocat qui n'en a que le titre, et qui pour tout mérite a eu celui de répéter dans une université deux ou trois pages de droit qu'il avait apprises par cœur; qu'un tel homme soit cru capable, sans avoir travaillé durant les cinq années requises, qu'on le dispense de l'examen, à raison de ce titre d'avocat, tandis qu'il n'a pas plus d'aptitude pour l'état d'avocat qu'il n'en a pour celui de notaire, c'est un abus qu'on ne peut trop tôt réformer. » (*Traité des connaissances nécessaires à un notaire*, t. 1, pag. 53.)

585. La question ne peut plus se présenter aujourd'hui. Nous avons vu n°s 436, 447 et 478, que la loi du 25 ventôse accorde non pas une *dispense*, mais une simple *réduction* de stage aux avocats et avoués en exercice depuis deux ans, lorsqu'ils se présentent pour être admis aux fonctions de notaire. Cette exception étant la seule qui ait été introduite en leur faveur, ils demeurent assujettis, comme tous les autres candidats, à la production d'un certificat de moralité et de capacité.

Cette observation s'applique à plus forte raison aux huissiers, puisque la loi n'établit pas même en leur faveur une réduction du stage notarial.

586. Les conseillers, juges titulaires ou suppléants, les officiers du ministère public, les greffiers et les divers fonctionnaires de l'ordre administratif, qui peuvent obtenir des dispenses de stage (1), ne sont pas dispensés de la production du certificat de moralité ou de capacité. Ce sont des *aspirants*; par conséquent, ils se trouvent compris dans les termes généraux de l'art. 43.

Je reviendrai sur cette observation (2).

SECTION III. — DE LA DEMANDE.

SOMMAIRE.

587. *Forme de la demande.*

588. *Des demandes ordinaires ; pièces à produire, timbre, légalisation.*

589. *Des exceptions. — Demandes formées par des notaires en charge ou par d'anciens notaires.*

590. *Des avocats.*

591. *Des officiers ministériels.*

592. *Des fonctionnaires publics.*

593. *Demandes en création. — Remplacements par suite de destitution.*

594. *Des demandes formées* jure hereditario.

595. *Des extinctions de titres.*

---

(1) V. *sup.* n°s 471 à 477.

(2) V. *inf.* n° 700.

587. La demande adressée à la chambre de discipline pour l'obtention du certificat de moralité et de capacité doit indiquer :

1° Les nom, prénoms, profession et domicile du candidat ;

2° S'il est clerc de notaire, son grade et le nom du notaire chez lequel il travaille ;

3° Le canton et le lieu dans lesquels il désire résider ;

4° Si la demande a pour objet une création ou une place vacante par mort, démission ou destitution, et dans ce cas, le nom du notaire à remplacer ;

5° Enfin, si l'aspirant produit un second titre, la désignation exacte de cette étude, le nom du titulaire et la cause de la vacance.

La demande est adressée, dans son intitulé, à *MM. les président et notaires composant la chambre de discipline de l'arrondissement de* .

Elle doit être sur papier timbré. L. 13 brum. an VII, art. 12 ; c'est une pétition adressée à une *autorité constituée.*

Mais il est inutile de la faire légaliser, le candidat devant la présenter en personne.

J'ai dit que la demande doit indiquer le *lieu* de la résidence. C'est en effet cette désignation qui détermine la compétence de la chambre, puisque le certificat doit être délivré par la chambre de discipline du ressort dans lequel l'aspirant devra exercer (L. 25 vent. an XI, art. 43). D'ailleurs, la chambre doit donner son avis sur la résidence. V. *infrà*, n°ˢ 707 et 708.

588. A la demande doivent être jointes les pièces suivantes :

1º L'acte de naissance de l'aspirant ;

2º La présentation faite en sa faveur par le titulaire ou par ses héritiers ou ayants cause, à moins qu'il ne s'agisse d'une création ou d'une place vacante par destitution ;

3º Si le titulaire est mort, son acte de décès et un acte de notoriété constatant le nombre et la qualité de ses héritiers ;

4º Une expédition du traité ou de l'acte qui le remplace (1), s'il est dans la forme authentique ; s'il est sous seing privé, un des originaux dûment enregistré (2) ;

5º Le certificat de jouissance des droits civiques et civils ;

6º Un certificat de bonnes vie et mœurs, délivré par le maire du domicile de l'aspirant ;

7º Si l'aspirant a moins de trente ans, l'acte de libération du service militaire ;

8º Les certificats de stage, délivrés par les notaires chez lesquels l'aspirant a travaillé, et, s'il est tenu des registres de stage, les certificats d'inscription sur ces registres ;

9º Si l'aspirant est docteur ou licencié en droit, son diplôme universitaire ;

10º La demande de nomination adressée à M. le garde-des-sceaux. Cette demande contient les mêmes énonciations que celle qui est présentée à la chambre de discipline ;

11º Un inventaire des pièces produites, côté et signé par l'aspirant.

Dans quelques arrondissements, notamment à Paris, on demande, en outre, à l'aspirant un tableau des actes reçus, pendant les dix dernières années, par le notaire à remplacer, et une indication du produit net de l'étude.

Toutes ces pièces, à l'exception du certificat de libération du service militaire, doivent être sur papier timbré.

J'ai fait connaître, dans les chapitres précédents, celles qui doivent être légalisées.

Ces justifications sont celles qu'on exige dans les cas ordinaires, c'est-à-dire lorsque l'aspirant qui se présente n'a encore rempli aucune fonction.

589. Passons maintenant aux exceptions.

Le notaire en exercice qui demande à être pourvu d'une autre étude n'est tenu de produire que les pièces suivantes :

L'acte de présentation en sa faveur,

Le traité,

Son ordonnance de nomination,

---

(1) S'il s'agit, par exemple, d'une constitution dotale, d'un partage entre cohéritiers, d'une donation entre vifs ou testamentaire.

(2) L. 25 juin 1841, art. 6. V. nos 863 et 864.

L'acte de prestation de serment,

Et un certificat constatant la durée de ses fonctions, s'il n'exerce pas dans l'arrondissement.

L'ancien notaire doit rapporter, en outre, un certificat de jouissance des droits civiques et civils.

Le notaire en charge et l'ancien notaire sont dispensés de toutes justifications de stage, pour être placés même dans une classe supérieure, lorsqu'ils sont en exercice depuis plus d'un an, ou depuis plus de deux ans, suivant les cas.

Ils sont également dispensés des justifications d'âge et de libération du service militaire, puisqu'ils les ont faites lors de leur première nomination. C'est donc à tort qu'on persiste à les exiger dans quelques arrondissements.

C'est ce qui a été décidé dans l'espèce ci-après :

Me P..., notaire en exercice depuis plus d'un an dans une résidence de troisième classe, se pourvut à l'effet d'obtenir sa nomination à un office vacant au chef-lieu de l'arrondissement, résidence de seconde classe.

Il déposa au parquet du procureur du roi, à l'appui de sa demande, la démission du titulaire qu'il désirait remplacer, le traité contenant leurs conventions, et enfin une expédition de la délibération par laquelle la chambre de discipline avait donné un avis favorable à cette mutation. Mais le procureur du roi trouva ces pièces insuffisantes ; il exigea, en outre, que Me P... produisît un certificat de bonnes vie et mœurs, un certificat de jouissance des droits politiques et civils, une expédition de l'ordonnance de sa nomination, et une expédition de sa prestation de serment comme notaire de troisième classe.

Ce supplément d'instruction a été improuvé, en ces termes, par une décision du mois de janvier 1836.

« Les nouvelles justifications exigées du sieur P..... étaient tout-à-fait inutiles, puisqu'il exerçait déjà les fonctions de notaire, ce qui prouvait suffisamment qu'il avait rempli les conditions prescrites par les art. 35, 45 et 47 de la loi du 25 vent. an XI.

590. Les avocats qui se présentent pour être admis aux fonctions de notaire, doivent joindre à leur demande toutes les pièces indiquées au n° 588, et en outre :

1° Leur diplôme universitaire avec la mention de la prestation de serment ;

2° Un certificat du conseil de l'ordre, constatant la durée de leur exercice.

591. Les avoués et autres officiers ministériels en exercice sont dispensés des justifications d'âge et de libération du service militaire ; ils n'ont, par conséquent, à produire, indépendamment de la présentation et du traité, que

Leur ordonnance de nomination,

Le procès-verbal de prestation de serment,

Et un certificat de leur chambre de discipline, constatant leur temps d'exercice.

592. Les fonctionnaires judiciaires ou administratifs qui sollicitent des dispenses de stage doivent produire toutes les pièces énumérées au n° 588, à l'exception de leur acte de naissance, lorsqu'ils ont rempli des fonctions auxquelles on ne peut être nommé qu'à vingt-cinq ans.

Ils doivent rapporter en outre,

L'ordonnance qui les a nommés et un certificat de l'autorité compétente, constatant la durée de leur exercice.

593. L'aspirant n'a pas de traité à produire lorsqu'il s'agit d'une création d'étude ou d'une place vacante par destitution. Le titulaire destitué est déchu de la faculté de présentation (L. 28 avr. 1816, art. 91), et cette faculté ne peut être exercée en son nom, même par les syndics de ses créanciers lorsqu'il est tombé en faillite (déc. min. just. 8 juill. 1835. *Contrà*, Colmar 29 juin 1835. Paris, 17 novembre 1838).

En cas de vacance par destitution, l'aspirant, ou plutôt les aspirants qui se présentent, car le concours est ouvert, doivent seulement joindre à leur demande une déclaration sous seing privé et sur papier timbré portant engagement de leur part de consigner, en cas de nomination, la somme qui sera fixée par le gouvernement à titre d'indemnité au profit de la famille, ou des créanciers du titulaire destitué.

594. S'agit-il de remplacer un notaire décédé, si l'aspirant demande la place vacante *jure hereditario*, et s'il est seul de son degré, il n'a qu'une pièce à produire, c'est un extrait de l'intitulé d'inventaire ou un acte de notoriété constatant sa qualité d'unique héritier.

S'il y a au contraire plusieurs héritiers, les pièces à produire pour établir le droit à l'office sont un intitulé d'inventaire ou un acte de notoriété constatant le nombre des héritiers, l'acte de partage, ou si les biens de la succession sont encore indivis, un acte constatant que l'aspirant a obtenu le consentement de tous ses cohéritiers. — V. *infrà* n°⁵ 825 et 885.

595. Lorsqu'il y a une réduction à effectuer dans le canton, et que l'aspirant, pour faciliter sa nomination, se charge d'opérer l'extinction d'un titre, il doit joindre à sa demande :

1° La présentation faite en sa faveur par le notaire dont l'étude est à supprimer, ou par ses héritiers ou ayants cause ;

2° Le traité relatif à cette présentation.

596. Avant la révolution, le résignataire d'un office devait se présenter à la communauté, et faire auparavant une visite personnelle à tous les membres qui la composaient.

« Et le dimanche suivant du jour que le résignataire aura traité, il sera tenu de se présenter à ladite communauté, afin qu'un chacun s'informe de ses vie et mœurs, avant laquelle présentation ledit récipiendaire sera tenu de se transporter *chez tous lesdits notaires dans leurs maisons* (statuts des notaires de Paris, homologués le 13 mai 1681, art. 10).

597. Mais aujourd'hui que le notariat est organisé par arrondissement, les membres d'une même communauté demeurent souvent à une distance considérable du chef-lieu; il eût donc été impossible de maintenir l'usage de ces visites générales.

598. La loi du 25 vent. an XI, et l'arrêté du 2 niv. an XII, ne déterminent pas les formes à suivre pour la délivrance du cerficat de moralité et de capacité. Ces formes ne sont pas les mêmes dans tous les arrondissements.

Voici les usages observés à Paris, en vertu de divers arrêtés de la compagnie.

La première démarche d'un aspirant ou récipiendaire est d'aller quelques jours avant celui où il a l'intention de se présenter à la chambre, chez le président et le premier syndic, ou au moins chez l'un d'eux, pour leur faire part de cette intention et leur donner les premières communications (1).

599. Il remet soit à l'un d'eux, soit au secrétaire de la chambre, deux copies de son traité, dont une sur papier timbré, certifiée tant par lui que par le notaire en retraite ou ses représentants (2); plus le tableau, aussi sur papier timbré et certifié par le notaire en retraite, des actes reçus pendant les dix dernières années, en distinguant les brevets des minutes, avec l'indication du total de l'enregistrement pour chaque année, et une copie sur papier libre de ce tableau, contenant en outre l'indication du produit net de l'étude pendant les mêmes années (3).

600. Le président, le premier syndic et le secrétaire se réunissent pour faire l'examen du traité, et pour s'entendre sur les communications et renseignements. Ils appellent, s'ils le jugent convenable, le récipiendaire, le notaire en retraite ou toute autre personnne. Dans cet examen, les officiers de la chambre doivent s'attacher à ce qu'il ne soit rien fait entre les parties de contraire aux droits et intérêts du public, et à l'honneur de la compagnie (4).

601. Quand le candidat se trouve autorisé à se présenter, il est d'usage qu'il aille le matin ou la veille de cette présentation rendre, en noir, visite à tous les membres de la chambre; puis, le jour indiqué, il est présenté à la chambre par le notaire avec lequel il a traité et par celui chez lequel il travaillait.

---

(1) Arrêtés du 1er juin 1814 et de 1836.

(2) Cette disposition ne paraît plus en harmonie avec la nouvelle loi sur l'enregistrement des offices. Je crois qu'aux termes de cette loi, la chambre doit exiger que les traités sous seing-privé soient produits en original, après avoir été enregistrés. V. nos 863, 864 et 943.

(3) Arrêté de 1836.

(4) Arrêtés du 16 juin 1824 et de 1836.

Il doit être muni : 1° de son acte de naissance légalisé, s'il n'est pas de Paris ; 2° du certificat délivré par le maire de l'arrondissement dans lequel il travaille, constatant qu'il jouit de ses droits civils, civiques et politiques ; 3° de son congé définitif ou certificats équivalents ; 4° de son certificat de stage délivré par le secrétaire de la chambre (1) ; 5° des certificats de tous les notaires chez lesquels il a travaillé, contenant en outre de son temps de travail, leur opinion sur sa probité et sa moralité; 6° de la démission légalisée (2) du notaire en retraite ou de son acte de décès, et enfin d'une supplique au garde-des-sceaux. Toutes ces pièces seront sur papier timbré (3).

602. Après la présentation, ces pièces sont remises par la chambre au rapporteur. Le secrétaire envoie à tous les notaires une circulaire pour leur faire part de la demande du candidat (4).

603. A la séance indiquée, le rapporteur fait son rapport, et déclare si le candidat lui paraît digne en tout de la confiance publique. On fait entrer le candidat pour son examen, et il y est procédé devant la chambre assemblée ; ensuite il se retire, et la chambre délibère (5).

604. Dans la plupart des autres arrondissements, à l'instar du réglement de Paris, c'est le président de la chambre de discipline qui est chargé de recevoir la demande.

L'aspirant doit en général la remettre lui-même ; cependant quelques réglements, par exemple celui de Gray, n'exigent pas une visite personnelle. Dans quelques localités même, la demande peut être déposée au secrétariat de la chambre.

En cas d'absence ou d'empêchement du président, la demande doit être remise au syndic, qui partage avec lui le droit de convoquer la chambre de discipline (arr. 2 niv. an XII, art. 5, n° 2).

605. Indépendamment de la visite au président, plusieurs réglements, notamment celui des notaires d'Orléans, exigent, comme celui de Paris, deux comparutions devant la chambre de discipline, l'une pour la remise des pièces, et l'autre pour

---

(1) Le secrétaire de la chambre ne délivre pas un *certificat de stage,* mais un simple *certificat d'inscription.* Le certificat de stage n'est délivré que par le notaire chez lequel l'aspirant a travaillé. Le certificat d'inscription n'est que l'accessoire ou, si l'on veut, le complément du certificat de stage.

(2) La légalisation n'est pas nécessaire lorsque le notaire demeure dans le département de la Seine, puisque c'est dans ce département que la démission doit être produite, soit à la chambre, soit au ministère de la justice. L. 25 vent. an XI, art. 28.

(3) Le certificat de libération du service militaire est affranchi de la formalité du timbre. V. *sup.* n° 149.

(4) Arrêtés du 17 vent. an XII et de 1836.

(5) Arrêtés de 1824 et de 1836.

l'examen. Cette seconde comparution n'a lieu que huit et quelquefois que quinze jours après la première.

606. Mais on s'est souvent élevé, dans l'intérêt des aspirants au notariat, contre cette complication de formalités. On ne voit pas l'utilité d'une première séance de la chambre pour la réception et la vérification des pièces. Cette opération pourrait sans inconvénient avoir lieu le jour même de l'examen. Il ne faut pas oublier que les aspirants demeurent quelquefois à une grande distance de la ville où siége la chambre de discipline. Pourquoi les obliger dès-lors ou à faire trois voyages consécutifs, ou à venir s'établir pendant trois semaines dans cette ville, tandis qu'avec des formalités plus simples, il leur suffirait d'y passer trois ou quatre jours?

607. Ces considérations ont déjà été appréciées par plusieurs communautés de notaires.

Voici ce qu'on lit dans les statuts des notaires de Gray, n° 709 :

Il ne sera statué sur les demandes des certificats de moralité que quinzaine après la demande. Pendant ce délai, chaque membre de la chambre pourra prendre les renseignements qu'il trouvera convenables sur la conduite et les qualités de l'aspirant. A cet effet, les lettres de convocation énonceront le nom de l'aspirant, le lieu de sa naissance, l'étude dans laquelle il aura été clerc, la résidence qu'il sollicite, et ne fixeront le jour de l'assemblée de la chambre qu'après l'expiration de ce délai.

Ainsi, d'après ce réglement, l'aspirant ne doit comparaître qu'une fois devant la chambre de discipline ; on ne voit pas même qu'il soit rigoureusement tenu de remettre en personne sa demande au président.

608. L'usage à peu près général est de donner connaissance de la demande à tous les notaires de l'arrondissement. Voici la formule adoptée dans l'arrondissement de Lyon :

« Monsieur et cher collègue, j'ai l'honneur de vous informer que M⁶ .... notaire à   , a donné sa démission en faveur de M.... actuellement principal clerc de M⁶ .... notaire à   .

« M. . .. demande à la chambre de discipline, le certificat de moralité et de capacité qui lui est nécessaire pour être nommé notaire.

» Avant de délibérer sur cette demande, la chambre de discipline a besoin de s'éclairer sur la moralité et la capacité du candidat qui se présente. Je vous prie donc en son nom de me communiquer *confidentiellement* tous les renseignements que vous pourriez avoir à cet égard. »

609. à Lyon, c'est le président de la chambre de discipline qui est chargé de faire cette communication ; à Paris c'est, comme on l'a vu, le secrétaire. Dans d'autres arrondissements, notamment à Laon, c'est le rapporteur.

Quelques rapporteurs avaient élevé la prétention de procéder exclusivement à l'instruction des demandes des aspirants au notariat. Ils se fondaient sur l'art. 5. 3° De l'arrêté du 2 niv. an xii ; mais on a répondu que cet article ne leur conférait attribution que pour l'instruction des affaires contre les notaires inculpés.

Au surplus, si les rapporteurs n'ont pas de droit exclusif, il n'existe non plus contre eux aucun empêchement. Les réglements qui les chargent de cette partie de l'instruction sont donc à l'abri de toute critique.

610. Indépendamment de la circulaire adressée à tous les membres de la compagnie, l'officier chargé de prendre les renseignements écrit spécialement aux notaires chez lesquels l'aspirant a fait son stage, et s'il a travaillé hors du ressort, au président de la chambre de discipline de son arrondissement.

611. Dans les arrondissements où la chambre ne se réunit pas à jour fixe, le président la convoque spécialement pour statuer sur la demande de l'aspirant. Les lettres de convocation contiennent les énonciations indiquées n° 607.

612. Cette convocation pourrait aussi être faite par le syndic. Arr. 2 niv. an xii, art. 5, n° 2.

C'est ce qui a eu lieu à Laon, le 18 septembre 1836.

Vu la requête ci-contre et les pièces à l'appui, nous syndic de la chambre des notaires, pour le président de la chambre décédé, fixons la réunion de la chambre au lundi, 26 de ce mois pour être statué ce qu'il appartiendra.

Communication de toutes les pièces sera donnée au rapporteur de la chambre.

613. Il y a ordinairement un délai de huitaine, et souvent de quinze jours (régl. des not. de Gray) entre la convocation et la séance de la chambre, afin de laisser à chaque membre la faculté de prendre des renseignements sur le candidat, et sur l'établissement notarial du canton dans lequel il demande à être placé.

SECTION IV.— FORMATION DE LA CHAMBRE DE DISCIPLINE.

SOMMAIRE.

614. Au jour indiqué pour sa réunion, le premier soin de la chambre de discipline doit être de vérifier la régularité de sa composition.

Le nombre des membres des chambres de discipline est de dix-neuf à Paris, de neuf dans les arrondissements où il y a plus de cinquante notaires, et de sept dans les autres arrondissements : il peut être réduit ou augmenté (arr. 2 niv. an xii, art. 3 et 6).

Les délibérations de la chambre ne sont valables qu'autant que les membres présents et votants sont, au moins, au nombre de douze pour Paris, de sept pour les chambres composées de neuf membres, et de cinq pour les autres chambres (arrêté 2 niv. an xii, art. 4).

Si la chambre a été réduite à moins de sept membres, l'ordonnance qui prononce cette réduction détermine le nombre de membres nécessaires pour la validité des délibérations (1).

615. Le bureau de la chambre se compose du président, d'un ou plusieurs syndics, d'un rapporteur, d'un trésorier, d'un secrétaire. *Ib.* art. 5.

Mais comme le syndic, le rapporteur et le trésorier n'ont d'attributions spéciales qu'en matière disciplinaire ou de comptabilité, le bureau de la chambre, lorsqu'elle statue sur une demande de certificat, ne se compose réellement que du président et du secrétaire. Rien ne s'oppose cependant à ce que le rapporteur soit chargé de prendre les renseignements. Tel est l'usage suivi à Paris. V. *suprà* n° 602, 603 et 609.

Le bureau pourrait même, à la rigueur, être tenu, dans ce cas, par un seul membre remplissant à la fois les fonctions de président et de secrétaire. Ce cumul peut avoir lieu *momentanément* dans toutes les chambres et *définitivement* dans celles composées de moins de sept notaires. Arrêté 2 niv. an xii, art. 8. Dict. du not., v° *Ch. de discipline*, n° 12, suppl.

616. On a demandé si le rapporteur ou le syndic pourrait présider la délibération sur une demande de certificat de mo-

---

(1) On trouve au *Bulletin des lois*, 4ᵉ série, n° 7309, un décret impérial du 30 sept. 1811, portant 1° que le nombre des membres de la chambre de discipline des notaires de l'arrondissement de Kayserslautern, département du Mont-Tonnerre, est réduit à cinq ; 2° que la chambre ne pourra délibérer qu'au nombre de trois membres au moins.

Du reste, le gouvernement a fait rarement usage de la faculté que lui donne l'art. 6 de l'arrêté de l'an xii.

ralité et de capacité. L'affirmative paraît certaine. L'art. 8 de l'arrêté du 2 niv. an xii ne prohibe que le cumul des fonctions de président, de rapporteur et de syndic. Or, comme le rapporteur et le syndic n'exercent pas de fonctions spéciales dans les délibérations dont il s'agit, la prohibition ne leur est pas applicable. J'ai vu, en effet, plusieurs délibérations sur des demandes de certificat dirigées par le rapporteur ou par le syndic en l'absence du président; elles n'ont jamais été taxées d'irrégularité. On trouve même à l'art. 9531 du Journal des Notaires une décision disciplinaire rendue, sous la présidence du syndic, par la chambre des notaires de Mortagne, *les fonctions syndicales ayant été déléguées à un autre membre* (ch. des not. de Mortagne, délib. du 5 août 1836).

617. En cas d'absence du secrétaire, le suppléant momentané est nommé par le président qui pourrait se charger de l'intérim, ou, à défaut, par la majorité des membres présents en nombre suffisant pour délibérer. Arr. 2 niv. an xii, art. 8.

Si c'est le président qui est absent, la nomination est faite par la chambre toujours en nombre suffisant pour délibérer. *Ibid.* D'où il suit que si elle n'est pas en nombre, il faut commencer par la compléter.

618. L'arrêté du 2 niv. an xii ne s'occupe que de la suppléance des membres du bureau. Art. 8. Il ne contient aucune disposition sur le remplacement momentané des membres de la chambre. Faut-il en conclure avec les auteurs du Dict. du notariat (1), qu'une chambre qui n'est pas en nombre n'a d'autre parti à prendre que d'ajourner la séance? Non, sans doute. Le cours de la justice ne peut se trouver interrompu. Un retard de quelques jours pourrait causer un très-grave préjudice à l'aspirant et aux justiciables, s'il s'agissait, par exemple, d'un remplacement par suite de décès ou de destitution. La chambre doit donc se compléter immédiatement.

Mais par qui les suppléants momentanés seront-ils nommés? Voici comment la question a été résolue dans une instruction ministérielle du 19 déc. 1828, adressée au procureur général de Limoges.

Vous me faites connaître que l'instruction sur la fixation et le classement des études dans le canton de Boussac (Creuse), n'a pu avoir lieu, attendu que par suite de maladie ou de récusation, les membres de la chambre de discipline se sont trouvés réduits de sept à quatre, et vous proposez d'appeler dans le sein de cette chambre un certain nombre de notaires étrangers à sa composition actuelle.

Ce moyen a toujours été pris dans des cas analogues, et je vous autorise à donner les ordres nécessaires pour que la chambre de discipline des notaires de l'arrondissement de Chambon soit momentanément complétée par l'adjonction

---

(1) V° *Chambre de discipline*, n° 44, suppl. à la 3° édition.

de trois notaires pris parmis ceux résidant au chef-lieu ou dans les cantons les plus voisins et désignés par les quatre membres non empêchés de délibérer.

Cette solution qui est approuvée par M. Scholl, me paraît contraire à tous les principes. L'art. 8 décide que la chambre ne peut déléguer les fonctions du bureau que lorsqu'elle est *en nombre*. Or, si les membres réunis en nombre insuffisant ne peuvent pas faire une simple délégation, comment leur reconnaître le pouvoir de nommer un membre de la chambre, de conférer le droit de délibération et de suffrage?

Il aurait mieux valu décider en se fondant par analogie sur les art. 118, 468 C. instr. crim. et sur le décret du 30 mars 1808, que la chambre serait complétée par les plus anciens notaires de l'arrondissement, en suivant l'ordre du tableau.

Mais on n'a pas besoin de recourir à cette analogie : la question qui nous occupe est tranchée par l'art. 11 de l'arrêté du 2 niv. an XII, portant que lorsque la chambre aura à se composer extra-ordinairement pour délibérer sur une suspension, les membres adjoints seront désignés par la voie du sort. Il en doit être de même des suppléants. L'adjonction et la suppléance découlent du même principe et elles tendent au même but, qui est de compléter la chambre pour qu'elle puisse prendre une délibération valable.

La seule objection contre le tirage au sort, c'est qu'il peut amener le nom d'un notaire trop éloigné, mais on obviera à cet inconvénient en ne mettant dans l'urne que les noms des notaires résidant dans la ville ou dans les cantons les plus voisins. C'est ce que décide l'art. 393 C. instr. crim. pour le remplacement des jurés suppléants. Cette disposition peut être appliquée ici par analogie.

Par le tirage au sort, non-seulement on restera dans les termes de la loi, mais on préviendra les soupçons de connivence et de partialité qui pourraient s'élever contre un choix fait par les membres présents.

619. Le notaire appelé comme suppléant momentané pourrait-il refuser? Je ne le crois pas. Aux termes de l'art. 3 de la loi du 25 vent. an XI, les notaires sont tenus de prêter leur ministère lorsqu'ils en sont requis. Cette disposition comprend tous les devoirs de ces fonctionnaires, même ceux qu'ils sont appelés à remplir dans l'intérêt de la corporation, notamment le service à la chambre de discipline. Conformément à cette opinion, il a été décidé le 19 juin 1838, qu'un notaire, membre de la chambre, ne pouvait refuser les fonctions de secrétaire.

Les anciens statuts des notaires de Paris (homologués le 16 mai 1681) parlaient également que les notaires ne pouvaient refuser le syndicat ou la charge de receveur de la bourse commune, à peine de 300 liv. d'amende, etc.

620. Quelques auteurs enseignent que les suppléants momentanés appelés à compléter la chambre de discipline, ne

peuvent être en nombre supérieur à celui des titulaires; mais cette opinion n'est pas fondée : les avocats, les avoués, les notables commerçants appelés comme suppléants, ne peuvent, il est vrai, se trouver en majorité dans les tribunaux de première instance ou de commerce. Cass. 11 germ. an 13, 7 janv. 1806, 30 octob. 1811. Mais c'est parce qu'ils n'ont pas reçu l'institution royale. Ici, au contraire, il s'agit de notaires exerçant au même titre. Rien ne s'oppose donc à ce que les suppléants se trouvent en majorité.

621. Le membre de la chambre, sortant après trois ans d'exercice et qui ne peut être réélu immédiatement (arrêté du 2 niv. an xii, art. 19), pourrait-il être appelé comme suppléant ? Je n'y vois pas d'empêchement. Il n'y a de suspendu chez lui que le droit d'éligibilité. La loi ne le frappe d'aucune incapacité personnelle. D'ailleurs, l'art. 11 de l'arrêté veut que le tirage au sort pour l'adjonction ait lieu parmi les notaires du ressort indistinctement.

622. Il en serait de même du notaire censuré ou privé de voix délibérative dans l'assemblée générale; les incapacités ne se suppléent pas. C'est ce qu'une chambre de notaires a décidé avec raison, contrairement aux conclusions du syndic, qui voulait faire exclure un notaire désigné par le sort comme membre adjoint, sous le prétexte qu'il avait été quelques jours auparavant censuré par décision de la chambre.

Mais le notaire suspendu de ses fonctions, celui auquel l'entrée de la chambre est interdite par voie disciplinaire, ne peuvent être suppléants momentanés. Il y a chez aux, pendant la durée de leur peine, une *incapacité absolue*. La délibération à laquelle ils auraient pris part serait radicalement nulle.

623. Deux notaires, parents ou alliés au degré prohibé par les art. 8 L. 25 vent. an xi et 63 L. 20 avril 1810, peuvent-ils être en même temps membres de la chambre? Oui, sans doute. La loi de 1810 ne statue que pour les tribunaux, et celle du 25 ventôse pour les actes notariés. Ces deux dispositions ne s'appliquent donc pas aux chambres de discipline qui ne sont pas des corps judiciaires et dont les décisions ne sont pas des actes notariés, mais des actes d'administration intérieure ou de simples avis; arr. 2 niv. an xii, art. 15. Les incompatibilités ne se suppléent pas.

624. On a agité une autre question, c'est celle de savoir si les membres des chambres de discipline peuvent être récusés. La négative a été décidée par les chambres des notaires de Saint-Palais et de Mortagne, 16 mai et 19 août 1836.

Ces décisions sont fondées en droit. Les dispositions sur la récusation ne sont pas applicables aux chambres de discipline.

Cependant le notaire démissionnaire s'abstient ordinairement de statuer sur la demande de son successeur, le père sur celle de son fils. Je pense également qu'un membre de la chambre, récusé comme suspect de partialité dans l'un des cas prévus par l'art. 378 C. pr., ferait bien de ne pas prendre part à la délibération.

Ce n'est là, au surplus, qu'une obligation morale; et si le notaire persistait à user de son droit, il ne paraîtrait pas possible de s'y opposer.

625. On ne saurait recommander trop d'exactitude aux membres des chambres de discipline, convoqués pour procéder à un examen. Un retard de quelques jours peut causer à l'aspirant un grave préjudice. L'exactitude est donc un devoir de conscience; c'est en même temps une obligation légale résultant des termes généraux de l'art. 3 de la loi du 25 vent. an XI, car l'assistance à la chambre de discipline est un acte du ministère du notaire.

Le membre dont l'absence n'est pas justifiée peut, suivant les cas, être poursuivi devant la chambre de discipline ou même devant le tribunal, en vertu de l'art. 53 de la loi du 25 vent. an XI, C. Douai, 13 sept. 1834, 1er fév. 1839; Cass. 23 déc. 1839. Décis. minis. just., oct. 1834. Le ministère public exerce à cet égard un droit de surveillance et de vérification. Trib. de Montauban 12 fév. 1838 (1).

626. Les assemblées générales ne purent néanmoins prononcer, dans leurs statuts, des amendes spéciales, pour les absences à leurs séances ou à celles de la chambre de discipline. Ce serait se mettre à la place du législateur (2).

SECTION V. — OPPOSITIONS.

SOMMAIRE.

---

(1) Ces décisions sont rapportées sous les art. 8903, 9078 et 9968 du Journal des Notaires.

(2) Voir mes observations à ce sujet dans le *Répertoire* de M. Rolland de Villargues, v° *Assemblée générale*, n° 61 (2e édit.).

639. L'opposition ne doit pas empêcher la délivrance du certificat. —Avis de la chambre des notaires de Marseille.

640. Dénonciation de l'opposition au ministère.

641. Mesures conservatoires.

627. Il était de principe autrefois comme aujourd'hui, que le résignataire d'un office tenait son droit, non du résignant, mais du roi, *Resignatarius habet jus non à resignante, sed à collatore.* Le sceau des provisions purgeait en conséquence toutes les hypothèques créées par les précédents pourvus (1), mais les créanciers du résignant pouvaient former des oppositions au sceau. Elles étaient de deux sortes : *l'opposition au titre* faite par celui qui prétendait avoir droit à l'office même, et l'*opposition à fin de conserver,* formée par ceux qui ne prétendaient qu'au prix de l'office (2). Ces oppositions étaient formées entre les mains des gardes des rôles.

La délivrance des provisions était nécessairement arrêtée par les oppositions au titre. Elle ne l'était pas toujours par les oppositions à fin de conserver. On délivrait souvent dans ce cas les provisions, à la charge des oppositions, pour le prix de l'office, être distribué selon le droit.

628. La loi du 25 niv. an xiii, en affectant le cautionnement des officiers à la garantie de leurs créanciers, a établi, pour la conservation des droits de ces derniers, des formalités qui ont quelque analogie avec l'ancienne opposition au sceau des provisions; mais ces dispositions sont restreintes aux cautionnements. Elles ne sont pas étendues à la finance des offices. Un titulaire de mauvaise foi peut donc vendre son office au détriment de ses créanciers. Cela est d'autant plus facile, que ces transmissions reçoivent en général peu de publicité. Les créanciers ne sauraient donc surveiller avec trop de soin les démarches de leur débiteur. Lorsqu'ils parviennent à découvrir un traité en fraude de leurs droits, ils ont deux précautions à prendre : l'une de former opposition entre les mains du président ou du syndic de la chambre de discipline; l'autre d'adresser une réclamation à M. le garde-des-sceaux, pour qu'il n'expédie les provisions que sous la réserve de leurs droits.

L'opposition formée à la chambre de discipline est improprement appelée dans quelques arrêts, *opposition à la délivrance du certificat de moralité et de capacité.* Nous verrons tout à l'heure

---

(1) Bourjon, t. 1er, p. 330.

(2) Edits. de mars 1607, de fév. 1683. Déclarations du mois de juin 1703 et de 1738.

Avant l'édit du mois de mars 1607, l'opposition ou plutôt la réclamation des créanciers était adressée directement au chancelier; on le suppliait très humblement dans la requête de n'expédier aucunes lettres de provisions sur la résignation de l'office dont était pourvu le débiteur.

qu'elle ne doit pas empêcher la chambre de délivrer ce certificat. Je crois qu'il est plus exact de l'appeler simplement *opposition à la chambre de discipline*.

629. Précisons maintenant le caractère de cette opposition, et voyons surtout en quoi elle diffère de la saisie-arrêt.

La saisie-arrêt est établie par la loi ; elle porte sur des deniers ou autres effets mobiliers. Elle oblige le tiers saisi aussi bien que le débiteur lui-même, et comme toute voie d'exécution, elle ne peut avoir lieu qu'avec l'intervention et sous l'autorité de la justice.

L'opposition à la chambre n'existe au contraire qu'en vertu des usages du notariat ; par conséquent elle n'a légalement rien d'obligatoire pour le syndic ni pour la chambre de discipline. C'est une voie plutôt officieuse que forcée, un acte essentiellement administratif. Elle ne porte pas sur des deniers, car les jugements seuls peuvent affecter la personne et les biens du débiteur ; elle n'a pour objet que la transmission de l'office. Ce n'est au fond qu'un avertissement, ou si l'on veut, une réclamation formée par un créancier pour que le gouvernement n'autorise pas une mutation au préjudice de ses droits.

630. Il suit de là qu'une chambre de discipline pourrait, sans manquer à aucun de ses devoirs, refuser d'admettre cette opposition. Cela n'a pas lieu, il est vrai, dans l'usage ; gardiennes vigilantes de l'honneur de la corporation, les chambres de discipline s'empressent de signaler tout ce qui peut y porter atteinte. Aussi, je ne parle point de ce qui se fait, mais de ce que les chambres auraient le pouvoir de faire *stricto jure*.

631. Une autre conséquence de ces principes, c'est que l'opposition n'est soumise à aucune forme déterminée. Le créancier, lors même qu'il n'est pas fondé en titre exécutoire, n'a pas besoin de se munir de la permission du juge ; l'intervention d'un officier public ne paraît pas même de rigueur. L'opposition pourrait être formée par simple lettre et constatée par un récépissé du syndic ou du secrétaire. Je conseille cependant *ad abundantiorem cautelam* de la faire signifier par huissier.

Quelques chambres de discipline ont établi un registre spécial sur lequel les oppositions sont consignées, par ordre de date, et signées par les parties. On doit approuver cette mesure qui, en donnant une sorte d'authenticité à l'opposition, peut dispenser de la faire signifier par huissier.

632. Le syndic, au nom de la chambre, donne ordinairement avis au cédant de l'opposition formée contre lui et l'invite à en faire cesser les causes ou du moins à fournir des explications.

Cependant on exige dans quelques arrondissements que la dénonciation au cédant soit faite à la requête du créancier opposant et par acte extrajudiciaire.

633. On a demandé si le notaire démissionnaire contre lequel une opposition est formée entre les mains du syndic, doit être assigné de validité, conformément à l'art. 563 C. proc.

La négative paraît certaine d'après le caractère essentiellement administratif de cette opposition.

Cependant le contraire a été jugé dans l'espèce ci-après :

Le sieur Jarry était créancier de M° B......, notaire; il forma d'abord une saisie-arrêt sur le cautionnement de ce dernier, puis une opposition entre les mains du syndic de la chambre, ayant pour objet d'empêcher que M·. B..., qui venait de traiter de son office, ne pût présenter son cessionnaire avant d'avoir satisfait son créancier.

Assigné en validité de l'opposition faite entre les mains du syndic, M°. B... soutint que cette opposition était nulle, et la nullité en fut prononcée par jugement du trib. de Cosne, le 20 janvier 1824.

Mais sur l'appel du sieur Jarry, la cour de Bourges rendit l'arrêt suivant, le 31 mai 1826 :

Considérant que les notaires étant propriétaires de leurs offices, le prix qui en peut provenir est le gage de leurs créanciers; que ce prix se compose, non pas seulement du cautionnement qui est dans les mains du gouvernement, mais de tout celui que l'opinion, la force de l'étude et le cours peuvent produire et qui. dans certains cas, peut être dix fois, vingt-fois plus considérable que le cautionnement; que si les créanciers étaient réduits à n'avoir pour gage que le cautionnement, son insuffisance serait souvent la cause de leur ruine, tandis que le notaire profiterait à leur préjudice de tout l'excédant du prix ; que la chambre de discipline est gardienne de l'honneur du corps, et dès-lors peut, dans l'intérêt des tiers, mettre obstacle aux abus de tout genre qui peuvent s'y introduire ; que l'opposition du 6 sept., entre les mains du syndic de la communauté, n'a pas pour objet d'empêcher B... de vendre son office, qu'elle est seulement un avertissement donné à la chambre pour imposer, par une mesure de discipline, à son successeur, l'obligation d'employer au paiement de ses créanciers tout ou portion du prix de la vente, et de lui refuser jusque là un certificat d'admission ; déclare ladite opposition valable.

634. Les considérants de cet arrêt sont irréprochables. La cour établit les vrais principes en déclarant que le prix d'un office est le gage des créanciers du titulaire; que la chambre de discipline et le gouvernement peuvent intervenir pour empêcher des cessions frauduleuses; enfin, que l'opposition entre les mains du syndic n'est qu'un avertissement.

On ne peut donc trop s'étonner de voir un arrêt aussi bien motivé, finir dans le dispositif par une erreur complète.

La cour déclare l'opposition valable, comme si l'autorité judiciaire, dont tous les arrêts entraînent l'exécution forcée, pouvait valider un acte qui n'est *qu'un avertissement* et qui par conséquent, n'a rien d'obligatoire ni pour le débiteur, ni pour la chambre de discipline, ni pour le gouvernement. L'opposition dont il s'agit, étant d'ailleurs purement administrative, c'était un nouveau motif pour la cour de s'abstenir de toute intervention. La cour pouvait sans doute, dans les motifs de son arrêt, approuver l'usage des oppositions; mais elle devait s'en tenir là et déclarer le créancier non recevable dans sa demande en validité.

C'est ce qui est parfaitement établi dans une dissertation insérée à l'art. 6248 du Journal des Notaires.

635. L'arrêt suivant de la cour de Limoges du 10 nov. 1830, ne mérite pas les mêmes reproches. La cour y mentionne, elle approuve même, une opposition formée entre les mains du syndic, mais elle se garde bien de la valider.

Attendu, porte cet arrêt, que les créanciers de la succession Duvignaud ont été fondés à saisir-arrêter, entre les mains du fils, héritier bénéficiaire, les sommes que celui-ci pouvait devoir à cette succession, et s'opposer à la délivrance du certificat de capacité à toute personne qui pourrait se présenter pour succéder aux fonctions du père, jusqu'à réglement de leurs créances sur le prix dont elle serait reconnue débitrice; que ces actes, tendant à atteindre le montant de l'indemnité due par le fils ou par tout autre successeur, étaient essentiellement dans les droits des créanciers; mais que, dans l'état actuel de la législation, le droit lui-même de présentation *ne peut être saisi* et mis aux enchères.

Voilà, en effet, le principe. Les tribunaux peuvent donner une sanction morale aux oppositions; mais, en l'absence d'une disposition de loi, ils ne peuvent leur donner la sanction judiciaire, ou en d'autres termes, les rendre obligatoires pour les chambres de discipline et pour l'administration.

636. L'opposition au syndic, malgré son caractère essentiellement administratif, n'est cependant pas dépourvue de tout effet en justice. Elle peut valoir comme acte conservatoire et empêcher les effets d'un paiement ou d'un transport de créance au préjudice du créancier opposant.

Ainsi jugé par le tribunal de la Seine, au commencement de 1835.

« Attendu que l'opposition à la transmission de la charge du sieur Petit, formée par la veuve Lebon, le 8 nov. 1832, veille du jour de la signification des transports, entre les mains des syndics de la chambre des huissiers, a eu pour elle l'effet d'un acte conservatoire, et a conservé tous ses droits; mais que cette opposition ne portant pas sur les deniers de la vente, mais seulement sur la transmission du titre, elle n'a pu produire d'effet relativement aux autres créanciers.

« Le tribunal déclare l'opposition de la veuve Lebon, ès-mains du syndic de la chambre des huissiers, bonne et valable, comme ayant conservé tous les droits de ladite dame. »

Arrêt confirmatif de la cour de Paris, du 12 mai 1834, *adoptant les motifs des premiers juges.*

La question s'est présentée de nouveau devant la C. de Paris, et a été jugée dans le même sens par un second arrêt du 23 mai 1838.

Ces décisions sont d'autant plus remarquables que, dans les deux espèces, l'opposition avait été formée par le précédant titulaire non payé, dont la créance est privilégiée aux termes de l'art. 2102-4° C. civ. (1). La Cour a déclaré sans hésiter que cette opposition avait conservé tous les droits et priviléges du créancier.

637. J'ai parlé jusqu'à présent de l'opposition formée par les créanciers du cédant.

Quid, si elle avait été faite par des créanciers du précédent titulaire?

A cet égard il faut distinguer,

Si le prix de l'office était encore dû, je pense que ces créanciers devraient être admis à former opposition, non pas, à la vérité, en leur nom personnel, mais comme exerçant les droits et actions de leur débiteur, en vertu de l'art. 1166 C. civ. Ils seraient fondés à réclamer en son nom, le privilége de l'art. 2102.

Mais si au contraire le prix de l'office avait été payé, l'opposition des créanciers de l'ancien titulaire devrait être rejetée. Dans le droit actuel les offices sont des meubles (2), et les meubles n'ont pas de suite. C. civ. 2119.

638. Sous l'ancienne législation, les oppositions étaient nulles au bout d'un an (3).

Je pense que cette disposition peut encore être suivie comme règle d'équité. Si une opposition était trop ancienne, par exemple, si elle avait plus d'un an de date, la chambre de discipline devrait, à mon avis, s'abstenir de la mentionner dans sa délibération. Le créancier aurait à s'imputer de ne l'avoir pas renouvelée ; *jura vigilantibus prosunt.*

639. Les oppositions formées entre les mains du président ou du syndic ne peuvent être pour la chambre de discipline un prétexte d'écarter par une fin de non recevoir la demande de l'aspirant.

Elles ne doivent pas même empêcher la délivrance du certificat de moralité et de capacité. La chambre doit se borner à mentionner dans sa délibération les oppositions qu'elle a reçues, et à donner son avis sur les mesures à prendre. Les difficultés qui existent entre le cedant et ses créanciers sont en effet étrangères à l'aspirant. Il n'y aurait d'exception que si l'on avait quelque collusion à reprocher à ce dernier.

---

(1) Ainsi jugé par les CC. cass. 16 fév. 1831 ; Orléans, 12 mai 1829 ; Lyon, 9 fév. 1830 ; Colmar, 27 janv. 1834 ; Paris, 16 fév. 1831, 12 mars 1833, 8 juin 1836 ; Toulouse, 22 fév. 1840. V. n° 797.

(2) Toullier, t. 12, n° 112. CC. Lyon, 9 fév. 1830 ; cass., 16 fév. 1831.

(3) Art. 5] de la déclaration du 17 juin 1703, registrée le 28.

Ces principes sont parfaitement établis dans la délibération suivante de la chambre des notaires de Marseille, en date du 21 déc. 1837.

« Considérant que les faits signalés par l'exploit susénoncé n'attaquent point la moralité et la capacité du M. C.....; qu'ils sont purement relatifs à des intérêts pécuniaires du sieur P.... contre Me H..., notaire, et que les tribunaux sont seuls compétents pour en connaître ;

Que la chambre s'est assurée que le traité de vente intervenu entre M. C.... et Me H...., avait été conclu de bonne foi ;

Que rien n'avait été fait en fraude des créanciers ;

Qu'aucune partie du prix n'avait été dissimulée à leur préjudice; que le prix restait intact pour tous les créanciers, sauf à la justice à en régler, s'il y avait lieu, le mode de distribution: et qu'à l'égard du *quantum* du prix, le chiffre avait été longtemps débattu ; l'office dont il s'agit était resté en vente, publiquement, pendant plusieurs mois, et M. C..., parmi les concurrents qui s'étaient présentés, avait fait l'offre la plus avantageuse;

Que cette bonne foi établie, il n'appartient pas à la chambre de surseoir à la délivrance du certificat de moralité et de capacité ;

Que si le privilége prétendu pouvait être une cause de sursis, l'autorité supérieure pourrait seule le prononcer, et que la connaissance qu'elle aura de ladite opposition, suffira pour mettre à couvert les droits de M. P....;

Par ces motifs, la chambre, après avoir ouï M. le syndic, à délibéré à l'unanimité, qu'un certificat de moralité et de capacité serait délivré à M. C....., aspirant au notariat, et qu'une expédition de la présente délibération, ainsi que la copie signifiée à M. le président de la chambre, seront adressées à M. le precureur du roi, pour être transférées, avec les autres pièces du sieur C....., à M. le garde-des-sceaux. »

640. Indépendamment du recours à la chambre de discipline, les créanciers du cédant feront bien, comme je l'ai dit, nº 628, d'en former un auprès du garde-des-sceaux.

Ce recours n'a plus le caractère d'une opposition. C'est une simple réclamation qui doit être présentée au ministre par voie de pétition. Il serait inconvenant de faire signifier cette réclamation. Je pense même qu'un huissier de vrait s'y refuser.

Lorsqu'il y a des oppositions constatées dans la délibération de la chambre de discipline, ou des réclamations formées auprès de lui, le ministre, suivant les cas, rejette le traité ou se borne à exiger le retranchement des clauses qui pourraient porter préjudice aux créanciers, telles que des quittances anticipées, des délégations de prix, etc.

641. Si au contraire le traité est de bonne foi, s'il ne contient aucune condition dont les créanciers aient à se plaindre, le ministre propose la nomination. Mais ordinairement en transmettant la commission aux officiers du parquet, il donne des instructions pour que le pourvu ne soit admis à prêter serment qu'après avoir mis à la disposition des créan-

ciers, la partie du prix payable au moment de son installation.

C'est ce qui a eu lieu dans l'espèce sur laquelle est intervenue la délibération de la chambre des notaires de Marseille, que je viens de rapporter.

Mᵉ C.... a été nommé notaire à Marseille par ordonnance du 2 fév. 1838, nonobstant l'opposition formée par uncréancier de son cédant.

Mais les instructions suivantes ont été adressées le 9 du même mois au parquet de la Cour royale.

« J'ai reconnu que l'opposition signifiée à la requête du sieur P...., au président de la chambre de discipline, n'était pas de nature à arrêter la mutation demandée, puisque cette oppostion ne repose que sur des faits auxquels le sieur C.... est étranger. Cependant comme il paraît exister des difficultés pour la distribution du prix de l'étude, je vous recommande de donner des ordres afin que le sieur C.... ne soit admis à prêter serment qu'après avoir consigné les 25,000 fr., qu'aux termes du son traité, il devrait payer au sieur H.... le lendemain de sa nomination. Le surplus du prix stipulé est payable à des termes assez éloignés pour que les créanciers du sieur H.... aient la faculté de prendre les mesures qu'ils croiront nécessaires pour la conservation de leurs droits. »

SECTION VI. — FINS DE NON RECEVOIR.

SOMMAIRE.

642. Il arrive quelquefois que les chambres de discipline écartent, par une fin de non recevoir, les demandes qui leur sont soumises.

C'est une faculté dont elles ne doivent user qu'avec une grande réserve, et seulement lorsque l'impossibilité d'admettre la demande est de toute évidence. S'il y a doute, la chambre doit délibérer, car elle n'est pas juge; elle ne donne qu'un avis consultatif (arr. 2 niv. an XII, art. 2-5° et 15).

C'est ce qui résulte d'une circulaire du min. de la just. du 28 vent. an 13.

« Je remarque aussi qu'un grand nombre de chambres de discipline refusent, sous divers prétextes, de délibérer sur les demandes de notariat qui leur sont soumises. Je vous avais déjà donné des instructions à ce sujet dans ma circulaire du 6 vendém. dernier. Je vous faisais observer que lorsque le maximum de la loi n'était pas rempli, les chambres ne pouvaient se dispenser de délibérer sur les demandes qui leur étaient proposées; qu'elles avaient bien la liberté de faire les observations qu'elles jugeaient convenables, mais qu'elles ne pouvaient, par un refus absolu de délibérer, s'arroger indirectement le droit d'admettre ou de rejeter les demandes de notariat, droit qui ne peut appartenir qu'au gouvernement. Il faut mettre un terme à une résistance qui est quelquefois aussi injuste qu'illégale, et qui est presque toujours inspirée par des intérêts personnels.

Suivant l'art. 3 de la loi du 25 vent. an XI, les notaires sont tenus de prêter leur ministère quand ils en sont requis; et cet article s'applique à ceux qui composent les chambres de discipline comme à tous les autres. En refusant de délibérer, lorsqu'ils en sont requis, ils sont dans le cas d'être punis d'une interdiction ou d'une suspension plus ou moins longue, suivant la gravité des circonstances. C'est à vous à la requérir auprès du tribunal, conformément à l'art. 53 de la même loi. Je vous en charge expressément. »

643. Examinons maintenant les différentes hypothèses qui peuvent se présenter :

644. Pour être admis aux fonctions de notaire, il faut, aux termes de l'art. 35-3° de la loi du 25 vent., être âgé de vingt-cinq ans accomplis, et nous avons vu n° 161 que le gouvernement n'accorde pas de dispenses d'âge.

Il s'élève sur cet article une question assez importante : on demande s'il faut avoir vingt-cinq ans accomplis, non seulement pour être nommé, mais pour se présenter utilement à la chambre de discipline, à l'effet d'obtenir un certificat de moralité et de capacité.

Voici comment on peut résoudre cette question :

Si un jeune homme de vingt-deux ou vingt-trois ans,

demandait à passer son examen, la chambre de discipline serait très-fondée sans doute à s'y refuser. Elle lui répondrait avec raison qu'il demande une chose tout à fait inutile, que le certificat qu'on lui délivrerait actuellement ne pourrait plus lui servir, comme trop ancien, à l'époque où il se présenterait pour obtenir sa nomination.

Mais si l'aspirant était au contraire entré dans sa vingt-cinquième année, s'il disait à la chambre de discipline : « Je n'ai pas encore tout à fait l'âge légal, mais je veux prendre d'avance mes précautions ; je veux faire toutes les justifications prescrites, et former ma demande de manière à pouvoir être nommé le jour même où j'aurai accompli ma vingt-cinquième année ; » la chambre n'aurait plus d'objection sérieuse à lui faire ; autrement, il ne suffirait plus, pour être nommé *d'être âgé de vingt-cinq ans accomplis*, il faudrait avoir *plus de vingt-cinq ans accomplis*.

C'est ce qui a été décidé dans l'espèce ci-après :

Le sieur Boersch, né le 1er nov. 1812, se présenta au commencement de 1837, n'ayant par conséquent que vingt-quatre ans et quelques mois, pour être pourvu d'un office de notaire de deuxième classe, à Strasbourg ; on lui fit répondre le 16 mars 1837, qu'on ne pouvait lui accorder la dispense d'âge.

« Mais, ajoutait la même instruction, il faudra vérifier s'il y aurait quelque inconvénient à ce que le remplacement du notaire décédé fût ajourné jusqu'au premier novembre prochain, époque à laquelle le sieur Boersch aura vingt-cinq ans accomplis ; si cet ajournement peut avoir lieu, sans inconvénient, il sera inutile de faire procéder immédiatement à une instruction qui se trouverait trop ancienne, lorsque la demande du sieur Boersch sera en état de recevoir une décision ; mais cet aspirant pourra, quelque temps avant le mois de novembre, subir son examen devant la chambre de discipline, afin qu'il soit statué sur sa demande dès qu'il aura atteint l'âge requis. »

Une autre décision rendue également au commencement de 1837, porte aussi, en refusant des dispenses d'âge, que « l'administration peut autoriser toutes les informations préliminaires, de telle sorte que la nomination puisse avoir lieu dès le jour où l'âge légal sera atteint. »

645. La chambre ne pourrait refuser de procéder à l'examen, sous prétexte que l'aspirant est trop âgé. C'est une question qui doit être laissée à l'appréciation du gouvernement. V. *sup.* nos 160 et 559.

646. Pourrait-elle refuser d'examiner un candidat qui n'est pas encore libéré du service militaire, par exemple un jeune soldat qui n'a pas été appelé ou qui a été renvoyé dans ses foyers en congé illimité ?

Je pense qu'elle devrait procéder à l'examen, en admettant que l'aspirant réunît les autres conditions requises, et sauf à consigner ses observations dans sa délibération. La position de ce jeune soldat soulève en effet une question qui peut être controversée et dont la chambre n'est pas juge. La chambre ne pourrait surtout refuser, si le candidat déclarait qu'il se fera remplacer avant de présenter sa demande à l'administration. V. n° 145.

647. Lorsqu'un candidat est étranger et qu'il ne peut y avoir aucun doute sur sa nationalité, par exemple, s'il est né en pays étranger, d'un étranger, et s'il n'a pas obtenu en France de lettres de naturalisation, ou bien s'il est né en France d'un étranger, et s'il n'a pas fait sa déclaration de domicile dans l'année de sa majorité, la chambre peut refuser de délibérer, mais elle ne le pourrait pas si la question de nationalité présentait le moindre doute.

648. La circonstance que l'aspirant est parent, au degré prohibé par les art. 8 et 10, L. 25 vent. an XI, d'un notaire déjà en exercice dans le canton, ne doit pas non plus empêcher la chambre de délibérer. Elle peut seulement consigner ses observations sur les inconvénients qui peuvent en résulter en raison du petit nombre des notaires du canton et de la difficulté de trouver des témoins.

649. Le refus de délibérer pourrait être opposé valablement à l'individu condamné à une peine afflictive ou infamante et non rehabilité, ou à celui chez qui l'exercice des droits de citoyen est suspendu par l'état de débiteur failli, de domestique à gages attaché au service de la personne ou du ménage, d'interdiction judiciaire, d'accusation ou de contumace (constit. de l'an 8, art. 4).

650. Lorsqu'un notaire en exercice demande à être pourvu d'une autre étude, il n'obtient ordinairément sa nouvelle nomination qu'après avoir présenté et fait agréer un successeur pour l'étude qu'il occupe (décision du mois d'août 1839, affaire du sieur Wack, successeur désigné de M° Zeyssolff, notaire à Drulingen). Il en est de même du greffier, de l'avoué ou de tout autre officier ministériel qui demande à être admis aux fonctions de notaire.

Mais la chambre de discipline ne pourrait refuser, en attendant, de procéder à l'examen. L'accomplissement des conditions qui établissent la capacité notariale, n'est en effet exigé que pour la nomination et non pour l'instruction de la demande. Or l'examen par la chambre de discipline et la délivrance du certificat ne sont que des formalités d'instruction.

651. Il y aurait irrégularité dans la délibération qui écarterait une demande par une fin de non-recevoir motivée sur ce que le stage n'est pas complet; le gouvernement est seul juge des questions de stage : la chambre ne peut présenter que des observations.

La chambre de discipline de....... avait pris la délibération suivante :

« La chambre, le syndic entendu,

» Considérant que l'art. 41 de la loi du 25 vent. an xi n'a eu pour seul objet que de réduire le temps du stage, mais non d'en changer la nature ;

» Que pour satisfaire au vœu de la loi, à la condition de non interruption, il ne suffit pas que l'aspirant ait travaillé pendant le temps prescrit, mais qu'il faut que ce stage ait précédé immédiatement la demande à la chambre du certificat de moralité et de capacité, et qu'il ait continué sans interruption jusqu'à cette époque ;

» Considérant que le certificat de stage présenté par l'aspirant, ne justifie que d'un temps de travail chez le notaire V.... pendant un an, commencé le 1er octobre 1824 ; que par conséquent ce stage se trouve interrompu depuis le 1er octobre 1825 jusqu'à ce jour ;

» Est d'avis qu'il n'y a pas lieu de procéder à l'examen de l'aspirant ; que les pièces par lui produites lui soient remises avec expédition de la présente délibération, et que semblable expédition soit transmise à M. le procureur du roi. »

Mais le 23 octobre 1829, décision de M. le garde-des-sceaux en ces termes :

« Je vous prie de faire connaître à la chambre de discipline des notaires qu'il n'entre point dans ses attributions de prononcer sur la légalité des justifications imposées à tout aspirant aux fonctions du notariat ; qu'elle doit se borner à examiner si celui qui se présente devant elle offre par sa moralité et sa capacité des garanties suffisantes pour remplir les fonctions auxquelles il aspire, sauf à émettre son avis sur la légalité ou la sincérité des certificats qui lui sont soumis, et dont il appartient au gouvernement d'apprécier le mérite. »

652. La décision suivante semble, au premier abord, en contradiction avec celle-ci.

M. D.... avait traité d'une étude de notaire à Soissons, résidence de seconde classe. Il demanda à la chambre de discipline un certificat de moralité et de capacité, mais la chambre refusa de l'admettre à l'examen, parce qu'elle ne trouva pas son stage suffisant.

Sur les observations qui lui furent adressées par le ministère public, la chambre prit, le 2 mai 1837, une délibération ainsi conçue :

En ce qui concerne la capacité :

Considérant que les moyens d'appréciation de la capacité de l'aspirant sont laissés par la loi à la conscience des chambres de discipline qui sont moralement responsables envers la société de la bonté des choix du gouvernement qu'elles sont appelées à éclairer.

Que les chambres de discipline sont autorisées à accorder ou refuser ce certificat sur la seule vérification des pièces produites, si ces pièces établissent, d'une manière suffisante à leurs yeux, la capacité ou l'incapacité de l'aspirant ;

Qu'aucune loi ne leur impose l'obligation de faire subir un examen aux candidats, lorsqu'elles sont convaincues que le résultat de cet examen, quel qu'il puisse être, ne saurait assurer la preuve d'une capacité *pratique* et d'une *expérience* nécessaires pour remplir dignement les fonctions de notaire ;

Que dans l'espèce, la conviction de la chambre sur l'incapacité de M. D... ne pourrait être détruite par un examen.

En ce qui concerne la délivrance du certificat demandé :

Considérant qu'il résulte de la lettre et de l'esprit de la loi que le certificat de moralité et de capacité est indivisible ;

Que ce certificat doit être refusé lorsque les deux conditions de moralité et de capacité ne se trouvent pas réunies dans l'aspirant;

La chambre est d'avis qu'il y a lieu de refuser le certificat demandé par M. D...

653. Cette délibération semblait ne pouvoir échapper à la censure du garde-des-sceaux. Cependant elle a été approuvée en ces termes le 29 mai 1837 :

« Les chambres de discipline ne sont pas consultées seulement sur la moralité et la capacité intellectuelle des aspirants qui se présentent pour être admis aux fonctions de notaire. Elles sont appelées à donner leur avis sur l'ensemble des justifications et sur les diverses questions qui peuvent s'y rattacher, notamment sur les questions de stage.

La chambre des notaires de Soissons pouvait donc, elle devait même vérifier avec soin les justifications de l'aspirant, et déclarer si son stage ne lui paraissait pas en règle. Elle a d'ailleurs satisfait au vœu de la loi, en exprimant un avis motivé sur la demande. Sa nouvelle délibération ne paraît contenir au fond qu'un refus du certificat de capacité et l'art. 44 de la loi du 25 vent. an XI, indique dans ce cas la marche que le ministère public doit suivre.

On est frappé d'abord de la différence qui existe entre cette décision et la précédente; mais en y réfléchissant, on reconnaît que la contradiction n'est qu'aparente.

En effet, dans la délibération de la chambre de..... il y a fin de non recevoir, refus positif de délibérer sur la moralité et la capacité de l'aspirant.

Dans la délibération des notaires de Soissons, au contraire, on ne peut voir qu'un refus de certificat, refus qui était dans les droits de la chambre et qui est en outre conforme aux prescriptions de la loi, puisque les motifs en sont exprimés.

La chambre a, il est vrai, refusé de procéder à l'examen ; mais elle pouvait former sa conviction de toute autre manière. Circul. du 6 vend. an XIII. V. *infrà* nᵒˢ 697, 766 et 767.

654. Lorsqu'un aspirant ne remplissant pas entièrement les conditions du stage, exprime l'intention de solliciter une dispense en vertu de l'art. 42, la chambre de discipline ne doit pas le renvoyer à se pourvoir préalablement à l'effet d'obtenir cette dispense. Elle doit, au contraire, délibérer sur les motifs allégués par l'aspirant, pour être dispensé du stage qui lui manque. Le gouvernement se trouve par là plus à portée d'apprécier ces motifs auxquels il a égard, ou qu'il rejette alors en connaissance de cause. Circul. 6 vend. an 13.

655. Mais un individu qui ne justifierait d'aucun stage notarial, et qui n'aurait rempli aucune fonction susceptible de

motiver une dispense, ne pourrait évidemment forcer la chambre de discipline à procéder à son examen et à statuer sur sa demande. Ce ne serait pas un aspirant dans le sens de la loi.

C'est ce qui a été décidé le 11 mai 1831 dans une instruction adressée au procureur général d'Agen.

Monsieur le procureur général, la chambre de discipline des notaires de l'arrondissement de Figeac a refusé au sieur Sallesses le certificat de moralité et de capacité, en se fondant sur ce qu'il ne produisait pas les pièces exigées par l'art. 36 de la loi du 25 vent. an xi.

Vous pensez avec raison que cette délibération est à l'abri de toute critique, car il est évident que la chambre de discipline ne pouvait s'expliquer en connaissance de cause sur le compte d'un aspirant qui ne faisait aucune justification.

Je vous prie en conséquence de faire connaître au procureur du roi de Figeac que ses observations à cet égard sont d'autant moins fondées que le sieur Sallesses n'a pas réclamé contre la décision dont il a été l'objet.

656. J'ai rapporté, n°s 377 à 381, une délibération de la chambre des notaires de Paris, en date du 17 ventôse an xii, portant que « la chambre n'admet de demandes à fin de certificat de moralité et de capacité que de la part d'aspirants travaillant *actuellement* en qualité de clercs dans une étude, » et une seconde délibération prise dans le même sens le 19 novembre 1833.

Je crois avoir démontré l'illégalité de ces décisions qui ont été constamment repoussées par la jurisprudence du ministère, notamment par une instruction du 22 juin 1833.

La délibération suivante n'est pas moins irrégulière.

Aucun notaire, après avoir vendu son office, ne pourra être admis à traiter de nouveau, soit de la même charge, soit de toute autre, sauf néanmoins l'exercice du regrès au cas qu'il y ait lieu.

« Pareillement, aucuns clercs qui, après avoir traité une première fois et avoir obtenu acte de présentation, ou même le consentement de la compagnie, auraient résilié ou cédé leurs marchés, ne pourront être admis une seconde fois à traiter d'une autre charge, ni de la même (10 déc. 1780). »

La chambre, je le répète, ne peut prononcer d'exclusion par catégories. Elle est tenue de délibérer toutes les fois qu'il n'y a pas impossibilité légale d'admettre une demande. Elle peut seulement donner son avis sur les motifs de nature à empêcher la nomination.

657. La chambre serait-elle tenue de délibérer, si l'aspirant était présenté par un notaire destitué?

L'affirmative n'est pas douteuse. La place dans ce cas faisant retour à la couronne (L. 28 avr. 1816, art. 91), l'aspirant a le droit de se présenter directement. Ce n'est que par erreur et surabondamment qu'il produit la démission du titulaire destitué. Cette circonstance ne peut nuire à sa demande.

Il en est de même, à plus forte raison, si le notaire à remplacer se trouve seulement sous le coup de poursuites criminelles ou correctionnelles, ou d'une action en destitution.

Le refus de la chambre serait d'autant moins fondé que le gouvernement, nonobstant les poursuites commencées, pourrait, s'il le jugeait convenable, admettre la présentation. C'est ce qui a eu lieu plusieurs fois, notamment en 1836, à l'égard d'une présentation faite par un notaire poursuivi criminellement.

La même décision doit être appliquée au cas de faillite.

M. J...., notaire, se livrait à des opérations commerciales. Ses affaires se dérangèrent et il fut déclaré en état de faillite par jugement du 26 décembre 4828.

Le 7 décembre, par conséquent dix-neuf jours avant l'ouverture de la faillite, M. J.... s'était démis de son office en faveur de M. G.... Le traité était sous seing-privé, il fut enregistré le 31 du même mois. Les syndics provisoires y avaient adhéré avant cette formalité.

Des difficultés ayant été prévues, ceux-ci se firent autoriser par jugement à ratifier par acte authentique le consentement qu'ils avaient primitivement donné au traité. Cette ratification fut faite par acte notarié le 23 mars 1829.

M. G.... demanda alors à la chambre de discipline des notaires de l'arrondissement le certificat de moralité et de capacité qui lui était nécessaire pour être admis à remplacer le notaire J...; mais refus de la chambre ainsi motivé :

» Attendu que la démission sous signature privée du notaire J.... porte la date du 7 déc. 1828.

» Attendu que cet acte n'a été enregistré que le 31 du même mois, qu'aux termes de l'art. 1328 C. civ., les actes sous signature privée n'ont de date à l'égard des tiers que du jour de leur enregistrement; et que, d'après ces principes, la démission de J.... ne doit être considérée donnée que ledit jour 31 décembre.

Attendu que l'office dont était pourvu J.... doit être considéré comme un actif de la faillite, et que par conséquent ce notaire n'a pu aux termes de la loi en disposer le 31 décembre dernier; qu'il est vrai que le traité a été approuvé par quelques créanciers; mais attendu qu'ils n'ont pu agir qu'en leurs noms, cette approbation ne peut être valable, le syndicat n'ayant droit d'agir que pour la faillite.

Déclare qu'il n'y a lieu à délibérer jusqu'à la présentation légale d'un candidat.

M. G. s'est pourvu auprès de M. le garde-des-sceaux contre cette délibération, et le 31 mars 1839 le ministre a décidé que la chambre de discipline délibérerait sur la demande de cet aspirant

La chambre s'est conformée à cette décision.

658. L'opposition formée par des créanciers du titulaire à remplacer n'est pas non plus une fin de non recevoir. Comme

nous l'avons vu *suprà* n° 639, la chambre doit procéder à l'examen de l'aspirant, sauf à constater dans sa délibération les oppositions qu'elle a reçues.

659. Quelques chambres de notaires ont pensé qu'elles pouvaient se refuser à délibérer sur les demandes des aspirants qui sollicitaient des offices dont la transmission paraissait ne pouvoir être autorisée.

Comme le fait observer le Journal des Notaires, au premier aspect, cette opinion semble fondée; car à quoi bon s'occuper de la moralité et de la capacité de l'aspirant, lorsque la place qu'il sollicite doit être supprimée, ou bien lorsque d'autres motifs s'opposent à sa nomination.

Mais c'est au gouvernement seul qu'il appartient de statuer sur les mutations d'offices et de régler les résidences des notaires. Les chambres de discipline sont instituées pour délivrer, s'il y a lieu, les certificats de moralité et de capacité, et à cet effet examiner si les aspirants réunissent toutes les connaissances et toutes les conditions prescrites par la loi. Elles sortiraient donc de leur compétence, si, sur la demande d'un certificat, et sans examiner si l'aspirant y a droit, elles déclaraient que cet examen est inutile parce que l'office doit être supprimé. Elles mettraient ainsi le gouvernement dans l'impossibilité d'exercer l'autorité que le législateur lui a conférée.

Les instructions générales et les décisions particulières de l'administration sont entièrement conformes à ces observations.

« Toutes les fois que le maximum légal n'est point rempli dans une résidence, la chambre ne peut pas se refuser, ainsi qu'on le fait quelquefois, à délibérer sur les demandes qui lui sont adressées, sous le prétexte qu'il n'est pas nécessaire d'augmenter le nombre des notaires. La chambre peut bien consigner, dans son avis, les motifs qu'elle a de s'opposer à cette augmentation ; mais elle doit toujours en donner un sur la capacité et la moralité de l'aspirant : sans cela, elle empiéterait sur l'autorité du gouvernement, à qui seul il appartient de régler le nombre des notaires de chaque résidence. » (*Circulaire* du 6 vendém. an XIII.)

Ces principes reçoivent sans difficulté leur application, lorsque le nombre des notaires, *inférieur au maximum légal*, n'a pas été arrêté par une ordonnance de fixation. Peu importe que ce nombre excède celui qui avait été proposé dans les délibérations normales de 1810.

C'est ce qui résulte de la décision suivante rendue le 31 août 1833.

Monsieur le procureur général, la chambre de discipline des notaires de l'arrondissement d'Ambert, a excédé ses pouvoirs en refusant de procéder à l'examen du sieur Marut de Lombre qui se présente pour succéder au sieur Roche, notaire à Saint-Amand-Roche-Savine.

Il est vrai qu'il existe encore quatre notaires dans le canton de Saint-Amand-Roche-Savine, et que, dans la délibération prise en exécution de la circulaire de 1810, on avait proposé de les réduire à trois. Non-seulement cet avis n'a pas encore été consacré par une ordonnance de fixation, mais lors de la dernière nomination qui a eu lieu en 1830, il a été reconnu que les quatre études actuelles pourraient être maintenues sans inconvénient.

Le devoir de la chambre de discipline était donc de s'expliquer sur la capacité et la moralité du sieur Marut de Lombre, sauf à consigner dans sa délibération les objections qu'elle croyait avoir à opposer à l'admission de ce candidat.

Je vous prie d'en faire l'observation à la chambre, et au besoin de lui faire donner l'ordre de l'examiner conformément aux art. 43 et 44 de la loi du 25 vent. an XI. Si elle persistait dans son refus, on provoquerait contre les membres récalcitrants la sévérité du tribunal de première instance, en vertu des art. 3 et 53 de l'art. 3, car l'examen des aspirants par les chambres de discipline; et les délibérations relatives à la délivrance des certificats de capacité et de moralité, ont été classés parmi les actes pour lesquels les notaires sont tenus de prêter leur ministère.

Mais la décision serait-elle la même s'il y avait une ordonnance de fixation et si l'aspirant était cessionnaire d'une étude qui dût être supprimée en vertu de cette ordonnance? La chambre, dans ce cas, serait-elle tenue de délibérer ?

Oui, sans aucun doute. Le gouvernement a toujours la faculté de revenir sur une fixation ; la chambre de discipline ne doit point, par un refus de délibérer, mettre obstacle à l'exercice de ce droit.

660. Il y a plus : la résistance de la chambre ne serait pas fondée, dans le cas même où le maximum légal se trouverait dépassé dans le canton. La circulaire du 6 vendémiaire an 13 semblait faire une exception dans ce cas, mais c'était une erreur que la circulaire du 22 ventôse an 12 avait rectifiée d'avance, et qui l'a été depuis par des décisions spéciales.

« Il peut arriver en effet, portait la circulaire du 22 vent. an XII, que quoique le nombre des notaires que comporte un arrondissement soit complet, et QU'IL EXCÈDE MÊME, il y ait une vacance dans une commune dont la population ou la localité nécessite l'établissement d'un notaire ; alors, cet établissement doit avoir lieu, quel que soit le nombre de notaires qui se trouve dans les autres communes du même canton. La réduction se fera ensuite par la démission ou la mort des notaires résidant dans les lieux où leur nombre est trop considérable, et où il n'est pas même nécessaire qu'il y en ait. »

Cette instruction, antérieure au rétablissement de la propriété des offices, était conçue sans doute en termes trop généraux ; mais il est certain qu'une mutation peut être autorisée dans un canton où le maximum est excédé. Cela souffre en général peu de difficulté si l'aspirant est porteur de deux démissions. Mais la mutation peut même être autorisée sur un seul titre, si la vacance a lieu dans une résidence conservée, si elle est *forcée* et si les notaires menacés de suppression ont refusé soit de donner leur démission en faveur du candidat, soit d'aller occuper la place vacante. V. n° 937.

La chambre ne pouvant se constituer juge de ces questions,

doit donc délibérer sur les demandes formées par l'aspirant cessionnaire d'une étude, quel que soit le nombre des notaires en exercice dans le canton.

C'est ce qui résulte au surplus de la décision suivante :

15 juill. 1829, la chambre de discipline de l'arrondissement de Soissons a refusé de procéder à l'examen du sieur François, sur le motif que le démissionnaire n'avait pas le droit de disposer de son office, attendu que le *maximum* légal est excédé dans le canton ;

La chambre a entièrement méconnu dans cette circonstance la limite de ses attributions. Elle pouvait sans doute donner son avis sur le point de savoir s'il y a lieu ou non à réduction dans le canton où la mutation est demandée, mais il ne lui appartenait pas de se constituer juge de la question, et elle ne pouvait surtout se dispenser d'examiner le candidat qui se présentait devant elle.

Dans le cas où elle persisterait dans son refus qu'elle a manifesté deux fois, il y aura lieu de traduire les membres qui la composent devant le tribunal de première instance, en réquérant contre chacun d'eux l'application d'une peine de discipline.

Il y aura lieu, dans le même cas, d'autoriser le sieur François à se présenter devant la chambre du conseil du tribunal au jour qui lui sera fixé par le président, pour y subir l'examen exigé par l'art. 43 de la loi du 25 vent. an xi.

661. Je ne me suis occupé jusqu'à présent que de l'aspirant qui est cessionnaire d'une étude ; mais que faut-il décider lorsqu'il s'agit d'une demande en création ?

D'abord, si le maximum légal est excédé, la chambre est très-fondée, suivant moi, à refuser de délibérer. Les circulaires des 6 vendémiaire et 28 ventôse an 13, V. *sup.* n° 642 et 659, doivent ici recevoir leur application sans aucune difficulté. Il y a, en effet, impossibilité légale d'admettre la demande.

Mais une question controversée est celle de savoir si lorsqu'un aspirant sollicite une création dans un canton où le maximum n'est pas atteint (soit qu'il y ait ou qu'il n'y ait pas d'ordonnance de fixation), la chambre de discipline est tenue de procéder immédiatement à son examen, ou si elle peut, au contraire, attendre que la création ait été décidée par le gouvernement.

Le tribunal de première instance de Boulogne-sur-Mer et la cour royale de Douai ont décidé, dans l'espèce ci-après, que la chambre de discipline n'était pas tenue de délibérer immédiatement.

Le 3 décembre 1830, M. Allègre, né à Calais, et principal clerc de notaire à Paris, écrivit à la chambre des notaires de Boulogne-sur-Mer à l'effet d'en obtenir un certificat de moralité et de capacité qui lui était nécessaire pour solliciter du ministère de la justice le rétablissement de la charge de notaire qui existait autrefois à Saint-Pierre-les-Calais.

Le lendemain, 4 décembre, M. Hantule de Boulogne adressa

à la chambre une lettre semblable et pour les mêmes motifs.

Saisie de ces demandes, la chambre des notaires fixa son assemblée au 15. Ce jour là, et quelques instants après l'ouverture de la séance, M. Allègre, qui supposait sans doute que sa demande pourrait être repoussée, fit faire par huissier à la chambre sommation de procéder à son examen, et pour s'assurer de la remise de cette sommation, accompagna lui-même l'officier ministériel.

La chambre, mécontente d'un semblable procédé, enjoignit au sieur Allègre de se retirer, et passant à l'objet de sa délibération, émit l'avis que le nombre des notaires du canton de Calais étant complet, il n'y avait pas lieu à examiner les postulants.

Dénonciation de ce refus fut faite au procureur du roi, qui, agissant alors par voie d'action, et comme chargé de veiller à ce que les lois et réglements soient exécutés, fit assigner les membres de la chambre des notaires à comparaître à l'audience du 30 décembre pour se voir condamner par jugement exécutoire par provision : 1° aux peines portées par l'art. 53 de la loi du 25 ventôse an XI ; 2° à examiner, dans les trois jours du jugement, à intervenir les aspirants au notariat dont la demande avait été repoussée.

Le tribunal statua ainsi sur cette action :

Considérant que le ministère public a qualité pour agir directement et requérir la répression par voie de discipline des contraventions commises par les notaires dans l'exercice de leurs fonctions, soit individuellement, soit collectivement comme membres de la chambre, que cela résulte et de la nature de l'action et du texte même de l'art. 53 de la loi du 25 vent. an XI ;

Considérant que les sieurs Allègre et Hantule ont demandé à la chambre des notaires le certificat de moralité et de capacité exigé par l'art. 43 de la loi du 25 vent. an XI, et dont ils disaient avoir besoin pour solliciter le rétablissement à Saint-Pierre-les-Calais de la place de notaire qui y existait autrefois ; que la chambre des notaires a été d'avis que le nombre des notaires pour le canton de Calais étant complet, il n'y avait lieu à examiner les postulants ; que, par cette délibération, la chambre n'a nullement contrevenu à ses devoirs ; que si les chambres des notaires sont tenues d'examiner les aspirants qui se proposent d'exercer dans leur ressort, ce n'est, lorsque le nombre des notaires a été fixé par le gouvernement, que lorsqu'il y a dans un canton une place vacante ou susceptible de le devenir par démission ou autrement ; qu'il serait contre la raison d'obliger des notaires souvent éloignés du chef-lieu, à quitter leurs études et à priver le public de leur ministère pour examiner le premier individu qui se présenterait avec la seule intention de solliciter une charge ; que l'on ne peut opposer les circulaires ministérielles des 22 vent. an XII, 6 vendém. et 28 vent. an XIII ; ces circulaires, comme le prouve leur contenu, n'étant relatives qu'au cas où le nombre des notaires n'a pas encore été déterminé, le tribunal déboute M. le procureur du roi de ses conclusions.

Appel, mai le 25 mars 1831.

La cour; — Attendu qu'il résulte de l'esprit et du texte des lois de la matière que les chambres des notaires ne peuvent être astreintes à procéder à l'examen de la moralité et de la capacité des aspirants que quand ceux-ci y ont un intérêt né et actuel ;

Que cet intérêt n'existe pas lorsque, comme dans l'espèce, le nombre des notaires a été légalement fixé, et qu'aucune place n'est vacante par démission , décès ou autrement ;

Attendu que la chambre des notaires de Boulogne, en déclarant qu'il n'y avait lieu de déférer aux réquisitions qui lui étaient faites par les sieurs Allègre et Hantule n'a porté aucune atteinte au droit du gouvernement d'augmenter le nombre des notaires, ni contrevenu à aucun de ses devoirs ; adoptant au surplus les motifs des premiers juges, met l'appel au néant.

662. Voyons maintenant quelle est la jurisprudence de l'administration.

1re *espèce*. — Le sieur Chereau se présenta en 1833 devant la chambre des notaires de Bourges et demanda un certificat de moralité et de capacité, en annonçant qu'il voulait s'en servir pour obtenir la création d'une étude de notaire dans le canton de Charost.

La chambre, par une délibération du 28 octobre 1833, refusa de procéder à l'examen , attendu que le sieur Chereau demandait une étude dont la création n'était pas encore arrêtée.

Le sieur Chereau se plaignit de ce refus au procureur du roi, qui adressa officiellement à la chambre de discipline l'invitation d'examiner cet aspirant.

2 Décembre 1833, nouvelle délibération en ces termes :

La création d'une étude une fois résolue par le gouvernement, la chambre pense qu'il y a lieu, comme cela s'est toujours fait jusqu'à présent, de donner toute publicité à cette création, de la mettre au concours à jour indiqué, d'examiner alors simultanément et indistinctement tous les concurrents qui se présentent, et de choisir parmi eux celui qui paraît devoir mériter la préférence. La chambre l'a pratiqué ainsi, lors de la création ordonnée en 1831 d'une étude à Lazenay, dans le canton de Levry, et elle n'a éprouvé aucune objection de la part de l'autorité supérieure. En persistant dans ce système, la chambre n'a nullement en vue d'entraver l'action gouvernementale, elle n'a qu'un seul but, celui de contribuer autant qu'il est en elle au bien public, en prenant tous les moyens possibles pour faire le meilleur et le plus digne choix. Si d'après l'avis ou contre l'avis des chambres, le gouvernement refuse la création, à quoi auront servi les examens préalables? Et si leur nécessité antérieure n'est pas démontrée et peut au contraire donner lieu à de graves abus et à des inconvénients réels, n'est-il pas plus naturel et convenable d'attendre leur utilité évidente pour s'en occuper? Cette marche est toute logique et ne peut choquer personne. Les motifs portés dans les circulaires semblent donc empreints d'une susceptibilité qui n'a pas de fondement réel et qui doit s'évanouir par la simple réflexion.

En n'établissant aucune priorité de date entre les postulants pour leurs examens respectifs, et en les ajournant tous pour cela à un concours général, on ne risque pas de s'exposer à ce qu'un postulant, examiné dès avant la décision du gouvernement, et armé de son certificat de moralité et de capacité , puisse éluder ce concours en se faisant adjuger la création aussitôt qu'elle a été résolue et avant que d'autres concurrents aient eu seulement le temps de se présenter. C'est une supposition que la chambre peut faire, le fait étant déjà arrivé, si elle a été bien renseignée. La création ne devant et ne pouvant dépendre des examens préalables, il est convenable et permis de ne s'en occuper qu'à l'occasion d'une étude créée ou achetée. Alors ils sont évidemment utiles : ils ont un but existant et non éventuel ou imaginaire. Si même des examens préalables avaient lieu, ils ne devraient, selon l'opinion de la chambre, empêcher aucunement le concours qu'elle regarde comme nécessaire en pareil cas, et sans l'épreuve duquel elle croit qu'il ne devrait pas y avoir lieu à nomination, à moins que le postulant n'eût point trouvé de concurrents.

Par les motifs et considérations sus-exprimés, la chambre supplie M. le garde-des-sceaux, de vouloir bien décider dans sa sagesse si l'étude en question sera ou non créée, et, en cas d'affirmative, permettre qu'elle fasse donner à cette décision toute la publicité convenable pour appeler la concurrence et procéder à l'examen simultané de tous les candidats qui se présenteront au jour indiqué, y compris le postulant actuel, pour choisir parmi eux celui qui lui paraîtra mériter la préférence. »

Mais, par décision du 20 août 1834, le garde-des-sceaux a proposé la nomination du sieur Chereau. Cette décision est ainsi motivée : « La chambre de discipline a été mise à portée de donner son avis sur la moralité et la capacité de l'aspirant. *Elle s'y est refusée.* Le gouvernement, aux termes de l'art. 44, de la loi du 25 vent. an xi, est désormais le seul juge des justifications de l'aspirant. »

2e *espèce.* Le sieur Rols, après avoir formé une demande en création d'une étude de notaire à Montlaur, canton de Belmont, s'était présenté à la chambre de discipline des notaires de Saint-Affrique pour y passer son examen.

Refus de la chambre, motivé sur ce que l'examen ne serait nécessaire que si la création était arrêtée par le gouvernement.

Mais le . . . juin 1835, décision du ministre en ces termes :

« La chambre de discipline a refusé de délibérer sur la moralité et la capacité du sieur Rols, malgré la demande que cet aspirant lui avait adressée.

» Ce refus n'est nullement motivé. Les notaires appelés à siéger à la chambre de discipline ne doivent pas oublier que l'examen des aspirants est un acte de leur ministère, et qu'ils ne peuvent refuser d'y procéder, surtout lorsque, comme dans l'espèce , le maximum légal n'est pas même atteint dans le canton. »

663. Ces décisions sont contraires à la doctrine de l'arrêt de la cour de Douai. Elles veulent que tous les aspirants, soient admis à l'examen lorsqu'ils demandent une création qui ne doit pas dépasser les limites du maximum légal.

Je crois qu'il faut faire une distinction.

Lorsqu'un aspirant se présente sans autre recommanda-

tion que son intérêt personnel, la chambre est très-fondée
à refuser son intervention. Le système contraire serait la
source de nombreux abus. On convoquerait à chaque instant des chambres composées de titulaires, demeurant souvent loin du chef-lieu, et on les transformerait
de fait en conseils permanents d'examinateurs. Ce n'est pas
tout, un candidat examiné et reçu à l'avance se livrerait
impunément à la paresse et à l'inconduite, et néanmoins,
après une espace de temps plus ou moins long, il viendrait
produire un certificat dont il ne serait plus digne. Or, c'est-là
ce que la législation a voulu surtout éviter en portant la loi de
l'an xi.

Mais la chambre ne doit plus refuser lorsque l'administration
intervient et insiste pour qu'il soit procédé à l'examen du candidat, en même temps qu'à l'instruction de la demande en création. La chambre ne peut plus alléguer alors la crainte d'avoir
à répondre à des demandes inconsidérées, l'intervention de l'administration lui donne toute garantie à cet égard. Elle n'a
donc plus de motif pour refuser son concours.

Je recommande au surplus aux amis du notariat les excel-
lentes observations contenues dans la délibération de la chambre des notaires de Bourges. On y trouvera d'utiles enseigne-
ments sur la marche à suivre en matière de création. Le mode
actuellement en vigueur, c'est-à-dire l'instruction anticipée
et presque clandestine des demandes, n'a pas le caractère de
loyauté qui convient aux actes de l'administration. Le système
proposé par les notaires de Bourges ferait cesser toutes les
objections. On s'occuperait d'abord exclusivement de l'opportunité de la création, et, si elle était arrêtée, on donnerait toute
la publicité possible à la décision du gouvernement. Alors
seulement le concours serait ouvert, les candidats seraient
avertis, ils pourraient se présenter, et la place serait donnée au
plus digne. Un pareil système ne pourrait qu'honorer le choix
de l'administration.

664. Lorsqu'une chambre de discipline refuse de délibérer
sur une demande de certificat, malgré les injonctions qui lui
sont faites par l'administration supérieure, ses membres, aux
termes de la circulaire du 28 ventôse an 13, V. n° 642, s'exposent à être poursuivis disciplinairement.

Cette menace, reproduite dans une décision du 31 août 1833,
V. n° 659, relative à la chambre des notaires d'Ambert, s'est
réalisée pour la chambre des notaires de Soissons.

Les membres de cette chambre, poursuivis devant le tribunal
civil, en vertu de la décision que j'ai rapportée, n° 660, ont
été condamnés, par jugement du 18 août 1829, à la censure avec
réprimande. Le ministère public avait conclu à la suspension.

665. Le gouvernement, dans le même cas, invite le tribunal
de l'arrondissement à procéder à l'examen de l'aspirant. V.
les deux décisions déjà citées, n°s 659 et 660.

On ne pourrait donner cette délégation à la chambre des notaires d'un autre arrondissement. La proposition en avait été faite par un procureur du roi; mais elle a été rejetée par décision du 34 mai 1833. Aux termes des art. 43 et 44, L. 25 vent. an XI, les autorités de l'arrondissement dans lequel un candidat veut exercer, sont seules compétentes pour instruire sa demande.

SECTION VII. — DÉLIBÉRATION AU FOND. — VÉRIFICATION DES PIÈCES ET DU TRAITÉ. — EXAMEN DE L'ASPIRANT (MORALITÉ ET CAPACITÉ).

SOMMAIRE.

1° *Vérification des pièces et du traité.*

666. S'il n'a pas été proposé de fins de non recevoir ou si elles ont été écartées, la chambre statue au fond.

Elle vérifie d'abord si les conditions prescrites par l'art. 35 sont fidèlement remplies par l'aspirant, et elle fait une mention particulière de cet objet, en énonçant chaque condition exigée et les pièces qui en justifient l'accomplissement (Circ. 22 ventôse an xii). Elle vérifie également si les pièces produites sont régulières en la forme, si elles sont timbrées et dûment légalisées.

667. Elle exprime, mais à titre purement consultatif, son avis motivé sur les questions auxquelles les justifications peuvent donner lieu notamment sur les questions de stage, (arr. 2 niv. an 12, art. 2-5°).

Quelques officiers du ministère public avaient voulu réduire les chambres de discipline au rôle de simples examinateurs; ils prétendaient qu'elles avaient seulement le droit de vérifier la moralité et la capacité intellectuelle de l'aspirant; ils lui contestaient le droit de délibérer sur les justifications, cette question, suivant eux, étant réservée au gouvernement.

Ce système a été rejeté par l'administration supérieure. Elle a reconnu avec raison que le mot *certificat de capacité*, employé dans les art. 43 de la loi du 25 ventôse, et 2-5' de l'arrêté du 2 nivôse, est générique et s'applique à la capacité *légale*, aussi bien qu'à la capacité intellectuelle.

C'est ce qui résulte de la décision déjà citée du 29 mai 1837, rendue à l'occasion d'une délibération de la chambre des notaires de Soissons. V. *sup.*, n° 653.

M. le garde-des-sceaux y déclare en termes formels que les chambres de discipline ne sont pas consultées seulement sur la moralité et la capacité intellectuelle des aspirants, qu'elles sont appelées à donner leur avis sur l'ensemble des justifications et sur les diverses questions qui peuvent s'y rattacher, notamment sur les questions de stage; qu'ainsi la chambre des notaires de Soissons avait le droit et le devoir de vérifier avec soin les justifications de l'aspirant et de déclarer si son stage ne lui paraissait pas en règle.

668. Le droit d'examen des chambres de discipline doit-il aller jusqu'à exprimer un avis sur les conditions du traité?

Il paraît impossible de leur contester ce droit.

C'est devant la chambre de discipline que l'aspirant doit se présenter d'abord. Il doit lui rendre compte de sa vie antérieure, de ses premiers travaux, pourquoi ne lui confierait-il pas aussi les conditions du traité de cession? Qui pourra mieux que la chambre apprécier la proportion entre le prix et les produits de l'étude, signaler la clause à maintenir, celle qui doit être retranchée? Il y a quelque chose d'éminemment moral dans ce contrôle exercé par une institution sur elle-même. J'ajouterai que tout est ici dans l'intérêt de l'aspirant, pour qui la chambre de discipline sera bien plus souvent un appui qu'un adversaire devant l'administration.

Je ne vois donc pas de motif pour refuser aux chambres de discipline le droit d'examiner les traités. J'en trouve au contraire de fort puissants pour le leur confier dans toute sa plénitude; c'est, au surplus, ce qui a lieu dans les usages du notariat. J'ai rapporté, *sup.* n° 599, la disposition des statuts des notaires de Paris, qui veut qu'un aspirant remette avant tout au président de la chambre son traité et un état exact des produits de l'étude qu'il a acquise. Il en est de même dans la plupart des autres arrondissements.

Je pense d'ailleurs, contrairement à une décision ministérielle du 10 juillet 1841, que la vérification du traité est purement *facultative*, et que si une chambre croit devoir s'abstenir d'exprimer son avis à cet égard, il n'existe aucun moyen légal de l'y contraindre. V. n° 836.

669. Lorsqu'il y a une opposition formée à la requête d'un des créanciers du cédant, la chambre doit la mentionner dans sa délibération. V. *sup.*, n°s 639, 658, et *inf.*, n° 718.

670. Bien que la loi du 28 avr. 1816 ait attaché à la peine de destitution la déchéance absolue de la faculté de présentation, le gouvernement accorde presque toujours une indemnité aux créanciers des titulaires destitués. Mais cette indemnité n'étant que de faveur, *ex favore et gratiâ*, les chambres de discipline ne peuvent prendre à cet égard aucune initia-

tive. Elles doivent attendre que leur avis soit expressément demandé par le gouvernement.

2° *Examen de moralité.*

671. La chambre passe ensuite à l'examen de moralité.

Ici ses pouvoirs sont illimités. Elle peut porter ses investigations non-seulement sur la conduite publique, mais sur la conduite privée du candidat, même sur ses habitudes personnelles. Elle peut pénétrer dans le sanctuaire de la famille. Gardienne de l'honneur de la corporation, elle a le droit de signaler tout ce qui semblerait le compromettre. Par exemple, le désordre notoire des affaires a été très-souvent un motif de refus.

En effet, comme le disait l'orateur du conseil-d'Etat, « dans le commerce ordinaire de la vie, l'homme qui manque aux lois de la délicatesse, celui même qui ne fait pas tout ce que la probité commande, sont presque toujours hors des atteintes des lois; aucun tribunal ne peut leur infliger des peines ; mais lorsqu'il s'agit d'un notaire, un manque de délicatesse est déjà un délit répréhensible, et le défaut de probité est un crime qui doit être sévèrement puni. »

Je crois cependant que la chambre ne doit se montrer aussi sévère que pour les faits qui touchent à la moralité. S'il s'agissait de simples fautes de jeunesse, elle pourrait être plus indulgente, surtout si l'aspirant avait depuis longtemps réformé sa conduite.

672. Les repris de justice ne peuvent, en général, être admis aux fonctions de notaire. V. n° 649. Cela s'applique non-seulement aux peines criminelles, mais même aux peines de simple police (arg. L. 20 avr. 1810, art. 59). La réhabilitation serait même insuffisante ; car si elle efface les effets légaux d'une condamnation, elle ne peut rien quant à ses conséquences morales. Il est cependant telles condamnations qui pourraient n'être pas des cause absolues d'exclusion : ce sont celles qui n'entachent en rien la moralité, par exemple, les condamnations politiques; celles pour voies de fait, bruit et tapage.

673. Je crois qu'on devrait aussi refuser le certificat de moralité à l'ancien notaire destitué, à celui qui aurait été forcé de vendre ou qui, pendant son exercice, aurait encouru la peine de la suspension ou même les censures de sa compagnie.

La déclaration de démission pour défaut de résidence (L. 25 vent. an xi, art. 4), n'a pas le caractère d'une peine de discipline. Elle pourrait donc ne pas être en elle-même une cause absolue de rejet. Cependant les faits qui l'ont motivée doivent être examinés avec la plus grande attention, car ils peuvent entacher la délicatesse : par exemple, si l'ancien notaire avait usurpé la résidence d'un confrère, s'il avait cherché à lui ravir sa clientèle par des manœuvres coupables, etc.

674. Les huissiers ne peuvent, à raison de leur qualité être exclus des fonctions de notaire.

L'exercice d'une fonction publique à la nomination du roi ne peut être par lui-même un titre de défaveur. Si quelques huissiers se conduisent mal ou sont peu instruits, d'autres au contraire, se font remarquer par leur probité et leur aptitude. L'on doit sans doute repousser avec une juste sévérité les individus qui ont encouru des reproches fondés, mais les exclusions ne peuvent être étendues à des classes de citoyens et encore moins à des classes de fonctionnaires (décision de 1836).

Seulement, les huissiers qui demandent à être nommés notaires doivent d'abord se démettre de leur office.

Ainsi décidé, le 21 avr. 1837 (lettre au procureur général de Nîmes.)

Monsieur le procureur général, je me suis fait rendre compte de la demande du sieur Dufour tendant à être pourvu d'un office de notaire que la démission du sieur Demeure ferait vaquer à la résidence de Boulieu, canton d'Annonay, arrondissement de Tournon, département de l'Ardèche.

Cet aspirant justifie des conditions légales, mais il est actuellement huissier près du tribunal de Tournon. Il devra d'abord se faire remplacer en cette qualité. C'est après ce remplacement qu'il pourra être admis aux fonctions de notaire, puisque l'art. 7 de la loi du 25 vent. an xi, les déclare incompatibles avec celles d'huissier.

Je vous prie, en conséquence de lui faire connaître qu'il ne pourra être donné suite à sa demande que lorsqu'il aura présenté et fait agréer un successeur pour l'office d'huissier dont il est actuellement titulaire.

675. La profession d'agent d'affaires n'est pas non plus un motif d'exclusion du notariat. Si parmi les hommes qui se livrent à l'exercice de cette profession, quelques uns donnent lieu à des reproches malheureusement trop fondés, on doit les repousser avec une juste sévérité ; mais il n'y a pas de motifs pour exclure ceux qui se sont toujours conduits avec probité et qui justifient des conditions prescrites par la loi (instr. au proc. gén. d'Amiens, 27 janv. 1835).

676. Je crois aussi qu'il n'y a pas lieu, en général, de s'enquérir de l'opinion politique des candidats. C'est un point qui ne touche que de bien loin aux devoirs du notariat. S'il y a, de la part du candidat, opposition au gouvernement, lors même que cette oppposition se serait manifestée par des écrits ou par des actes, je crois qu'il est de la dignité de la chambre de ne pas s'en occuper. Ces détails d'administration, je dirai presque de police, ne sont pas de la compétence des chambres de discipline.

677. Autrefois pour pouvoir être notaire, il fallait être de la religion catholique (édit du 14 juill. 1682).

Mais aujourd'hui les Français sont égaux devant la loi. Ils sont tous également admissibles aux fonctions publiques. Enfin, chacun professe sa religion avec une égale liberté (Charte const., art. 1, 3, 5).

Les chambres de discipline doivent, par conséquent, s'interdire toute recherche, toute réflexion sur la religion professée par l'aspirant.

Elles doivent observer la même réserve sur son état civil. J'ai rapporté, n° 209, une décision du mois d'octobre 1833, portant qu'aucune difficulté ne peut de ce côté être opposée à un aspirant au notariat, lorsqu'il justifie d'ailleurs des conditions de capacité et de moralité exigées par la loi.

678. Les chambres de discipline doivent procéder elles-mêmes à la vérification des points de fait sur lesquels elles ont à donner leur avis.

Appelée en 1832 à délibérer sur un fait dont la vérification offrait quelque difficulté, la chambre des notaires de l'arrondissement de Figeac en avait référé au procureur du roi, en le priant de prendre les moyens qu'il jugerait convenables pour mettre la chambre à même de statuer en connaissance de cause sur la demande de l'aspirant.

Mais ce magistrat refusa cette délégation. Il fit observer avec raison, que la chambre devait trouver dans ses attributions et dans le caractère de sa juridiction, des moyens d'investigation suffisants pour se fixer et donner son avis sur toutes les questions qui lui étaient soumises.

L'arrêté du 2 niv. an xii, ne s'explique pas sur ces moyens d'investigation. Mais je crois que la chambre peut employer tout ceux qui sont à la disposition des tribunaux : la preuve littérale, la preuve testimoniale, les présomptions, l'aveu de la partie, et même le *serment*.

La chambre ne devant aucun compte de la manière dont se forme sa conviction, rien ne s'opposerait, suivant moi, à ce qu'elle accordât un certificat de moralité à un aspirant en lui faisant affirmer sur l'honneur que des faits qu'on lui impute ne sont pas exacts.

679. Bien que le *rapporteur* de la chambre n'ait d'attributions spéciales qu'en matière de discipline intérieure, c'est lui qui, dans certains arrondissements, par exemple, à Paris (V. n°ˢ 602 et 603), est chargé de recueillir les renseignements sur les faits imputés aux candidats qui se présentent. Cette extension d'attributions n'a rien de contraire aux principes de l'institution.

680. Dans d'autres arrondissements, la chambre nomme une commission spéciale pour procéder à cette vérification (ch. des not. de Marseille) 27 oct. 1836. — ch. des not. de Tours, 1838).

Le Dictionnaire du Notariat, v° *Chambre de Discipline*, n° 10, suppl. à la 3ᵉ édit., conteste à tort, suivant moi, la régularité de ces commissions, en matière de discipline intérieure. Ses observations, fondées sur les attributions spéciales du rapporteur, restent ici sans application, puisque, dans les délibérations purement administratives, le rapporteur n'a plus de pouvoirs particuliers et qu'il siége au même titre que les autres membres.

682. J'ai dit que la chambre de discipline pouvait, lorsqu'elle le jugeait nécessaire, recourir à la preuve testimoniale.

Ce point a été contesté.

La chambre des notaires de Privas, sur une plainte portée contre un notaire, prit, le 2 mai 1836, une délibération ainsi conçue :

« Attendu que les parties ne sont pas d'accord sur les faits. La chambre, sans rien préjuger au fond et avant dire droit, décide que, devant le rapporteur, les parties feront entendre à leurs frais et dépens les témoignages qu'elles jugeront à propos de produire pour établir leurs dires respectifs, pour, sur le rapport, être ensuite pris par la chambre telle décision qui lui paraîtra juste et convenable. »

Le tribunal prononça le 30 août suivant la nullité de cette délibération, par le motif que les chambres de discipline ne pouvant ni forcer la comparution ni exiger le serment d'un témoin, la manifestation de la vérité trouve bien plus de garantie dans les simples renseignements recueillis dans le secret...; que cette voie de discrétion et de secret est dans l'esprit qui a dicté l'institution toute paternelle des pouvoirs disciplinaires ; qu'une enquête contradictoire, avec toute sa publicité et son fracas, y serait formellement contraire.

La chambre de discipline a décidé avec raison qu'il serait interjeté appel de cette décision. Voici la délibération qu'elle a prise à ce sujet le 30 sept. 1836.

Considérant que..... dans la supposition que ce serait bien une enquête que la chambre aurait entendu ordonner, dans sa délibération du 2 mai dernier, c'est sans motif et inconsidérément que le tribunal a cru reconnaître dans le mode choisi par la chambre la publicité et le fracas d'une enquête judiciaire ;

Que cette supposition est arbitraire et gratuite, et peut être considérée comme blessant la dignité d'un pouvoir qui sait que tout ce qui se passe dans son sein doit s'y trouver enseveli et que la publicité serait contraire à l'esprit de son institution ;

Que si la chambre (ou son rapporteur qui n'est que son délégué) a le pouvoir de prendre des renseignements, sans que la loi lui en prescrive le mode spécial, il faut donc, par conséquent, lui reconnaître celui d'entendre des témoins, car ce n'est là qu'un des moyens de prendre des renseignements, c'est à la fois le plus simple, le plus naturel, le plus ancien, le plus universellement répandu ;

Que par conséquent la chambre, au lieu d'outre-passer ses pouvoirs, n'a fait que les restreindre en indiquant ce mode d'instruction ;

Que le mode indiqué par la chambre offre moins de dangers que celui d'aller s'enquérir en secret, puisque, dans le premier cas, les parties peuvent être présentes aux renseignements fournis, récuser, combattre, ou atténuer des témoignages, tandis que dans le second, les sources étant secrètes, le rapporteur peut agir en aveugle, s'adresser à des ennemis des parties, négliger des témoignages qui peuvent être très-importants pour la découverte de la vérité, et exposer ainsi les parties à devenir les victimes d'une erreur, d'une méchanceté ou d'un mensonge;

Sous le rapport de la publicité, que le mode choisi par la chambre est même moins préjudiciable à l'inculpé que celui des renseignements quêtés par le rapporteur, puisque dans le cas indiqué, le rapporteur devra recevoir et entendre chez lui les témoignages produits par les parties sans éclat, sans fracas, sans citation préalable, tandis que dans le cas que semble vouloir prescrire le tribunal, le rapporteur irait courir les communes, frapper aux portes, questionner des gens qui ne sauraient rien et donner ainsi à une affaire destinée à être concentrée en famille, un éclat fâcheux pour les parties et préjudiciable à leurs intérêts.

Ces motifs sont concluants ; aussi ont-il été admis par la C. de Nîmes, qui a réformé le 5 janv. 1837, le jugement du trib. de Privas. Il est bien entendu d'ailleurs que la comparution des témoins devant la chambre ou ses commissaires est entièrement volontaire ; la chambre n'a pas le pouvoir d'appeler *vocatio*, qui est une partie de la juridiction des tribunaux.

Ainsi décidé par M. le garde-des-sceaux, le 14 nov. 1837.

Je crois cependant que si le témoin appelé était notaire en exercice dans l'arrondissement, la chambre pourrait, sur son refus de comparaître, prononcer contre lui, à la requête du syndic, une peine de discipline intérieure.

683. En matière de discipline notariale, il est d'usage de donner à l'inculpé une connaissance entière de la plainte : c'est le droit de la défense. Cette communication est ordinairement donnée par écrit, mais quelquefois le président ne la donne que dans son cabinet.

L'équité semble exiger que la même marche soit suivie à l'égard des aspirants, lorsqu'il s'élève des objections sur leur moralité.

684. L'aspirant prévenu de faits de nature à inculper sa moralité, peut-il se faire assister d'un conseil?

La question s'est présentée pour un notaire, cité disciplinairement devant la chambre de discipline de Mortagne, et elle a été résolue négativement le 19 août 1836, par le motif

« Que si l'art. 15 de l'arrêté du 2 niv. an XII, n'attribue le droit d'assistance qu'aux tierces-parties et non aux notaires eux-mêmes, il n'est pas permis davantage à ces derniers de se faire assister d'un confrère, en lui donnant le titre d'ami ; — Que comme conservatrice des droits du notariat, la chambre doit repousser tout ce qui est contraire aux lois de son institution ; — Que si au fond elle voit peu d'inconvénients à ce que l'inculpé soit assisté de son confrère, elle ne peut pas non plus établir un pareil précédent. »

Cette décision ne paraît nullement fondée. Si l'arrêté du

2 niv. an xii ne consacre pas expressément le droit de la défense pour les notaires inculpés, il ne l'interdit nulle part. Ce droit est tellement sacré, qu'il faudrait une disposition expresse pour en refuser l'exercice à un inculpé.

Nous croyons donc, non seulement qu'un notaire prévenu de faits disciplinaires, mais qu'un aspirant qui a des explications à donner sur des plaintes portées contre lui, doit, s'il le demande, être autorisé à se faire assister d'un conseil.

3° *Examen de capacité.*

685. A l'instruction sur la moralité, succède celle sur la capacité de l'aspirant. Nous avons déjà vu que ce mot capacité est générique : il signifie non seulement la capacité *intellectuelle*, mais la capacité *morale* et même la capacité *physique*.

686. Je ne m'occupe d'abord que de la capacité intellectuelle.

La loi ne prescrivant rien, quant au mode de la vérifier, les usages du notariat y ont suppléé. Le mode de vérification ordinaire consiste dans un examen oral, accompagné de la rédaction d'un projet d'acte.

L'usage de cet examen existait sous l'ancienne législation, seulement alors l'examen était passé par le juge. Cet usage fut consacré par la loi du 29 sept. 1791. V. *suprà*, n° 533; mais la loi du 25 vent., n'a pas répété cette disposition.

Cependant, l'examen oral des aspirants, par les chambres de discipline, est entièrement conforme à l'esprit de cette loi. C'est ce que déclarait M. Réal, exposé des motifs.

« Mais comme toutes ces probabilités, quelque fortes qu'elles soient, comme toutes ces garanties, tirées d'une présomption forte, peuvent n'être pas la vérité; et comme il faut supposer qu'un individu aura pu passer inutilement bien des années dans une étude sans y acquérir le degré suffisant de connaissances nécessaires, le projet exige, art. 43, que l'aspirant se présente à la chambre de discipline, du ressort dans lequel il devra exercer, pour y obtenir un certificat de capacité qui suppose un examen préalable. »

La circulaire ministérielle, du 6 vend. an xiii, n'est pas moins formelle.

« Je m'aperçois qu'un grand nombre de chambres de discipline doutent si elles ont le droit d'examiner les candidats qui se présentent pour le notariat et qui sont munis de certificats constatant le temps d'étude exigé par la loi.

» Ces certificats doivent être sans doute d'un grand poids, surtout quand ils sont donnés par des hommes dont les lumières et l'impartialité sont généralement reconnues.

» Mais, lorsque la chambre a lieu de croire qu'ils sont l'ouvrage de la complaisance ou le produit de l'importunité, *rien ne l'empêche de recourir à un examen* pour s'assurer, d'une manière plus sûre, de la capacité du candidat. »

687. L'examen de capacité, tel que l'usage l'a consacré, se compose de deux parties : *l'épreuve orale* et *l'épreuve écrite.*

688. *L'examen oral* doit comprendre les fonctions et les devoirs des notaires, le droit civil et la jurisprudence dans leurs rapports avec le notariat.

Mais en cela, comme en tout, porte avec raison la circulaire du 6 vend. an 13, la chambre doit être dirigée par un esprit d'équité, sans chercher à embarrasser le candidat par des questions trop difficiles et surtout par des questions étrangères au notariat.

689. L'examen ne porte en général que sur les lois spéciales qui concernent le notariat, et sur les différents titres du Code civil. Cependant, rien n'empêche les examinateurs de poser quelques questions sur la législation romaine, notamment sur les principes généraux des instituts concernant les obligations.

Un projet de réglement sur le notariat voulait que chaque examinateur fît à l'aspirant une ou deux questions en latin, et cet usage paraît avoir été suivi dans quelques chambres de discipline; mais il sera sans doute abandonné maintenant que les épreuves latines sont supprimées dans les facultés de droit (ordonn. du 25 juin 1840, Bull. 742).

D'après la loi de 1791, tit. 4, art. 8, l'aspirant devait être interrogé sur les principes généraux de la constitution; mais de pareilles questions étaient évidemment inutiles, et l'usage ne les tolère plus.

690. Il s'agit d'un examen et non d'une thèse. Par conséquent, l'aspirant ne doit point avoir sous les yeux le texte de la loi.

691. Dans quelques arrondissements, les membres de la chambre de discipline sont dans l'usage de convenir d'avance des points sur lesquels portera l'examen.

Cet usage a l'avantage de donner plus d'unité aux interrogations; mais il a le grave inconvénient de faciliter les indiscrétions et de nuire ainsi quelquefois à la sincérité de l'épreuve. Je crois que ces conférences anticipées sont contraires à l'esprit de la loi.

692. Quelle doit-être la durée de l'épreuve orale?

On ne trouve dans aucun réglement notarial de solution précise sur la question; il faut donc se prononcer par analogie.

A la faculté de droit de Paris, l'examen de chaque candidat est ordinairement d'une demi-heure.

Un arrêté du conseil royal de l'instruction publique, du 14 juillet 1840, sur le baccalauréat ès-lettres, porte, art. 25, que la durée des épreuves pour chaque candidat, non compris le temps accordé pour la composition écrite, sera de trois quarts d'heure au moins (1).

Il semble, d'après cela, que l'examen passé devant les chambres de discipline ne doit pas durer moins d'une demi-heure, ni plus d'une heure.

Plus court, l'examen serait insuffisant; plus long, il pourrait fatiguer l'aspirant et altérer la netteté de ses souvenirs.

693. L'examen sur les matières de droit et de jurisprudence est ordinairement oral? Cependant, lorsque le candidat requiert l'examen par écrit, la chambre ne doit pas s'y refuser. Outre que le candidat donne ainsi la preuve d'une assurance qui doit prévenir en faveur de sa capacité, il peut avoir intérêt à agir ainsi; par exemple dans le cas où des membres de la chambre, disposés à le repousser par des motifs d'intérêt personnel, lui poseraient des questions difficiles, préparées à l'avance et de nature à ajouter à l'embarras assez ordinaire en pareille circonstance. Il est utile que le procureur du roi et le ministre puissent apprécier et les motifs du refus et le degré de capacité du candidat. On ne voit d'ailleurs dans la loi rien qui s'oppose à une semblable précaution.

694. *L'épreuve écrite* consiste dans la rédaction d'un acte dont le programme est donné par les juges, et rempli sans déplacer par aspirant (L. 29 sept. 1791, tit. 4, art. 8).

On choisit ordinairement un acte d'une rédaction prompte et facile; un contrat de mariage, une vente, une donation. Une opération compliquée, telle qu'une liquidation, un partage, ne pourraient faire le sujet de l'examen.

Le programme est arrêté par les juges; le président ne peut le rédiger seul, à moins d'une délégation expresse de la chambre.

Quelques chambres de discipline exigent que la rédaction de l'acte soit faite en leur présence, dans la salle même des délibérations. Je ne puis approuver cet usage. La présence des membres de la chambre peut, si non intimider, au moins distraire le candidat. Il paraît plus raisonnable et plus juste de le faire retirer dans un local séparé. On doit seulement s'assurer qu'il n'est porteur d'aucun formulaire qui puisse détruire la sincérité de l'épreuve.

Je pense d'ailleurs que lorsqu'il s'agit de la rédaction d'actes sérieux, l'aspirant ne peut être placé dans une position plus gênante que le juge à l'audience, le professeur en chaire, le notaire dans son étude. On doit donc lui laisser la liberté de revoir la loi.

---

(1) Un autre arrêté du 5 fév. 1841 relatif aux écoles de pharmacie veut que la durée de chaque examen soit au moins d'une heure.

695. Il est de toute justice de donner à l'aspirant un délai suffisant pour préparer et mûrir sa rédaction. Le réglement du 14 juillet 1840, sur le baccalauréat ès-lettres, accorde deux heures aux candidats pour la composition écrite.

Il me semble qu'on ne peut accorder moins de temps à un aspirant au notariat, lorsque le programme qu'on lui remet présente des difficultés.

696. L'aspirant, après avoir terminé sa rédaction, la remet à la chambre de discipline et se retire.

697. La double épreuve orale et par écrit est usitée dans la plupart des arrondissements. Cependant quelques chambres de discipline rejettent encore l'épreuve écrite.

On ne peut leur contester cette faculté, la loi ne prescrivant rien sur les règles à suivre pour la vérification de la capacité des aspirants.

Il est même plusieurs circonstances dans lesquelles des chambres de notaire affranchissent les candidats de l'examen oral. C'est lorsque l'aspirant a fait son stage, sous les yeux de la chambre; qu'il est personnellement connu de chacun de ses membres; ou encore lorsqu'il s'agit, soit d'un ancien notaire qui sollicite sa réintégration, soit d'un notaire en exercice qui demande une autre résidence.

Dans ces différents cas, la chambre peut délivrer le certificat de confiance et sans examen préalable.

Cela n'a rien de contradictoire avec ce que j'ai dit : *sup.* n°⁵ 555 et 569 à 581, de l'obligation où sont les notaires en charge ou en retraite de justifier de leur capacité comme de simples aspirants.

Il faut bien se garder en effet de confondre *la dispense de certificat avec la dispense d'examen.* Une chambre de discipline commettrait un excès de pouvoir si elle prétendait affranchir un candidat de la justification prescrite par l'art. 43 (L. 25 vent. an xi). Mais rien ne s'oppose à ce qu'elle forme sa conviction autrement que par un examen.

698. Au surplus, la dispense d'examen est purement facultative. C'est ce que prouvent les deux décision ci-après :

Me Robinot, notaire de troisième classe, dans l'arrondissement d'Avallon, ayant traité d'une étude de la même classe dans l'arrondissement de Tonnerre, se présenta à la chambre de discipline des notaires de ce dernier arrondissement, pour obtenir un certificat de moralité et de capacité.

25 avril 1835, délibération ainsi conçue :

Considérant qu'un examen subi par l'aspirant peut seul mettre la chambre à même de connaître sa capacité ; que c'est d'ailleurs le mode suivi partout pour arriver à l'apprécier; attendu que rien dans la loi ne dispense le notaire qui se trouve dans la position du sieur Robinot de justifier de sa capacité, ou de subir un examen, ce qui est la même chose (1) ;

Par ces motifs, sans rien préjuger quand à la moralité du sieur Robinot, décide que ce dernier devra subir, comme le font tous les aspirants, un examen pour justifier de sa capacité.

M. Robinot réclama auprès de M. le garde-des-sceaux contre cette délibération, et soutint que sa qualité de notaire en exercice devait le dispenser d'un examen que la loi n'exige que des simples aspirants.

Mais sa réclamation a été rejetée en ces termes, par une décision du 9 juin 1835.

« Je ne puis qu'approuver la délibération contre laquelle réclame le sieur Robinot.

» Notaire dans un autre arrondissement, et candidat à une nouvelle place, il doit se soumettre à toutes les formalités imposées aux candidats ordinaires, et l'épreuve à laquelle la chambre de discipline prétend l'assujettir est d'autant plus fondée qu'appelée à donner un avis, il faut bien qu'elle puisse le motiver. »

699. Voici maintenant l'autre espèce :

M. Laumonier, ancien notaire, démissionnaire depuis 1833, traita d'une étude dans l'arrondissement d'Orléans.

Il demanda à la chambre de discipline de donner un avis sur sa demande, conformément à la loi du 25 vent. an xi.

Et le 11 octobre 1838, délibération ainsi motivée :

« Considérant qu'il résulte du certificat délivré que M. Laumonier a prêté serment en qualité de notaire à la résidence de S..., et qu'il a été remplacé dans ses fonctions par M. T....;

» Que, pour arriver à sa première nomination, il a dû justifier qu'il avait satisfait aux lois sur le recrutement et qu'il avait un stage suffisant ;

» Qu'il a dû nécessairement produire le certificat de capacité exigé par la loi, et qu'aujourd'hui ce certificat est suffisant, puisqu'il se présente pour exercer les fonctions de notaire dans une classe égale à celle où il les a déjà exercées ; qu'en conséquence *il n'y a pas lieu à lui faire subir d'examen* ;

» Accorde à l'unanimité à M. Laumonier le certificat de moralité qu'il sollicite. »

Cette délibération fut critiquée par le ministère public.

Mais le 27 déc. 1838, M. le garde-des-sceaux a rendu la décision suivante

« La formalité d'un examen préalable n'est exigée par aucune disposition de la loi du 25 ventôse an xi, et elle peut paraître inutile, lorsqu'il s'agit, comme dans l'espèce, d'un ancien notaire qui demande à être pourvu d'une nouvelle étude. »

---

(1) Il y a erreur dans ce motif; la dispense de certificat et la dispense d'examen sont au contraire deux choses entièrement distinctes. V. n° 697,

Trois autres décisions des 13 mai, 20 juin 1836, et .....
1835 , ont autorisé la réintégration d'anciens notaires auxquels les chambres de discipline d'Agen de Confolens et de Savenay avaient accordé, *sans examen préalable*, le certificat de moralité et de capacité.

700. Nous avons vu , *sup.* n° 586 , que la dispense de stage dans les cas prévus par l'art. 42, ne dispense pas de la production du certificat de capacité.

Non-seulement le certificat doit être exigé dans ce cas, mais les chambres de discipline doivent même l'accorder avec plus de difficulté. On verra en effet bien rarement un magistrat d'un rang élevé, le chef d'un des services importants de l'administration, abdiquer sa haute position pour les fonctions plus modestes de la juridiction volontaire. Ceux qui demandent à profiter du bénéfice de l'art. 42 sont donc ordinairement des fonctionnaires subalternes, des juges de paix, des suppléants, des greffiers, des maires ou adjoints de petites localités. Si le texte de la loi et la jurisprudence administrative sont en leur faveur, il en est autrement, on doit le reconnaître, de la présomption de capacité. L'épreuve de l'examen étant donc à peu près la seule garantie qui reste dans ce cas, c'est un devoir pour la chambre de discipline de se montrer sévère, de multiplier les épreuves orales et écrites ; en un mot, de vérifier si l'aspirant n'a pas trop présumé de ses forces en demandant à exercer des fonctions auxquelles il ne s'est préparé par aucune étude spéciale.

701. L'examen de capacité ne porte pas seulement sur les connaissances acquises de l'aspirant, mais sur sa capacité morale. Il est de toute évidence qu'une chambre pourrait refuser le certificat à un aspirant qui ne lui paraîtrait pas sain d'esprit, lors même qu'il aurait très-bien passé son examen.

702. Elle peut même s'occuper de la capacité physique du candidat. Ainsi l'affaiblissement de la vue ou de l'ouïe, la privation de l'usage de la main droite, etc., peuvent devenir des motifs de refus (1) (décision du 7 janv. 1837, relative à un cas de surdité).

703. Sous l'empire de la loi de 1791, les places de notaire se donnaient au concours, et les examens étaient collectifs ; mais aujourd'hui ils sont individuels. C'est une conséquence forcée de la faculté de présentation accordée par la loi du 28 avr. 1816.

704. Mais que faut-il décider lorsque la faculté de présen-

---

(1) En 1824, le tribunal de Bruxelles a prononcé la suspension du notaire Van-Bever, de résidence à Bruxelles, hors d'état de remplir ses fonctions à cause d'infirmités.

tation n'existe pas, lorsqu'il s'agit par exemple d'une demande en création, ou du remplacement d'un notaire destitué?

La circulaire du 6 vendém. an XIII portait que

« Lorsqu'il y a plusieurs candidats pour une même place, la chambre doit indiquer celui qu'elle juge le plus digne de l'obtenir, soit sous le rapport de la moralité, soit sous celui de la capacité. »

Une autre circulaire du 28 vent. suivant était encore plus explicite :

« Vous préviendrez les chambres de discipline, y était il dit, que leurs délibérations ne doivent jamais comprendre plusieurs aspirants à la fois, *excepté dans les cas où il y a lieu d'indiquer celui qui mérite d'être préféré.* »

Ces dispositions se retrouvent dans plusieurs réglements, notamment dans celui des notaires de Gray, art. 712.

La question s'étant présentée devant la chambre des notaires de Bourges, fut résolue dans le même sens par une délibération du 12 déc. 1833 que j'ai rapportée. *Sup.* n° 662.

« La création d'une étude une fois résolue par le gouvernement, portait cette délibération, la chambre pense qu'il y a lieu, comme cela s'est toujours fait jusqu'à présent, de donner toute publicité à cette création, de la mettre au concours à jour indiqué, d'examiner alors simultanément et indistinctement les concurrents qui se présentent, et de choisir parmi eux celui qui paraît devoir mériter la préférence. »

D'après les instructions ci-dessus, cet avis semblait devoir être admis sans difficulté, cependant il n'en fut point ainsi ; la proposition du concours fut rejetée comme une atteinte portée au droit de nomination réservé au gouvernement.

Mais ce fut là évidemment une décision de circonstance ; l'administration est revenue depuis à sa première jurisprudence. Une décision du mois d'octobre 1834, relative à une étude vacante par destitution, est ainsi conçue :

« S'il se présente d'autres candidats, lorsqu'ils auront passé leur examen et fait les différentes justifications exigées par la loi, la chambre de discipline et le procureur du roi devront me faire connaître celui qui leur paraîtra mériter la préférence. »

Ce qui suppose un examen collectif, car autrement comment la chambre de discipline pourrait-elle donner son avis sur la question de priorité ?

705. Aux termes de l'art. 16 de l'arrêté du 2 niv. an XII, la chambre de discipline peut, lorsqu'elle le juge convenable, convoquer l'assemblée générale.

Une chambre pourrait-elle, en se fondant sur cette disposition, provoquer une assemblée générale pour procéder à un examen supplémentaire d'un candidat, dont les réponses ne l'auraient pas satisfaite?

Non, sans doute. Les pouvoirs de l'assemblée générale sont

déterminés par le même art. 16 et par l'art. 17. Elle ne peut être convoquée que pour procéder aux nominations des membres de la chambre, à la formation ou à l'entretien de la bourse commune, ou pour se concerter sur ce qui intéresse la corporation.

Toute autre opération est en dehors des attributions de l'assemblée générale et rentre exclusivement dans celles de la chambre de discipline qui est un pouvoir distinct.

L'assemblée générale ne peut pas plus procéder à l'examen d'un aspirant, qu'elle ne pourrait statuer disciplinairement sur une plainte portée contre un notaire.

706. Les aspirants qui se présentent pour passer leur examen devant la chambre de discipline, peuvent-ils être soumis au paiement d'un droit? V. *inf.*, nº 758 à 760.

4º *De la résidence.*

707. Après avoir vérifié les justifications de l'aspirant, ainsi que sa moralité et sa capacité, la chambre doit s'occuper de la résidence.

C'est ce qui résulte de la circulaire ministérielle du 22 vent. an XII.

« Lorsqu'il se présente un aspirant, la première chose que la chambre doit considérer, c'est s'il est nécessaire d'établir un nouveau notaire dans la résidence où l'aspirant a dessein de s'établir. Elle verra donc d'abord si cette demande n'est pas contraire à ce que prescrit l'art. 31 de la loi du 25 vent. an XI; c'est-à-dire si le nombre des notaires, pour le canton dont il s'agit, est au-dessous ou non du *minimum* fixé par la loi. Dans le premier cas, il n'est pas douteux que la nomination ne doive avoir lieu; il ne reste plus qu'à examiner la capacité de celui qui se présente pour remplir la place vacante. Dans le second cas, lorsque le minimum de la loi est rempli, la chambre a d'abord à s'occuper de la question de savoir s'il est nécessaire de l'excéder. Son avis sur ce sujet doit être motivé d'après les circonstances et les localités. »

La même règle a été consacrée en ces termes par un autre circulaire du 8 juillet 1819.

« Les chambres de discipline des arrondissements, par suite de l'autorisation qu'elles en avaient reçue, ont émis, en 1810 ou 1811, des avis sur la manière dont les prescriptions de la loi du 25 vent. an XI devaient s'exécuter dans chaque arrondissement cantonal. Bien que n'ayant point reçu l'homologation de l'autorité supérieure, ces bases ont été, en général, considérées comme définitives, sauf les circonstances où des raisons impérieuses d'intérêt public ont paru exiger qu'elles fussent modifiées. Il est donc nécessaire d'examiner les demandes des aspirants et les présentations des chambres, dans leurs effets sur les fixations portées par ces délibérations. »

708. Lorsqu'une chambre de discipline est appelée à donner son avis sur une question de résidence, l'équité exige qu'elle entende en leurs observations tant le demandeur que les notaires qui auraient un intérêt contraire.

Ce préalable ayant été omis par la chambre des notaires de Wissembourg, a été prescrit par une instruction du 29 sept. 1836.

SECTION VIII. — FORMES DE LA DÉLIBÉRATION.

SOMMAIRE.

709. Le président de la chambre de discipline a la police de la séance. Arr., 2 niv. an XII, art. 5-2 . Il est chargé de maintenir l'ordre et la dignité des délibérations.

C'est le président qui ordonne l'introduction du récipiendaire, qui constate son identité, qui reçoit sa déclaration touchant l'objet de sa demande.

710. Il lui fait connaitre, s'il y a lieu, les objections qui s'élèvent, soit sur sa moralité, soit sur son stage ou ses autres justifications.

Si le rapporteur ou un autre membre ont été chargés de prendre des renseignements, leur rapport est entendu ; le président reçoit ensuite les observations de l'aspirant et celles de son conseil (1).

Les membres de la chambre ont néanmoins le droit d'adres-

____

(1) V. *sup.* n° 684.

ser directement des questions au candidat, mais ils doivent demander la parole au président.

711. Le président clot ensuite le débat sur la question de moralité, et annonce qu'il va être procédé à l'examen de capacité. Il pose à l'aspirant les premières questions et donne ensuite la parole aux membres de la chambre pour qu'ils l'interrogent successivement.

Si une question n'est pas clairement posée, le président a le droit de la préciser.

Je pense aussi que le président aurait le droit de s'opposer à la position d'une question qui lui paraîtrait trop abstraite ou étrangère à l'objet de l'examen.

712. Le président, après l'expiration du délai d'usage, déclare l'épreuve orale terminée. Il fait donner lecture à l'aspirant du programme d'acte, l'invite à se retirer dans le local préparé pour la composition écrite, et le prévient du temps qui lui est accordé, et pendant lequel la séance est suspendue.

Lorsque l'aspirant a terminé son travail, la séance est reprise. L'aspirant remet son projet d'acte au président qui en fait donner lecture. Il invite ensuite l'aspirant à se retirer.

713. L'aspirant ne doit prendre la parole que quand elle lui est accordée. Il doit s'exprimer avec convenance et modération. S'il s'écartait du respect dû à la chambre, le président pourrait le rappeler à l'ordre ou même lui ordonner de se retirer, et l'incident serait mentionné au procès-verbal de la séance. — Si l'infraction avait le caractère d'un délit, la chambre de discipline en dresserait procès-verbal et l'adresserait aux juges compétents. Arg. C. pr., art. 88 à 92. C. inst. cr., art. 504 et suiv.; C. pén., art. 222 à 224. Décret du 28 fév. 1810, sur les conseils de prud'hommes, art. 34.

714. La chambre procède ensuite à sa délibération. Les questions sont posées et les voix recueillies par le président; le syndic a, comme nous l'avons vu n° 615, voix délibérative, car il n'est point *partie*, arr. 2 niv. an xii, art 7.

Les membres de la chambre opinent à leur tour, en commençant par le dernier reçu. Dans les affaires décidées sur rapport, le rapporteur opine le premier. Si différents avis sont ouverts, on doit aller une seconde fois aux opinions. Arg. Décr., 30 mars 1808, art. 34.

Les art. 117 et 467 C. pr., portent que les juges plus faibles en nombre, sont tenus de se réunir à l'une des deux opinions émises par le plus grand nombre, mais seulement après que les voix ont été recueillies une seconde fois, parce que les débats entre juges peuvent jeter un nouveau jour sur la question, et ramener la majorité à l'avis de la minorité. Pigeau, t. 1, p. 277. Boncenne, t. 2, p. 376.

Je pense que ces dispositions doivent être observées dans les délibérations des chambres notariales.

715. La délibération est prise à la majorité absolue des suffrages. En cas de partage, la voix du président est prépondérante. L. 29 sept, 1791, tit. 4, art. 9; arrêté. 2, niv. an XII; art. 5-1° et art. 11.

Cette disposition est d'ordre public et ne peut, par conséquent, être modifiée par des réglements notariaux.

716. Les notaires de l'arrondissement de Gray ont donc, à mon avis, commis une double erreur, en déclarant art. 711 de leurs statuts :

Qu'aucun certificat de moralité et de capacité ne sera délivré que par suite de scrutin secret et à la majorité de cinq voix sur les sept dont se compose la chambre de cet arrondissement.

D'abord, comme je viens de le dire, il n'appartient pas à une communauté de notaires de déroger à une disposition législative sur la manière dont la majorité doit se former.

En second lieu, la disposition qui, en cas de partage, attribue une prépondérance à la voix du président, paraît exclusive d'un vote secret, autrement cette disposition resterait sans exécution, car le président ne serait pas obligé, pas plus qu'un autre membre, de déclarer son opinion pour faire cesser le partage.

Il n'y a qu'un cas dans lequel l'arrêté du 2 niv. an XII exige le scrutin secret, c'est lorsque la chambre se compose extraordinairement pour exprimer son opinion sur la suspension d'un notaire, art. 11. Mais aussi le législateur a soin d'ajouter que l'avis de la chambre sera exprimé *à la majorité absolue des voix*, ce qui prouve que l'exception introduite en faveur du président par l'art. 5-1° de l'arrêté n'a pas lieu dans ce cas.

717. La loi ne demande pas compte aux juges de la manière dont se formera entre eux la pluralité des voix. Ainsi on n'énonce jamais dans les jugements des tribunaux, qu'il y a eu plusieurs opinions.

Cette règle est observée par quelques chambres de discipline; d'autres, au contraire, énoncent dans leurs délibérations le nombre de voix qui a formé la majorité. Cette mention n'a rien d'irrégulier, car, je le répète, rien n'impose aux chambres des notaires l'obligation d'un vote secret.

Cette observation s'applique aux décisions qui, en cas de partage, se forment par la prépondérance attribuée au vote du président.

Mais à l'exception de ce cas, le président ne pourrait, selon moi, déclarer en signant qu'il n'a pas été d'avis de la décision adoptée. Une telle démarche serait contraire aux égards dus à la majorité. Favard, v° *Jugement*. Pigeau, t. 1, p. 490. Dalloz, t. 9, p. 616, n° 6.

718. L'art. 44, L. 25 vent. an XI, porte qu'en cas de refus du certificat, la chambre donnera un avis motivé (1).

____

(1) « Si au contraire la chambre de discipline refuse le certificat, c'est alors

L'obligation de motiver les délibérations en cas de concession ou de refus du certificat, est rappelée deux fois dans l'arrêté du 2 niv. an xii. Art. 2-5°, et art. 15.

Ce dernier article ajoute que les délibérations seront rédigées par le secrétaire, signées sur la minute par le président et le secrétaire, et qu'elles contiendront les noms des membres présents.

Ces dispositions sont insuffisantes, mais on les complète en appliquant par analogie aux délibérations des chambres de discipline les règles générales établies par les lois des 24 août 1790 et 20 avr. 1810 sur la forme des jugements.

D'après cela, toute délibération sur la demande d'un certificat de moralité et de capacité doit énoncer :

1° Les membres de la chambre qui y auront participé ;

2° Les *qualités*, c'est-à-dire les prénoms, nom, âge, profession et domicile de l'aspirant, l'étude dont il demande à être pourvu, les prénoms et nom du titulaire qu'il désire remplacer, les différentes pièces produites par l'aspirant, et dont j'ai donné le détail n° 587 ;

3° Le nombre et la résidence des notaires existant dans le canton où se trouve la place à remplir ; la date de l'ordonnance de fixation et classement, s'il en existe une, et, dans le cas contraire, l'avis exprimé par la délibération normale de 1810 pour préparer cette fixation ; le nombre des actes reçus annuellement par chaque notaire ; le nombre des communes et celui des habitants, d'après le dernier recensement ;

4° Les divers motifs qui peuvent déterminer l'admission ou le rejet de la demande, soit sous le rapport de l'utilité de la place, soit sous celui des renseignements recueillis sur la conduite et l'aptitude du candidat ; les oppositions, s'il en a été formé entre les mains du syndic ou du secrétaire, etc. ;

5° Enfin, la décision de la chambre.

719. Les *motifs* doivent porter sur chaque chef de demande. arg. Cass. 9 juin 1818, 17 avr. 1822, 2 août 1825, 21 nov. 1826, 25 nov. 1828 ; sur chaque fait qui a motivé des explications de la part de l'aspirant.

---

qu'il faut qu'elle donne son avis motivé ; car, indépendamment de beaucoup d'autres raisons faciles à sentir, dès que l'avis de la chambre ne lie point le gouvernement et que le gouvernement a, comme cela doit être, le droit de nommer l'aspirant, contre l'avis de la chambre, il est indispensable qu'il connaisse les motifs, afin de pouvoir les apprécier. On ne peut qu'applaudir à la sage disposition qui veut que le refus de certificat soit motivé et communiqué au commissaire du gouvernement.» (Observations du tribunal sur l'art. 44.)

C'est donc à tort que les notaires de Gray ont dit, art. 713 de leurs statuts :

« L'art. 44 de la loi du 25 vent. an xi, en prescrivant de motiver le refus du certificat de moralité, n'a pu exiger que la chambre fût dans la nécessité de particulariser les reproches qu'on ferait au candidat, d'entrer dans le détail des faits, des imputations qui circuleraient sur son compte, puisqu'il en résulterait qu'elle serait obligée de citer les individus qui auraient à se plaindre, d'administrer ses preuves, ou du moins d'indiquer les sources où elle aurait puisé les renseignements, et d'établir une sorte d'inquisition sur la conduite de ce candidat qui pourrait peut-être la prendre à partie et l'actionner en calomnie (1). En cas pareil, la délibération autorise le président ou le syndic de la chambre à faire part seulement des motifs du refus à M. le procureur du roi. »

Il est au contraire de toute évidence que l'art. 44 a entendu que ces diverses explications fussent données de la manière la plus complète et la plus détaillée, et non pas *officieusement*, comme le disent les statuts de Gray, mais *officiellement*. S'il en était autrement, comment l'aspirant pourrait-il discuter les faits qui lui seraient reprochés, et comment l'administration pourrait-elle ensuite les apprécier.

Non-seulement la chambre de discipline doit motiver ses délibérations, mais elle doit communication de tous les documents qui y sont relatifs.—V. *inf.* nᵒˢ 735 à 739.

720. Les délibérations doivent être rédigées en minute, et signées par le président et le secrétaire dans la séance même où elles ont été prises. Arr. 2 niv. an xii, art. 15. Arg. C. pr. art. 138.

Cependant on observe dans quelques chambres de discipline les dispositions de l'art. 36 du décret du 30 mars 1808, qui accorde aux présidents et aux greffiers des tribunaux un délai de vingt-quatre heures pour la signature des jugements.

721. Toute mention ajoutée en marge sous forme de renvoi ou d'apostille est nulle, si elle n'est signée de la même manière que la minute par le président et par le secrétaire. Arg. L. 25 vent. an xi, art. 15.

Il en est de même des surcharges, additions, interlignes dans le corps de l'acte, à moins d'une approbation expresse des deux officiers signataires de la minute. Arg. L. 25 vent., art. 16.

722. La rédaction de la délibération est confiée au secrétaire ; mais il ne faut pas prendre cette disposition trop à la lettre. Le président doit aussi signer la minute. Par conséquent, il a le droit de vérifier la rédaction, et d'indiquer les rectifications qui lui semblent nécessaires.

723. S'il y avait dissidence entre le président et le secrétaire sur la manière dont la décision aurait été prononcée, il

---

(1) On verra *inf.* nᵒˢ 778 à 780 que cette crainte n'est pas fondée.

faudrait nécessairement en référer à la chambre, et suivre l'opinion de la majorité. Merlin, Rép., v° *Jugement*. Dalloz, t. 9, p. 616, n° 6.

724. Si par l'effet d'un accident extraordinaire, le président se trouvait dans l'impossibilité de signer la délibération, ou s'il refusait de le faire parce qu'elle serait contraire à son avis, il y serait suppléé par la signature du plus ancien des membres présents à la séance, lequel ferait mention de l'empèchement ou du refus. arg. Décr. 30 mars 1808, art. 37. Merlin, Rép., t. 8, p. 356.

Si le secrétaire était empêché, la délibération serait rédigée par le président qui signerait seul, en rappelant le motif de l'empêchement du secrétaire. Arg. Décr. 30 mars 1808, art. 37. Arr. 2 niv. an XII, art. 8.

725. Comment devrait-on procéder dans le cas où les minutes d'une ou plusieurs délibérations n'auraient pas été signées dans les délais, et ainsi qu'il est dit ci-dessus? Je pense qu'on pourrait appliquer par analogie les dispositions des art. 38 et 74 du décret du 30 mars 1808. En conséquence, le syndic devrait en référer à la chambre de discipline, laquelle pourrait, suivant les circonstances, autoriser un des membres qui auraient concouru à ces délibérations à les signer.

726. Plusieurs magistrats du ministère public ont cru devoir demander que les délibérations soient signées par tous les membres de la chambre. Le but de cette demande est sans doute de faire constater la présence des notaires annoncés comme ayant pris part à la délibération; mais l'attestation donnée par le président et le secrétaire est suffisante. Merlin, Rép., v° *Notaire*, § 2. Dict. du Not. V ⟩ *Chambre de discipline*, n° 45, 3ᵉ édit., Suppl.

Néanmoins, l'art. 15 de l'arrêté de l'an XII n'est qu'indicatif. Il ne s'oppose point à ce que les délibérations soient signées par tous les membres présents, si la chambre le décide. Il est peut-être mieux de procéder ainsi, afin de rendre plus certain le fait de rédaction dans la séance même où la délibération a été prise (même article, § 2).—Les délibérations des chambres d'avoués sont signées par la majorité des membres présents (arr. 13 frim. an IX, art. 14), et celles de la chambre des huissiers, par tous ceux qui y ont concouru (décr. 14 juin 1813, art. 89).

727. Les notaires qui, sans avoir assisté à une délibération, consentiraient ensuite à la signer, s'exposeraient à des poursuites disciplinaires, et peut-être même à des poursuites criminelles.

C'est ce qui résulte d'un rapport du procureur-général de Grenoble.

« Mon substitut, écrivait ce magistrat, le 26 mars 1828, découvrit que la délibération de la chambre de discipline qui appuyait la condidature de l'aspirant était entachée d'une grave irrégularité. Plusieurs des notaires dont la signature était au bas de cet acte, n'avaient point assisté à la séance et avaient consenti, après coup, à la signer de complaisance. Le nom de l'un d'eux avait même été substitué à celui d'un autre notaire qui avait été présent à la réunion, et refusait de signer une délibération irrégulière. Je fis diriger des poursuites disciplinaires devant le tribunal à raison de cette contravention, et, par jugement, le sieur E...... fut atteint de la peine de la censure simple, et d'autres notaires d'un rappel à l'ordre. »

728. Il est essentiel en outre que les chambres de discipline fassent attention que toutes leurs délibérations doivent être inscrites sur un registre. Elles ne doivent pas être inscrites sur des feuilles volantes et signées individuellement par les membres qui les ont prises (Circ. 22 vent. an xii).

729. Les formalités ci-dessus sont utiles. On ne saurait trop en recommander l'observation pour l'ordre et la clarté des délibérations. Remarquons, toutefois, qu'à l'exception de la signature du président et du secrétaire, elles ne sont pas prescrites à peine de nullité.

730. Les expéditions des délibérations sont délivrées par le secrétaire. S'il est absent ou empêché elles peuvent être délivrées par le président. (Arrêté 2 niv, an 12, art. 5-4° et art. 8.)

C'est également le secrétaire qui fait connaître à l'aspirant le résultat de son examen, et le prévient du jour où la délibération sera transmise au parquet.

731. Le ministre des finances a décidé le 28 sept. 1829, contrairement à une instruction du garde-des-sceaux, du 28 vent. an xiii, que le registre pour la transcription des délibérations de la chambre sur la discipline intérieure et l'examen des aspirants est dispensé du timbre.

Mais les expéditions et les certificats délivrés par la chambre y sont assujettis.

Excepté lorsqu'ils sont délivrés aux administrations ou établissements publics et aux autorités constituées, à la charge d'y mentionner cette destination (L. 13 brum an vii, art. 17.

On applique aux expéditions délivrées par la chambre de discipline les dispositions des art. 19, 20 et 26, L. 13 brum an vii, et 63 L. 28 avr. 1816. Elles doivent en conséquence être délivrées sur du *moyen papier* dont le coût est de 1 fr. 25 cent. la feuille et elles ne peuvent contenir, compensation faite d'une feuille à l'autre, plus de vingt-cinq lignes par page.

Quid, des certificats? V. *inf.* n°ˢ 762 et 763.

Les délibérations sur la moralité et la capacité des aspirants, n'étant que des actes d'administration ou de simples avis, ne sont dans aucun cas sujettes au droit d'enregistrement, pas plus que les pièces y relatives. (Arr. 2 niv. an xii, art. 15.)

FORMULE.

Délibération concernant le certificat de moralité et de capacité demandé par un aspirant.

Séance du 1er juillet 1841.

Étaient présents MM.

M⁰ notaire à s'est présenté devant la chambre et a annoncé qu'il venait de traiter de la démission de ses fonctions de notaire, en faveur de M. , et qu'il avait en conséquence remis à celui-ci l'acte par lequel il le présentait pour son successeur à l'agrément du roi, en vertu de l'art. 91 de la loi du 28 avril 1816. Il a prié la chambre de vouloir bien admettre l'aspirant à remplir devant elle les formalités voulues par la loi.

La chambre décide qu'elle s'occupera immédiatement de cet objet.

M. s'est aussitôt présenté et a demandé qu'il plût à la chambre de lui accorder un certificat de moralité et de capacité, à l'effet d'être nommé aux fonctions de notaire à la résidence de , en remplacement et sur la présentation de M⁰ , démissionnaire.

Il a dans ce but déposé sur le bureau de la chambre les pièces suivantes :

1° Un extrait du registre des naissances de la commune de , constatant qu'il est né le , fils légitime du sieur et de la dame;

2° Un certificat en date du , délivré par le maire de la commune de , constatant que le dit sieur jouit de ses droits de citoyen et de ses droits civils;

3° Un certificat en date du , délivré par le préfet du département de , constatant que le dit sieur a satisfait à la loi du recrutement et que son numéro n'a pas été appelé (ou qu'il a été exempté ou dispensé);

4° Un certificat délivré le , par M⁰ , Notaire à , constatant qu'il a travaillé sans interruption dans son étude, du 1er mars 1835 au 1er mars 1839, en tout pendant quatre années, dont la dernière en qualité de premier clerc;

5° Un autre certificat délivré par M⁰ , notaire à , constatant que le dit sieur a travaillé dans son étude, sans interruption et en qualité de premier clerc, depuis le 2 mars 1839 jusques et y compris le 1er mars 1841;

6° L'acte de démission et de présentation de M⁰ , en faveur du dit sieur ;

7° Un acte sous seing privé en date à Paris du , portant cession par le dit M⁰ au dit sieur , de ses titres office, minutes, clientèle ;

Les membres de la chambre ont interrogé l'aspirant sur plusieurs points de droit, notamment en matière de contrat de mariage, de liquidation judiciaire et de testament; il a ensuite rédigé un projet de contrat de mariage, après quoi il s'est retiré.

La chambre, vu les pièces ci-dessus énoncées :

Attendu que le sieur a répondu d'une manière satisfaisante aux questions qui lui ont été proposées;

Qu'elle est également satisfaite de la rédaction du projet d'acte qu'il lui a présenté;

Qu'il ne lui est parvenu aucun reproche sur la conduite ou la moralité du dit sieur ;

Qu'il n'existe dans le canton de que quatre notaires, savoir : deux au chef-lieu et deux à , ce qui est conforme à l'ordonnance de fixation et de classement du ;

Qu'il ne reste aucune extinction de titre à effectuer dans le canton;

Est d'avis d'accorder au dit sieur   le certificat de moralité et de capacité par lui demandé.

Arrête qu'une expédition de la présente délibération sera préalablement transmise à M. le procureur du roi, conformément à l'art. 43 de la loi du 25 vent. an XI.

Fait et délibéré les jour, mois, et an que dessus ; et ont les membres de la chambre signé avec le président et le secrétaire, après lecture faite.

(Ou bien en se tenant à la lettre de l'art. 15 de l'arrêté du 2 niv. an XII) et ont le président et le secrétaire, signé.

(Lorsque le certificat doit être délivré par délégation (1), la délibération peut se terminer ainsi :)

La chambre déclare être d'avis d'accorder et en effet elle accorde aussi au dit sieur   le certificat de moralité et de capacité dont il a fait la demande.

Pour le dit certificat, être en vertu de la présente délibération, délivré, au nom de la chambre, par M.   (président, secrétaire ou autre membre) qu'elle nomme son délégué à cet effet, après que M. le procureur du roi aura reçu conformément à la loi, l'envoi de l'expédition de la dite délibération.

SECTION IX. COMMUNICATION AU MINISTÈRE PUBLIC.

SOMMAIRE.

732. *La délibération de la chambre de discipline n'est pas définitive.*

733. *Elle doit être soumise au ministère public.*

734. *Dispositions des art. 43 et 44 de la loi du 25 ventôse. — Instructions ministériel es.*

735. *La chambre doit communiquer une expédition textuelle. — Timbre.*

736. *Elle peut même être tenue de communiquer le registre de ses délibérations,*

737. *Ainsi que le rapport et les pièces de l'instruction.*

738. *Jurisprudence administrative sur cette communication.*

739. *Jurisprudence des tribunaux.*

740. *Par qui la communication doit-elle être donnée ?*

741. *Avis du procureur du roi.*

742. *Il doit être envoyé à la chambre de discipline.*

743. *Délivrance ou refus du certificat.*

732. D'après la loi du 29 sept. 1791, art. 10 à 15, la déclaration de capacité par le jury d'examen était définitive ; elle déterminait l'inscription du candidat sur le *tableau des admis* et lui donnait droit, suivant son rang d'inscription, à l'une des premières places vacantes dans le département.

Les inconvénients de ce système ne pouvaient échapper à la sagacité du législateur de l'an XI : l'orateur du gouvernement les a fait ainsi ressortir dans son remarquable travail.

« Combien d'individus pleins d'instruction, mais aussi chez qui la timidité est égale à la modestie, donnent facilement, dans la solitude du cabinet, la solution des questions les plus difficiles, mais qui, transportés dans une assemblée publique

(1) V. n° 745 à 752.

et devant des juges, ne répondent qu'avec peine aux questions les plus simples ! Combien d'autres, au contraire, n'ayant que des connaissances superficielles, mais armés d'une audace qui en impose, se tirent heureusement de ces sortes d'exercices, parce qu'ils n'ont pas plus de timidité que de modestie !

« La rédaction faite sans désemparer d'un acte présenté au candidat, ne fournira pas plus de lumières. Puisque cet acte doit être rédigé sans désemparer, il ne peut être ni long ni difficile. Les liquidations et partages, dont la confection exige du temps et qui pourraient prouver une instruction profonde, ne peuvent faire la matière de ces programmes. »

Quelque juste confiance que l'on dût accorder d'ailleurs aux chambres de discipline, on ne pouvait subordonner à leurs décisions les choix du gouvernement. Il fallait se prémunir contre le double danger d'une exclusion trop rigoureuse, ou d'une admission prononcée avec trop de facilité.

733. L'avis de la chambre de discipline devait donc, pour dernière garantie et pour éviter toute espèce de surprise, être soumis au magistrat établi pour conserver dans toute leur pureté les institutions, et pour maintenir dans leurs devoirs tous les fonctionnaires (exposé des motifs).

734. Ces considérations ont déterminé les deux dispositions suivantes :

Art. 43..... le certificat ne pourra être délivré qu'après que la chambre aura fait parvenir au commissaire du gouvernement du tribunal de première instance une expédition de la délibération qui l'aura accordé.

Art. 44. — En cas de refus la chambre donnera un avis motivé et le communiquera au commissaire du gouvernement qui l'adressera au grand juge avec ses observations.

Voici comment la circulaire du 22 vent. an XII prescrit l'exécution de ces dispositions.

« Il faut d'abord que la délibération de la chambre de discipline tendant à accorder on à refuser le certificat, soit communiquée au commissaire du gouvernement qui fait à cet égard ses observations et les renvoie à la chambre de discipline. Celle-ci délibère de nouveau et persiste dans son opinion ou la change, suivant ce qu'elle juge convenable. Sa détermination ultérieure est de nouveau adressée au commissaire qui, à son tour me la fait passer avec toutes les pièces justificatives, accompagnées de ses propres observations sur chacun des objets sur lesquels la chambre aura délibéré. »

La circulaire du 28 vent. an XIII ajoute :

« Vous préviendrez encore les chambres de discipline qu'elles doivent toujours joindre à leurs délibérations les pièces justificatives des faits sur lesquels elles sont appuyées. »

735. L'expédition adressée au procureur du roi doit être textuelle. La chambre ne remplirait pas le vœu de la loi si elle se bornait à transmettre un simple extrait.

Nous avons vu, n° 734, que cette expédition étant délivrée

par une autorité à une autre autorité, peut être sur papier libre, pourvu qu'il y soit fait mention de cette destination.

736. Non-seulement la chambre de discipline doit communiquer expédition de ses délibérations sur la moralité et la capacité des aspirants, mais elle est tenue de représenter au ministère public, sur sa demande, le registre même des délibérations.

Ainsi jugé par la cour de cassation le 2 juill. 1839, sur le pourvoi formé par le secrétaire de la chambre de discipline d'Orléans, contre un arrêt de la cour royale de cette ville en date du 26 juill. 1838 :

Attendu en droit que, du rapprochement de toutes les dispositions législatives qui concernent la discipline des fonctionnaires publics et des officiers ministériels, notamment des art. 9, 10, 11 et 12 de l'arrêté du 2 niv. an xii et de l'art. 45 de la loi du 20 avril 1810 , il résulte que les notaires sont soumis à la surveillance du ministère public;

Que la loi, en imposant au ministère public l'obligation de surveillance dont il s'agit, lui a conféré par là même tous les pouvoirs nécessaires pour l'exercer, notamment celui d'exiger, s'il y a lieu, la représentation du *registre des délibérations* de la chambre de discipline des notaires;

Attendu que la C. Orléans, en décidant, d'après ces principes, que la chambre de discipline des notaires d'Orléans était tenue de communiquer au ministère public le registre de ses délibérations, n'a commis aucune violation de loi ; — Rejette.

737. Si la délibération a été précédée d'un rapport, la chambre en doit également la communication.

Il en est de même des mémoires, pièces originales, lettres particulières, et en général, de tous les documents qui ont servi de base à la délibération.

La jurisprudence de l'administration et celle des tribunaux sont d'accord sur ce point.

738. J'ai déjà cité n° 734 la circulaire du 28 vent. an xiii, qui prescrit la communication de toutes les pièces justificatives sur lesquelles les délibérations sont appuyées.

Une instruction du 27 janvier 1835, au procureur général d'Amiens est encore plus explicite.

« Il faudra que la chambre de discipline me transmette les pièces originales et tous les autres documents qui ont servi de base à la délibération par laquelle elle refuse au sieur L. B... le certificat de moralité; le droit de lui demander cette communication résulte nécessairement de la disposition qui l'oblige à motiver ses délibérations. »

739. A l'égard des tribunaux, nous avons vu que la cour de cassation, dans son arrêt du 2 juill. 1839 sur le pourvoi des notaires d'Orléans, décide que la chambre doit communiquer, non-seulement le registre des délibérations, mais tous les *documents* propres à éclairer le ministère public.

La question a été résolue dans le même sens par les tribunaux de Rethel et de Montauban.

Première espèce. La chambre des notaires de Rethel, saisie d'une plainte par le procureur du roi, avait prononcé une peine de discipline intérieure contre le notaire inculpé. — Une expédition de la délibération fut adressée au procureur du roi; mais ce magistrat demanda en outre communication des pièces qui se rattachaient à l'affaire, ainsi que du travail écrit du rapporteur de la chambre.

Sur cette demande, la chambre de discipline prit unedélibération portant :

Que les décisions de la chambre sont constatées seulement par une délibération; qu'on ne voit nulle part qu'un rapport écrit ou officiel doive être produit, annexé ou déposé; qu'il n'est pas même signé; que cette pièce contient de simples renseignements à l'usage du rapporteur, et peut être enlevée par lui si bon lui semble; qu'elle n'est pas nécessaire aux débats, si la mémoire du rapporteur lui suffit pour retracer les faits; que si la chambre était astreinte à la communication du rapport ou d'autres documents qu'elle a obtenus, il ne devrait pas dépendre d'elle de se soustraire à cette obligation; cependant rien ne l'oblige à conserver d'autre pièce que la délibération.

Mais sur l'action dirigée par le ministère public, jugement du trib. de Rethel du 1er mars 1838 ainsi conçu :

Considérant que le ministère public ayant les mêmes droits que la chambre d'apprécier la conduite du notaire inculpé, il est fondé à demander la communication de toutes les pièces qu'elle a cru devoir joindre à sa délibération;

Considérant *en fait* que le travail écrit du rapporteur est annexé à la délibé-ration concernant Me N...; qu'ainsi il ne peut être refusé à M. le procureur du roi :

Condamne la chambre en la personne de son secrétaire à remettre en communication à M. le procureur du roi la délibération prise le... et notamment le rapport écrit de M. G... et la condamne aux dépens.

Deuxième espèce. 15 novembre 1839, lettre du procureur du roi de Montauban qui invite la chambre des notaires à énoncer dans les délibérations l'absence des membres, les causes de ces absences, et les motifs qui déterminent la chambre à les censurer ou à les excuser.

17 nov., délibération de la chambre qui refuse au ministère public communication d'une délibération, par laquelle elle avait statué sur les excuses présentées par deux de ses membres, absents à une précédente séance.

Citation du président devant le tribunal pour voir annuler cette délibération.

Et le 12 février 1838, jugement du tribunal en ces termes :

Attendu que les notaires appartiennent à l'ordre des officiers ministériels sur lesquels le ministère public doit exercer son investigation; que, pour être à même d'accomplir ce devoir, le ministère public a le droit de prendre connaissance des délibérations de la chambre des notaires, d'exiger qu'il lui en soit délivré copie par son secrétaire, ainsi que des *lettres, documents et autres pièces* sur lesquels serait intervenue la délibération de la dite chambre des notaires, afin de pouvoir convenablement apprécier ces délibérations et agir ensuite dans la sphère de ses attributions ainsi qu'il le jugera convenable; que s'il en était autrement les attributions, départies tant aux procureurs généraux qu'à leurs substituts par l'art. 45 de la loi du 20 avril 1810, seraient vaines et illusoires puisqu'elles ne pourraient être utilement exercées...

Par ces motifs, le tribunal déclare nulle et abusive la délibération de la chambre des notaires de l'arrondissement de Montauban du 17 nov. 1837.

740. Suivant un usage presque général, c'est le président de la chambre de discipline qui transmet au procureur du roi l'expédition de la délibération sur une demande de certificat.

Il semble en effet convenable que, dans leurs rapports avec le ministère public, les chambres soient représentées par leur premier officier.

On est pourtant forcé de reconnaître que cet usage est contraire à l'arrêté du 2 niv. an XII, qui décide formellement, art. 5-2°, que le syndic poursuit l'exécution des délibérations et agit pour la chambre *dans tous les cas* et conformément à ce qu'elle a délibéré.

Si le syndic d'une chambre de discipline réclamait donc le droit de corespondre avec le ministère public, il paraîtrait difficile de contester cette prétention.

741. Lorsque la chambre a été d'avis d'accorder le certificat, et que le procureur du roi n'y voit pas d'empêchement, il exprime ordinairement son approbation par cette simple formule : *je n'empêche.*

Dans le cas contraire, ce magistrat déduit les raisons qui lui paraissent devoir s'opposer à la délivrance du certificat.

Il doit également motiver son avis, lorsque la délibération de la chambre est pour le refus du certificat.

742. Après avoir exprimé son avis, le procureur du roi le renvoie avec la délibération et toutes les pièces à l'appui à la chambre de discipline.

L'art. 44 n'exigeait pas le renvoi dans le cas où la chambre avait refusé le certificat. Mais la circulaire du 22 vent. an XII le prescrit avec raison. Il est possible que les observations du ministère public déterminent la chambre à plus d'indulgence. C'est un recours dont l'aspirant ne doit pas être privé. Ajoutons que les rapports entre le ministère public et les chambres de discipline rentrent dans les dispositions que le gouvernement est chargé de réglementer. L. 25 vent. art. 50.

743. La chambre, après avoir pris connaissance de l'avis du procureur du roi, délivre le certificat ou le refuse définitivement. Elle renvoie ensuite toutes les pièces au parquet et délivre à l'aspirant expédition de ses délibérations (arrêté des notaires de Paris de 1836).

SECTION X. — DÉLIVRANCE DU CERTIFICAT.

SOMMAIRE.

744. La circulaire du **22** vent. an XII s'occupant des rapports du ministère public avec les chambres des notaires, dit que le procureur du roi envoie ses observations à la chambre de discipline qui délibère de nouveau et persiste dans son opinion ou la change, *suivant ce qu'elle juge convenable.*

Cette disposition consacre un point important, c'est que l'avis du procureur du roi n'est pas obligatoire pour la chambre de discipline. Ce magistrat remplit réellement à l'égard de la chambre les fonctions du ministère public, il donne des conclusions; la chambre doit prendre son avis, mais elle n'est pas tenue de le suivre.

745. Mais est-il nécessaire, comme le veut la circulaire, que la chambre prenne, dans tous les cas, une seconde délibération?

746. Cela a toujours lieu à Paris et dans les autres grandes villes, où la chambre est composée en majorité de notaires résidant dans la ville même, et où elle se réunit ordinairement une fois par semaine.

747. Dans d'autres chefs-lieux d'arrondissement où les membres de la chambre habitent souvent des communes éloignées et où les réunions sont par conséquent moins faciles, on a adopté l'usage suivant.

Dans la délibération par laquelle elle accorde le certificat de moralité et de capacité, la chambre délègue spécialement un et quelquefois deux membres de son bureau, pour délivrer, en son nom, le certificat de moralité et de capacité, dans le cas où l'avis du procureur du roi serait favorable.

C'est seulement en cas d'opposition de la part du ministère public, que la chambre se réunit de nouveau et procède à une seconde délibération.

748. Cette manière de procéder n'a rien de contraire à la loi du 25 vent. an XI, qui ne prescrit nulle part une seconde délibération de la chambre de discipline, pour la délivrance du certificat de moralité et de capacité. L'art. 43 porte seulement que le certificat ne pourra être délivré *qu'après que la chambre aura fait parvenir au parquet une expédition de sa délibération.* Il suffit donc que la communication au procureur du roi et l'adhésion de ce magistrat soient constatées, pour que le certificat puisse être délivré dans la forme que la chambre juge la plus convenable.

749. Il restait néanmoins à savoir si cette dérogation à la marche tracée par la circulaire de l'an XII serait tolérée par l'administration. La jurisprudence resta longtemps incertaine à cet égard : enfin la délibération suivante, prise le 15 février **1837,** par la chambre des notaires de l'arrondissement de **Vesoul,** a amené une solution plus précise.

« L'art. 43 ne parle pas, comme le suivant, de l'avis que doit donner M. le procureur du roi, dans le cas d'un refus de la chambre. Il n'est nullement énoncé dans ces deux articles que l'avis doive être mis sous les yeux de la chambre, et que la délivrance du certificat soit subordonnée à sa communication de la part du ministère public... »

Quel pourrait être, en effet, le but d'une seconde délibération de la chambre, lorsqu'elle a accordé son certificat et que M. le procureur du roi l'approuve? On ne délibère ordinairement que sur des points controversés, sur des matières douteuses, sujettes à interprétation ou qui intéressent la compagnie. N'est-il pas injuste d'obliger des notaires à se déplacer et à perdre à grands frais deux ou trois jours pour revenir au chef-lieu, afin d'y signer une seconde délibération qui ne sera que la copie de la première, laquelle n'est sujette à aucune objection ni observation, puisqu'il y a conformité dans l'avis du procureur du roi lui-même? Il n'y a aucune raison de s'opposer à ce que dans le cas de cette conformité, la chambre délègue à l'avance à un de ses membres porté sur les lieux, le droit de délivrer au postulant le certificat déjà consenti par une délibération que rien n'aura contredite ni ébranlée.

Assurément, la délégation ci-dessus deviendrait inutile si la chambre ne se composait que des notaires du chef-lieu dont la réunion est toujours facile et n'entraîne aucun inconvénient, comme par exemple, à Paris, à Bordeaux, et dans d'autres grandes villes où le nombre des notaires résidants est plus que suffisant pour compléter la chambre ; mais, dans les arrondissements dont le chef-lieu ne compte que des notaires en nombre inférieur, comme par exemple à Vesoul où trois notaires sont en exercice, et dont un seulement, le secrétaire, est actuellement membre de la chambre, il est nécessaire de choisir dans les autres cantons les autres membres placés la plupart à 3 ou 4 myriamètres du chef-lieu, en sorte que leur déplacement devient nuisible à leurs intérêts et au public.

La chambre est animée du désir de la prompte expédition des affaires, elle est surtout de bonne foi ; elle manquerait à ses devoirs, si elle suscitait des entraves pour éloigner les candidats, ou pour retarder leur nomination. Elle ne demande qu'à être éclairée, c'est pour cela qu'elle vient, pleine de confiance, présenter ces observations à M. le ministre de la justice, et solliciter qu'à l'avenir elle soit dispensée d'une seconde délibération, lorsque l'avis du procureur du roi est en harmonie avec la première, et lorsqu'elle aura délégué un de ses membres pour délivrer le certificat dans le cas de conformité de cet avis seulement. En prenant l'initiative, il lui semble qu'elle accomplit un devoir, elle travaille pour toutes les chambres qui, jalouses comme elle d'observer la loi, voudraient cependant ne point aller au-delà.

750. Sur cette délibération, M. le garde-des-sceaux a rendu, le 8 mai 1837, la décision suivante, adressée au procureur général de Besançon :

Les observations contenues dans la délibération de la chambre des notaires de Vesoul sont fondées. Lorsque la chambre de discipline a exprimé un avis favorable à l'aspirant, et que le procureur du roi n'a fait aucune observation contraire, la délivrance du certificat de moralité et de capacité n'est plus qu'une formalité pour laquelle une nouvelle réunion de la chambre ne paraît pas indispensable. Il convient donc d'éviter aux notaires qui en font partie et qui demeurent souvent dans des communes éloignées, un déplacement qui peut nuire à leurs intérêts et à ceux de leur clients.

Le certificat de moralité et de capacité peut, dans ce cas, être délivré réguliè-ment par le président ou par tout autre fonctionnaire de la chambre, délégué à cet effet, dans la délibération prise sur la demande de l'aspirant. Une nouvelle délibération n'est indispensable que lorsque le procureur du roi a refusé son *admittatur*.

751. Cette décision, comme on le voit, n'autorise les certificats par délégation, que lorsque le premier avis de la chambre et celui du procureur du roi ont été favorables. Dans tout autre cas, la chambre doit se réunir pour délibérer de nouveau.

Ajoutons que la deuxième délibération doit, autant que possible être prise par les membres qui ont concouru à la première. Ils peuvent seuls statuer en connaissance de cause, et apprécier les observations du ministère public. Si néanmoins, dans l'intervalle de l'une à l'autre délibération, la chambre avait été renouvelée en majorité, la deuxième délibération n'en serait pas moins valable; mais les nouveaux membres auraient le droit de s'éclairer par les moyens qu'ils jugeraient convenables. Ils pourraient même faire comparaître de nouveau le candidat et lui faire subir un examen supplémentaire.

752. Quel est celui des membres du bureau qui doit être délégué par la chambre de discipline pour la délivrance du certificat de moralité et de capacité?

La décision du 8 mai 1837, laisse à cet égard la plus grande latitude, elle porte que le certificat peut-être délivré par le président ou par tout autre fonctionnaire.

Les chambres ne suivent point à cet égard une règle uniforme.

Dans quelques arrondissements, notamment à Aurillac, Evreux, Loudun, Mauriac, Valognes, c'est le président qui est délégué.

Sur d'autres points, par exemple, à Meaux, c'est le secrétaire.

Ailleurs, le certificat est délivré par le président et le secrétaire réunis.

753. Le certificat de moralité et de capacité est délivré par un seul acte, conformément à l'art. 43 de la loi du 25 vent. an XI. C'est un acte complexe.

754. Cependant il n'est pas indivisible: ainsi la chambre de discipline peut accorder l'attestation de moralité, et refuser en même temps celle de capacité et *vice versa*.

Je reviendrai plus tard sur cette observation. V. *infr.* n° 772.

755. Quant à la forme et aux termes du certificat, ils sont abandonnés à la prudence des chambres de discipline.

Dans les arrondissements où s'est maintenu l'usage d'une seconde délibération, cette délibération, lorsqu'elle est affirmative comme la première, tient ordinairement lieu de certificat. On en délivre à l'aspirant une expédition qui est admise sans difficulté au ministère de la justice.

Quelques chambres de discipline persistent pourtant, malgré la seconde délibération, à délivrer un certificat spécial.

Lorsque le certificat est délivré par délégation, il prend nécessairement la forme d'un certificat ordinaire. Le délégué de la chambre atteste, certifie en son nom que le candidat réunit les conditions requises. Je donnerai *infr.* des formules de ces différentes attestations.

756. Nous avons vu, n°ˢ 720 et 728, que les délibérations de la chambre de discipline doivent être en minute et transcrites sur un registre. Cette règle est observée dans plusieurs arrondissements pour la rédaction du certificat par délégation (v. la 2ᵉ formule *infrà*). Mais elle n'est pas de rigueur, puisque,

dans ce cas, la chambre ne délibère pas de nouveau. Ce certificat peut donc être délivré en brevet. On se sert même, dans quelques chambres de discipline, de formules imprimées.

Je pense cependant qu'il est indispensable que la remise du certificat, s'il est seulement en brevet, soit mentionnée sur le registre, en marge de la délibération qui a autorisé à le délivrer. Arg. arr. 2 niv. an xii, art. 15, § 5.

757. Il est au surplus essentiel de rappeler que, quelle que soit la forme adoptée, on doit toujours joindre au certificat une expédition de la délibération.

Le certificat, la délibération de la chambre et toutes les pièces produites par l'aspirant, sont remises au procureur du roi et transmises avec son avis motivé au procureur général. Ce magistrat joint ses observations à celles du procureur du roi, et fait parvenir le tout au ministère de la justice. Circul. du 15 juill. 1820.

758. Dans quelques arrondissements, il est perçu une rétribution pour la délivrance des certificats de moralité et de capacité aux aspirants.

Un réglement arrêté par l'assemblée générale des notaires de l'arrondissement de Blaye, en date du 10 mai 1810, porte qu'il sera payé à la bourse commune une rétribution de 200 fr. pour la délivrance des certificats de moralité et de capacité à tout aspirant qui sera nommé notaire.

On lit dans les statuts des notaires de Gray, art. 65 :

Les recettes connues se composent encore du droit individuel de 5 francs indistinctement, pour la délivrance aux clercs et aspirants de leurs certificats de moralité et de capacité.

759. Ces perceptions sont illégales, elles ne pourraient même être régularisées par leur insertion dans un rôle de cotisation. L'art. 22 de l'arrêté du 2 niv. an xii porte en effet que la bourse commune ne peut être répartie que sur les divers *membres de l'arrondissement.* Or, l'aspirant qui obtient un certificat n'est pas notaire, il peut renoncer à sa demande, ou ne pas obtenir sa nomination.

L'irrégularité du droit de certificat imposé par le réglement des notaires de Blaye a été reconnue par le jugement et la décision ci-après, sur le refus de M. Faure Saint-Hubert, notaire dans cet arrondissement, d'acquitter ce droit.

Attendu que le réglement des notaires de l'arrondissement de Blaye du 10 mai 1810, en vertu duquel le syndic demande au notaire Faure Saint-Hubert le paiement à la bourse commune d'une somme de 200 fr. pour les certificats de moralité et de capacité qui lui ont été délivrés lors de sa réception, est illégal, parce qu'aucune loi ne donne aux notaires le pouvoir de faire des réglements de ce genre ; et que l'illégalité de ce réglement ne permet pas d'ordonner la comparation personnelle pour savoir du sieur Faure Saint-Hubert s'il a promis dans le temps de payer cette somme et moins encore de lui déférer le serment sur cette promesse....... Par ces motifs, le tribunal déclare le syndic des notaires, au nom qu'il agit, mal fondé dans sa demande en paiement d'une somme de 200 fr. pour la réception du dit sieur Faure Saint-Hubert (10 août 1832).

M. le garde-des-sceaux ayant eu à s'expliquer sur la question dans la même affaire, l'a résolue en ces termes, le 20 octobre 1834 :

« Le syndic, au nom de la chambre de discipline, avait demandé qu'indépendamment de sa cotisation arriérée, le sieur Faure Saint-Hubert soit condamné à payer 200 fr. pour la délivrance de ses certificats de moralité et de capacité. Cette demande, basée sur une délibération prise en assemblée générale le 20 mai 1810, a été repoussée avec raison par le tribunal. Si les notaires peuvent en effet voter des fonds pour subvenir à leurs dépenses communes, il leur est sévèrement interdit de soumettre à des taxations arbitraires les actes de leur ministère et ceux de la chambre de discipline. La fixation d'un droit à percevoir sur les certificats de moralité et de capacité constitue donc un véritable excès de pouvoir. »

760. Un réglement notarial va plus loin que ceux de Blaye et de Gray; il établit non pas un droit de certificat, mais un droit d'examen. Il porte que tout candidat qui demandera à passer son examen versera 80 fr. entre les mains du trésorier de la chambre de discipline, et cette somme de 80 fr. est définitivement acquise à la chambre même dans le cas où le certificat n'est pas accordé.

Il suffit de rapporter cette disposition pour en faire ressortir l'illégalité.

761. Il ne faut pas néanmoins confondre les *droits d'examen ou de certificat* avec le *droit d'entrée*.

Le réglement arrêté par les notaires de Paris, le 16 septembre 1807 pour la formation de leur bourse commune, et homologué par le premier président le 16 novembre suivant, contient la disposition suivante:

« Art. 4. Chaque récipiendaire pour la résidence de Paris fournira une bourse de 250 jetons dont les deux cinquièmes seront applicables à l'entretien de la biblothèque existant près la chambre. »

Cette perception, homologuée et approuvée conformément à l'art. 22 de l'arrêté du 2 niv., me paraît entièrement régulière. Elle ne porte en effet que sur des notaires *reçus*, c'est-à-dire sur des fonctionnaires soumis par l'art. précité au paiement de l'impôt notarial; tandis que les droits de certificat ou d'examen frappent des individus qui n'appartiennent pas au notariat.

762. Les certificats de moralité et de capacité délivrés par les chambres de discipline sont affranchis de l'enregistrement, mais ils sont sujets au timbre. Déc. min. fin. 28 sept. 1829.

Lorsqu'ils sont délivrés en expédition, ils ne peuvent être que sur du papier de 1 fr. 25 c. et l'on suit en outre pour le nombre de lignes la règle prescrite par l'art. 20. **L. 13 brum. an VII.**

On a demandé si le certificat pouvait être expédié à la suite de la délibération qui l'a accordé et sur la même feuille.

L'affirmative paraît certaine.

L'art. 23 L. 13 brum. an VII, qui défend de faire ou expédier deux actes à la suite l'un de l'autre, exempte de cette prohibition les actes qui sont la conséquence immédiate et le complément d'un autre acte, tels que ratifications, quittances *et autres.*

Il a été décidé en conséquence que les procès-verbaux d'adjudication peuvent être dressés à la suite du cahier des charges et des procès-verbaux de criées. **Délib. de la régie du 13 déc. 1817. Jugem. du trib. de Senlis du 5 mars 1829.**

On retrouve le même principe dans les art. 885 et 886 C. proc., portant que les actes qui tendent à l'homologation d'une délibération du conseil de famille, tels que la requête, l'ordonnance du président pour la communiquer au procureur du roi ou pour commettre un rapporteur et le jugement qui prononce l'homologation, doivent être écrits à la suite les uns des autres.

Enfin les arbitres volontaires ou forcés peuvent rédiger leur sentence à la suite du procès-verbal constatant leur constitution et les dires des parties.

Les mêmes motifs de décider s'appliquent au certificat de moralité et de capacité, qui n'est réellement que la suite et le complément de la première délibération de la chambre de discipline.

763. Lorsque le certificat est délivré en brevet, il peut-être écrit indistinctement sur du timbre de 35 ou 70 c. ou de 1 fr. 25 c.

FORMULES.

1° *Certificat de moralité et de capacité délivré par la chambre de discipline.*

Séance du 5 juillet 1841.

Etaient présents MM.

M. le président donne lecture d'une lettre de M. le procureur du roi près le tribunal civil de...., en date du....., annonçant qu'il a reçu l'expédition de la délibération du 1er juillet courant, par laquelle la chambre a accordé au sieur... un certificat de moralité et de capacité, et qu'il ne met aucun empêchement à la délivrance de ce certificat.

Sur quoi, la chambre, vu 1° l'art. 43 de la loi du 25 vent. an XI, et l'art. 2 n° 5 de l'arrêté du 2 niv. an XII ;

2° La lettre précitée de M. le procureur du roi,

Déclare persister dans sa délibération du 1er juillet courant, et accorder, comme en effet elle accorde par la présente, audit sieur... le certificat de moralité et de capacité dont il a fait la demande, afin d'être nommé aux fonctions

de notaire à la résidence de..., en remplacement et sur la présentation de M°....
démissionnaire.

Fait et délibéré, etc.

*2° Certificat délivré, au nom de la chambre de discipline, par le président et
par le secrétaire.*

Nous, Jean-Marie Serres, notaire président de la chambre des notaires de
l'arrondissement d'Aurillac, et Joseph Pomier, aussi notaire, secrétaire-trésorier de ladite chambre ;

Vu la délibération de la chambre de discipline en date du 13 décembre courant, portant qu'il sera délivré à M. Pierre Peyrac le certificat de moralité et de
capacité nécessaire pour être admis à remplacer M. Giraud-Justin Issolier, notaire à la résidence de Crandelles, canton sud et arrondissement d'Aurillac, démissionnaire ;

Vu l'avis rendu en faveur du récipiendaire par M. le procureur du roi près le
tribunal civil de cet arrondissement, en date de ce jour,

Certifions et attestons que le dit M. Peyrac a les qualités morales, la capacité
et les lumières nécessaires pour exercer les fonctions de notaire à la résidence
de Crandelles, en remplacement de M° Issolier, démissionnaire.

Fait à Aurillac en la chambre des notaires, le 4 décembre 1837.

Au registre sont les signatures.

Pour expédition conforme,
Le secrétaire-trésorier,
Pomier.

3° Certificat délivré par le président seul.

Le soussigné président de la chambre des notaires de l'arrondissement d'E-
vreux, au nom et comme délégué de ladite chambre pour l'objet ci-après :

Vu 1° la délibération en date du 28 octobre dernier, par laquelle la chambre
a déclaré accorder au sieur Léon-Pierre Séréville le certificat de moralité et de
capacité dont il a fait la demande, pour être nommé aux fonctions de notaire à
la résidence de Saint-André (Eure), en remplacement et sur la présentation de
M° Butant, et a chargé le soussigné, comme délégué de la chambre, de délivrer
ledit certificat, après communication faite de la délibération, à M. le procureur
du roi, conformément à la loi ;

2° L'avis favorable de M. le procureur du roi près le tribunal civil d'Evreux,
en date du 31 octobre dernier,

A, au nom de la chambre, délivré ce jourd'hui audit sieur Pierre Séréville le
présent, pour lui servir, en exécution de la délibération ci-dessus visée, de
certificat de moralité et de capacité, selon l'art. 43 de la loi du 25 ventôse
an XI.

En foi de quoi le soussigné a délivré le présent certificat.

A Évreux, le 2 novembre 1837.

SECTION XI. — REFUS DU CERTIFICAT.

SOMMAIRE.

764. *Caractère de l'intervention des chambres de discipline.*

764. Le refus du certificat de moralité et de capacité est sans doute un acte très-grave. La délibération par laquelle une compagnie d'officiers publics déclare un individu indigne ou incapable d'être admis dans son sein, aura toujours une grande portée; mais enfin ce refus n'a rien de définitif.

La loi présente un moyen pour que l'intérêt personnel, ou des préventions mal fondées ne puissent priver du fruit de ses travaux l'homme qui réunirait des mœurs pures à une grande instruction. La chambre de discipline n'est pas constituée juge; et son avis, dont, en cas de refus, *elle doit donner les motifs*, sera remis par elle au commissaire, adressé par celui-ci au grand juge, apprécié, rejeté ou approuvé par le gouvernement (1).

Tel est l'objet de l'art. 44 de la loi du 25 vent. an xi. « En cas de refus, la chambre donnera un avis motivé et le communiquera au commissaire du gouvernement, qui l'adressera au grand-juge, avec ses observations. »

Le gouvernement a rappelé cette disposition dans l'art. 2 5° de l'arrêté réglementaire du 2 niv. an xii. L'art. 15, ajoute que les délibérations des chambres de discipline ne sont que de *simples avis*.

---

(1) Réal, *Exposé des motifs.*

Les circulaires des 22 vent. an xii et 28 vent. an xiii adressées par le grand-juge aux officiers du ministère public s'expriment dans les mêmes termes.

765. Ainsi quels que soient les vices d'une justification, quelque notoriété qui existe sur l'incapacité d'un candidat, sur le désordre de ses mœurs, sur son manque de loyauté, la chambre doit toujours délibérer, *car elle ne peut s'arroger indirectement le droit de rejeter les demandes* (1).

Mais ce devoir une fois rempli, la délibération régulièrement prise et motivée, la chambre redevient tout-à-fait indépendante dans l'exercice de son droit d'accorder ou de refuser le certificat. La loi lui demande communication de ses motifs, mais elle ne lui en impose ou ne lui en interdit aucun. En un mot, pour employer les expressions de la circulaire du 28 vent. an xiii, la chambre peut *faire toutes les observations qu'elle juge convenables*.

766. Ces explications suffisent pour déterminer la nature de l'intervention des chambres notariales. Elles font ressortir la distinction qui existe entre le refus du certificat et le refus de délibérer.

La chambre ne peut exprimer qu'un simple avis, cet avis doit toujours être motivé.

Donc elle ne peut écarter l'aspirant par une fin de non-recevoir, en refusant de délibérer, de donner son avis sur la moralité et la capacité.

767. J'ai donné *sup.* n° 651, un exemple de cette différence.

La chambre des notaires de L..., sur une justification de stage, déclara que l'aspirant n'était pas en règle, qu'il n'y avait pas lieu de procéder à son examen et que les pièces par lui produites lui seraient remises.

La chambre des notaires de Soissons, saisie à son tour de la demande d'un candidat dont le stage lui paraissait insuffisant et irrégulier, déclara, *sans procéder à l'examen*, que les pièces produites suffisaient pour déterminer sa conviction sur le défaut de capacité de l'aspirant, et elle lui refusa le certificat de moralité et de capacité.

La première délibération fut improuvée par le ministre, la seconde obtint au contraire son approbation, et j'ai fait voir que ces deux décisions, malgré leur apparente contradiction, étaient également fondées.

Dans le premier cas, en effet, il s'agissait d'un refus de délibérer, et dans le second d'un simple refus de certificat.

768. Une autre distinction non moins essentielle à établir,

____

(1) Circulaire du 28 vent. an xiii.

est celle qui existe entre le refus, l'ajournement et le retrait du certificat.

769. Et d'abord, rappelons ici le principe que les pouvoirs extrêmes comprennent toujours ceux qui sont moins étendus.

Le droit de refuser le certificat comprend donc évidemment le droit d'ajourner.

Cependant ce droit a été contesté, car que ne conteste-t-on pas !

Le sieur P...... aspirant à un office de notaire de troisième classe, demanda à la chambre de discipline de l'arrondissement d'Avallon, un certificat de moralité et de capacité.

Le 24 octobre 1835, la chambre prit sur cette demande une délibération ainsi conçue :

« Vérification faite des pièces produites, les membres de la chambre les ayant trouvées régulières, ont adressé à M. P.... diverses questions relatives au notariat, et l'ont invité à rédiger un projet d'acte sur une note qui lui a été remise à cet effet,

« Cet examen étant terminé, les membres de la chambre, après en avoir délibéré, attendu qu'ils n'ont été nullement satisfaits des réponses du candidat aux diverses questions qui lui ont été adressées, non plus que du projet d'acte qu'ils l'ont invité à rédiger, ont, à l'unanimité, refusé à M. P.... le certificat de capacité par lui demandé, et l'ont ajourné pour se représenter devant eux à six mois de ce jour, époque à laquelle il devra subir un nouvel examen. »

Sur la communication qui lui fut donnée de cette délibération, le procureur du roi adressa au président de la chambre de discipline les observations suivantes :

Quant à l'ajournement que vous avez donné à M. P.... de se représenter dans six mois, je suis d'avis qu'ici vous avez dépassé vos pouvoirs. La mission de la chambre n'est pas complexe, elle est simple : prononcer par oui ou par non sur la demande en délivrance des certificats de moralité et de capacité; elle ne statue jamais que *dans l'état*. L'attestation de capacité qu'on lui demande n'est pas un titre académique qui puisse servir et partout et toujours; c'est un acte spécial. La chambre ne pourrait donc se fonder sur l'usage où sont les corps universitaires, de prononcer ces sortes d'ajournements. Ce n'est pas pour un point d'une vaine théorie que je raisonne, c'est dans le but de défendre un intérêt que votre doctrine compromettrait, la valeur pécuniaire des offices. En effet, qu'un candidat au baccalauréat ou à la licence voie reculer de six mois l'époque de la délivrance de son diplôme, en général, sa fortune n'en est pas compromise. En est-il de même de celui qui a traité d'une étude de notaire, surtout si cette étude est fermée? qui calculera le préjudice que peut éprouver cette étude pendant les six mois laissés à une active concurrence ? C'est pour empêcher cette perte, n'en doutez pas, que la loi ne laisse aux chambres de notaires d'option qu'entre la délivrance ou le refus du certificat. Le refus donne immédiatement ouverture au recours au ministre de la justice; l'ajournement paralyse des droits que vous devez respecter.

770. En insérant ces observations dans le Journal des Notaires, art. 9233, j'y ai joint les réflexions suivantes :

Si les chambres de discipline ont incontestablement le droit de refuser d'une manière absolue le certificat de moralité ou de capacité, L. 25 vent. an XI, art. 43 et 44, à plus forte raison doivent-elles avoir la faculté d'ajourner l'aspirant, ou en d'autres termes de l'assujettir à un examen supplémentaire, lorsqu'elles conservent quelques doutes sur sa capacité. Cette faculté est évidemment comprise dans la première. *In eo quod plus sit semper inest minus* (L. 110 *D. de reg. jur.*).

Il y a quelque chose de fort grave dans le refus définitif d'un certificat de moralité ou de capacité. C'est un précédent qui peut exercer une influence fâcheuse sur toute la carrière d'un aspirant. On conçoit que les chambres de discipline se décident difficilement à exercer un droit aussi rigoureux, et qu'elles se bornent à un simple ajournement, toutes les fois qu'il est permis d'espérer que l'aspirant pourra acquérir les connaissances qui lui manquent ou faire oublier les torts qu'on aurait à lui reprocher. Cette mesure de bienveillance et d'équité me paraît entièrement conforme au but de l'institution des chambres de discipline.

M. le procureur du roi considère un ajournement comme plus fâcheux pour un candidat qu'un refus définitif, parce que, dit ce magistrat, le refus donne immédiatement ouverture au recours devant l'administration. Mais pourquoi n'en serait-il pas de même de l'ajournement? Dans cette hypothèse, comme dans l'autre, la chambre ne statue que par forme de *simple avis*. Rien n'empêche donc le gouvernement de passer outre à la nomination, s'il ne partage pas les doutes exprimés par la chambre de discipline sur l'idonéité du candidat.

La délibération relative à M. P.... ne paraît susceptible que d'une critique. Les tribunaux sont tenus de prononcer sur tous les chefs de demande qui leur sont soumis. C. pr. civ. art. 480-5°, *Sententia debet esse conformis libello.* Cette règle ne paraît pas moins obligatoire pour les chambres de discipline. C'est donc à tort qu'en statuant sur la capacité de M. P....., la chambre de discipline a omis de s'expliquer sur la moralité du candidat.

771. Occupons-nous maintenant du retrait du certificat.

La chambre de discipline, après avoir accordé à un aspirant une attestation favorable, a-t-elle le droit de la retirer?

Remarquons d'abord que la question ne peut pas se présenter pour le certificat de capacité. L'examen qui précède la délivrance de ce certificat est une épreuve sur laquelle il ne paraît pas possible de revenir.

Mais il peut arriver qu'après la remise des pièces au procureur du roi, la chambre reçoive de nouveaux renseignements qui la fassent changer d'opinion sur la moralité du candidat. Peut-elle alors rétracter l'attestation de moralité?

J'ai été consulté sur cette question à l'occasion d'une délibération prise le 19 février 1840, par la chambre des notaires de Montargis.

M. D... avait traité d'une étude de notaire dans cet arrondissement. Il obtint de la chambre de discipline un certificat de moralité et de capacité; mais des difficultés s'élevèrent ensuite sur l'exécution du traité. Un procès s'ensuivit, et en même temps une plainte fut déposée par le cédant entre les mains du président de la chambre de discipline.

Sur cette plainte, M. D... fut invité à comparaître devant la chambre pour fournir des explications. Il ne se présenta pas au jour indiqué (le 19 février 1840), et la chambre, statuant par *défaut*, attendu que sa conduite lui paraissait immorale, lui retira le certificat de moralité et décida que copie de sa délibération serait adressée au ministère de la justice.

Sans approuver aucunement les motifs allégués contre M. D..., et à n'examiner la question qu'en point de droit, j'ai répondu qu'il paraissait difficile de contester à une chambre de discipline la faculté de revenir, d'après de nouveaux renseignements, sur la délibération qui accorde un certificat. Ces délibérations ne sont pas des jugements, ce sont de simples avis (arr. 2 niv. an XII, art. 15; exposé des motifs de la loi du 25 vent. an XI). On ne saurait dès-lors leur appliquer la règle qu'un jugement, hors le cas de défaut ou de requète civile, ne peut être modifié par les juges qui l'ont prononcé.

Par la même raison, la chambre, après avoir refusé le certificat, pourrait revenir sur son avis, si elle acquérait la preuve de l'injustice des reproches adressés à l'aspirant.

772. Bien qu'il soit d'usage de réunir dans un seul et même contexte le certificat de moralité et le certificat de capacité, ce sont deux actes distincts et essentiellement divisibles.

Les chambres des notaires de Soissons et d'Avallon ont donc commis une grave erreur dans leurs délibérations, déjà citées (1), de 1835 et 1837, en décidant :

« Qu'il résulte de l'esprit et de la lettre de la loi que le certificat de moralité et de capacité est indivisible; que ce certificat doit être refusé lorsque les deux conditions de moralité et de capacité ne se trouvent pas réunies dans l'aspirant. »

Le procureur du roi d'Avallon s'est chargé de réfuter cette doctrine.

« Nous ne comprenons pas le texte de la même manière, écrivait-il à la chambre des notaires de son arrondissement le 28 oct. 1835; je pense, moi, qu'il impose aux chambres des notaires l'obligation de statuer sur la double demande de moralité et de capacité; qu'ainsi votre chambre a eu tort de s'abstenir de répondre sur la moralité, par la considération qu'elle refusait de s'expliquer, quant à présent, sur la capacité. Je me fonde sur ce que la chambre n'est pas juge souverain comme vous semblez le croire. Une lecture attentive de l'art. 44 de la loi du 25 vent an XI, vous fera reconnaître que le garde-

____

(1) No 652, 767, 769.

des-sceaux peut réformer votre décision sur la capacité. Or, ne faut-il pas en ce cas qu'il soit éclairé sur la moralité du candidat?

773. On a demandé si les chambres de discipline ont le droit d'imposer des conditions pour la délivrance des certificats de moralité et de capacité. Je ne parle plus ici de conditions pécuniaires ; j'ai déjà fait ressortir la complète illégalité des perceptions établies sous le titre de droits d'examen ou de certificat (1) ; je parle d'autres conditions qui peuvent tenir à l'ordre, à la discipline, ou seulement à la police intérieure de la compagnie.

Par exemple, une chambre de discipline peut-elle exiger, à peine de refus du certificat, que les aspirants adhèrent par écrit à son réglement?

Voici ce qu'on trouve dans les statuts des notaires de Gray, art. 1317 :

« Tout candidat qui se présentera pour une place de notaire vacante dans l'arondissement, prendra connaissance des statuts et réglements et promettra par écrit de s'y soumettre, avant que d'obtenir de la chambre son certificat de moralité et de capacité. — S'il est ensuite admis aux fonctions de notaire, avant de prêter serment devant le tribunal , il se présentera au secrétariat de la chambre pour y prêter celui qui est exigé des notaires actuels et donner son adhésion, de quoi il sera dressé procès-verbal. »

Le réglement des notaires de Bourges contient, art. 31, une disposition semblable.

D'autres chambres de discipline se contentent d'exiger des aspirants qu'ils s'interdisent, dans tous les cas et après avis ou décision de la chambre, la faculté d'en référer à justice.

774. On a révoqué en doute la légalité de ces conditions. La question s'est élevée à l'occasion du réglement des notaires de Bourges, que je viens de citer.

10 septembre 1836, délibération de la chambre des notaires de cette ville, ainsi conçue :

Ensuite la chambre a demandé à M. Berson d'adhérer au réglement qui régit la compagnie des notaires de l'arrondissement de Bourges. M. Berson a refusé cette adhésion. Considérant 1° que le réglement arrêté le 18 mai 1831 par les notaires de l'arrondissement de Bourges, réunis en assemblée générale, a pour objet de maintenir parmi les notaires et au-dehors la considération et l'estime dues au corps , en indiquant à chaque notaire ses devoirs envers le public et envers ses confrères ; 2° que l'art. 31 de ce réglement prescrit à tout récipiendaire d'y adhérer par écrit ; 3° que tous les notaires de l'arrondissement se sont soumis à son exécution , à la seule exception de deux des titulaires de l'étude à laquelle aspire M. Berson ; 4° que ces deux notaires ont compromis la dignité de leurs fontions et ont été contraints de les résigner ; 5° qu'il est du devoir de la chambre de prévenir le retour de si déplorables événements ; que l'adhésion au réglement est un moyen d'y parvenir ; 6° que celui qui aspire aux délicates fonctions de notaire doit s'en montrer digne en donnant à la compagnie

____

(1) V. *surp.* n°° 758 à 760.

à laquelle il se présente, les garanties qu'elle lui demande de sa fidélité à accomplir tous les devoirs qu'imposent ces importantes fonctions ; 7₀ qu'en refusant d'adhérer aux statuts d'une compagnie qui les a faits dans l'intérêt de sa propre considération, c'est faire concevoir contre soi des appréhensions fâcheuses ; 8° que la chambre des notaires de Paris refuserait sans aucun doute le certificat de moralité à un aspirant qui n'adhérerait point à son réglement, ainsi qu'elle l'a exprimé par l'organe de son président, dans une lettre écrite à celui de notre compagnie ; — Est unanimement d'avis qu'il n'y a pas lieu d'accorder à M. Berson le certificat de moralité et de capacité par lui demandé.

Le ministère public fit les observations suivantes sur cette délibération.

Ce refus me paraît constituer un excès de pouvoir de la part de la chambre de discipline. Pour s'en convaincre, il suffit de se reporter aux motifs sur lesquels elle s'est fondée. Il est remarquable qu'après avoir constaté que le candidat a répondu d'une manière convenable aux questions qui lui ont été faites, et qu'il y a lieu par conséquent de lui accorder le certificat de capacité et de moralité exigé de tout aspirant, la chambre le lui refuse sous prétexte qu'il n'a pas voulu adhérer à son réglement. Il paraît d'ailleurs que la clause de ce réglement qui a déterminé la conduite de M. Berson est celle par laquelle les notaires s'obligent à ne pas sortir de leur résidence, et renoncent ainsi au droit que leur assure à cet égard l'art. 5 de la loi organique du notariat.

Je comprends bien que les chambres de notaires prennent toutes les mesures nécessaires pour s'assurer de la moralité des candidats qui se présentent, mais assurément leurs pouvoirs ne sauraient aller jusqu'à autoriser des refus de certificats, fondés sur des motifs de la nature de ceux mis en avant dans la circonstance, surtout quand la bonne conduite de l'aspirant est établie par des attestations dignes de foi.

Et, le 22 octobre 1836, décision de M. le garde-des-sceaux, en ces termes :

« Je partage votre avis sur l'illégalité des conditions que la chambre des notaires de Bourges a prétendu imposer au sieur Berson, et auxquelles il a refusé avec raison de se soumettre. — Pour prévenir de semblables difficultés, je vous recommande de vérifier avec soin le réglement des notaires de cet arrondissement et de provoquer l'annulation de toutes les clauses qui tendraient à déroger sur quelque point aux dispositions légales. »

Il est essentiel de se fixer sur la portée de cette décision. L'improbation ministérielle s'applique-t-elle à l'adhésion demandée à l'aspirant, ou seulement à certaines clauses du réglement qui paraissaient contraires aux dispositions légales ?
Je pense qu'elle doit être limitée à ce dernier sens.
Les notaires, en assemblée générale, ont le droit de se *concerter sur ce qui concerne l'exercice de leurs fonctions*, arr. 2 niv. an XII, art. 16. Ils peuvent dès-lors arrêter des dispositions générales et réglementaires, et cette faculté comporte évidemment celle d'exiger l'adhésion des récipiendaires, autrement la compagnie serait incessamment en proie à des luttes intérieures. Il n'y aurait aucune obligation, même morale, de la part du notaire admis depuis la mise à exécution des statuts.

Je ne puis croire que le ministre ait voulu critiquer l'exercice d'un droit aussi légitime, et j'ajouterai aussi nécessaire ; j'en trouve, au surplus, la preuve dans les termes mêmes de la décision. Le ministre parle seulement de l'illégalité des *conditions* auxquelles l'aspirant a refusé de se soumettre et dont il faudra provoquer l'annulation. Donc le réglement une fois modifié sur ce point, pourrait, comme par le passé, être proposé à l'adhésion des récipiendaires.

775. Voici, au surplus, un autre exemple qui prouve d'une manière encore plus péremptoire que le ministère n'interdit pas aux chambres de discipline la faculté d'imposer des conditions pour la délivrance du certificat, sauf à vérifier ces conditions, et à les rejeter si elles étaient abusives.

En 1836, la chambre des notaires de Marseille refusa le certificat de moralité et de capacité au sieur R..., quoiqu'il eût bien passé son examen, parce qu'il avait refusé de prendre *par écrit* l'engagement de né pas renouveler une société que son cédant avait contractée pour l'exploitation de son étude.

Cette délibération fut déférée au garde-des-sceaux comme constituant un excès de pouvoir ; mais le ministre, loin d'adopter cette opinion, déclara que la condition exigée était conforme aux instructions qu'il avait données et à la discipline du notariat (décision du mois de déc. 1836).

776. Suivant l'art. 44 de la loi du 25 vent. an XI, la chambre, en cas de refus, doit donner un avis motivé et le communiquer au procureur du roi. Cet article ne parle pas de l'aspirant, mais on ne peut lui contester le droit de se faire délivrer aussi une expédition de la délibération : il faut bien lui faire connaître les reproches dont il aura à se justifier.

Cela ne fait pas de difficulté à Paris. L'arrêté de 1836 porte que, dans tous les cas, il sera délivré expédition à l'aspirant des délibérations qui le concernent.

La question a, en outre, été décidée *in terminis* par un arrêt de la C. cass. du 31 août 1831, à l'occasion de difficultés élevées par la chambre des notaires de Caen, et qui avaient motivé un recours devant les tribunaux.

« Attendu que s'il résulte des art. 43 et 44 de la loi du 25 vent. an XI, que les délibérations prises par la chambre de discipline des notaires sur les demandes des candidats doivent être communiquées au procureur du roi, pour être par lui transmises au ministre de la justice, on ne saurait induire de ces dispositions que le candidat ne puisse pas demander expédition des délibérations qui le concernent.

777. Le candidat peut discuter devant l'administration la délibération de la chambre de discipline, mais il ne peut l'attaquer en justice ; les délibérations sur la moralité et la capacité étant de simples avis, ne sont soumises à aucun recours.

C. Paris, 28 avr. 1832; trib. de Châteaulin, 29 nov. 1834;
C. cass., 4 déc. 1833. *Contrà*, trib. de Caen, 22 août 1826.

778. On fait une question plus grave : on demande si les
membres de la chambre qui a refusé le certificat de moralité
peuvent être pris à partie ou poursuivis en diffamation à raison
des motifs énoncés dans leur délibération.

On se fonde, pour l'affirmative, sur les art. 505 et suiv.
C. proc., 358 C. instr. crim., 373 C. pén., 1, 13, 15 L. 17 mai
1819.

Mais aucune de ces dispositions ne paraît applicable aux
chambres de discipline.

Ecartons d'abord les art. 505 et suiv. C. proc. Ils n'autorisent la prise à partie que contre les *juges*. Or, les membres
des chambres notariales ne sont pas des juges; ce sont de
simples officiers publics chargés momentanément des intérêts
de la compagnie, et dont les délibérations, purement administratives ou consultatives, n'ont aucun rapport avec des
jugemens.

L'art. 358 C. instr. crim. interdit formellement à l'accusé
acquitté l'action en dommages-intérêts pour calomnie contre
les autorités constituées qui l'ont dénoncé, mais il lui réserve
la prise à partie, *s'il y a lieu*. L'art. 373 C. pén. prononce l'emprisonnement et l'amende contre ceux qui ont fait par écrit
une dénonciation calomnieuse aux officiers de justice ou de
police administrative ou judiciaire.

L'argument que l'on tire de ces articles est plus spécieux,
mais il n'est pas plus fondé que le précédent. En motivant le
refus du certificat de moralité sur des faits graves, la chambre
de discipline ne dénonce pas un délit; sa délibération n'a
pas pour objet de provoquer des poursuites; elle ne fait qu'exprimer un avis dans le cercle de ses attributions officielles et
obligées; elle n'exprime les faits reprochés que comme *motifs*
de sa délibération et nullement pour provoquer sur eux la
sévérité du ministère public.

Resterait donc le délit de diffamation, prévu par la loi du
17 mai 1819.

Mais, suivant cette loi, il n'y a diffamation ou injure que
dans le cas de *publicité*. Cass. 11 avr. 1822. Or, les délibérations des chambres de discipline sont essentiellement secrètes;
elles ne peuvent être communiquées qu'à l'autorité compétente, ou à l'aspirant qu'elles concernent.

Il a d'ailleurs été jugé que lorsqu'un écrit diffamatoire de sa
nature n'a été rendu public que par un fait étranger à l'auteur
de l'écrit, il n'y a pas diffamation dans le sens de la loi précitée. Cass., 16 fév. 1829.

M. Loret ajoute avec raison (1) : « Les chambres des no-

____

(1) *Eléments de la science notariale,* tom. 1 p. 456.

taires, dans cette partie de leurs fonctions, ne peuvent atteindre le but que le législateur s'est proposé, qu'autant qu'elles jouissent de la plus entière liberté, de la plus parfaite indépendance. Or, n'est-il pas visible qu'il n'y aurait ni liberté, ni indépendance pour elles, si elles ne pouvaient dire un mot sur la moralité d'un candidat, sans s'exposer à des réclamations, à des procès de la part de cet individu ? L'opinion de la moralité d'un homme se compose d'éléments trop fugitifs pour qu'on puisse le plus souvent en recueillir la preuve, et il deviendrait impossible de rien dire sur cette matière, si on était obligé de rapporter les attestations de ce qu'on avance, nous dirons plus, du sentiment qu'on éprouve et dont on est pénétré. »

Un arrêt conforme à cette opinion a été rendu par la Cour supérieure de Bruxelles, le 10 nov. 1829, à l'occasion d'une demande tendant à obtenir la radiation d'une délibération qui portait atteinte à la réputation d'un aspirant. Il est ainsi conçu :

LA COUR...;—Attendu que les faits et circonstances de la cause établissent, à l'évidence, que le procès-verbal de délibération dont se plaint l'appelant, et qui se trouve dans le registre des délibérations de la chambre de discipline des notaires à Anvers, sous la date du 23 août 1816, a été rédigé par cette même chambre de discipline dans l'exercice et dans le cercle de ses fonctions ; vu qu'elle se trouvait forcée par suite de la demande réitérée de l'appelant à l'effet d'obtenir une place de notaire, ainsi que des obligations à elle imposées par la loi, d'envoyer à l'autorité supérieure un certificat sur sa moralité ;— met l'appel au néant.

779. Les membres d'une chambre de discipline ne pourraient pas davantage être poursuivis disciplinairement par le ministère public, pour un refus de certificat. Il n'en est pas de ce cas comme du refus de délibérer dont j'ai parlé n° 664. La chambre qui refuse de délibérer manque à une obligation légale. En refusant, au contraire, le certificat de moralité, la chambre reste dans la limite de ses attributions, pour lesquelles la loi lui assure une complète indépendance.

780. Comme je l'ai dit, n° 764, le refus du certificat de moralité ou de capacité ne lie pas l'autorité ; la chambre de discipline n'est pas constituée juge ; elle n'exprime qu'un avis qui est apprécié, rejeté ou approuvé par le gouvernement.

Lorsque le refus porte sur le certificat de capacité, on fait ordinairement subir à l'aspirant un examen supplémentaire qui a lieu devant le procureur du roi, devant le procureur général, ou devant le tribunal de première instance.

CHAPITRE VI.

DE LA PRÉSENTATION.

——

Loi du 28 avril 1816.

Art. 91. « Les avocats à la cour de cassation, *notaires*, avoués, greffiers, huissiers, agents de change, courtiers, commissaires-priseurs, pourront présenter à l'agrément de Sa Majesté des successeurs, pourvu qu'ils réunissent les qualités exigées par les lois. Cette faculté n'aura pas lieu pour les titulaires destitués.

Il sera statué par une loi particulière sur l'exécution de cette disposition, et sur les moyens d'en faire jouir les héritiers ou ayants cause desdits officiers.

Cette faculté de présenter des successeurs ne déroge point, au surplus, au droit de Sa Majesté de réduire le nombre desdits fonctionnaires, notamment celui des notaires, dans les cas prévus par la loi du 25 ventôse an XI sur le notariat.

Depuis la promulgation de cette loi, tout aspirant au notariat qui ne demande pas une création d'étude ou une place vacante par destitution, doit, indépendamment des conditions exigées par la loi du 25 vent. an XI, justifier d'une présentation régulière faite en sa faveur par le propriétaire de l'office.

Cette présentation est ordinairement la conséquence d'un traité de cession. Elle peut néanmoins aussi avoir lieu à titre gratuit.

Pour traiter avec ordre cette matière, je diviserai ainsi le présent chapitre :

1° Aperçu historique ;

2° Des offices actuels ;

3° De ceux qui peuvent disposer des offices ;

4° De la transmission à titre onéreux ;

5° De la transmission à titre gratuit ou héréditaire ;

6° De la présentation ;

7° Du regrès et des autres cas d'inexécution du traité de cession ;

8° Des extinctions de titres ;

9° Enregistrement.

SECTION I. — APERÇU HISTORIQUE.

SOMMAIRE.

781. *Des offices sous l'ancienne législation; ils étaient considérés comme immeubles.*

782. *Abolition des offices en 1789. — Réaction presque immédiate.*

783. *Analogie entre l'ancienne finance des offices et le fonds de responsabilité ou cautionnement.*

784. *Il fut question en l'an xi de rétablir les dispositions en faveur.*

785. *Les offices se vendaient avant la loi de 1816.*

786. *Motifs de cette loi.*

787. *Critiques injustes dont elle a été l'objet.*

788. *Réfutation par M. Dupin et par une commission de la chambre des députés.*

789. *Conclusion.*

781. Avant la révolution, non-seulement les offices ministériels, mais les offices de finance et de judicature étaient héréditaires et vénaux.

Ils étaient considérés comme immeubles (1).

On distinguait dans un office le *titre* de la *finance*. La finance seule était dans le commerce (2) : le titre ou fonction publique était toujours à la libre disposition du roi (3). Il fallait,

____

(1) Voici ce que portait l'art. 95 de la coutume de Paris : « L'office vénal est réputé immeuble et a suite par hypothèque, quand il est saisi sur le débiteur par autorité de justice auparavant résignation admise et provision faite au profit d'un tiers ; et peut être crié et adjugé par décret. »

(2) V. Loyseau, *Traité des offices*; Bourjon, *Droit commun de la France*; le nouveau Denisart, Pothier, *Traité de la communauté*, n° 91; Merlin, le Dictionnaire du notariat, le Répertoire du notariat, par M. Rolland de Villargues, v° *Office*.

(3) « La nomination aux offices de notre royaume est un droit inséparable de notre couronne, qui n'a jamais pu et ne peut jamais en être distrait au profit de personne. » (Édit. de févr. 1771, art. 18.)

d'après cette distinction, deux actes pour la transmission d'un office : un *traité* (1) pour la finance, et pour le titre, une résignation qu'on appelait procuration *ad resignandum*, et qui devait être authentique.

782. L'assemblée constituante supprima les offices de judicature et les offices ministériels (2) ; mais les conditions pécuniaires étaient tellement de l'essence de ces dernières fonctions, qu'on les vit presque immédiatement reparaître.

Ainsi la loi du 29 sept. -6 oct. 1791 reconnut positivement aux notaires et à leurs héritiers le droit de transmettre leurs minutes à prix d'argent, droit maintenu et étendu par la loi du 25 vent. an XI.

783. Les fonds de responsabilité ou cautionnements exigés des nouveaux officiers ministériels purent être considérés aussi comme un rétablissement indirect des anciennes finances.

784. Enfin, il fut positivement question, lors de la discussion de la loi du 25 vent. an XI, de rétablir les dispositions en faveur.

L'orateur du gouvernement s'exprimait ainsi :

« C'est aussi une *propriété* sans doute que cette clientèle acquise par une vie entièrement consacrée à un travail opiniâtre et pénible; mais si, dans la place qu'il occupe, le fonctionnaire ne peut jamais espérer de pouvoir, en aucune manière, disposer de cette propriété, s'il ne peut avoir une influence, même indirecte, sur la disposition qui en sera faite; si, comme dans le système du concours, il est convaincu que toutes les peines qu'il se donne ne profiteront qu'à lui seul, que jamais son fils, ou l'homme dont il aura soigné l'instruction, qui aura secondé ses travaux, agrandi ses succès, ne pourront retirer le moindre profit de ses veilles, il se regardera comme un *simple usufruitier*, et il exploitera son emploi comme l'usufruitier exploite la terre dont un autre a la nue propriété. Le concours enlevait ainsi aux notaires un des plus grands motifs de travail et d'émulation, une des plus douces consolations de la vie, et peut-être le lien le plus fort qui puisse attacher l'homme à la probité, à la réputation.

Ainsi, dans le projet soumis aux commissions législatives créées après le 18 brum., on avait inséré un article qui permettait les *dispositions en faveur*. C'était, à la vérité, une contradiction manifeste du principe sur lequel la loi reposait, c'était l'abrogation de la loi même, c'était enfin ériger dangereusement en loi, ce qui, dans notre système de législation, ne doit être que *de conseil et de convenance*. Le projet que nous présentons ne prononce rien à ce sujet, parce qu'il ne DÉFEND RIEN. »

785. Ainsi, la loi du 25 vent. an XI n'autorisait pas po-

---

(1) Ce traité donnait seulement un droit à l'office *jus ad officium*. Le droi en l'office *in officio* ne résultait que des provisions.

(2) Les offices de judicature furent supprimés par la loi du 4 août 1788, art. 7; les offices de finance par la loi du 7-12 sept. 1790 ; les offices ministériels pa celle du 29 janv. - 20 mars 1791 ; enfin les offices de notaire par la loi du 29 sept. - 6 oct. 1791.

sitivement, mais elle ne défendait pas les dispositions en faveur.

Et il est de notoriété que, depuis la promulgation de cette loi, les offices de notaires, d'avoués, de greffiers, se vendaient sans aucune opposition de la part du gouvernement (1).

Le gouvernement lui-même était si loin de méconnaître le principe de la propriété des offices, qu'en 1808, lorsque le nombre des avoués près le tribunal de la Seine fut réduit à cent cinquante, il fut décidé qu'une indemnité réglée par des arbitres serait allouée aux officiers supprimés, non pas à titre de secours, mais à raison de la perte de leur pratique, sans préjudice des recouvrements (2).

786. Enfin, la loi du 28 avr. 1816 est venue compléter la pensée du législateur de l'an xi ; elle a établi comme un droit, ce qui n'avait été jusqu'alors que de tolérance et de faveur.

En dédommagement du supplément de cautionnement exigé des notaires et autres officiers ministériels, elle leur a accordé, art. 91, la faculté de présenter leurs successeurs à l'agrément du roi.

787. Cette disposition a été violemment attaquée, mais jamais critiques n'ont paru plus injustes.

788. M. Dupin les a victorieusement réfutées à la chambre des députés, dans le comité secret du 24 avr. 1829.

« Le notaire, disait-il, ne vend pas la puissance publique qui lui est déléguée (3) ; elle n'est pas sa propriété ; il n'en est que dépositaire ; mais il vend sa pratique et ses minutes, c'est-à-dire le fruit de son travail. Ce droit devient ainsi le premier

---

(1) On en trouve un exemple dans un arrêt de la C. de Bordeaux le 30 mai 1840. Dans l'espèce jugée par cet arrêt, il s'agissait de la vente faite, le 1er sept. 1807, d'une charge de notaire échue par succession à des mineurs. (V. art. 10,759 du Journal des Notaires.

(2) Décret du 25 mars 1808.

(3) « Et à la vérité, dit Loyseau, il semble que cette invention n'est pas du tout sans raison, pour ce que, par le moyen de l'hérédité de ces offices, il y a plus d'assurance de la foi publique et du bien d'un chacun en particulier, dont les greffiers et les notaires sont comme gardiens et dépositaires, et surtout pour ce que, par leur continuation en une même famille, leurs minutes sont plus sûrement gardées, plus aisées à trouver et moins sujettes à être ou égarées ou diverties. » (*Des offices*, liv. 2, ch. 2, n° 10.)

Brillon, v° *Office* n° 109, s'exprime ainsi :

« Déjà, et plus d'une fois, j'ai frondé les frondeurs mêmes, qui se font, à propos de rien, une jactance de dire que les charges ne devraient point être vénales. Quel titre auraient dans la république, la plupart des gens qui en parlent ainsi ! »

Enfin tout le monde se rappelle ces paroles de Montesquieu : « La vénalité est bonne, en ce qu'elle fait faire comme un métier de famille, ce qu'on ne voudrait pas entreprendre dans la seule vue du bien public. » *Esprit des lois*, liv. 5, chap. 19.

mobile d'une louable émulation, puisqu'une étude vaudra d'autant plus que le titulaire aura déployé plus de mérite et de probité dans l'exercice de ses fonctions. Heureuse situation qui rappelle sans cesse au père de famille qu'une vie honorable est pour lui un moyen infaillible d'accroître son patrimoine, tandis qu'une conduite déloyale entraînerait sa ruine ; car le notaire destitué est privé du droit de présentation.

» On regrette que la nomination des notaires ne soit pas abandonnée au libre choix du gouvernement. Eh ! messieurs, n'y a-t-il pas déjà assez de places qui dépendent du gouvernement sans en accroître encore le nombre? Il y a longtemps qu'on l'a dit : laissez au moins les *états* aux citoyens. Quels reproches n'a-t-on pas adressés à l'ancien garde-des-sceaux pour avoir tenté d'influer par la politique sur le sort des officiers ministériels ?... Veut-on que tous les notaires et avoués soient transformés en agents du gouvernement, révocables à volonté, s'ils refusent de se constituer les exécuteurs serviles de ses volontés et de ses instructions? »

Dans un rapport fait à la chambre des députés, le 1ᵉʳ octobre 1831, M. Marchal, au nom de la commission des pétitions, repoussait, en ces termes, le reproche d'inconstitutionnalité adressé à la loi du 28 avril 1816.

« La faculté accordée par l'art. 91 de cette loi n'est pas entachée du caractère inconstitutionnel qu'on lui reproche. L'égale admissibilité de tous les Français aux emplois publics ne dispense pas les aspirants des obligations auxquelles la loi attache leur aptitude. La constitutionnalité est ici dans l'égalité des conditions imposées à tous les aspirants pour justifier leur aptitude ou pour obtenir la présentation. Il y aurait inconstitutionnalité si, pour l'admission à la même place, la loi distinguait entre les citoyens ; si elle soumettait une classe de Français à des conditions dont elle affranchirait une autre classe. Rien de pareil ne se rencontre dans l'article critiqué, et la disposition qu'il consacre, loin d'être repoussée par l'article 2 de la Charte, a été, au contraire, maintenue en vigueur par l'article 68 de l'ancienne Charte et par l'article 59 de la nouvelle. »

789. Le principe posé en 1816 est donc juste en lui-même ; il n'a rien de contraire à la constitution ; mais ce principe est encore incomplet.

La loi de 1816 annonçait qu'il serait statué par une loi particulière sur l'exercice de la faculté de présentation.

Cette promesse n'ayant pas été remplie, l'administration et les tribunaux ont dû créer, par leur jurisprudence, le nouveau droit des offices ministériels.

---

(1) V. *infr.* n° 832.

Je vais puiser dans ces archives déjà si étendues, quelques règles qui suffiront pour résoudre les principales difffcultés.

SECTION II. — DES OFFICES ACTUELS.

SOMMAIRE.

790. L'art. 91 de la loi du 28 avr. 1816 a rendu héréditaires et transmissibles par voie de présentation des fonctions qui, depuis la révolution, ne s'exerçaient plus qu'à titre viager et en vertu de simples commissions.

Elle a, par conséquent, rétabli à la fois la *propriété*, l'*hérédité* et la *vénalité* des offices ministériels.

791. On voulut contester d'abord ces conséquences de l'article que nous examinons.

M. Pasquier, alors garde-des-sceaux, écrivait, le 21 fév. 1817, aux officiers du ministère public :

« Il vous appartient de prévenir, dans votre ressort, les abus qui pourraient résulter, d'une fausse interprétation de la loi du 28 avril 1816. Vous êtes sans doute bien convaincu *qu'elle n'a pas fait revivre la vénalité des offices*, qui n'est pas en harmonie avec nos institutions : vous ne devez donc voir dans les dispositions de l'art 91, qu'une condescendance, qu'une probabilité de préférence accordée aux officiers ministériels, comme un dédommagement qui, étant susceptible d'une évaluation, doit les circonscrire, pour l'avantage qu'ils peuvent en tirer, dans des limites qu'il ne leur est pas permis de dépasser. »

792. Mais on ne tarda pas à restituer à la loi de 1816 son véritable caractère.

« La vénalité et la transmissibilité des offices ministériels, disait Toullier (1), se trouvent aujourd'hui rétablies par une conséquence naturelle de la loi sur les finances, du 28 avril 1816, et ces offices sont aujourd'hui de véritables propriétés dans la personne des titulaires; ce sont des propriétés mobilières. »

793. La cour de cassation sanctionna ces principes, en décidant que la faculté de présentation emportait le droit de stipuler un prix pour la transmission de l'office.

C'est ce qui résulte notamment de trois arrêts des 20 juin 1820, 13 nov. 1823, et 15 janv. 1824.

Attendu, porte le troisième arrêt, qu'en vertu de l'art. 91 de la loi du 28 avril 1816, les notaires pouvant présenter à l'agrément de S. M. leurs successeurs, pourvu qu'ils réunissent les qualités exigées par les lois, peuvent, par cela même, stipuler de ces derniers, le prix de la démission qu'ils donnent en leur faveur, stipulation qui rentre essentiellement dans la classe des conventions particulières, dans l'intérêt privé des parties.

Il existe dans le même sens un grand nombre d'autres décisions judiciaires (2). Les cours et les tribunaux ont constamment validé les traités de bonne foi; ils ont condamné à des dommages-intérêts pour leur inexécution.

Il a même été jugé que celui qui est nommé en remplacement d'un notaire décédé, mais sans avoir été présenté par les héritiers de ce titulaire, ne doit pas moins leur payer la valeur de l'office. Décis. min. just., 27 juill. 1835; CC. Rennes, 28 fév. 1833; Grenoble, 4 fév. 1837.

Le comité des finances du conseil d'État avait déclaré à son tour que les offices sont devenus, entre les mains des titulaires, des propriétés *héréditaires* et *transmissibles*, quoique sous condition (avis du 8-24 juin 1831).

794. L'administration elle-même avait cessé de contester le principe; non-seulement elle ne faisait plus de nominations que sur une présentation régulière, mais elle exigeait la communication des traités; ce qui était reconnaître positivement le droit de vendre.

795. Enfin, tous les doutes ont été levés par les lois des 21 avr. 1832 et 25 juin 1841, qui ont assujetti la transmission des offices, comme celle de tous les autres biens, au paiement d'un droit d'enregistrement. Cette dernière loi surtout est positive : elle reconnaît formellement que les officiers ministériels ont reçu de la loi du 28 avril 1816 le droit de faire des traités ou conventions, ayant pour objet la transmission,

---

(1) T. 12, nᵒ 112. — V. dans le même sens, MM. Duranton, t. 4, nₒ 161. Proudhon, *du domaine public*, t. 1ᵉʳ, nₒ 14. Dalloz, vⁱˢ *Cautionnement* p. 422. *Obligation* p. 474. Troplong *de la Vente*, t. 1ᵉʳ, nₒ 220.

(2) V. Dictionnaire du Notariat, vᵒ *Office* (3ᵉ édit. et suppl.).

à titre onéreux ou gratuit, de leurs offices, de la clientèle, des minutes, répertoires, recouvrements et autres objets en dépendant. V. *infr.*, nos 863 et 943.

796. Le droit établi, il reste à déterminer la nature des nouveaux offices : ce sont des droits incorporels mobiliers. Avant la révolution, les offices étaient réputés immeubles ; mais aujourd'hui, la loi ne considère comme tels que les droits ou actions qui ont des immeubles pour objet. La faculté de présentation ne peut être rangée dans cette classe, puisqu'elle n'a pour objet que la somme stipulée dans le traité. C. civ., 526 ; Toullier, t. 12, no 112 ; Duranton, t. 4, no 162. Cass., 16 fév. 1831 ; Av. cons. d'Etat, 8-24 juin 1831.

797. Les offices étant aujourd'hui des meubles, ne peuvent plus être hypothéqués, mais ils sont susceptibles de privilége ; ainsi le privilége accordé par l'art. 2102-4° C. civ., au vendeur d'effets mobiliers non payés, appartient également au vendeur d'un office ministériel ; la jurisprudence est invariablement fixée sur ce point. CC. Orléans, 12 mai 1829 ; Lyon, 9 fév. 1830 ; Cass. 16 fév. 1831 ; Colmar, 27 janv. 1834, 12 mars 1835 ; 8 juin 1836 ; Toulouse, 22 fév. 1840.

798. On a demandé si les créanciers, pour faits de charge, spécialement le trésor, avaient aussi un privilége sur le prix de l'office. Non. Ces créances ne sont privilégiées que sur le cautionnement. Av. cons. d'Etat, du 31 juill. 1829. *Contrà*, M. Dard, *Code des officiers ministériels*, p. 473.

Il faut en dire autant de celui qui a prêté les fonds pour l'achat de l'office, quelque analogie qui existe entre sa position et celle du bailleur des fonds d'un cautionnement, auquel la loi de nivôse an xiii accorde un privilége spécial.

799. La C. cass. ch. req. avait décidé le 16 fév. 1831, au rapport de M. Mestadier, que la cession d'un office, à titre onéreux, est réellement un contrat de vente. Cet arrêt était ainsi conçu :

Attendu, que s'il est vrai qu'un notaire n'ait pas la pleine propriété de son titre, et que ce soit une fonction qui ne puisse être exercée qu'avec le consentement du prince, il est vrai aussi que le concours des deux volontés, légalement autorisé par la loi du 28 avril 1816, a été, depuis cette loi, constamment reconnu ; que le droit de désigner un successeur au titulaire décédé est même reconnu à ses héritiers ; peu importe donc le concours des deux volontés, c'est toujours un contrat de vente où se trouvent les trois choses essentielles à ce contrat : *res, pretium, consensus.*

Les mêmes principes se retrouvent dans quatre arrêts des CC. Orléans 12 mai 1829, Nanci 12 juillet 1834, Colmar 29 mars 1835, Paris 13 fév. 1835 ; et dans l'avis du Conseil-d'Etat du 8-24 juin 1831.

Mais dans un autre arrêt du 4 juin 1835, la chambre des requêtes, au rapport de M. Lasagni, s'est écartée de sa première doctrine. Elle a établi que la cession d'un office est un contrat

innommé qui ne peut donner lieu qu'à une action *in factum
ex præscriptis verbis.*

800. Cette définition paraît plus exacte. Il est en effet de
l'essence de la vente d'être parfaite par le seul consentement
des parties. C. civ. 1383.

Dans la cession d'un office, au contraire, la transmission ne
peut s'opérer que par l'intermédiaire *medio* du souverain, de
sorte que le vendeur s'oblige moins à livrer l'office qu'à donner sa démission *in favorem*, sauf au cessionnaire à faire les
démarches nécessaires pour obtenir sa nomination.

Il n'y a par conséquent de la part du cédant qu'une obligation de faire *merum factum* dont l'exécution matérielle ne peut
être ordonnée d'office par le juge, et qui, au refus de la partie,
se résout en dommages-intérêts. C. civ. 1142. CC. Aix, 5 janv.
1830, Agen 6 janv. 1836.

801. La cession d'un office diffère encore de la vente, en ce
que le titulaire qui a résigné n'est tenu de la garantie que
dans les cas de dol ou de fraude *ex capite doli.* Trib. Seine,
10 déc. 1828. Cass. 19 mai 1832. C. Paris 26 déc. 1832.

Le traité ne peut non plus être attaqué sous prétexte de lésion, quand il a été consenti de bonne foi. V. *infrà*, nº 907.

802. Une autre différence essentielle entre les offices et les
autres propriétés, c'est qu'ils ne peuvent être vendus aux enchères.

« Attendu, porte une décision du 10 janvier 1833, que l'exercice des fonctions qui sont attachées aux offices, exigeant une délégation de la puissance publique, il est naturel que le gouvernement soit appelé à régler les conditions de
leur transmission....; que le mode de vente par adjudication publique, en mettant
obstacle à la surveillance du gouvernement, peut aussi nuire aux parties elles-
mêmes, puisqu'il ne permet pas au gouvernement de modifier les clauses du
contrat, mais ne lui laisse que le droit de l'annuler entièrement en rejetant le
candidat proposé; que dans ce cas, aussi bien que dans celui où l'adjudication
n'aurait pas lieu faute d'enchérisseurs sur la première mise à prix, il faudrait
procéder à une nouvelle vente qui entraînerait, avec des frais nouveaux, des
délais capables d'entraver le service public.

Les CC. Caen, 12 juill. 1827, Limoges, 10 nov. 1830, Bordeaux, 30 mai 1840, se sont prononcées dans le même sens.
Contrà, C. Colmar 29 mai 1835.

SECT. III. — DE CEUX QUI PEUVENT DISPOSER DES OFFICES.

SOMMAIRE.

803. La loi du 28 avril 1816, art. 91, n'accorde la faculté de présentation qu'aux titulaires et à leurs héritiers ou ayants cause.

Le titulaire d'un office est celui qui, après avoir obtenu la commission du roi, a prêté serment devant le tribunal et a rempli les autres conditions requises pour son installation.

804. Il faut, en outre, pour être admis au bénéfice de la loi de 1816, avoir fourni le supplément de cautionnement exigé par l'art. 88 de cette loi.

Ainsi la cession faite par un notaire qui a cessé d'exercer depuis 1816, mais sans avoir complété son cautionnement, est nulle et sans effet. Décis. du 2 décembre 1835.

805. Il faut être *titulaire;* par conséquent, le cessionnaire non encore nommé d'un office ne pourrait faire une présentation valable.

Il ne le pourrait pas même après sa nomination, mais avant son installation. Il n'est pas encore titulaire de l'office; il n'a

pas le *jus in officio*, mais un simple droit *ad officium* (1). Décis.
des 19, 25 janv. et 24 fév. 1832.

Le notaire *nommé*, mais qui, faute de prestation de serment
dans les délais, a encouru la déchéance prononcée par l'art.
47 de la loi du 25 vent. an xi, n'est pas non plus titulaire de
l'office et ne peut pas faire de présentation (mars 1839); et ce,
lors même que la cession aurait été faite à ses risques et périls, avec faculté de rétrocéder s'il n'occupait pas lui-même
l'office.

Dans ces différents cas, il n'y a pas eu de mutation dans le
sens de la loi. La faculté de présentation ne cesse donc pas
d'appartenir au démissionnaire; sa ratification pourrait seule
faire disparaître l'irrégularité de la présentation faite par
son cessionnaire non encore nommé ou installé. C. Limoges
17 janv. 1833 (2).

806. Il ne faut pas confondre au surplus le *titre* avec l'*exercice* des fonctions.

On ne peut pas exercer sans être titulaire, mais on peut être
titulaire sans exercer.

Ainsi celui qui ne remplit plus ses fonctions parce qu'il
est trop âgé ou infirme, parce qu'il est en voyage, etc., n'est
pas moins titulaire de son office et peut seul exercer la faculté de présentation.

807. La suspension du notaire, quelle que soit sa durée, ne
l'empêche pas non plus de disposer de son office. Cette peine
ne porte en effet que sur le droit d'exercer et non sur le *titre*
qui reste entier, ainsi que la faculté de présentation. Dans l'état
actuel de la législation, la déchéance de cette faculté n'est attachée qu'à la peine disciplinaire de la destitution. Av. cons.
d'Etat, 19 fév. 1829. Décis. min. just., 11 sept. 1837.

Il faut en dire autant du notaire condamné à une peine
correctionnelle, si la destitution n'est pas ensuite prononcée
par le tribunal de première instance.

Mais la déchéance a lieu de plein droit en cas de condamnation à une peine emportant la dégradation civique, puisque
cette peine consiste principalement dans la destitution et
l'exclusion des condamnés de toutes fonctions, emplois, ou
offices publics (C. pén., art. 28 et 34-1°).

Quid, du notaire en état de faillite? Il est seulement suspendu de l'exercice de ses fonctions (Constitution du 22 frim.
an viii, art. 5) : la faculté de présentation réside donc toujours

---

(1) Il en était de même autrefois. Les provisions ne conféraient pas le caractère d'officier. Il n'était acquis que par la réception ou prestation de serment.
Loyseau, liv. 1er, ch. 4 et liv. 3, ch. 3, n° 25, Bourjon, t. 1er, p. 330.

(2) Art. 8082 du Journal des Notaires.

en sa personne ; mais peut-il l'exercer lui-même, ou doit-elle être exercée par ses créanciers. V. *infr.*, n° 829.

808. En vertu du même principe, le notaire déclaré démissionnaire pour défaut de résidence (L. 25 vent., art. 4), ou pour n'avoir pas rétabli son cautionnement dans le délai de six mois (*ib.*, art. 33), ou encore pour n'avoir pas prêté le nouveau serment exigé des fonctionnaires publics (L. 31 août 1830), conserve la faculté de disposer de son office.

Ainsi décidé le 12 déc. 1836.

« Le sieur P... conserve la faculté de présenter son successeur, puisqu'il est seulement déclaré démissionnaire et que la déchéance de cette faculté n'est attachée par la loi qu'à la peine de la destitution. Cependant, comme on ne doit pas tolérer que ce titulaire ajourne indéfiniment cette présentation, je vous prie de le prévenir, que si, dans le délai de deux mois, il n'a pas désigné un candidat réunissant les conditions requises, il sera remplacé d'office, sous la réserve d'une indemnité fixée par qui de droit. »

809. On peut même conserver la faculté de présentation, quoiqu'on ait cessé d'être titulaire de l'office.

Par exemple, le notaire nommé à une place de juge ou à toute autre fonction incompatible, perd bien certainement son titre de notaire, mais il n'en conserve pas moins la disposition de son office. Un juge, un préposé aux contributions, un greffier, pourrait devenir propriétaire d'un office *jure hereditario*. Rien ne s'oppose donc à ce qu'il en dispose en vertu du titre qui lui avait été conféré par le souverain.

D'ailleurs, le notaire nommé à une place incompatible est considéré seulement comme *démissionnaire*. L. 25 vent. an xi, art. 66.

810. La faculté de présentation n'a pas lieu pour les titulaires destitués.

Un tribunal commettrait donc un excès de pouvoir si, en prononçant la destitution d'un notaire, il lui réservait le droit de présenter un successeur. C. Bordeaux, 6 juin 1833.

On considère même le droit de disposer de l'office comme *suspendu* pour le titulaire poursuivi en destitution. La présentation qu'il ferait ne serait pas admise, lors même qu'elle serait antérieure à l'action du ministère public. Décis. du 28 oct. 1834.

811. En cas de destitution, la nomination du successeur est faite d'*office* par le gouvernement ; elle pourrait avoir lieu sans aucune condition pécuniaire. Cependant, des considérations d'équité et d'humanité ont déterminé à adoucir la rigueur de la loi ; et l'on accorde presque toujours une indemnité qui est réglée administrativement sur l'avis du tribunal et de la chambre de discipline. Ord. des 31 mars 1824, 14 août 1826 ; Décis.

des 2 mai 1831, 3 mars, 7 mai, 26 juin, 1er août, 10 nov. 2 déc. 1835, 6 fév. 1836, 21 avr., juin, août, sept. 1837 (1).

Cette indemnité n'est point accordée *ex debito*, mais *ex favore et gratiâ*.

Le destitué, sa famille, ou ses créanciers, n'auraient donc rien à réclamer si, dans un cas spécial, le gouvernement croyait devoir appliquer la loi dans toute sa rigueur.

Cependant la C. Lyon a jugé, le 1er mars 1838, qu'un notaire destitué, remplacé sans indemnité, peut poursuivre son successeur en paiement de la valeur de l'office.

Cette décision se recommande par son esprit d'équité, mais on ne peut se dissimuler qu'elle est contraire au texte de la loi du 28 avr. 1846.

812. Le titulaire destitué n'est pas néanmoins déchu de tout droit ; il conserve la faculté de disposer de ses minutes. Le trib. de Saint-Calais, 21 nov. 1840, et la C. d'Angers, 11 fév. 1841, ont jugé le contraire ; mais cette solution est formellement repoussée par l'art. 54, L. 25 vent. an XI, qui, dans tous les cas de *remplacement* ou de *suppression* de place, donne au titulaire sans aucune distinction, par conséquent au destitué aussi bien qu'au démissionnaire, le droit de disposer de ses minutes.

Le système de la C. d'Angers est également repoussé par la jurisprudence de l'administration. Une ordonnance du 14 mai 1838, en fixant la valeur de l'étude d'un notaire destitué dans le département de Vaucluse, ajoute que cette évaluation n'a lieu que pour le titre et non pour les minutes et répertoires, dont le titulaire destitué conserve, par conséquent, la libre disposition.

813. Le notaire nommé à titre gratuit, par suite d'une création, a le droit de disposer de son office, comme le notaire nommé sur présentation. Cette faculté ne résulte pas en effet du paiement fait par le notaire à son prédécesseur, mais du versement du cautionnement exigé par loi du 28 avr. 1846.

814. Si le titulaire n'est qu'un *intérimaire* ou *confidentiaire* (2), est-ce à lui ou à la famille pour laquelle il conserve l'office qu'appartient le droit d'en disposer ?

C'est évidemment à lui, et à *lui seul*, quels que soient les arrangements pris pour sa démission. Il est officier public régulièrement institué : son successeur ne peut donc être admis que sur sa présention.

815. Occupons-nous maintenant du cas où le titulaire d'un

---

(1) Je n'ai vu que deux exceptions à cette règle, mais les notaires qui en ont été l'objet n'avaient pas de créanciers. Ils avaient au contraire une fortune considérable acquise par des moyens frauduleux.

(2) V. *inf.* n° 843.

office de notaire est marié sous le régime de la communauté.

Il ne peut d'abord y avoir de difficulté si la disposition de l'office a eu lieu *constante matrimonio*.

En effet, ou l'office est demeuré propre au mari, qui peut alors en disposer comme de sa chose *jure proprio*, et avec d'autant plus d'indépendance que l'office, par son caractère essentiellement mobilier, échappe à l'action hypothécaire de la femme,

Ou l'office est entré dans la communauté, et, dans ce cas encore, le mari en a seul la disposition sans le concours de la femme; il puise son droit dans les dispositions générales de l'art. 1421 C. civ.; il agit comme administrateur des biens communs, comme chef de l'association conjugale.

Il n'y a aucune distinction à faire à cet égard, quant à l'origine de l'office; qu'il provienne du chef de la femme ou de celui du mari, que l'un des époux l'ait possédé avant le mariage, qu'il ne lui soit échu que depuis à titre de donation, de succession, ou même de simple obvention; ou enfin que le mari l'ait acquis des deniers de la communauté, c'est toujours lui seul qui a le droit de traiter.

On avait voulu faire une exception pour une position qui n'est pas sans exemple; c'est celle d'un mari devenu titulaire d'un office constitué en propre à sa femme; mais c'était une pure subtilité. Dans le cas dont il s'agit, l'office devient évidemment la propriété du mari, ou au moins celle de la communauté dont les biens, pendant le mariage, se confondent avec les siens; il est dû seulement récompense à la femme, de la valeur de l'office.

Ainsi, dans ce cas comme dans tous les autres, il n'existe pas d'obstacle à la libre disposition du mari; il a seul le droit et la faculté de traiter, de stipuler les conditions qui lui conviennent, de choisir, de présenter, de faire agréer son successeur.

C'est donc à tort que quelques notaires, communs en biens, font intervenir leurs femmes dans les traités de cession; cette intervention peut être bonne pour la disposition d'un immeuble à cause de l'hypothèque légale; mais à quoi peut-elle servir dans la vente d'un objet purement mobilier, comme un office? C'est, de la part du mari, une abdication volontaire de son droit; c'est une complication de formalités au moins fort inutile.

816. Mais la question présente plus de difficultés, lorsque la disposition de l'office n'a lieu qu'après la dissolution de la communauté par le décès de la femme et avant le partage.

D'un côté, il est certain que l'office, comme valeur mobilière, doit faire partie de la masse partageable.

En outre, le mari ne peut plus invoquer ses droits comme chef d'une association qui n'existe plus. Il n'est plus qu'un communiste, qu'un simple cointéressé à l'égard des héritiers de la femme, qui sembleraient, dès-lors, devoir concourir à la présentation.

Mais cette conséquence est formellement repoussée par l'art. 91 L. 28 avr. 1816, qui décide, conformément à l'ancien principe, que la faculté de présentation n'appartient qu'au titulaire, *personæ cohæret.*

On ne peut trancher la difficulté qu'au moyen d'une distinction : il faut séparer l'office de la finance, la présentation du traité, et décider que le mari exercera seul le droit de présentation ; qu'il pourra même, à la rigueur, traiter seul avec l'aspirant, mais qu'il devra rapporter à la masse le mi-denier du prix de l'office.

Aussi je pense qu'en pareil cas, le mari survivant fera prudemment d'exiger l'intervention au traité des héritiers de la femme ; autrement, ces derniers pourraient demander des dommages-intérêts, un supplément de prix, en soutenant que la disposition a été faite au préjudice de leurs droits.

La solution que je propose est conforme à l'ancienne jurisprudence qui considérait, dans tous les cas, l'office comme propre au mari et l'autorisait à le retenir ou à disposer seul, sauf le paiement du mi-denier. Bourjon, *Droit commun de la France*, t. 2, n° 373 ; Pothier, *de la Communauté*, n° 663.

817. Si le notaire est marié sous le régime dotal et si l'office dont il est pourvu a été constitué en dot à sa femme, il peut en disposer seul, et la femme ou ses héritiers n'ont droit, à la dissolution du mariage, qu'à la valeur de l'office suivant la mise à prix faite dans le contrat de mariage. C. civ., art. 1565.

818. Après le décès du notaire, la faculté de présentation appartient à ses héritiers. L. 28 avr. 1816, art. 91.

Cette disposition comprend à la fois l'héritier du sang et l'héritier institué, l'héritier pur et simple ou bénéficiaire. V. *inf.* n°ˢ 879 et suiv.

819. Mais il faut que l'héritier ait pris qualité (décis. 12 août 1833), autrement, la présentation serait rejetée, bien qu'on pût la considérer comme une acceptation tacite de la succession. C. civ. 778.

820. Lorsque les héritiers sont tous majeurs et maîtres de leurs droits, présents, acceptant, et qu'ils sont d'accord sur le choix du candidat à présenter, l'exécution de cette disposition ne peut souffrir de difficulté ; la présentation a lieu comme si elle était faite par le titulaire lui-même.

821. Pourvu, bien entendu, que l'acceptation soit pure et simple ; car, si elle n'avait eu lieu que sous bénéfice d'inventaire, il se présenterait une difficulté résultant de ce que l'héritier ne peut, dans ce cas, sans encourir la déchéance, disposer des meubles qu'aux enchères et par le ministère d'un officier public, C. civ., 805, mode qui est expressément interdit pour la vente des offices ministériels.

Dans ce cas, l'héritier bénéficiaire doit en référer au garde-des-sceaux qui nomme d'*office* à la place vacante dont il fixe le prix administrativement.

C'est ce qui résulte d'une instruction de 1834.

« Si pour ne pas encourir la déchéance du bénéfice d'inventaire, l'héritier du sieur B... refuse de traiter amiablement et de faire ensuite une présentation directe, vous voudrez bien inviter le trib. de 1re instance, a évaluer l'étude dont il s'agit, sur l'avis préalable de la chambre de discipline. Les candidats qui se présenteront ensuite devront prendre l'engagement de payer à qui de droit le montant de la somme arbitrée. »

La même règle s'applique à l'administrateur au bénéfice d'inventaire, nommé dans le cas où l'héritier ne trouve pas de caution, et au curateur à une succession vacante. C. civ., 807, 811 à 814.

Il faut même ajouter que ces deux agents ne seraient admis, dans aucun cas, à faire une présentation, tandis que celle de l'héritier bénéficiaire pourrait être autorisée à ses risques et périls; il est héritier, les deux autres ne le sont pas.

822. Lorsqu'il y a des héritiers mineurs ou interdits, les meubles ne pouvant également être vendus qu'aux enchères, C. civ., 452, 509, on doit procéder comme en matière d'acceptation sous bénéfice d'inventaire.

Il a cependant été décidé, le 25 nov. 1834, que la disposition d'un office, faite par la veuve du titulaire, tutrice de son fils mineur, pouvait être admise sans aucune autre formalité, même sans autorisation préalable du conseil de famille; mais il était reconnu, en fait, que l'office avait été porté dans le traité à sa juste valeur.

Ce ne fut là, par conséquent, qu'une décision de circonstance.

823. Si un office échoit par succession ou par disposition testamentaire à une femme mariée sous le régime de la communauté, c'est au mari seul qu'appartient le droit d'en disposer. L'office, comme tous les biens meubles, tombe dans la communauté dont le mari est non-seulement administrateur, mais propriétaire. C. civ., art. 1421.

Il est donc inutile, dans ce cas, que la femme intervienne au traité, comme j'en ai vu néanmoins plusieurs exemples, V. *sup.*, n° 815.

Si l'office était propre à la femme commune, nul doute qu'elle ne pût en disposer valablement avec l'autorisation de son mari.

Mais pourrait-elle en disposer en faveur de son mari?

Je pense que oui, nonobstant l'art. 1575 C. civ., portant que le contrat de vente ne peut avoir lieu entre époux.

Il ne faut pas oublier en effet qu'en matière de transmission d'office, le nouveau titulaire ne tient son droit que du souverain : *resignatarius jus habet non à resignante sed à rege.*

Il n'y aurait point, d'ailleurs, de difficulté si les époux étaient séparés de biens, et si la cession de l'office était faite en paiement des droits du mari. C. civ. 1595; C. Bordeaux, 12 mars 1840.

824. Si, au lieu d'être en communauté, la femme à laquelle un office échoit par succession était mariée sous le régime dotal, je pense qu'elle ferait prudemment de ne pas disposer de cet office, même avec l'autorisation de son mari, et de procéder comme en matière d'acceptation sous bénéfice d'inventaire.

A moins, bien entendu, que l'office ne fît partie de ses paraphernaux.

825. Lorsqu'il y a plusieurs héritiers, ou il est intervenu un partage, alors la faculté de traiter appartient exclusivement à l'héritier dans le lot duquel l'office est tombé; ou la succession est encore indivise, dans ce cas, la disposition ne peut avoir lieu qu'autant que les héritiers sont d'accord. En cas de dissentiment et si le service souffre de la vacance de la place, il y est pourvu d'office, comme en matière d'acceptation sous bénéfice d'inventaire. *In re communi, melior est conditio prohibentis.* L. 28. D. *Comm. divid.* C. civ. 1859.

Cependant, le contraire a été décidé dans l'espèce suivante

17 août 1835, décès. de Me O....., notaire, laissant cinq enfants majeurs. Sa succession fut acceptée purement et simplement; mais il ne fut pas procédé à un partage, de sorte que les cinq héritiers se trouvaient encore dans l'indivision, lorsque deux d'entre eux, les sieurs Hercule et Placide O... se présentèrent concurremment pour être pourvus de l'office vacant.

Pour faire cesser ces prétentions rivales, la chambre de discipline engagea les frères O... à réunir et consulter leur famille, afin qu'elle fît choix de l'un d'eux et le désignât à l'agrément du roi. La famille se réunit en effet. Les trois autres héritiers déclarèrent choisir leur frère Hercule O... en faveur duquel ils consentirent même par-devant notaire un acte de présentation régulier. Le sieur Placide O... refusa néanmoins d'adhérer à l'avis de la majorité, se réservant tous recours et moyens d'opposition, soit à la chambre de discipline, soit auprès du gouvernement.

M. Hercule O... se présenta de nouveau devant la chambre de discipline qui lui accorda un certificat de moralité et de capacité. Il adressa ensuite sa demande à l'administration supérieure, en y joignant l'acte de présentation consenti en sa faveur par trois de ses cohéritiers, et en exposant les motifs qui l'empêchaient de rapporter le consentement du cinquième. En cet état, son admission semblait devoir éprouver des difficultés; néanmoins il a été nommé en remplacement de son père, par ordonnance du 17 janvier 1839.

Cette décision paraît avoir été motivée, sur ce que la famille O... avait été plusieurs fois mise en demeure de présenter, et sur les inconvénients que de nouveaux retards pourraient avoir pour le service.

Je pense néanmoins qu'il eût été plus régulier d'agir comme en cas de bénéfice d'inventaire; les héritiers ayant des droits égaux à l'office vacant, on ne pouvait reconnaître à quelques-uns la faculté de disposer à l'exclusion des autres.

826. L'art. 91 L. 28 avril 1816 décide aussi que la faculté de présentation appartiendra aux ayants cause des officiers.

On entend par ayants cause ceux à qui les droits d'une personne ont été transmis par legs, donation, vente, échange ou à tout autre titre singulier.

827. Mais pour qu'un ayant cause puisse exercer utilement la faculté de présentation, il faut qu'il ait droit en l'office, *jus in officio*.

Par exemple, le donataire entre vifs n'a qu'un simple droit à l'office, tant que la donation n'a pas été réalisée par une présentation régulière en sa faveur, et tant qu'il n'a pas été lui-même nommé et installé.

Il ne pourrait donc jusque-là exercer la faculté de présentation, il est dans la position d'un cessionnaire non encore nommé. V. *sup.* n° 805.

828. Par exemple, encore, le légataire à titre particulier ne pourrait présenter avant la demande en délivrance, car il n'a jusque-là qu'un droit à la chose. C. civ. art. 1014.

Mais après la délivrance du legs, peut-il, sans se faire lui-même pourvoir de l'office, en disposer par voie de présentation?

On peut dire pour la négative que le légataire n'est pas la continuation de la personne du défunt, qu'il n'a pas la saisine, qu'il est seulement créancier de la succession.

Mais la raison de décider résulte de ce qu'après la délivrance, l'héritier n'a plus aucun droit à la chose léguée : elle appartient entièrement au légataire, sinon comme successeur, au moins comme ayant cause du défunt, et cette qualité suffit pour lui conférer le droit de présentation. Les termes de notre article sont formels. Duranton, t. 9, n° 236.

829. Les créanciers sont aussi les ayants cause de leur débiteur, en ce sens qu'ils peuvent exercer ces droits non pas de leur chef, mais bien du chef de celui-ci, sous la seule exception *des droits exclusivement attachés à la personne.* C. civ. 1166.

On a donc élevé la question de savoir si les créanciers d'un notaire pourraient, de son vivant ou après son décès, exercer comme ses ayants cause la faculté de présentation.

Le gouvernement s'est constamment prononcé pour la négative, même en cas de faillite.

« L'administration, portent deux décisions des 14 avril 1834 et juillet 1835, ne reconnaît pas aux créanciers le droit d'exercer la faculté de présentation, faculté exclusivement réservée au titulaire, à ses héritiers ou *légataires*. »

Mais les CC. Limoges, 10 nov. 1830 ; Colmar, 29 mai 1835 ; Paris, 17 nov. 1828 ont consacré la solution contraire.

« Considérant que le droit de présentation est accordé tant aux héritiers du titulaire défunt qu'à ses ayants cause (1); qu'ainsi ce droit n'étant pas exclusivement attaché à la personne desdits héritiers, peut-être exercé par les créanciers. »

On peut ajouter que dans le cas de faillite, les créanciers sont non-seulement les ayants cause, mais les mandataires légaux du failli.

Néanmoins l'administration a jusqu'à présent persisté dans sa jurisprudence.

En admettant, au surplus, le système des deux arrêts ci-dessus, on doit reconnaître 1° que le droit des créanciers ne peut s'exercer que lorsque le titulaire se trouve dessaisi par une cause quelconque de l'administration de ses biens ; par exemple, s'il est en faillite. Il est en effet de principe que les offices ministériels ne sont pas susceptibles d'être saisis. CC. Caen 12 juillet 1827, Paris 23 mai 1838.

2° Que l'intervention des créanciers ne peut faire obstacle au droit qu'a le gouvernement de provoquer, s'il y a lieu, la destitution d'un notaire tombé en faillite.

SECTION IV. — TRANSMISSION A TITRE ONÉREUX.

SOMMAIRE.

---

(1) Et non pas seulement, aux *légataires,* comme le dit à tort la décision ministérielle.

830. La transmission d'un office peut avoir lieu à titre onéreux, à titre gratuit ou à titre héréditaire.

Je ne m'occuperai dans cette section que de la cession à titre onéreux.

831. Cette cession, quoique différant sous plusieurs rapports du contrat de vente (1), en présente les trois caractères essentiels, *res, pretium, consensus.*

832. La chose cédée est l'*office*, c'est-à-dire la pratique ou clientèle et non la part de puissance publique déférée au notaire, laquelle est inaliénable (2).

Le traité comprend en outre la cession des minutes et répertoires, celle des recouvrements pour honoraires dus, avances et déboursés, droits d'expédition, etc.

Quelquefois, la cession du cautionnement, celle d'un restant de bail, de divers objets mobiliers, tels que tables, casiers, livres et autres objets garnissant l'étude.

On y ajoute aussi parfois la vente de la maison où l'étude est située.

____

(1) J'ai signalé ces différences, *sup.* nᵒˢ 799 à 802.

(2) V. *sup.* nᵒ 787.

833. La cession des minutes n'est pas une conséquence nécessaire de celle de l'office.

Le démissionnaire a le choix entre son successeur et les autres notaires de la commune ou du canton. L. 25 vent. an xi, art. 54. C. Aix, 29 sept. 1838. *Contrà*, C. Caen, 14 juin 1833.

La cession des minutes, sans autre explication, emporte-t-elle cession des recouvrements ?

L'affirmative paraît certaine. La possession des minutes est indispensable pour opérer les recouvrements. L. 25 vent. an xi, art. 23. Ces deux droits ne peuvent donc pas être séparés. V. *infrà*, n° 856.

834. Après la désignation de l'*office* vient la fixation du prix.

Autrefois le prix des offices était fixé par des états ou rôles généraux qu'il était interdit de dépasser même dans les adjudications (1) ; mais cette disposition n'était pas rigoureusement exécutée. On essaya de la faire revivre en 1817.

La circulaire du 21 février de cette année voulait que pour l'évaluation des greffes on prît une somme égale au plus au montant du cautionnement, ou à une ou deux années du produit ; elle permettait d'établir une base *un peu plus large* pour les officiers ministériels qui, à la différence des greffiers, se forment des clientèles, en recommandant néanmoins de veiller à ce que le prix fût fixé avec discrétion.

Cette circulaire est à son tour restée sans exécution.

La C. Cass. a déclaré, le 20 juin 1820, qu'elle était seulement *instructive* et non *prohibitive*, qu'elle ne pouvait autoriser la résiliation ou réduction d'un traité fait de bonne foi. . . que d'ailleurs *elle ne saurait être obligatoire pour les tribunaux* (2).

835. Les titulaires restent donc libres de fixer le pr. de leurs offices comme ils le jugent convenable ; mais ils ne doivent pas oublier que l'ordre public est intéressé à ce que les transmissions d'offices ne soient pas soumises à des conditions trop onéreuses. Le droit de nomination réservé au gouvernement n'est pas restreint par la loi de 1816 à une simple formalité d'investiture ; il comporte le pouvoir d'accepter ou de refuser (3) ; ainsi une demande appuyée d'un traité contenant un prix reconnu excessif serait infailliblement rejetée.

La base ordinairement adoptée, c'est que le prix de l'étude

---

(1) Edits. des mois de déc. 1665 , juill. 1669, fév. 1771, oct. 1781, janv. 1782, arrêt du conseil du 6 oct. 1772.

(2) V. *sup.* n°s 791 et 792.

(3) CC. Paris, 13 fév., Rennes, 7 avr. 1840 , art. 10,586 et 10,792 du Journal des Notaires. V *inf.* n° 863.

doit être au plus de dix fois le produit calculé sur les cinq dernières années (1).

836. Lorsque le gouvernement conçoit des doutes sur la proportion qui existe entre le prix d'une cession et la valeur de l'étude, il prend ordinairement l'avis de la chambre de discipline et celui du tribunal de l'arrondissement.

Cet usage fait naître la question de savoir si la chambre ainsi consultée est tenue de donner son avis.

Les chambres des notaires de Lorient 22 janvier et de Nantes 4 février et 4 mars 1841 ont refusé positivement, par le motif « qu'elles n'ont pas reçu mission d'arbitrer le prix des charges, et qu'elles n'ont d'ailleurs aucune base certaine pour fixer la valeur (art. 10,917 du *Journal des notaires*). »

Mais les deux délibérations de la chambre des notaires de Nantes ont été annulées par un arrêté ministériel du 10 juill. 1841, ainsi motivé.

NOUS GARDE-DES-SCEAUX, etc. — Considérant que les deux délibérations ci-dessus énoncées, sont des actes administratifs dont il nous appartient de connaître : — Considérant qu'aux termes de l'art. 2 n° 7 de l'arrêté du 2 niv. an XII, les chambres sont chargées de représenter tous les notaires de l'arrondissement, sous le rapport de leurs droits et intérêts communs, que par conséquent, la chambre de l'arrondissement de Nantes, loin de sortir de ses attributions, n'eût fait qu'exercer les pouvoirs qui lui sont conférés, en fournissant à l'administration les renseignements qui lui étaient demandés ; qu'elle a elle-même reconnu qu'elle pourrait donner son avis sur la valeur d'un office, si cet avis lui était demandé par les parties intéressées ; — Qu'il est impossible d'admettre que ce qui serait permis dans un intérêt privé ne le soit pas, à plus forte raison, en vue de l'intérêt général ; — Que d'ailleurs, les considérations sur lesquelles s'est fondée la chambre auraient pour résultat nécessaire de refuser à l'administration le droit d'examiner si les prix des cessions sont proportionnés à la valeur des charges, et en outre de présenter, comme éléments de la fixation de ce prix, certaines circonstances qui ne doivent point entrer dans les calculs relatifs à cette appréciation.

Arrêtons :

Art. 1er. Les délibérations de la chambre des notaires de l'arrondissement de Nantes, en date des 4 février et 4 mars 1841, sont et demeurent annulées.

Art. 2. Le procureur général près la cour royale de Rennes est chargé de l'exécution du présent arrêté, lequel sera transcrit en marge des délibérations annulées.   (Martin du Nord).

Cette décision ne paraît nullement fondée.

Les chambres de discipline ont bien le droit de porter leur

---

(1) On comprend cependant que cette base d'évaluation est elle-même fort incertaine. Une étude peut, comme un immeuble, avoir une valeur *de convenance*, dont il serait injuste de ne pas tenir compte. La surveillance de l'administration ne doit pas être étroite et tracassière comme celle qui souleva naguère de si légitimes réclamations.

examen sur les traités de cession ; mais aucune disposition de loi ne les y oblige. Elles sont chargées de représenter les notaires sous le rapport de leurs droits et intérêts communs. Arr. 2 nivôse an xii, art. 2—7°, et non de délibérer sur des questions toutes d'intérêt privé.

D'ailleurs les délibérations prises pour l'instruction des demandes de nomination ne sont pas, comme on le prétend, des actes administratifs, ce sont de *simples avis*. Arr. 2 niv. an xii, art. 15, sur lesquels le gouvernement n'a aucun droit de censure et d'annulation. Un des précédents gardes-des-sceaux l'avait formellement reconnu par une décision du 2 janv. 1837 (1), en rappelant avec raison que les notaires sont placés sous la surveillance et la discipline de l'autorité judiciaire. LL. 25 vent. an xi, art. 53, 20 avril 1810, art. 45, Cass. 23 déc. 1839.

837. Un autre conseil à donner aux notaires et aux aspirants, c'est de ne pas produire de traités simulés. Outre que la jurisprudence se prononce de plus en plus dans le sens de la nullité des contre-lettres. Trib. de la Seine, 20 mars 1839, CC. Rennes 29 déc. 1839, 7 janv. 1840, 24 août 1841. Paris 11 nov. 1839, 31 janv. et 13 fév. 1840. Cass. req. 10 juill. 1841 (2). Les simulations peuvent exposer le démissionnaire ou le pourvu à des poursuites disciplinaires (circul. 21 fév. 1817).

Un jugement du tribunal civil de Saintes du 5 février 1840 a prononcé la peine de suspension contre un notaire, pour cause de dissimulation du prix d'acquisition de son office.

Et la Cour royale de Nimes, par arrêt du 20 avril 1840, a destitué un autre notaire M⁰ V..., prévenu d'une semblable dissimulation : le pourvoi contre cet arrêt a été rejeté le 20 juillet 1841 (3).

838. Le prix doit être fixé dans l'acte même ; cependant on pourrait le laisser à l'arbitrage d'un tiers. C. civ. 1592; C. Bordeaux 12 mai 1840. Dans ce cas, l'estimation du tiers doit être enregistrée et produite avec le traité à l'appui de la demande de nomination.

839. Le traité doit exprimer en troisième lieu le *consentement* des parties; par conséquent elles doivent intervenir à l'acte personnellement ou par un fondé de pouvoir. Dans ce cas, la procuration demeure annexée au traité, après avoir été certifiée.

Est-il nécessaire que la procuration soit authentique?

Il est plus prudent pour les parties d'avoir recours à cette forme solennelle qui ne peut laisser aucun doute sur la validité de l'acte; toutefois, cette règle n'étant établie par aucune

---

(1) Art. 9531 du Journal des Notaires.
(2) *Contrà.* CC. Grenoble, 12 déc. 1837. Toulouse, 22 fév. 1840.
(3) V. aussi C. Rennes, 24 août 1841, Art. 12,113 du Journal des Notaires.

loi, je pense qu'une procuration sous seing privé serait admise par l'administration, pourvu que les signatures des parties fussent dûment légalisées et certifiées en outre par les magistrats chargés de l'instruction.

840. La cession peut être pure et simple ou conditionnelle.

Je vais examiner rapidement les conditions que la jurisprudence autorise, et celles, au contraire, que les parties doivent s'interdire; car on ne saurait trop le répéter, la propriété des offices ne peut pas être complétement assimilée à une propriété ordinaire dont la transmission n'est assujettie à aucune condition. C. Rennes 7 avril 1840.

841. Une clause très-usitée dans les traités de cession est celle par laquelle le cédant s'interdit, pour toujours ou pour un temps, d'exercer le notariat dans l'arrondissement ou dans un rayon plus étendu, ou de se livrer à des affaires ayant rapport au notariat.

Non-seulement cette clause n'a rien d'illicite, mais il a été jugé en novembre 1838, par le tribunal de Savenay, qu'elle était sous-entendue dans tous les traités en vertu des dispositions des art. 1134 et 1135 C. civ.

Mais le cédant ne peut imposer la même interdiction à ses enfants. C'est excéder les bornes de l'autorité paternelle. Décis. min. just. 1837.

842. Le démissionnaire prend ordinairement l'engagement de présenter son successeur à la clientèle, et même quelquefois de rester avec lui, pour l'aider de ses conseils, pendant la première année.

Cette clause n'a rien que de licite.

843. La présentation des notaires, *intérimaires* ou *confidentiaires*, chargés de conserver une étude au fils d'un parent ou d'un ami, était tolérée sous l'ancienne législation (Loyseau *des off.* L. 3, ch. 33, n° 33). Elle a été admise également depuis la loi de 1816, comme l'attestent un arrêt de la C. Colmar du 3 janv. 1836 et plusieurs décisions ministérielles. V. *sup.* n° 160.

Cette jurisprudence était entièrement conforme aux principes de l'institution du notariat et à l'esprit de la loi du 25 vent. an XI.

Il paraît pourtant qu'on tend aujourd'hui à s'en écarter.

Au reste, l'intérim doit toujours être repoussé lorsque le confidentiaire n'est que le gérant ou le commis salarié de celui auquel il doit remettre l'étude.

C'est ce qui a été décidé le 14 juill. 1836, à l'égard d'un individu présenté pour intérimaire et qui devait recevoir, pendant la durée de l'intérim, une somme annuelle à titre de traitement fixe.

Cette décision porte, avec raison, que l'intérim doit au moins laisser entière à l'égard du public et de l'administration, l'indépendance du fonctionnaire.

844. Le traité par lequel un office de notaire est cédé à un candidat n'ayant pas l'âge nécessaire pour être admis, n'est pas nul comme ayant pour objet une chose impossible; seulement son exécution est retardée jusqu'au moment où le cessionnaire aura atteint l'âge requis. Besançon 25 mars 1826.

845. Les parties peuvent valablement convenir qu'en cas de difficulté elles seront jugées par des arbitres. Elles peuvent même constituer la chambre de discipline en tribunal arbitral pour le jugement de leurs contestations. CC. cass. 17 mai 1836; Paris, 3 mars 1827 et 9 janv. 1838.

Mais il est interdit de compromettre sur une clause qui intéresse l'ordre public, notamment sur une question relative à la garde et à la transcription des minutes, aux recouvrements, etc. Cass. 12 janv. 1841.

846. On peut vendre à terme ou au comptant; mais la vente au comptant doit s'entendre en ce sens que le prix sera payé au moment de la prestation de serment. Les paiements anticipés sont interdits. V. *inf.* n°ˢ 852 à 854.

Il peut même être convenu que le cessionnaire ne revendra qu'après le paiement intégral du prix stipulé, sans quoi les termes fixés cesseront (déc. 7 juill. 1837).

847. Enfin le traité admet toutes les conventions accessoires, telles que nantissement, constitution hypothécaire, cautionnement avec ou sans hypothèque.

Il admet, par conséquent, les interventions. Ainsi il arrive très-fréquemment qu'un parent ou ami de l'aspirant intervient comme caution ou pour affecter un de ses biens au paiement du prix de l'office.

848. Un notaire peut-il stipuler que l'étude lui fera retour de plein droit, en cas de décès ou de destitution de son cessionnaire.

Une décision du 13 juin 1835, a rejeté cette clause; je crois qu'il aurait fallu faire une distinction; sans doute la clause était nulle pour le cas de destitution puisque l'office fait alors retour au gouvernement qui a seul le droit d'en disposer; mais rien ne s'opposait à ce que le cessionnaire disposât de son office en cas de décès, et préférât le cédant à ses héritiers.

Décidé aussi le 7 juin 1837, que le droit de retour ne peut être stipulé en cas de non paiement du prix.

849. Il est d'usage dans un grand nombre de traités, d'ajouter que le vendeur se réserve ses droits et priviléges à l'exclusion de tous autres, pour ce qui lui restera dû sur le prix.

L'administration repousse cette clause lorsqu'elle est conçue dans des termes aussi généraux. (Décis. du 20 avr. 1840.) Elle ne l'admet que quand il est bien expliqué qu'elle concerne seulement le privilége sur le prix de l'office et non l'action résolutoire du vendeur (C. civ. 1654, 2102-4°, V. *sup.* n° 797), action qui ne pourrait se concilier avec l'inamovibilité des notaires et les droits du gouvernement.

Pour prévenir toute difficulté, les parties feront bien de s'abstenir de cette stipulation qui, d'ailleurs, est surabondante, puisque les priviléges résultent de la qualité de la créance et non des conventions des parties. C. civ. 2095.

On doit les y engager d'autant plus que l'omission de cette clause ne peut avoir d'inconvénient, elle laisse le vendeur dans le droit commun ; tandis que si elle était retranchée, à la demande de l'administration, on pourrait considérer ce changement comme une renonciation au privilége et l'opposer plus tard, s'il y avait lieu d'en venir à une distribution du prix de l'office.

850. Les contractants doivent s'interdire également les clauses suivantes :

1° La cession de l'étude *aux risques et périls* du cessionnaire. Il y a là atteinte au principe que la mutation ne s'opère que par la nomination et l'installation du successeur.

En conséquence, n'est pas admissible la clause qui oblige le cessionnaire à payer une indemnité, dans le cas où il ne serait pas nommé pour une cause quelconque. Le cessionnaire ne peut être responsable de la décision du gouvernement. Décis. 19 oct. 1836.

851. 2° La dévolution de tout ou partie des produits de l'étude au cessionnaire avant sa nomination. C'est encore une atteinte à la prérogative du gouvernement.

3° La faculté pour le cessionnaire de rétrocéder l'étude avant sa nomination.

852. 4° Les paiements anticipés, quoique la C. Aix, 8 janv. 1841, ait maintenu un paiement de cette nature (1). La jurisprudence de l'administration est contraire à cette solution.

Les compensations ;

Les délégations de prix (décis. du 26 avr. 1837) ;

Les subrogations :

En un mot, toute clause qui pourrait avoir pour résultat de nuire aux droits des créanciers du cédant.

On ne doit pas considérer comme paiement anticipé la quittance d'une somme modique ajoutée au prix principal à titre d'*épingles* ou *étrennes*, par exemple, d'une somme de 1,000 fr. sur 38,000 fr. (décis. du 19 juill. 1834).

853. Dans un traité fait en 1834 pour une étude située dans le ressort de la cour royale d'Amiens, et dont le prix était fixé à 40,000 fr., le vendeur avait donné une partie de ce prix à plusieurs de ses créanciers pour garantir le paiement d'une somme de 23,000 fr. Il était dit que, si, à l'échéance des sommes ainsi données en nantissement, le vendeur n'avait

____

(1) Le trib. de Marseille, 17 juill. 1840, avait prononcé la nullité du paiement. V. art. 10,753 et 11,046 du Journal des Notaires.

pas complétement désintéressé les créanciers nantis, le nantissement deviendrait délégation pure et simple.

Les autres créanciers du cédant ayant réclamé, il a été décidé que le cessionnaire ne serait admis au serment qu'après avoir pris l'engagement de laisser à la disposition de tous les créanciers, sans aucune distinction, l'intégralité du prix convenu, sauf à eux à se pourvoir devant les tribunaux pour être payés suivant leurs droits.

854. 5° Les paiements en effets négociables. Ce n'est au fond qu'une clause de paiement anticipé. Il est d'ailleurs contraire à la dignité de la profession que la signature d'un notaire circule sur la place ; qu'il se soumette à des protêts et à la contrainte par corps.

855. 6° Les sociétés ou partages d'honoraires entre le cédant et son successeur (1).

Cette clause est contraire à l'indépendance du nouveau titulaire ; elle nécessite d'ailleurs des communications de minutes interdites par l'art. 23, L. 25 vent. an xi ; Décis. min. just., 3 fév. 1837 ; Trib. de Nantes, 9 mai 1839, CC. Paris, 2 janv. 1838 ; Rennes, 29 déc. 1839, 24 août 1841.

La C. Toulouse, 14 nov. 1835, a, il est vrai, maintenu une société formée entre un notaire et son prédécesseur ; mais elle a reconnu en même temps que cette clause, sans être contraire à l'ordre public, ne paraissait pas en harmonie avec les principes de l'institution du notariat, et que l'administration avait incontestablement le droit de la rejeter.

856. 7° Enfin, la réserve des recouvrements. Les termes de l'art. 59 L. 25 vent. an xi sont formels.

« Le titulaire ou ses héritiers, et le notaire qui recevra les minutes, *traiteront* de gré à gré des recouvrements, à raison des actes dont les honoraires sont encore dus, et du bénéfice des expéditions. »

Ainsi, ce n'est pas une faculté donnée aux notaires, c'est une obligation que la loi leur impose.

Au surplus, la clause dont il s'agit est repoussée par l'administration, comme l'atteste la circulaire suivante du procureur général de Riom, en date du 10 décembre 1839 :

« Quant aux recouvrements, on les considère à tort comme pouvant faire l'objet d'une stipulation tout-à-fait différente du prix de l'étude à laquelle ils appartiennent.

Outre les mésintelligences que cette clause peut faire naître entre les contractants,

---

(1) *Societas inter notarios rejecta ut bonis moribus contraria. Mornac* sur la loi. 14. D. *pro socio.*

Une disposition semblable se trouve dans les statuts des notaires de Paris du 10 sept. 1780. Il y est dit : « qu'aucuns notaires ne pourront contracter aucune société, pour les fonctions de leur ministère, ni résider en même maison, comme associés ou autrement. »

elle sert souvent à couvrir la dissimulation du véritable prix des traités, et elle entraîne presque toujours la violation des principes d'ordre public établis dans les art. 22 et 23 de la loi du 25 vent. an xi. Elle tend aussi à disséminer les minutes de main en main.

« Il est incontestable d'ailleurs que les recouvrements forment une partie essentielle des produits annuels. Si l'ancien titulaire se les réserve, la quotité des produits est à l'instant même diminuée.

« Les recouvrements doivent donc être cédés en même temps que l'office, en suivant les formalités prescrites par l'art. 59 de la loi du 25 vent. an xi.

La question a été décidée, dans le même sens, par la C. d'Orléans le 12 juin 1839, et par la C. cass., ch. req., le 12 janv. 1841.

Attendu, porte ce dernier arrêt, que l'art. 24 L. 25 vent. an xi et l'art. 839 C. Pr. considèrent les notaires, non comme propriétaires, mais comme dépositaires des minutes des actes reçus dans leurs études;

Attendu que si l'art. 23 de la loi de ventôse autorise les notaires à délivrer expédition des actes à d'autres qu'aux personnes intéressées en nom direct à ces actes, aux héritiers ou ayants droit, il leur défend en même temps d'en donner connaissance à toute autre personne, à peine de dommages-intérêts et d'amende ;

Attendu qu'un notaire démissionnaire n'est pas, dans le sens de la loi, partie intéressée en nom direct aux actes qu'il a reçus, mais un simple particulier dont le droit, quant à ces actes, ne peut être exercé qu'après avoir été apprécié par le président du tribunal civil.

857. Les traités, ayant pour objet la transmission d'un office, ne sont soumis par la loi à aucune forme particulière ; ils peuvent être faits par acte authentique ou sous seing privé, dans la forme d'une cession amiable ou à titre de simple promesse, pourvu que, dans ce dernier cas, il y ait consentement réciproque des deux parties sur la chose et sur le prix. C. civ. 1589.

En un mot, toute convention amiable, toute disposition tendant à constater la volonté des parties, est admise sans difficulté par l'administration.

Les adjudications aux enchères sont seules interdites. V. *sup.*, n° 802.

858. Le traité de cession est un contrat essentiellement synallagmatique ; par conséquent, lorsqu'il a lieu sous signature privée, il doit être fait en autant d'originaux qu'il y a de parties ayant un intérêt distinct, et contenir la mention du nombre de ces originaux. C. civ. 1325.

859. Le traité a lieu ordinairement dans la forme d'une cession de droits.

Le titulaire cède et abandonne ou promet de céder son étude au candidat qui l'accepte, à la charge par le cédant de réaliser sa démission, et par le cessionnaire, de payer le prix convenu et de faire les démarches nécessaires pour obtenir sa nomination.

860. Quelquefois aussi, deux notaires conviennent d'échan=

ger leurs offices avec ou sans stipulation de soulte. Dans ce cas, le contrat prend le nom de *permutation*. V. n° 946.

861. La convention peut être valablement constatée par une délibération de la chambre de discipline, pourvu que cette délibération soit revêtue de la signature de tous les notaires intéressés. Une convention ainsi établie peut valoir, en effet, comme un acte sous signature privée ; elle est même dispensée de la formalité du double, puisqu'elle est retenue dans un dépôt public, et ne se trouve à la disposition d'aucune des parties qui peuvent, d'ailleurs, s'en faire délivrer chacune une expédition par le secrétaire de la chambre de discipline. Décis. du 12 déc. 1835.

862. Devant l'administration, la cession à titre onéreux doit être toujours prouvée par écrit (L. 25 juin 1841, portant fixation du budget des recettes de l'exercice 1842, art. 6).

Mais, devant les tribunaux, elle pourrait s'établir au moyen de présomptions graves, appuyées d'un commencement de preuve par écrit. C. Bordeaux, 7 mai 1834.

863. Le traité doit être joint à la demande de nomination.

On avait contesté au gouvernement le pouvoir d'exiger cette communication ; mais son droit, reconnu par deux arrêts des CC. Paris et Rennes, des 13 fév. et 7 avr. 1840, a été définitivement consacré par l'art. 6 de la loi des recettes du 25 juin 1841, portant : que tout traité ou convention ayant pour objet la transmission d'un office, doit être produit à l'appui de la demande de nomination.

Ainsi, comme le fait observer la Régie de l'enregistrement, dans une instruction du 15 juill. 1841, relative à l'exécution de cette loi (1), « la production des traités de cession des offices, à l'appui des demandes de nominations, qui précédemment avait été considérée comme une mesure complétement administrative, est désormais légalement obligatoire. »

864. Lorsque le traité a été fait sous seing privé, est-il nécessaire de produire un des originaux ?

L'administration se contentait autrefois d'une copie collationnée et certifiée conforme par le procureur du roi, mais je doute que cet usage puisse être maintenu, depuis la promulgation de la loi du 25 juin 1841. L'art. 6 de cette loi semble exiger la production du traité original portant la relation de l'enregistrement.

Il est bien entendu, d'ailleurs, que l'administration, en devenant dépositaire de l'original appartenant à l'une des parties, ne peut refuser de l'en aider au besoin.

865. A-t-on le droit d'exiger des parties qu'elles affirment sous la foi du serment la sincérité de leurs conventions ?

---

(1) Cette instruction est rapportée à l'art. 11,014 du Journal des Notaires.

L'usage de ces affirmations s'était introduit dans le ressort de la C. roy. de Paris ; on le laissait subsister et on avait tort puisqu'il n'aboutissait souvent qu'à un parjure.

Le ministère du 12 mai s'empara de cette mesure et voulut la rendre générale, comme l'atteste la circulaire déjà citée du procureur général de Riom du 10 déc. 1839 (1).

Mais effrayé de l'improbation soulevée par ses instructions (2), il se hâta de les modifier, le 5 fév. 1840, par une nouvelle circulaire ainsi conçue :

« Le serment des parties contractantes sur le prix réel a été exigé à diverses époques. Je ne saurais approuver, comme règle générale, ce mode de découvrir la vérité ; il me paraît présenter plus d'inconvénients que d'avantages ; il faut le réserver pour certains cas exceptionnels où la fraude envers des tiers serait cachée sous le chiffre ou sous les conditions ostensibles d'un traité dont les auteurs n'oseraient pas affirmer la sincérité par serment, et auxquels on éviterait ainsi, soit le refus de l'institution royale, soit les suites fâcheuses d'une contestation judiciaire : mais ces cas doivent être extrêmement rares. Votre expérience éclairée et les renseignements dont vous aurez soin de vous entourer vous feront aisément connaître le véritable état des choses et des personnes sans recourir à cette garantie du serment dont nos lois et nos mœurs ne permettent d'user qu'avec mesure et circonspection. »

Ces instructions ambiguës révèlent l'embarras d'une administration qui sent qu'elle est allée trop loin, qui recule et qui ne veut pas en convenir. Il valait mieux avouer franchement qu'on s'était trompé, et reconnaître qu'en l'absence d'une disposition formelle de la loi, il n'appartenait à personne de placer ainsi les parties entre leur conscience et leur intérêt (3).

La circulaire du 5 fév. 1840, suffit pour autoriser les contractants à refuser énergiquement les affirmations qui leur seraient encore demandées.

866. Les traités sous seing privé doivent être sur timbre et légalisés par le maire du domicile des parties.

---

(1) Art. 10,562 du Journal des Notaires.

(2) M. Lherbette s'exprimait ainsi dans la séance de la chambre des députés, du 22 février 1840 : « Que le serment soit rare, si vous voulez en maintenir la sainteté. Le plus simple raisonnement prescrit de ne pas en prodiguer l'usage ; et la loi a spécifié avec soin les cas où il pourrait être déféré. Au-delà de ces cas, on ne peut le prescrire sans violer la loi et les hautes considérations de morale qui lui ont servi de base. Le serment déféré ou imposé par l'autorité serait d'ailleurs d'une nature toute particulière, sans analogue dans notre législation ; car, lorsqu'un débat a lieu entre deux parties et que l'une défère le serment, il tranche le débat ; il est ce qu'on appelle litis décisoire. Ici, le débat a lieu entre l'autorité et le titulaire à qui elle défère le serment, puis, après que ce serment a été prêté, l'autorité examine les faits et peut mettre à néant le serment (*Moniteur* du 23 février 1840).

(3) On avait exigé autrefois des nouveaux officiers le serment de n'avoir pas acheté leurs offices ; mais cette formalité qui n'aboutissait qu'à un parjure fut supprimée en 1597. Loyseau, l. 8, ch. 1er, no 96.

867. Ils doivent être enregistrés. V. § 9 ci-après.

FORMULE.

Traité sous seing privé portant cession d'un office de notaire avec cautionnement solidaire, etc.

Entre les soussignés,

M. Charles Dupré , notaire à la résidence de   , y demeurant, d'une part ;

Et M. Paul Lefebvre, principal clerc dans l'étude de Me   , notaire à   , chez lequel il demeure , d'autre part ;

A été convenu et arrêté ce qui suit :

Me Dupré vend , cède et transporte , sous la simple garantie de ses faits et promesses ,

Au sieur Lefebvre , ce acceptant ,

Le titre et la charge ou office de notaire à la résidence de   , dont il a été pourvu en remplacement de Me   , par ordonnance du roi , en date du   ,

Ensemble toutes les minutes et expéditions qui composent tant la pratique de Me Dupré que celle de ses prédécesseurs , ainsi que tout ce qui peut lui être dû par qui que ce soit , à cause de ses fonctions de notaire , pour honoraires et vacations d'actes , et généralement les recouvrements de tous genres qui dépendent de cette charge ;

Font partie du présent traité les bureaux , écritoires, tables, tablettes, fauteuils, chaises , tabourets , armoires , et autres meubles et ustensiles de l'étude, ainsi que le bureau, les fauteuils , chaises, armoires et corps de bibliothèque du cabinet de Me Dupré ; plus , les lits , glaces , commodes , armoires , fauteuils , chaises et autres meubles qui sont dans les chambres des clercs , dont la description a été faite du tout dans un état dressé par les comparants sur deux feuilles de papier timbré, semblable à celui des présentes, pour demeurer annexé à chacun des originaux des présentes , après avoir été certifié véritable.

Ainsi que le tout se poursuit et comporte, et dont le sieur Lefebvre déclare avoir une parfaite connaissance , notamment du produit de la charge par la communication qu'il a prise et la vérification qu'il a faite des registres et répertoires de l'étude ;

Pour, par le sieur Lefebvre, se pourvoir et se faire recevoir, à ses frais, aux titre et charge à lui présentement vendus, et jouir, à compter du jour de sa réception, de tous les droits, actions , privilèges, y attachés , et de tous les émoluments que cette charge produira, ainsi que de tous les objets mobiliers ci-dessus indiqués.

Le présent traité est fait aux charges et conditions suivantes, que Me Dupré et le sieur Lefebvre s'obligent respectivement d'exécuter, chacun en ce qui le concerne, savoir :

Premièrement , de la part de Me Dupré envers le sieur Lefebvre :

1º De lui remettre, dans la huitaine de la signature des présentes, sa démission et la présentation nécessaire pour qu'il puisse poursuivre sa nomination ;

2º De lui remettre, aussitôt sa réception, toutes les minutes et répertoires, tant de son exercice que de ceux de ses prédécesseurs, et dont il se chargera après vérification et récolement faits sur les répertoires ;

3º De remettre à sa disposition , à compter de la même époque, toutes les pièces et renseignements concernant les affaires commencées, toutes les expéditions d'actes payées et non payées , ainsi que tous les registres, notes et pièces pouvant servir à constater et établir les recouvrements ;

4º Enfin , de le présenter et de le faire connaître à ses clients, toutes les fois que ce service sera à sa disposition.

Secondement, et de la part de M. Lefebvre envers M⁰ Dupré :

1° De faire les démarches nécessaires pour obtenir sa nomination aux fonctions de notaire à   , en remplacement de M⁰ Dupré ;

2° De verser son cautionnement à la caisse d'amortissement (ou du receveur de   ), aussitôt après sa nomination ;

3° D'exécuter les statuts et de se conformer aux réglements de la chambre de discipline des notaires de l'arrondissement de   , dans le ressort de laquelle est la charge présentement cédée ;

4° Enfin, de remettre aux clients de l'étude, et sans aucune rétribution, les expéditions et extraits payés.

En outre de ces conventions, le présent traité est fait moyennant la somme de   , dont le sieur Lefebvre s'oblige de se libérer en cinq paiements égaux qui seront faits à M⁰ Dupré, en sa demeure à   , d'année en année à partir de la prestation de serment du sieur Lefebvre ; comme aussi, jusqu'au paiement effectif de ladite somme, de lui en servir, toujours en sa demeure, les intérêts à raison de 5 pour 100 par an, sans retenue, et de six mois en six mois, à compter de la même époque.

Il est bien entendu que la somme d'intérêts annuels décroîtra dans la proportion du capital, par suite des paiements qui seront effectués.

A ce faire, furent présents et sont intervenus,

M. Victor Lefebvre, ancien négociant, et dame Sophie Dubosc, son épouse, qu'il autorise à l'effet des présentes, demeurant ensemble à   ;

Lesquels se sont, par ces présentes, constitués cautions et répondants solidaires du sieur Paul Lefebvre, leur fils, pour l'exécution du traité qui précède envers M⁰ Dupré qui les accepte.

En conséquence, les sieurs et dame Lefebvre, père et mère, s'obligent solidairement avec le sieur leur fils, sans division ni discussion, 1° à payer à M⁰ Dupré, dans les termes et aux époques ci-dessus fixés, la somme de   , formant le prix du traité de sa charge avec le sieur leur fils, ainsi que les intérêts de cette somme ; 2° enfin, à exécuter, dans tout leur contenu, les charges et conditions ci-dessus stipulées, en faisant du tout leur propre affaire, comme s'ils étaient seuls débiteurs et principaux obligés.

Fait triple (à cause du cautionnement), à   , le   .

SECTION V. — TRANSMISSION A TITRE GRATUIT OU HÉRÉDITAIRE.

SOMMAIRE.

868. La transmission d'un office, à titre gratuit, peut avoir lieu par acte entre vifs ou testamentaire.

Elle peut être pure et simple ou conditionnelle; et dans ce dernier cas, la validité ou la nullité des conditions est régie par les principes que j'ai établis *sup.* n°s 840 à 856, pour la transmission à titre onéreux.

869. On ne peut appliquer à la donation entre vifs d'un office la prohibition de l'art. 944 C. civ.

Cette donation est toujours faite sous une condition potestative de la part du donateur, la condition de réaliser sa démission.

870. On a agité la question de savoir si la cession entre vifs devait, à peine de nullité, être faite avec les solennités requises par l'art. 931 C. civ.

La négative résulte d'un arrêt de la C. cass. du 8 fév. 1826.

Attendu que Ross était autorisé par l'art. 92 de la loi du 28 avr. 1816 à présenter son successeur à la place qu'il occupait; que le demandeur en convient; mais il ajoute, et c'est son unique moyen de cassation, que cette présentation comportant le droit de percevoir les émoluments attachés à la place de courtier de marine, devrait être faite dans la forme des actes translatifs de propriété, c'est-à-dire par vente, par donation à titre gratuit ou par testament; — Attendu que la présentation qui fait l'objet du litige, n'étant ni un acte bilatéral, ni une disposition à cause de mort, les lois qui règlent la forme des ventes, des donations et des testaments, lois sur lesquelles repose la demande en cassation, étaient étrangères à la cause; que, par conséquent, la cour royale ne peut les avoir violées; — Attendu que la loi de 1816 qui autorise les fonctionnaires qu'elle désigne à présenter leurs successeurs au gouvernement, n'assujettit ces présentations à aucune forme déterminée, et qu'elle n'attache leur efficacité qu'à une seule condition, celle de l'idonéité du candidat;—Rejette, etc.

871. Néanmoins la question était encore controversée, mais elle a été tranchée par la loi sur les recettes du 25 juin 1841.

L'art. 6 porte que tout traité ou convention ayant pour objet la transmission d'un office, à titre onéreux *ou gratuit,* devra être constaté par *écrit*; ce qui laisse aux parties la faculté d'employer la forme authentique ou de stipuler sous leurs signatures privées.

L'art. 8 ajoute que si la transmission de l'office s'opère par suite de disposition gratuite entre vifs ou à cause de mort, les droits d'enregistrement seront perçus sur l'acte ou *écrit* constatant la libéralité. V. nᵒˢ 863, 943, 947.

872. Lorsque la donation est faite dans la forme authentique, elle doit, conformément à l'art. 948 C. civ., contenir une estimation de l'office.

873. La transmission entre vifs à titre gratuit n'a pas toujours lieu dans un acte spécial.

Elle peut aussi n'être que l'accessoire d'un autre contrat.

Par exemple, il arrive souvent qu'un notaire, en mariant son fils ou sa fille, lui donne son office à titre de constitution de dot, à la charge, par le futur époux, de s'en faire pourvoir, pour la valeur dudit office entrer dans la communauté ou rester propre à l'époux donataire.

On doit considérer comme renfermant une donation à titre gratuit, la disposition contenue dans un contrat de mariage par laquelle le titulaire d'un office de notaire déclare que son intention est que le futur époux succède dans son office et place de notaire. C. Caen 14 juin 1833.

874. Lorsque la donation est faite à un successible, elle peut avoir lieu à titre d'avancement d'hoirie, ou par préciput et hors part avec dispense de rapport.

Dans le premier cas, le successible doit rapporter à ses cohéritiers la valeur qu'avait l'office au jour de la donation. C. civ. 868, Toullier, t. 12, nᵒ 112. Delvincourt, t. 2, p. 133. Duranton, t. 7, nᵒ 415. CC. Nanci, 9 mars 1832, Bordeaux, 6 janv. 1834.

875. Dans le cas même où la donation a été faite avec dispense de rapport, il faut toujours, s'il y a des héritiers à réserve, procéder à l'évaluation de l'office pour la formation de la masse qui doit servir à fixer la quotité disponible. Cette évaluation, aux termes de l'art. 922 C. civ., est faite, d'après l'état de l'office, à l'époque de la donation, et sa valeur au temps du décès, c'est-à-dire sans avoir égard aux améliorations ou détériorations survenues dans l'intervalle par le fait du donataire.

L'espèce suivante s'est présentée :

Un notaire avait donné sa démission (sans aucune stipulation pécuniaire) en faveur de son fils qui fut nommé.

Plus tard le fils se maria, et dans le contrat son père lui donna, à titre de préciput, la somme à laquelle pourrait être fixée par les tribunaux la valeur de l'office.

A la mort du père qui laissait deux enfants, on a demandé si, pour la formation de la masse, on devait estimer l'office d'après *son état,* au moment du contrat de mariage.

J'ai pensé qu'on devait prendre l'état de l'office au moment de la démission qui avait été un véritable don manuel. L'institution contractuelle consentie ensuite n'avait eu pour objet que d'ajouter à cette libéralité la dispense du rapport conformément à l'art. 919 C. civ.

876. Lorsque la disposition à titre gratuit est faite par acte de dernière volonté, elle est soumise pour sa validité aux règles établies par les art. 967 et suiv. C. civ.

Elle peut donc avoir lieu dans la forme authentique, ou mystique, ou par testament olographe.

Elle peut être comprise dans un legs universel, ou être faite à titre particulier.

877. Le légataire universel ou particulier d'un office doit demander la délivrance, conformément aux art. 1004 et 1014. C. civ.

878. Le legs d'un office de notaire ne comprend pas la somme nécessaire pour les frais de réception. Pothier.

879. La transmission *jure hereditario* a lieu suivant l'ordre dans lequel les héritiers sont appelés par la loi civile pour l'acceptation et le partage des successions.

880. J'ai exposé *suprà* n°s 818 à 822 les conditions auxquelles les héritiers peuvent exercer le droit de présentation.

Toutes ces observations s'appliquent au cas où un héritier se présente pour être pourvu lui-même de l'office.

Ainsi un héritier bénéficiaire encourrait la déchéance s'il se faisait nommer, sans en référer au gouvernement, pour qu'il fût procédé à l'évaluation de l'office comme dans le cas de remplacement par suite de destitution.

881. Lorsque les héritiers se trouvent encore dans l'indivision, il doit être procédé comme je l'ai exposé *suprà* n° 825.

882. Quelques auteurs enseignent que la transmission d'un office peut avoir lieu aussi par jugement ; par exemple, lorsqu'il y a eu contestation sur la validité d'une disposition à titre gratuit ou onéreux, sur un partage entre cohéritiers, etc.

Mais cette observation n'est pas exacte.

Les jugements ne sont point attributifs, mais seulement déclaratifs d'un droit. Ce n'est donc pas le jugement qui transfère la propriété de l'office, il constate seulement l'existence de cette propriété au profit de telle personne, et fournit un titre pour le prouver.

883. Le donataire, l'héritier institué, le légataire particulier, doivent produire le titre qui leur confère le droit à l'office.

Lorsque la disposition est accessoire à un autre acte, il suffit d'en produire un extrait *parte in quâ*.

884. L'on faisait autrefois une exception pour les présentations de famille. Le fils qui demandait à remplacer son père

était dispensé de justifier de la propriété du titre; il lui suffisait de produire un acte de présentation en forme. La cession était toujours présumée faite à titre gratuit; on la considérait comme un arrangement de famille qui, par sa nature, ne pouvait être la source d'aucun abus et qui devait dès-lors échapper aux recherches de l'administration. L'exception dont il s'agit était conforme à la circulaire du 8 juillet 1819 qui voulait que les fils et les gendres des notaires fussent l'objet de faveurs spéciales. V. n° 920.

Mais cette jurisprudence se trouve formellement abrogée par la loi du 25 juin 1841 qui veut, art. 6, que tout traité ou convention, ayant pour objet la transmission d'un office à titre onéreux ou gratuit, soit constaté par écrit, et produit à l'appui de la demande de nomination du successeur désigné. V. n° 863 et 943.

885. La transmission héréditaire se prouve par un intitulé d'inventaire ou un acte de notoriété constatant le nombre et la qualité des héritiers, et, s'il y a lieu, par un extrait de l'acte de partage.

S'il y a eu contestation en justice, le jugement doit nécessairement être joint à la demande.

886. Tous les actes destinés à constater une transmission gratuite ou héréditaire sont soumis à la formalité du timbre.

Ils ne peuvent être produits devant l'administration, sans avoir été enregistrés. L. 25 juin 1841, art. 6. V. § 9.

SECTION VI. — DE LA PRÉSENTATION.

SOMMAIRE.

887. *Ancienne législation. — De la procuration* ad resignandum.

888. *Législation actuelle. — Caractère de la présentation.— Elle doit être distincte du traité.*

889. *La présentation ne peut pas être forcée.*

890. *Erreur commise par le tribunal de Mirande, et relevée par la cour d'Agen.*

891. *Suite*

892. *Exception.*

893. *Des mutations par décès.*

894. *De la démission* in favorem *et de la présentation.*

895. *La démission en faveur est une véritable présentation.*

896. *De la présentation par procuration.*

897. *Forme de l'acte de démission ou présentation. — Il peut être authentique ou sous seing privé.*

898. *Démission reçue par la chambre de discipline.*

887. Autrefois, il fallait régulièrement deux actes pour vendre un office : l'un pour la finance qu'on appelait *traité* ou *composition*, et l'autre, pour le titre qu'on nommait procuration *ad resignandum.*

La procuration *ad resignandum* était un acte par lequel le pourvu ou titulaire d'un office donnait pouvoir de le résigner ou remettre entre les mains du roi et du chancelier ou garde-des-sceaux, pour en disposer en faveur de la personne qui y était désignée.

La procuration *ad resignandum* pouvait suppléer au contrat de vente. En effet, comme le roi n'entrait pas dans l'examen des conventions relatives à la finance, et qu'il n'avait besoin, pour conférer l'office, que du consentement du titulaire actuel, il arrivait quelquefois que, sur sa seule procuration et sans contrat, le résignataire obtenait des provisions ; mais alors ne rapportant pas de quittance du prix, il en était réputé débiteur. Bourjon, *Droit commun de la France*, t. 2, p. 368.

888. Ces anciens principes reçoivent encore aujourd'hui leur application.

L'acte de présentation est la preuve essentielle, la condition déterminante et de rigueur de la transmission d'un office ministériel. La production du traité a sans doute son importance; il est bon que la chambre de discipline et le gouvernement puissent vérifier successivement les conditions acceptées par l'aspirant et le protéger au besoin contre les exigences intéressées du démissionnaire ; mais, enfin, le traité n'est qu'un acte privé ; c'est le contrat entre le démissionnaire et son successeur ; la présentation est le contrat entre le démissionnaire et l'administration. Je comprendrais donc que l'on dispensât de la production du traité ; cette dispense a eu lieu quelquefois ; elle peut se reproduire ; je la crois juste, morale, pour les dispositions de famille (1) ; mais il est de toute évidence qu'on ne peut dispenser de la présentation. C'est la présentation seule qui saisit l'administration, qui détermine l'exercice de son droit. Sans présentation, la nomination du nouveau titulaire serait une nomination d'office, et le remplacement de l'ancien deviendrait souvent une véritable révocation.

---

(1) V. *sup.*, n° 884.

Qu'on ne dise pas qu'une présentation spéciale devient inutile, lorsque le traité est produit. Dans le traité, le cédant ne présente pas son successeur ; il prend seulement l'engagement de le présenter ; il contracte, en un mot, une obligation de faire (1), obligation dont l'accomplissement dépend ensuite de sa seule volonté, dont l'inexécution ne l'expose qu'à des dommages-intérêts. Nommer sur la production du traité sans attendre une présentation régulière, ce serait donc anticiper sur la volonté du démissionnaire, la contraindre même ; ce serait porter une grave atteinte à sa liberté naturelle et violer formellement l'art. 1142 C. civ.

889. Non-seulement l'aspirant qui se présente pour être admis aux fonctions de notaire doit produire un acte de présentation, distinct du traité de cession ; mais cette présentation, je le répète, doit être l'expression de la libre volonté du cédant.

890. Contrairement à ce principe, le tribunal de Mirande avait décidé, le 21 août 1835, que son jugement tiendrait lieu, à défaut d'exécution d'un traité de cession d'un office, de la démission du titulaire et de la présentation du cessionnaire pour son successeur.

Mais la C. d'Agen, 6 janv. 1836, a réformé ce jugement : elle a déclaré avec raison qu'en cas d'inexécution d'un traité, il y avait lieu seulement à des dommages-intérêts (2). Même décision C. Aix, 5 janv. 1830.

891. Un tribunal pourrait encore moins ordonner qu'un notaire restera suspendu de ses fonctions jusqu'à ce qu'il ait présenté et fait nommer un successeur. C. Montpellier, 25 fév. 1833.

892. Nous avons vu sup., n° 808, que le notaire déclaré démissionnaire dans le cas prévu par les art. 4 et 33, L. 25 vent. an XI, n'est pas déchu du bénéfice accordé par l'art. 91 de la loi du 28 avr. 1816 ; mais, comme il ne doit pas dépendre de lui de paralyser l'action du gouvernement, on lui impartit ordinairement un délai dans lequel il sera tenu de désigner son successeur.

S'il laisse écouler ce délai sans faire une présentation régulière, il est pourvu d'office à son remplacement, et le prix de l'étude lui est payé d'après une évaluation faite administrativement, suivant les formes adoptées pour la fixation des indemnités accordées en cas de destitution.

---

(1). C. cass., 4 juin 1833. V. *sup.*, n° 799.

(2) Mais cet arrêt porte les dommages-intérêts à une somme tellement exorbitante (à 30,000 fr.), qu'il valait autant maintenir le jugement de **première** instance. Il n'y avait plus d'alternative possible pour le titulaire.

En admettant donc qu'un notaire déclaré démissionnaire eût traité avec un aspirant et qu'il refusât ensuite de souscrire un acte de présentation, l'administration ne serait pas forcée de l'attendre ; elle pourrait, à l'expiration du délai, passer outre à la présentation.

Cette solution, dont le motif n'a pas besoin d'être développé, est la seule exception au principe que j'ai posé sur la nécessité d'une présentation régulière et distincte du traité qui contient les arrangements pour la cession de l'office.

893. Après le décès du notaire, ses héritiers peuvent être mis en demeure de faire une présentation pour que le service ne reste pas en souffrance.

Si cet avertissement reste sans effet, on pourvoit d'office à la place vacante, à la charge d'une indemnité qui est fixée administrativement. Décis. du 10 mars 1837 ; C. Paris, 17 nov. 1838.

894. L'acte de désignation du successeur s'appelle *démission en faveur*, lorsqu'il émane de la libre volonté d'un titulaire en exercice ;

Et *présentation*, lorsque la désignation est faite par un notaire remplacé forcément dans le cas des art. 4 et 33 de la loi de ventôse, ou par les héritiers ou ayants cause d'un titulaire décédé.

C'est un acte essentiellement unilatéral ; le cessionnaire ne doit pas y intervenir.

895. Quelques notaires en exercice croient devoir faire deux actes séparés, l'un pour leur démission, l'autre pour la présentation.

Cela est inutile. La démission *in favorem* est une véritable présentation.

896. La présentation peut être faite en vertu d'une procuration qui, dans ce cas, doit y demeurer annexée, après avoir été dûment certifiée par le mandataire. Décis. du 14 août 1837.

897. La loi de 1816 n'assujettit, d'ailleurs, les démissions ou présentations à aucune forme déterminée.

Une simple lettre du titulaire, écrite à l'autorité, suffit. Cass., 8 fév. 1826.

L'usage le plus général est que l'acte de démission ou de présentation soit sous seing privé. Le titulaire déclare qu'il se démet de son office entre les mains du roi, qu'il s'en démet en faveur de tel candidat.

D'autres préfèrent au contraire employer la forme authentique.

Cette forme aurait des avantages dans le cas de regrès exercé par le prédécesseur, la trace d'une démission sous seing privé pouvant disparaître et laisser le candidat présenté dans l'impossibilité d'en justifier à l'appui d'une demande en dommages-intérêts.

898. Quelques notaires donnent leur démission devant la

chambre de discipline, ou seulement devant le président et le secrétaire.

Cet acte est valable, pourvu qu'il soit signé par le résignant.

Ce n'est pas un acte authentique; par conséquent, il peut être produit sans avoir été enregistré. Décision du mois de juin 1836.

899. J'ai vu un grand nombre de démissions reçues par des greffiers de première instance ou de justice de paix.

Elles n'ont pas été refusées, et c'est à tort, suivant moi. Les greffiers sont des fonctionnaires spéciaux, chargés de rédiger les jugements et de recevoir certaines déclarations expressément déterminées par la loi. En dehors de leurs attributions particulières, ils n'ont pas qualité pour recevoir des actes et pour constater les conventions des parties. La réception d'une démission, ou de tous autres actes simples par le greffier d'un tribunal paraît donc constituer un empiétement sur les fonctions notariales, empiétement que l'administration ne devrait pas tolérer. Elle doit maintenir chacun dans la limite de ses devoirs et de ses attributions.

900. Un juge de paix, à plus forte raison, serait sans qualité pour recevoir la démission d'un notaire ou de tout autre officier public.

901. Peut-on admettre une présentation verbale? Non sans doute. Cependant cela a eu lieu une fois. Un notaire de la Corse a été remplacé, en 1814, sur sa déclaration faite verbalement en présence du procureur général, qu'il se démettait de ses fonctions.

Cette décision, motivée sur des circonstances spéciales, ne peut évidemment servir de règle.

902. L'acte de démission ou présentation doit être timbré et légalisé.

Mais par qui la légalisation doit-elle être donnée?

On pourrait soutenir que ce doit être par le maire du domicile, car la démission n'est pas un acte notarié auquel on doive appliquer la règle établie par l'art. 28, L. 25 vent. an XI.

Cependant, d'après l'usage où sont les présidents de première instance de légaliser la signature des notaires de leur arrondissement, ce sont eux qui visent ordinairement les démissions.

Mais, si un notaire était absent de sa résidence, sa signature devrait évidemment être légalisée par le maire de la commune dans laquelle il se trouverait au moment de sa démission.

903. L'acte de présentation doit-il être enregistré? V. no 960.

Démission et Présentation.

Je soussigné   , notaire à   , canton de   , arrondissement de   , département de   , déclare par ces présentes donner, entre les mains de M. le garde-des-sceaux, ministre de la justice, ma démission des fonctions de notaire à   , en faveur de M.   , premier clerc de Mᵉ   , notaire à   , suppliant Sa Majesté de vouloir bien l'agréer pour mon successeur.

Fait à   , le   .

SECTION VII. — DU REGRÈS ET DES AUTRES CAS D'INEXÉCUTION DU TRAITÉ DE CESSION.

SOMMAIRE.

904. Autrefois le vendeur d'un office était tenu de garantir la vente ; mais cette règle souffrait une exception dans le cas du regrès (1). On appelait regrès, *regressus*, la faculté qu'avait le résignant de faire résilier le contrat de vente jusqu'à ce que le résignataire eût été reçu.

Il suffisait, pour exercer le regrès, de faire signifier au résignataire la révocation de la procuration *ad resignandum* et de former une opposition au titre de l'office. Le résignataire n'avait droit qu'à des dommages-intérêts pour les dépenses qu'il avait faites, à l'occasion de l'office (2).

905. Cette ancienne jurisprudence a cessé sans doute d'avoir son effet depuis le Code civil et la loi du 28 avril 1816. C. cass. 13 nov. 1823 (3).

Cependant l'administration, sur la demande du démission-

(1) C'était une imitation du regrès admis en matière ecclésiastiqne. Merlin, vᵒ *Office*, nᵒ 10 ; Dict. du Not., *eod. verbo*, nᵒ 29.

(2) Renusson, *Traité des propres*, ch. 5, Henrys, liv. 2, quest. 67 ; Bourjon, t. 1ᵉʳ, p. 325 ; Rousseaud de la Combe, vᵒ *Office*; Ferrière, Denisart, *eod. verbo* ; Dard, *Code des officiers ministériels*, p. 250.

(3) Cet arrêt est rapporté au Journal des Notaires, art. 4528.

naire et lorsqu'il n'existe aucun indice de fraude, se décide encore quelquefois à lui renvoyer sa démission, sous la réserve de l'action en dommages-intérêts du résignataire.

Mais c'est une pure concession, une faveur de la part de l'administration qui a toujours le droit de retenir une démission donnée, lors même que, pour rendre son changement de volonté plus notoire, le démissionnaire aurait fait signifier des actes de regrès au parquet et au greffe du tribunal de son arrondissement.

906. Il a été fait application de ce principe par une ordonnance du 30 mars 1838.

Louis-Philippe, etc.; — Vu l'acte sous seing privé, en date du 15 juin 1835, par lequel le sieur Pierre-Alexis-Etienne R   , notaire à   , s'est démis de ses fonctions; — Vu les deux actes extrajudiciaires, en date des 14 avril et 12 décembre 1837, signifiés, l'un au greffe, l'autre au parquet du tribunal de Briançon, à la requête du sieur R   , et par lesquels il a déclaré rétracter sa démission ;

Considérant que le sieur R.   s'est démis de ses fonctions; que sa démission a été acceptée, et qu'il n'a pas dépendu de lui de la rétracter ultérieurement ;

Art. 1er. Le sieur R.   , notaire à   , est déclaré démissionnaire et cessera immédiatement l'exercice de ses fonctions.

907. Le traité ne peut être attaqué, sous prétexte de lésion quand il a été consenti de bonne foi et sans fraude. Cass. 20 juin 1837. Paris 11 décembre 1832. Des faits de dol ou de fraude pourraient seuls motiver une réduction du prix de cession.

908. Mais le cessionnaire d'un office de notaire peut être considéré comme déchargé de ses engagements par la faillite, la disparition et la destitution de son cedant, avant que la cession ait été exécutée par sa nomination et sa mise en possession de l'etude. C. Paris, 26 déc. 1832.

La disparition et le mauvais état des affaires du cédant suffiraient même pour motiver en faveur du cessionnaire une réduction de prix. C. civ. 1641, 1643, 1644. Trib. Caen 31 août 1835.

909. Le fait d'exécution du traité, résultant de ce que le cessionnaire a sollicité et obtenu sa nomination depuis la disparition du titulaire cédant, n'est point un obstacle à la demande en réduction motivée sur la perte de clientèle résultant de cette disparition. C. Caen 22 juill. 1837. — *Contrà* trib. de Tarascon, 28 fév. 1840 (1).

La destitution du notaire a pour effet d'anéantir le traité qu'il avait pu faire, même avant les poursuites, pour la cession

____

(1) Journal des Notaires, art. 9775 et 10,625.

de son office. Il ne peut plus s'en prévaloir lors même que l'indemnité fixée par l'ordonnance de nomination serait égale au prix de ce traité. C. Paris 9 fév. 1839.

910. Le cessionnaire peut être condamné à des dommages-intérêts contre le cédant s'il ne fait pas les démarches nécessaires pour obtenir sa nomination. C. Rennes 1er fév. 1834.

911. Mais le traité de cession, quels qu'en soient les termes, devient sans effet, et le titulaire ne peut répéter des dommages-intérêts contre l'aspirant cessionnaire, si la nomination est refusée par le gouvernement.

912. Ainsi jugé le 26 janv. 1837 par arrêt de la Cour de Douai, conformément à un jugement du trib. de Cambrai. Cet arrêt est ainsi conçu :

En ce qui touche la résolution du traité : considérant que la vente d'un office est, de sa nature, conditionnelle et dépendante de l'investiture du cessionnaire ;

Que le traité fait entre les parties, loin d'apporter une dérogation à ce principe, en confirme l'application dans ses termes et ses diverses stipulations ;

Qu'il en résulte évidemment que Tabary, d'une part, et Deloffre, de l'autre, n'ont entendu céder et acquérir la charge, objet du litige, que sous la condition que leur traité serait ratifié par la nomination de ce dernier ;

En ce qui concerne la demande en dommages-intérêts ; considérant qu'il n'est point établi que l'inaccomplissement de la condition procède du fait de Deloffre. — Par ces motifs, la cour met l'appellation au néant, ordonne que ce dont est appel sortira effet.

Même sens C. Nanci 12 juill. 1834. Troplong, *de la Vente*, n° 220 ; Duvergier, *ib*.

913. Le cessionnaire est-il fondé à demander la résolution du traité de cession, lorsque l'administration lui impose une condition qu'il juge contraire à ses intérêts ? Voici l'espèce qui s'est présentée.

Me R..., notaire, traita de son office avec M. L..., en se réservant expressément le *privilége du vendeur*.

Le traité et toutes les pièces à l'appui furent transmis au ministère de la justice ; mais par une décision du mois d'avril 1840, le garde-des-sceaux fit connaître aux parties que ce traité ne pourrait être admis que lorsqu'elles auraient retranché ou modifié la clause relative à la réserve de privilége. V. *sup*. n° 849.

Refus de la part de Me R... Alors M. L... le fit assigner devant les tribunaux et forma contre lui une demande en dommages-intérêts pour le préjudice qu'il lui causait en empêchant sa nomination.

Consulté sur le point de savoir si cette demande était fondée, voici comment j'ai cru devoir résoudre la question (1).

Suivant la doctrine consacrée dans un arrêt de la C. cass. du 4 juin 1835, la cession d'un office de notaire n'est pas sou-

---

(1) Cette dissertation a été insérée au Journal des Notaires, art. 10,717.

mise aux règles ordinaires du contrat de vente ; c'est un *contrat innommé ;* c'est pour le cédant l'obligation de *faire* une présentation en faveur du cessionnaire, et pour celui-ci, indépendamment du prix stipulé, l'obligation de *faire* les démarches et justifications nécessaires pour obtenir sa nomination.

Cette obligation se résout en dommages-intérêts, en cas d'inexécution de la part d'une des parties. C. civ. 1142. C'est ce qui a été jugé par la cour d'Agen, le 6 février 1836, à l'égard d'un notaire qui, après avoir traité de son office, refusait de réaliser sa démission ; et par la cour de Rennes, le 3 fév. 1834, à l'égard d'un cessionnaire en retard de poursuivre sa nomination.

Mais il n'est rien dû, au contraire, lorsque l'inexécution est le résultat d'une force majeure, et ne peut par conséquent être imputée ni à l'une ni à l'autre des parties. L'art. 1148 C. civ. est formel sur ce point : il s'applique aux cessions d'offices aussi bien qu'aux autres conventions. CC. Nanci 12 juill. 1834, Douai, 26 janv. 1837.

Toute la question se réduit donc à savoir si le défaut d'exécution du traité avec M. L... provient d'un fait qui soit imputable à Mᵉ R...

La négative sur ce point ne paraît pas douteuse.

Mᵉ R... avait cédé son office à M. L. en se réservant expressément le privilége du vendeur, *à défaut d'autres garanties.* Cette réserve, volontairement consentie par M. L... et qui devait désormais tenir lieu de loi entre les parties, C. civ. 1134, était une des causes déterminantes de la cession. En d'autres termes Mᵉ R... avait donné sa démission, sous la condition que le traité de cession serait admis dans toutes ses parties. Cette condition ne s'étant pas accomplie, puisque le traité, ou ce qui est la même chose, une de ses clauses substantielles a été rejetée, la démission de Mᵉ R... est devenue sans cause et a cessé de le lier à l'égard de M. L...

Vainement objecterait-on, en se fondant sur un jugement récent du tribunal de Tarascon (1), qu'il était loisible au cédant d'adhérer à la modification exigée par l'administration, et que c'est son refus qui détermine le rejet de la demande. Dans l'espèce de ce jugement, il s'agissait d'une justification personnelle. Ici, au contraire, il s'agit de l'exécution d'un traité. Ce que Mᵉ R... avait promis d'exécuter, c'était le traité fait avec M. L..., et non les conditions qui pourraient y être substituées par l'administration.

On ne serait pas fondé non plus à exciper contre M R... du défaut d'intérêt, par le motif que les priviléges, résultant de la qualité de la créance, subsistent, lors même qu'ils n'ont pas

______

(1) Journal des Notaires, art. 10,625.

été réservés par les parties. Ici, il n'y aurait pas seulement *omission*, mais *renonciation* formelle au privilége, renonciation qui pourrait plus tard être opposée au cédant, et devenir contre lui une fin de non-recevoir V. *sup.* n°ˢ 849 et 850.

914. Mon opinion a été adoptée, dans l'espèce dont-il s'agit, par le trib. de Montmorillon, déc. 1840, et par la C. Poitiers, 1ᵉʳ juill. 1841.

Elle a également été consacrée par la C. Bordeaux dans l'espèce suivante.

Le sieur Larenaudie, huissier dans l'arrondissement de Sarlat, vendit son office au sieur Blanc ; mais quelque temps après la nomination de celui-ci, il acquit du sieur Bargues un autre office d'huissier dans le même arrondissement.

Opposition du sieur Blanc motivée sur la garantie que lui devait Larenaudie comme vendeur.

Sur cette opposition, décision ministérielle portant que Larenaudie ne serait admis qu'après avoir obtenu le consentement du sieur Blanc. Ce dernier demanda une indemnité de 2,000 francs, ce qui fut refusé.

Alors Larenaudie assigna le sieur Bargues, en résolution du traité de cession. Sa demande fut rejetée par les premiers juges.

Mais sur l'appel, la Cour de Bordeaux :

Attendu que la validité de la cession de son office d'huissier, que Bargues a consentie à Larenaudie par contrat du 22 janv. 1839, a été subordonnée, de l'aveu de toutes les parties, à la nomination qui aurait lieu de ce dernier auxdites fonctions ; qu'au cas où elle serait refusée, la condition dont il s'agit devait rester comme non avenue ;

Attendu que le gouvernement a voulu que Larenaudie ne pût se présenter pour ledit office qu'avec le consentement formel de Blanc, que ce dernier n'offre de donner que moyennant 2,000 fr. ; *que la convention primitive s'évanouit, ne pouvant subsister avec ses conditions essentielles ;* que, puisqu'on la sort des termes dans lesquels elle a été souscrite, on ne doit pas y avoir égard ;

Faisant droit à l'appel..., déclare que la cession demeure résolue et comme non avenue.

Cet arrêt est du 15 juillet 1840.

SECTION VIII. — DES EXTINCTIONS DE TITRES.

SOMMAIRE.

915. *De l'indemnité pour extinction des offices supprimés.*

916. *C'est une conséquence du principe de la propriété des offices.*

917. *Elle n'est due que pour les études dont le titulaire a satisfait à la loi de 1816.*

918. *De ceux qui doivent l'indemnité. — Ancienne législation. — Législation actuelle.*

919. *Suite. — Des notaires conservés et de leurs successeurs.*

915. La présentation du titulaire à remplacer ne suffit pas toujours à l'aspirant pour obtenir sa nomination.

Lorsqu'il reste une extinction de titre à effectuer dans le canton, il doit en outre justifier d'arrangements pris pour contribuer à cette extinction.

916. Les notaires dont les offices sont à supprimer, leurs héritiers ou ayants cause, ont droit, en effet, à une indemnité pour l'extinction de leur titre (Circul. du 29 août 1823). C'est une conséquence de la propriété des offices rétablie par la loi du 28 avril 1816.

917. Cette indemnité n'appartient donc qu'à ceux ou aux héritiers de ceux qui ont fourni le supplément de cautionnement exigé par cette loi. Les études devenues vacantes antérieurement ou même depuis la promulgation de la loi, mais dont les titulaires n'avaient pas complété leur cautionnement, sont demeurées éteintes de plein droit (1). L. 25 vent. an XI, art. 32.

---

(1) Il y a eu cependant des exceptions. Le principe de l'indemnité est si juste en lui-même qu'on en fit quelquefois l'application, même avant la loi de 1816. J'en ai rapporté un exemple *suprà*, n° 785, pour la réduction des avoués de Paris.

918. Avant la révolution, lorsqu'une place était supprimée, le gouvernement remboursait la finance qu'il avait reçue lors de la création (1); mais les finances n'existant plus aujourd'hui, l'extinction est mise à la charge des titulaires des études conservées.

919. La loi qui devait régler la propriété des offices n'étant pas intervenue, l'administration ne peut donner aux indemnitaires une action contre les notaires conservés; mais elle fait du paiement de l'indemnité la condition des mutations qui seront autorisées.

Aucun candidat n'est admis qu'en rapportant quittance de la somme dont l'étude qu'il sollicite a été grevée pour l'extinction. Décis. 28 août 1837. Sur le refus des indemnitaires, la somme est versée pour le compte de qui de droit à la caisse des consignations.

Quelquefois cependant l'administration se contente d'une soumission écrite; mais alors la nomination est faite à la charge de payer la somme dont il s'agit.

920. Les aspirants sont tous indistinctement soumis à l'obligation de concourir aux extinctions de titres. Une circulaire du 8 juillet 1819 faisait une exception en faveur des fils et gendres des notaires à remplacer; mais cette exception n'a plus lieu aujourd'hui.

921. Dans le principe, l'extinction était mise entièrement à la charge du premier candidat qui se présentait; il devait produire deux démissions ou présentations (2). Ce système était injuste, puisqu'il pouvait arriver qu'un candidat fût obligé d'éteindre une étude fort éloignée de la sienne et dont la suppression ne devait par conséquent lui profiter que très-indirectement.

Il était même quelquefois impraticable: ainsi dans les cantons dont le chef-lieu est le siége d'une cour royale ou d'un tribunal de 1re instance, on ne pouvait raisonnablement imposer a ucessionnaire d'une étude de troisième classe, l'obligation d'éteindre un titre de première ou de seconde classe.

922. Par une première dérogation à ce système, il fut décidé que dans ce cas particulier les extinctions d'étude se feraient par classe (décis. du mois de déc. 1834 et de 1837, pour les notaires des cantons de Chartres et de Briançon (3).

---

(1) Il y ajoutait quelquefois une indemnité à raison de la plus-value de l'office. Loyseau, L. 3, ch. 2, no 20. — D'autres fois, c'était la compagnie qui prenait le lieu et place de l'État et qui remboursait la finance à sa décharge. V. *infrà*, n. 923.

(2) Ordonnance du 19 janvier 1820, relative à la réduction des avoués du ressort de la cour royale de Paris.

(3) V. dans le même sens un avis fortement motivé du tribunal de Chartres, qui fut consulté sur la question. Cet avis, en date du 18 novembre 1834, est rapporté à l'art. 8988 du Journal des Notaires.

923. Mais on a adopté depuis un principe encore plus équitable. On met aujourd'hui les extinctions à la charge de tous les notaires du canton. La répartition se fait entre eux au prorata du bénéfice que chacun doit retirer de la réduction.

Considérant, porte un avis du conseil d'administration du ministère de la justice, approuvé le 8 octobre 1834, qu'aux termes d'une ordonnance de fixation du 8 fév. 1826, l'étude occupée à Lafitole par le sieur La'anne décédé en 1823 dans l'intégrité de ses droits, devant être supprimée, la nomination du sieur Ducos ne peut qu'être subordonnée au désintéressement des héritiers du sieur Lalanne ;

Considérant, en fait, que, loin de profiter seul de ladite extinction, le sieur Ducos en retirera moins d'avantage que le notaire établi à la résidence de Lavaulx ; qu'il est donc juste d'y faire contribuer ce dernier au moins pour moitié ;

Est d'avis de faire nommer le sieur Ducos aux fonctions qu'il sollicite, à la charge par lui de payer la somme de 1,000 fr., formant la moitié de celle de 2,000 fr., à laquelle demeure fixée l'indemnité due aux héritiers Lalanne , l e surplus de ladite indemnité demeurant à la charge du notaire de Lavaulx.

Il existe dans le même sens un grand nombre d'autres décisions, notamment pour les cantons d'Apt, de Tauves, de Hauteville, 4 juin 1836; d'Aucun, Volonne, Champaix, Magnac-Laval, La Bastide, Aurignac, 16 mars, 12 mai, 13, 28 août, 26 oct. et 10 déc. 1837.

Ce mode était aussi pratiqué autrefois ; on en trouve un exemple pour la réduction du nombre des notaires de Toulouse (1). C'est ce que l'on appelait une réduction *inter fratres*.

924. Les extinctions de titres sont prononcées principalement par une ordonnance spéciale, ou accessoirement à une ordonnance de nomination.

925. La même ordonnance détermine la quotité de l'indemnité et la portion contributive de chacune des études conservées.

En voici un exemple :

« L'étude du sieur Meyraud , décédé notaire à Montaigut-le-Blanc, canton de Champeix (Puy-de-Dôme), demeurera éteinte et supprimée, à la charge par les autres notaires du canton de payer, ainsi qu'ils s'y sont obligés, aux héritiers ou ayants cause du sieur Meyraud la somme de 6,000 fr. à laquelle la valeur de son étude demeure fixée , et qui sera répartie comme il suit : 1,493 fr. 33 cent. à la charge de chacun des trois notaires du chef-lieu ; 1,120 fr. à la charge du notaire de Saint-Cirgues, et 400 fr. à la charge du notaire de Neschers (ordonn. du 13 août 1837).

926. Lorsque, comme dans le cas ci-dessus, la fixation et le réglement de l'indemnité ont eu lieu amiablement entre les notaires intéressés, une pareille convention est valable, et l'exécution peut en être poursuivie en justice. C. cass. 4 juin 1835, aff. des notaires de Soissons.

---

(1) V. les lettres-patentes du roi et arrêts du conseil d'État, des 22 mai 1769, 20 mars, 14 déc. 1770, et 30 janv. 1771.

927. Elle peut être constatée par délibération de la chambre de discipline (1), pourvu que cette délibération soit revêtue de la signature de tous les intéressés. Déc. min. just. 12 déc. 1835.

928. Il faut nécessairement un arrangement amiable, lorsque le titulaire de l'étude à supprimer est encore en exercice; il ne peut en effet être remplacé sans son consentement. (L. 25 25 vent. an xi, art. 2.)

929. Mais après son décès, si ses héritiers refusent de traiter sur des bases raisonnables, la fixation et la répartition de l'indemnité sont faites par l'administration sur l'avis préalable de la chambre de discipline et du tribunal (2).

Quelquefois même cette fixation est déléguée en dernier ressort au tribunal.

930. Si le refus de traiter vient des notaires conservés, on doit également recourir à une évaluation d'office; mais comme l'administration ne peut donner contre eux un titre exécutoire, il faut attendre qu'une mutation survienne dans leurs études. Le paiement de l'indemnité devient alors la condition de leur remplacement. V. *supr.* n° 919.

931. Les tribunaux ne sont pas compétents pour connaître des difficultés élevées au sujet de l'exécution d'une décision du ministre de la justice, portant que le successeur désigné d'un notaire dont l'étude est conservée, ne sera nommé que moyennant le paiement d'une indemnité aux héritiers du titulaire d'un autre office, supprimé dans le même canton. Trib. du Puy, 14 mars 1833; C. Rennes, 29 juin 1833.

932. On considère comme valable l'arrangement par lequel les notaires d'un canton conviennent d'effectuer l'extinction d'une étude, *lorsqu'elle deviendra vacante* (C. cass. 4 juin 1835; ordonn. du mois de mars 1837). C'est ce qu'on appelle en droit administratif une *extinction future.*

Un pareil arrangement suffit pour laisser aux titulaires conservés la libre disposition de leurs titres; seulement les mutations ne sont autorisées que sous la réserve des droits des indemnitaires.

933. D'autres fois au contraire, les notaires conservés paient immédiatement au titulaire de l'étude supprimée une indemnité, moyennant laquelle il renonce en leur faveur à la faculté de présentation, se réservant seulement de continuer jusqu'à son décès l'exercice de ses fonctions.

Cet arrangement suffit aussi pour autoriser la transmission des autres offices. Le notaire ainsi indemnisé d'avance n'a plus qu'un titre viager.

934. L'obligation de contribuer à l'extinction d'une étude

____

(1) V. *sup.* n° 898.
(2) V. *sup.* n° 893.

n'est pas personnelle au notaire qui l'a contractée. C'est une charge de son étude, qui, après son décès, passe à son successeur et non à ses héritiers (décision du mois d'avril 1836).

935. Non-seulement les titulaires des études à supprimer ont droit à une indemnité, mais l'administration leur accorde la préférence pour être pourvus des places vacantes dans les résidences conservées, à la charge par eux de tenir les conditions du traité souscrit par le candidat auquel ils sont préférés (décis. 15 juill. et 26 oct. 1836; 7 juin et 23 nov. 1837).

A la différence du droit à l'indemnité, le droit de préférence est personnel au titulaire et ne passe pas après lui à ses héritiers, même en ligne directe.

936. Les règles ci-dessus reçoivent exception dans les cas suivants :

1° Lorsque l'aspirant est cessionnaire d'une *étude consolidée*, décis. 10 mars 1837. On appelle ainsi l'étude qui a acquitté la somme dont elle était grevée pour sa contribution aux charges de l'extinction.

937. 2° Lorsque le notaire menacé de suppression refuse positivement, soit de donner sa démission, soit d'aller occuper lui-même la résidence conservée; son refus doit être constaté par acte extra-judiciaire (décis. 15 juillet 1836; 7 juin, août, septembre et décembre 1837. V. *supr.* n° 660).Ce refus ne suffirait même pas si le maximum légal était dépassé dans le canton. Il faudrait, en outre, que la mutation fût *forcée*, c'est-à-dire qu'il s'agit d'un remplacement par décès ou par suite d'infirmités ; et qu'il fût constaté que la place ne pourrait demeurer vacante sans inconvénient pour le service.

3° Lorsqu'il a précédemment refusé la préférence qui lui avait été offerte pour la même résidence, déc., mars 1839; ou s'il existe sur son compte de mauvais renseignements, déc. 25 juill. 1837.

938. 4° Enfin lorsque le notaire menacé de suppression s'est démis de son étude en renonçant à toute indemnité, décis. fév. 1832 et mai 1836.

Cette renonciation est constatée dans l'ordonnance qui prononce l'extinction de l'étude.

939. Dans ces différents cas, l'aspirant peut être nommé sur un seul titre, nonobstant la réduction qui reste à effectuer dans le canton.

940. Lorsque la nomination d'un notaire a été subordonnée à l'extinction d'un second titre, il n'est pas admis à demander plus tard qu'une partie de l'indemnité relative à cette extinction lui soit remboursée par les autres notaires du canton; décis. min. just. avril 1837; ch. des not. de Loches, 15 juin 1837.

SECTION IX. — ENREGISTREMENT.

SOMMAIRE.

941. Aux termes de la loi du 21 avr. 1832, art. 34, les ordonnances portant nomination de notaires et autres officiers ministériels, étaient assujetties à un droit d'enregistrement de 10 pour 100 sur le montant du cautionnement attaché à la fonction ou à l'emploi. Ce droit était perçu sur la première expédition de l'ordonnance, dans le mois de sa délivrance, sous peine du double droit.

942. En conséquence, les traités sous seing privé pouvaient être joints, quoique non enregistrés, aux demandes de nomination (Av. cons.-d'État des 10 mai - 10 juin 1828), et lorsqu'ils étaient convertis en acte public, ils n'étaient soumis qu'au droit fixe de 1 fr. C. cass. 24 août 1835 et 26 avril 1836; délib. rég. 31 mai et 3 juin 1836.

943. Mais ces dispositions ont été virtuellement abrogées par la loi déjà citée du 25 juin 1841, portant fixation du budget des recettes de l'exercice 1842. Cette loi crée pour la transmis-

sion des offices un système nouveau de perception qui tient à la fois de celui que la loi de 1832 avait établi et des règles communes en matière d'enregistrement (instr. rég. 15 juill. 1841).

L'art. 6 est ainsi conçu : « A compter de la promulgation de la présente loi, tout traité ou convention ayant pour objet la transmission à titre onéreux ou gratuit, en vertu de la loi du 28 avril 1816, d'un office, de la clientèle, des minutes, répertoires, recouvrements et autres objets en dépendant, devra être constaté par écrit et enregistré, avant d'être produit à l'appui de la demande de nomination du successeur désigné. »

Cette disposition est, en ce qui concerne les traités sous seing privé, l'application de l'art. 23 de la loi du 22 frim. an VII, lequel assujettit à l'enregistrement les actes sous signatures privées, avant qu'il en soit fait usage soit par acte public, soit en justice ou devant toute autre autorité constituée (instr. rég. 15 juill. 1841).

944. Les droits d'enregistrement seront perçus selon les bases et quotités ci après déterminées.

945. Pour les transmissions à titre onéreux, le droit d'enregistrement sera de 2 pour 100 du prix exprimé dans l'acte de cession et du capital des charges qui pourront ajouter au prix (L. 25 juin 1841, art. 7).

C'est, d'une part, le droit établi par l'art. 69, § 3, n° 1 de la loi du 22 frim. an VII pour les ventes d'objets mobiliers; de l'autre, la base de perception déterminée pour ces ventes par l'art. 14 n° 5 de la même loi (instr. rég. 15 juill. 1841).

946. Lorsque, par deux ordonnances du même jour, un notaire est nommé à une autre résidence du même canton, en remplacement d'un autre notaire, qui lui-même est nommé à la résidence de son confrère, cette double nomination ne peut être considérée comme une simple autorisation de changement de résidence. En conséquence, les deux ordonnances de nomination sont chacune soumises au droit de 10 p. 100 du cautionnement. Cass. ch. req. 10 août 1841. V. *sup.* n° 860.

947. Le cautionnement ou l'affectation hypothécaire consentie par un tiers dans l'acte de cession, est passible du droit de 50 cent. par 100 fr. (Cass. 10 août 1836).

948. Si la transmission de l'office et des objets en dépendant s'opère par suite de disposition gratuite entre vifs ou à cause de mort, les droits établis pour les donations de biens meubles par les lois existantes, seront perçus sur l'acte ou écrit constatant la libéralité, d'après une évaluation en capital.

Dans aucun cas le droit ne pourra être au-dessous de 2 pour 100 (L. 25 juin 1841, art. 8).

949. Quand la transmission de l'office s'effectuera par décès à titre purement héréditaire, une distinction devra être faite : la succession qui comprendra l'office et les objets en dépendant sera échue ou à plusieurs héritiers ou à un seul. Dans le

premier cas, le droit de 2 pour 100 sera perçu, conformément à
l'art. 7, sur le traité de cession passé par les héritiers au profit
de l'un deux ; dans le second cas, ce même droit sera acquitté
par l'héritier unique, d'après une déclaration estimative de la
valeur de l'office, faite au bureau de l'enregistrement de la résidence du titulaire décédé. La quittance du receveur sera
jointe à la demande de nomination formée par l'héritier (*ib*.art.
9 ; instr. rég. 15 juill. 1844).

950. Le droit acquitté sur cette déclaration ou sur le traité
fait entre les cohéritiers sera imputé, jusqu'à due concurrence, sur celui que les héritiers auront à payer, lors de la déclaration de succession, sur la valeur estimative de l'office,
d'après les quotités fixées, pour les biens meubles, par les lois
en vigueur (L. 25 juin 1844, art. 9).

Par conséquent, si le premier de ces droits est supérieur au
second, il ne sera rien perçu sur la déclaration de succession,
en ce qui concernera l'office; si, au contraire, il lui est inférieur,
l'excédant sera payé par les héritiers, lors de cette déclaration
(instr. rég. 15 juill. 1844).

951. Il convient au surplus d'observer que cette imputation
est autorisée, seulement pour le cas où c'est un des héritiers
ou l'héritier unique qui succède à l'office vacant par le décès
du titulaire: elle n'aurait pas lieu si l'office était cédé à un
tiers par les héritiers ou l'héritier unique. Dans ce cas, ceux-ci
paieraient le droit de mutation par décès sur la valeur estimative de l'office, à l'instant de la déclaration de succession ;
le droit de transmission à titre onéreux, déterminé par l'art. 7
de la loi, serait acquitté par le cessionnaire, sur le traité passé
entre lui et les héritiers du titulaire (*ibid.*).

952. Le droit d'enregistrement de transmission des offices,
déterminé par les articles ci-dessus, ne pourra, dans aucun cas,
être inférieur au dixième du cautionnement attaché à la fonction ou à l'emploi (L. 25 juin 1844, art. 10).

953. Lorsque l'évaluation donnée à un office pour la perception du droit d'enregistrement d'une transmission à titre
gratuit, entre vifs ou par décès, sera reconnue insuffisante, ou
que la simulation du prix exprimé dans l'acte de cession à titre
onéreux sera établie d'après des actes émanés des parties ou
de l'autorité administrative ou judiciaire, il sera perçu, à titre
d'amende, un droit en sus de celui qui sera dû sur la différe-
rence de prix ou d'évaluation.

Les parties, leurs héritiers ou ayants cause seront solidaires pour le paiement de cette amende (*Ibid.*, art. 11.)

La loi ne spécifie point les actes qui pourront être admis
pour preuve de la simulation de prix ou de l'insuffisance d'é-
valuation : ainsi tout acte peut, sauf appréciation, servir à
cette preuve (instr. rég. 15 juill. 1844).

954. Les dispositions de la loi du 25 juin 1844, concernant

les insuffisances de prix et d'évaluation des offices, sont indépendantes de celles de l'art. 40 de la loi du 22 frim. an VII. Conformément à cet article, toute contre-lettre ayant pour objet une augmentation du prix stipulé dans l'acte de cession d'un office, donnera lieu à un triple droit sur le supplément de prix (instr. rég , 15 juill. 1841).

955. En cas de création nouvelle de charges ou offices, ou en cas de nomination de nouveaux titulaires sans présentation, par suite de destitution ou par tout autre motif, les ordonnances qui y pourvoiront seront assujetties à un droit d'enregistrement de 20 pour 100 sur le montant du cautionnement attaché à la fonction ou à l'emploi (L. 25 juin 1841, art. 12).

Toutefois, si les nouveaux titulaires, sont soumis, comme condition de leur nomination, à payer une somme déterminée pour la valeur de l'office, le droit d'enregistrement de 2 pour 100 sera exigible sur cette somme, sauf l'application du minimum de perception établi ci-dessus (V. n° 952). Ce droit devra être acquitté avant la prestation de serment du nouveau titulaire, sous peine du double droit (*ibid.*).

956. La loi du 28 avril 1816 a réservé au gouvernement le droit de réduire le nombre des officiers publics, notamment celui des notaires. Si la réduction a lieu par voie d'extinction pure et simple, sans convention entre les officiers publics de la même localité ou du même ressort, ou sans allocation d'indemnité au titulaire de l'office supprimé ou à ses héritiers, aucun droit d'enregistrement ne peut être perçu. Mais si une indemnité est, ou réglée à l'amiable entre les officiers publics intéressés à la suppression, ou allouée par l'ordonnance qui prononce l'extinction de l'office, alors il s'opère, en même temps, une transmission sujette au droit d'enregistrement. Ce droit est exigible, soit sur le traité passé entre les officiers publics, et qui doit être enregistré avant d'être produit pour l'ordonnance d'extinction, soit sur cette ordonnance elle-même, sujette à l'enregistrement dans le mois de la délivrance, sous peine du double droit. Dans l'un et l'autre cas, le droit est de 2 pour 100 de l'indemnité convenue entre les parties ou fixée par l'ordonnance, sauf encore l'application du *minimum* du dixième du cautionnement attaché à l'office supprimé (L. 25 juin 1841, art. 13; instr. rég. 15 juill. 1841).

957. Les droits perçus en vertu des articles qui précèdent seront sujets à restitution, toutes les fois que la transmission n'aura pas été suivie d'effet. (L. 25 juin 1841, art. 14)

S'il y a lieu à réduction de prix, tout ce qui aura été perçu sur l'excédant sera également restitué (*ibid.*).

C'est une exception à l'art. 60 de la loi du 22 frim. an VII, qui défend la restitution des droits d'enregistrement régulièrement perçus, quels que soient les événements ultérieurs.

La demande en restitution devra être faite conformément à

l'art. 61 de la même loi, dans le délai de deux ans à compter du jour de l'enregistrement du traité ou de la déclaration (L. 25 juin 1841, art. 14).

A l'appui de cette demande, les parties seront tenues de produire un certificat du ministère duquel relevait la nomination du successeur présenté, constatant ou que cette nomination n'aura pas lieu, ou que le prix exprimé dans le traité de cession a subi une réduction (instr. rég. 15 juill. 1841).

958. La loi du 25 juin promulguée le 10 juill. est devenue exécutoire à Paris le 12 juill. 1841. En conséquence, à partir de cette dernière date, aucune nomination d'officiers publics désignés à l'art. 91 de la loi du 28 avr. 1816, n'a pu avoir lieu que sur la production d'un traité de cession à titre onéreux ou gratuit, enregistré conformément aux dispositions de la nouvelle loi. Quant aux nominations antérieures au 12 juill. 1841, elles restent soumises au mode de perception établi par l'art. 30 de la loi du 21 avr. 1832, en vigueur jusqu'à cette époque (instr. rég. 15 juill. 1841).

Si la demande avait été faite et le traité *produit* avant la promulgation de la loi, on ne pourrait, sans donner à celle-ci un effet rétroactif, exiger du candidat, l'accomplissement d'une formalité qui n'était point prescrite par la législation en vigueur au moment ou il s'est présenté. Journal des Notaires, art. 11,088, 11,112, *contrà*, Journal de l'enregistrement.

959. Les règles prescrites par les art. 26 et 27 de la loi du 22 frim. an vii seront suivies pour l'enregistrement des transmissions des offices : les actes notariés portant transmission à titre onéreux ou gratuit, seront enregistrés au bureau de la résidence du notaire ; les traités faits sous seing privé pourront l'être dans tous les bureaux indistinctement ; les transmissions par décès seront déclarées au bureau de la résidence du titulaire décédé. La déclaration faite par l'héritier unique en exécution de l'art. 9 de la loi, sera portée au registre des déclarations de successions. Dans les cas prévus par les art. 42 et 43, soit de nomination par suite de destitution ou de nouvelle création d'offices, soit d'extinction de titres moyennant indemnité, l'expédition de l'ordonnance royale sera enregistrée au bureau du chef-lieu judiciaire de l'arrondissement et sur le registre des actes civils publics. Cette expédition sera préalablement soumise au visa pour timbre (instr. rég. 15 juill. 1841).

960. La démission, lorsqu'elle est sous seing privé, peut être produite devant l'administration sans avoir été enregistrée.

Lorsqu'elle a lieu par acte notarié, elle est soumise au droit fixe de 1 fr., le décime en sus.

FIN.

TABLE DES MATIÈRES.

CHAPITRE IV.

CHAPITRE V.

CHAPITRE VI.

FIN DE LA TABLE DES MATIÈRES.